未来を切り開く学力シリーズ

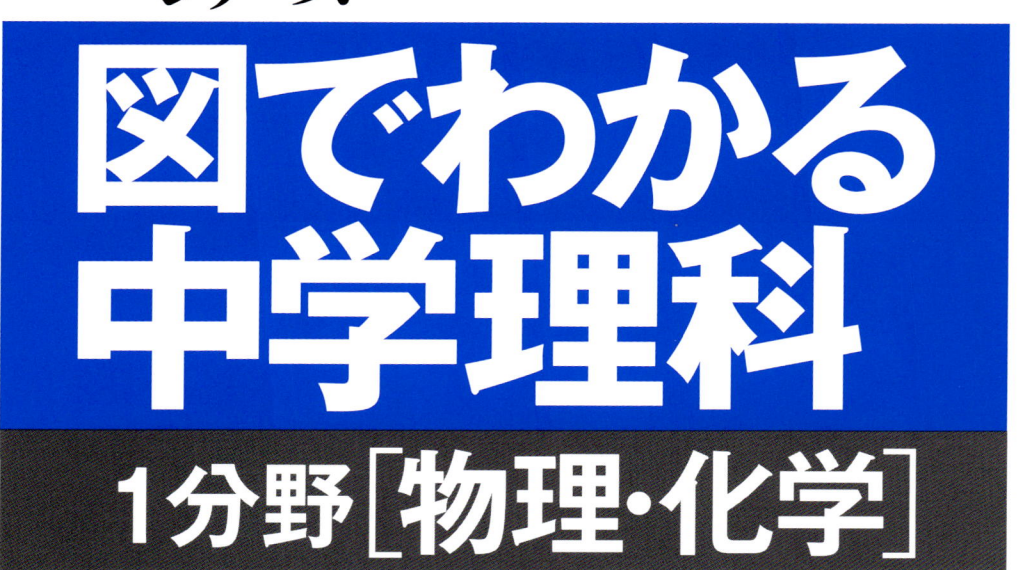

1分野［物理・化学］

改訂新版
中1〜中3

Z会進学教室 理科講師
湯村　幸次郎
（ゆ　むら　こう　じ　ろう）

文藝春秋

とうとうこのシリーズの"理科版"が出版されました。

　著者はＺ会進学教室で理科の授業を担当しておられる湯村幸次郎先生です。

　この本の特色のひとつは「転写法」を使っていることです。

　まずその単元にひととおり目を通して，理解をします。そのうえで，「転写」と書いてある図をノートに写すのです。その図は，その単元をまとめたもので，いわばその単元の全体像です。この写すという過程で，理解が深まります。

　「転写法」にはその先があります。今度はテキストを閉じて，その図を再現できるようにしてみるのです。この作業を通して概念が定着したかどうかが確認できるのです。書き出そうとするその過程で自分自身の理解したものの中のあいまいなところが必ず明確になります。

　さらにこの過程で，その章の要（かなめ）となる部分が構造的に理解できることになり，どんな問題でも対応できるようになってきます。

　この「転写法」は私も 32 年間の教師生活の中で工夫し実践してきた方法です。この方法で学習させたところは記憶の定着率が非常に高く，1 年たっても記憶は薄れませんでした。

　湯村先生のこのテキストのすぐれている点は，まず非常にわかりやすく解説がなされており，その全体像をひとつの図におとしこむその仕方に独創性があるのです。理解が定着しているかどうかは，例題や練習問題などで確認できるようになっていますが，それらの問題には入試問題が時に選ばれているにもかかわらず，「転写」の作業を終えたうえで取り組むと，やさしく感じるのです。

　定期テスト対策にも使え，公立，私立の入試対策にも使える本です。

大阪府教育委員・小河学習館館長
小河　勝（おごう　まさる）

未来を切り開く学力シリーズ　図でわかる中学理科　1分野（物理・化学）

刊行によせて

Ｚ会進学教室 理科講師　湯村幸次郎

◆ **読んで理解し，解いて理解を深めます**

　　この問題集には，中学理科の基本がぎっしり詰まっています。

　　私は中学理科に10年以上かかわるなかで，たくさんの生徒から，さまざまな質問や素朴な疑問を受けてきました。そこではいつも基本が抜けているな……ということを感じていました。そこで，多くの中学生が抱く疑問をきちんと解消し，しっかりとした中学理科の枠組みをつくり，高校入試に必要な解く力をつける。読んで理解し，解いて理解を深める問題集をつくるにいたりました。

◆ **定期テスト対策から入試対策まで**

　　従来の定期テスト対策の本は，基本事項が充実していても，空欄補充ややさしい問題が多く，入試対策には向いていません。また，入試対策の本は，問題をたくさん解いて問題の形式に慣れていくものが多く，基本はないがしろになる傾向があります。受験参考書はすべてを網羅するため，膨大なページと論文的な記述で全体像がつかみにくい傾向にあります。

　　本書は定期テスト対策本と入試対策本の長所をしっかり吸収しました。日々の学習を当たり前に，しっかり基本を積み上げることで，入試対策までしてしまうものです。本書の学習を通して入試対策は特別なものではないことが実感できるでしょう。

◆ **本の構成**

　　この本の構成は「単元解説→例題演習→例題解説」が基本です。単元解説を読み，例題を解き進め，例題解説をじっくり読むことで，どんどん理解が深まります。時間をかけてもあまり実りが多くない空欄補充や，ただひたすら問題を解くだけの問題集ではないのです。多くの中学生が抱く疑問をしっかり解消することを目的として構成されています。なるほどそうだったのかと実感しながら，解く力を養成します。

◆ **どうやって使うのか**

　　この問題集には応用が利く基本問題が厳選されています。例題はまず自力で解くことが大切です。単元解説を読み，例題を目で追うだけの勉強では力がつきません。わかった気分になるかもしれませんが，解く力とは違うものです。ですから必ず手を動かして自分の解答を書く学習をしましょう。まず自力で解こうとする努力が何より大切です。

　　基本問題はやさしい，と勘違いしている人は少なくありません。応用・発展が利くから基本なのであって，必ずしも基本問題がやさしいとは限らないのです。ですから，例題を自力で解こうとしてもよくわからないときもあるはずです。その場合は例題の解説をよく読んで，もう一度解き直しましょう。

◆ **仕上げに「転写図」**

　　単元解説と例題演習を終えたら各章の冒頭にある転写図をノートに写します。転写図は各単元の重要事項をギュッと1つの図に凝縮したものです。単元解説を読み，例題演習を解き終え

た段階までくると，転写図の意味がしっかりと理解できるはずです。単元解説で読んだ事柄，例題演習で解いて確認した事柄など，頭の中に散らかった状態のものを，転写図を写すことを通して1つにすっきり整理することができるのです。

◆「練習問題」で腕試し

　練習問題は，転写図を振り返ってから解くとよいでしょう。この単元でどんなことを学んだのか，一度振り返ってから練習問題に取り組むと，より効果的です。また，練習問題の解説には，直接問われてはいないその問題の周辺の知識事項も盛り込んであります。正解した場合でも目を通すとよいでしょう。

◆わかりにくい項目はじっくり「重点学習」

　多くの中学生がつまずきやすい項目を重点学習で独立させました。ここはじっくり取り組んでください。つまずきは説明不足に起因して，本当の意味まで理解が届いていないことによって起きます。重点学習では，考え方に重きをおいています。腰をすえて，じっくり取り組んでください。

◆時機をみて復習する

　練習問題や重点学習は，時機をみて復習するとよいでしょう。転写図の威力はこのときさらに発揮されるでしょう。転写図を通して記憶の引き出しを開け，再び解き直してみることで，転写図がどのように手を動かし進めていくのかの道しるべとなることがわかるでしょう。そして，わかったという実感が，もっと先へ前進させる原動力となるのです。

　ここまでくると，公立高校の一般入試問題は怖くありません。容易に解くことができるようになっています。

◆全体像を把握することが1分野では大事

　1分野はどの単元も全体像をイメージすることを大切にしています。もれなく何でも網羅するのではなく，まず全体像のイメージをつくることが解く力のためには大切と考えるからです。一方，たとえば「作用・反作用」の項目ではじっくり説明を入れています。これは最も質問の多い項目の1つだからです。「作用・反作用と2力のつり合い」は非常に区別をつけにくいものです。乱暴な参考書では，間違えやすいから注意せよ，の一行だけで済ませているものもあります。この問題集では，「作用・反作用と2力のつり合い」の共通点と違い・区別の仕方を，段階を追って整理しまとめ，本物の理解に到達できるように工夫してあります。このように，全体像のイメージに加え，まぎらわしいところにはじっくり解説を加えています。

◆さいごに

　中学理科は横糸にあたります。たとえば，数学で最短距離を求める問題は，光の反射の作図のしかたがわかっていれば，直線の長さを求める問題におきかえることができます。理科は他教科という縦糸の間をスルスルとぬって編みあげていくのです。逆に言えば，国語，数学という基礎教科の土台があって，初めて横糸である理科も，よく理解ができるということになります。本書の説明を読んでもよくわからない，という人は，先生に質問をする一方で，「未来を切り開く学力シリーズ」の国語，数学の基礎篇にも同時に取り組むとよいと思います。すべての教科は相互に連関し，補完しあっているのです。

この本の使い方

この問題集の特長
① 中学理科を全部で80の図にまとめた。
② わかりやすく簡潔な説明。
③ 転写法によって、学習する単元を構造的に理解し、記憶を定着させる。
④ 定期テスト対策にも、入試対策にも使える。
⑤ つまずきやすい分野は重点学習のコーナーで習熟できる。

▼各単元の学習の流れ

ステップ1：単元解説をよく読む
新しく登場した用語の意味や考え方を「解説」を通して学びます。理解を助ける「実験」や「観察」、実験器具の使い方をまとめた「基本操作」をよく読みます。

ステップ2：例題を自力で解く
「例題」は自分で解くことが大切です。わからなくても、まず考えてみる。自ら考えることで問題を解く力を養います。解き終えたら「例題の解答」で自分の考え方が正しかったのか確認します。

ステップ3：転写図をノートに写し、再現する
各単元の最初には、その単元で学ぶ内容を凝縮した「転写図」がついています。この図を、意味を考えながらノートに写します。最終的にはテキストを閉じて、自分で図を再現できるまでくり返します。

ステップ4：練習問題で実力アップ
その単元で学んだことが身についたかどうか、練習問題で確認します。

▼各単元の内容

転写図
その単元で学ぶ重要事項を1つの図にまとめました。ひととおり解説を読んだ後で、図の意味を考えながらノートに写します。さらにテキストを閉じて、図がノートに再現できるか試してみます。

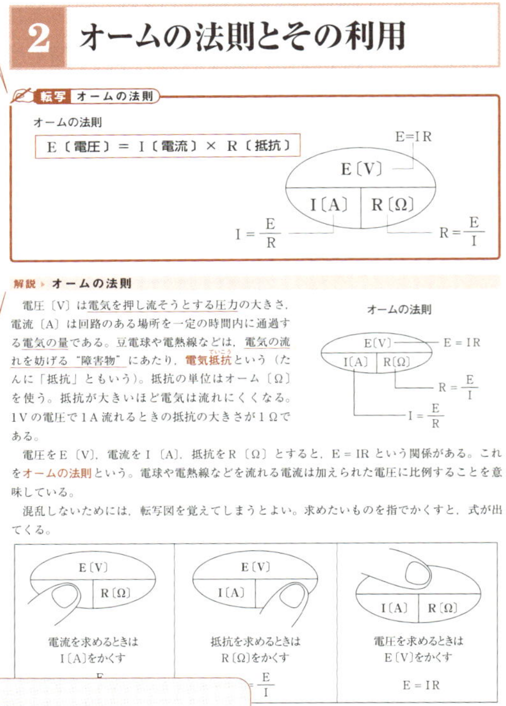

2 オームの法則とその利用

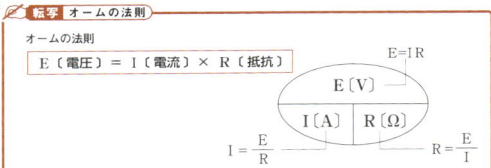

解説 ▸ オームの法則

電圧〔V〕は電気を押し流そうとする圧力の大きさ、電流〔A〕は回路のある場所を一定の時間内に通過する電気の量である。豆電球や電熱線などは、電気の流れを妨げる"障害物"にあたり、**電気抵抗**という（たんに「抵抗」ともいう）。抵抗の単位はオーム〔Ω〕を使う。抵抗が大きいほど電気は流れにくくなる。1Vの電圧で1A流れるときの抵抗の大きさが1Ωである。

電圧をE〔V〕、電流をI〔A〕、抵抗をR〔Ω〕とすると、E=IRという関係がある。これを**オームの法則**という。電球や電熱線などを流れる電流は加えられた電圧に比例することを意味している。

混乱しないためには、転写図を覚えてしまうとよい。求めたいものを指でかくすと、式が出てくる。

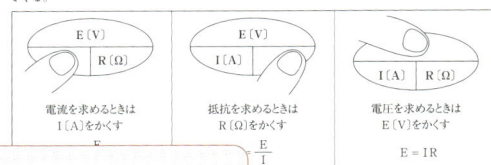

単元解説
その単元で新しく学ぶ用語や考え方、内容をわかりやすく解説しました。ただ暗記するのではなく、なぜそうなるのかを理解できるように工夫してあります。「実験」「観察」「基本操作」も充実。

ポイント
記述式問題でよく問われるポイントをまとめました。「なぜそうなるのか（理由）」と「何のためにそうするのか（目的）」がわかります。

ここで紹介するのは標準的な勉強法です。さらに個別のケースについては，
文藝春秋ホームページの『未来を切り開く学力シリーズ』のコーナー
http://www.bunshun.co.jp/book/gakuryoku/index.htm を参照してください。
また，わからないことがあれば，学校や塾の先生に聞きましょう。
わからないということは恥ずかしいことではありません。
質問することで，理解もより深まります。

▼重点学習の内容

例題

まずは解説されたことがらを使って，自分で解いてみましょう。

重点学習 **反射の作図**

光が鏡などで反射するとき，入射角＝反射角となる（反射の法則）。しかし，反射のようすを作図するとき，分度器は使わない。ここでは，対称性を利用した作図法の手順を身につける。

例題1 図はある部屋を真横から見たようすを表している。電球の光が鏡で反射して，床を照らしている。鏡で反射した光に照らされている床の部分を図で示しなさい。

考え方 “鏡の中の電球”をかく

反射光線を正確にかくのは難しい。そこで図のように，“鏡の中の電球”をかき，そこから鏡の両端を結んで床まで延長する。

反射した光に照らされる部分

例題1の解答（作図の手順）

［手順1］部屋ごとパタッと折り返すイメージ

電球と“鏡の中の電球”は,鏡を通る線に対して対称になる。図のように部屋ごとパタッと折り返したようすをイメージする。

［手順2］“鏡の中の電球”をかく

鏡を通る線と垂直になるように,電球から線分①を引く。鏡を通る線をはさんで電球と対称の位置に,“鏡の中の電球”をかく。

［手順3］“鏡の中の電球”と鏡の両端を結ぶ

“鏡の中の電球”から，鏡の両端を通る線分②と③をかく。②′と③′は実際の光線の経路である。

［問題の答え］

12

例題の解答

その単元の基本的な学習事項を実際の問題の中でどう使うかがわかります。また，実際の問題で，条件をどのように整理して解答に行きつくことができるかがわかります。

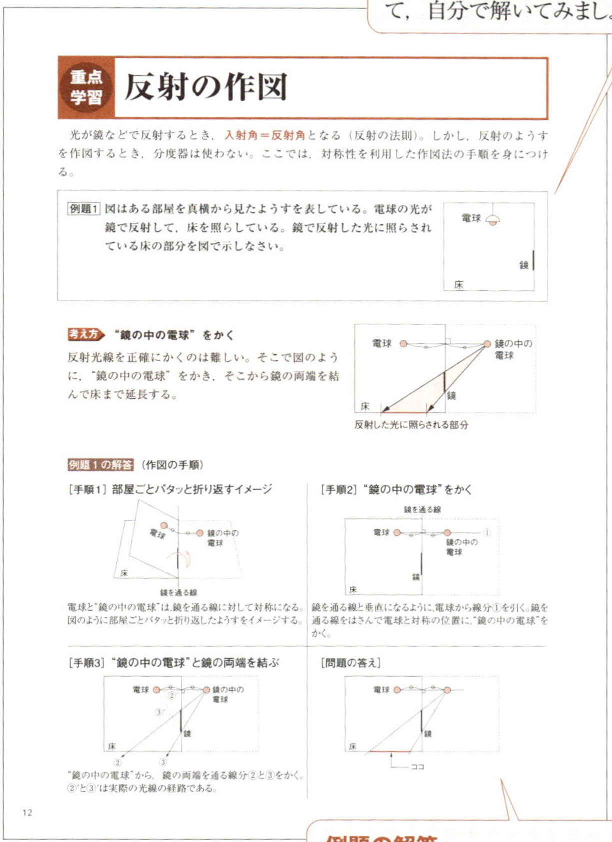

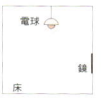

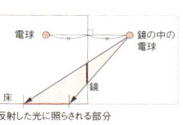

練習問題

「転写図」を頭に入れてから取り組みます。解答・解説は巻末に収録されています。

▼「重点学習」の使い方

中学理科で誰もが苦手な計算問題や作図の問題を「重点学習」として独立させました。典型的な「例題」を取り上げ，問題に対する考え方をじっくり学びます。

ここで学ぶ考え方は，さまざまなタイプの問題に応用が利きます。実際に手を動かしながら練習問題を解くことで，考え方が自然と身につくように工夫されています。

▼復習のしかた

各単元の内容は「転写図」に凝縮されています。この図を見なくても再現できるように，くり返しノートにかいてください。
転写図がきちんと頭に入っていれば，「例題」や「練習問題」をやり直すときも，スムーズに解くことができます。
一度読んだらそれでおしまいにはしないで，時間をおいて，もう一度取り組むと，記憶の定着はより確実なものとなります。

目次

『未来を切り開く学力シリーズ　図でわかる中学理科　1分野（物理・化学）』刊行によせて …… 2
この本の使い方………………………………………………………………………… 4

1分野　物理

第1章　光と音

- ① 光の性質　中1 ……………………………………………………………… 10
- 重点学習　反射の作図 ………………………………………………………… 12
- 重点学習　屈折の向き ………………………………………………………… 14
- ② 凸レンズ　中1 ……………………………………………………………… 19
- 重点学習　凸レンズの実像 …………………………………………………… 24
- ③ 音の性質　中1 ……………………………………………………………… 28

第2章　力と圧力・浮力

- ① 力とバネ　中1 ……………………………………………………………… 34
- ② 力と圧力　中1 ……………………………………………………………… 41
- 重点学習　圧力の計算 ………………………………………………………… 44
- ③ 大気圧と水圧　中1 ………………………………………………………… 47
- ④ 浮力　中1 …………………………………………………………………… 53

第3章　電流と電圧

- ① 電流と電圧　中2 …………………………………………………………… 58
- ② オームの法則とその利用　中2 …………………………………………… 64
- 重点学習　直列回路と並列回路 ……………………………………………… 72
- ③ 消費電力　中2 ……………………………………………………………… 75
- ④ 発熱量　中2 ………………………………………………………………… 79

第4章　電流のはたらき

- ① 電流と磁界　中2 …………………………………………………………… 86
- ② 電流が磁界から受ける力　中2 …………………………………………… 91
- ③ 電磁誘導　中2 ……………………………………………………………… 96

第5章　力と運動

- ① 力の合成・分解とつり合い　中3 ………………………………………… 102
- ② 作用・反作用　中3 ………………………………………………………… 109
- ③ 運動の記録　中3 …………………………………………………………… 112
- ④ 等速直線運動と慣性の法則　中3 ………………………………………… 115
- ⑤ だんだん速くなる運動　中3 ……………………………………………… 119
- 重点学習　摩擦のある運動 …………………………………………………… 123

CONTENTS

第6章 仕事とエネルギー
- 1 仕事と仕事の原理 中3 ……………………………… 130
- 2 力学的エネルギー 中3 ……………………………… 137
- 重点学習 仕事の測定 ………………………………… 143

1分野 化学

第1章 身のまわりの物質
- 1 物質のすがた 中1 ………………………………… 150
- 2 気体の性質 中1 …………………………………… 154
- 3 水溶液の性質 中1 ………………………………… 160
- 4 物質の状態変化 中1 ……………………………… 168
- 5 物質の分け方 中1 ………………………………… 171

第2章 化学変化と原子・分子
- 1 化合と分解 中2 …………………………………… 176
- 2 原子と分子 中2 …………………………………… 186
- 3 化学変化のきまり 中2 …………………………… 190
- 4 酸化と還元 中2 …………………………………… 199
- 重点学習 物質の質量比 …………………………… 204
- 重点学習 化学反応式の係数 ……………………… 206

第3章 イオン
- 1 水溶液とイオン 中3 ……………………………… 210
- 2 電気分解とイオン 中3 …………………………… 215
- 3 中和とイオン 中3 ………………………………… 223

解答・解説 篇
- ▶ 1分野（物理）………………………………………… 232
- ▶ 1分野（化学）………………………………………… 245

巻末付録・指示薬と物質の見分け方 ……………………… 250
巻末付録・もっと理解を深めるために（推薦図書）……… 251
この本の使い方に関するQ＆A …………………………… 252

◎『図でわかる中学理科 2分野（生物・地学）』の内容

2分野 生物

第1章 植物の生活と分類
- 1 花のつくりとはたらき
- 2 根・茎・葉のつくりとはたらき
- 3 葉のはたらき① 呼吸と光合成
- 4 葉のはたらき② 葉緑体
- 重点学習 蒸散量の計算
- 5 植物の分類

第2章 人体のしくみ
- 1 細胞のつくりとはたらき
- 2 刺激と反応① 感覚器官
- 3 刺激と反応② 神経系
- 4 刺激と反応③ 運動器官
- 5 消化と吸収① 消化
- 6 消化と吸収② 吸収
- 7 血液の成分と循環のしくみ
- 8 呼吸と排出のしくみ

第3章 動物の分類
- 1 草食動物と肉食動物
- 2 動物の分類

第4章 遺伝と進化
- 1 細胞のふえ方（体細胞分裂）
- 2 生物のふえ方（生殖と発生）
- 3 生殖細胞のでき方（減数分裂）
- 4 遺伝の規則性
- 5 生物の変遷

第5章 自然と人間
- 1 食物連鎖（生産者と消費者）
- 2 土壌動物と分解者
- 3 炭素の循環

2分野 地学

第1章 大地の変化
- 1 火山
- 2 火成岩とその種類
- 3 堆積岩とその種類
- 4 地層のなりたち
- 5 地震
- 重点学習 初期微動継続時間と震源距離

第2章 天気とその変化
- 1 空気中の水蒸気量
- 2 雲のでき方
- 3 気団と前線
- 重点学習 台風

第3章 地球と宇宙
- 1 天体の1日の動き
- 2 時刻と方角
- 3 天体の1年の動き
- 4 昼の長さと季節の変化
- 5 南中高度の求め方
- 6 黄道12星座
- 7 金星の満ち欠け
- 8 月の見え方

CONTENTS

第6章 仕事とエネルギー
- 1 仕事と仕事の原理 中3 130
- 2 力学的エネルギー 中3 137
- 重点学習 仕事の測定 143

1分野 化学

第1章 身のまわりの物質
- 1 物質のすがた 中1 150
- 2 気体の性質 中1 154
- 3 水溶液の性質 中1 160
- 4 物質の状態変化 中1 168
- 5 物質の分け方 中1 171

第2章 化学変化と原子・分子
- 1 化合と分解 中2 176
- 2 原子と分子 中2 186
- 3 化学変化のきまり 中2 190
- 4 酸化と還元 中2 199
- 重点学習 物質の質量比 204
- 重点学習 化学反応式の係数 206

第3章 イオン
- 1 水溶液とイオン 中3 210
- 2 電気分解とイオン 中3 215
- 3 中和とイオン 中3 223

解答・解説 篇
- ▶ 1分野（物理） 232
- ▶ 1分野（化学） 245

巻末付録・指示薬と物質の見分け方 250
巻末付録・もっと理解を深めるために（推薦図書） 251
この本の使い方に関するＱ＆Ａ 252

◎ 『図でわかる中学理科 2分野（生物・地学）』の内容

2分野 生物

第1章 植物の生活と分類
1. 花のつくりとはたらき
2. 根・茎・葉のつくりとはたらき
3. 葉のはたらき①　呼吸と光合成
4. 葉のはたらき②　葉緑体

重点学習 蒸散量の計算

5. 植物の分類

第2章 人体のしくみ
1. 細胞のつくりとはたらき
2. 刺激と反応①　感覚器官
3. 刺激と反応②　神経系
4. 刺激と反応③　運動器官
5. 消化と吸収①　消化
6. 消化と吸収②　吸収
7. 血液の成分と循環のしくみ
8. 呼吸と排出のしくみ

第3章 動物の分類
1. 草食動物と肉食動物
2. 動物の分類

第4章 遺伝と進化
1. 細胞のふえ方（体細胞分裂）
2. 生物のふえ方（生殖と発生）
3. 生殖細胞のでき方（減数分裂）
4. 遺伝の規則性
5. 生物の変遷

第5章 自然と人間
1. 食物連鎖（生産者と消費者）
2. 土壌動物と分解者
3. 炭素の循環

2分野 地学

第1章 大地の変化
1. 火山
2. 火成岩とその種類
3. 堆積岩とその種類
4. 地層のなりたち
5. 地震

重点学習 初期微動継続時間と震源距離

第2章 天気とその変化
1. 空気中の水蒸気量
2. 雲のでき方
3. 気団と前線

重点学習 台風

第3章 地球と宇宙
1. 天体の1日の動き
2. 時刻と方角
3. 天体の1年の動き
4. 昼の長さと季節の変化
5. 南中高度の求め方
6. 黄道12星座
7. 金星の満ち欠け
8. 月の見え方

1 分野
物理

第 **1** 章

光と音

　家でもできる簡単な実験です。

　茶わんに水を入れ、はしを図のように置いてみます。これを反対側から見ると、どのように見えるでしょうか。

　はしが短く折れ曲がって見えるはずです。

　なぜそのようになるのでしょう？

　それは、光が水から空気に出るときに屈折するからなのです。

　ここでは、レンズやガラス、水などを通して光がどう進むかを学びます。

　手を動かして作図することで理解が深まる章です。

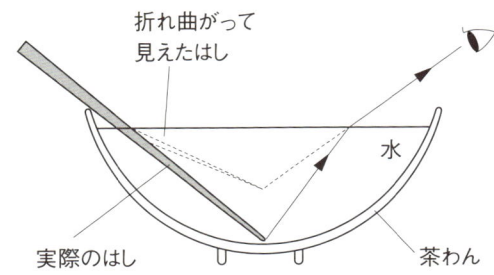

1 光の性質

転写 光の性質

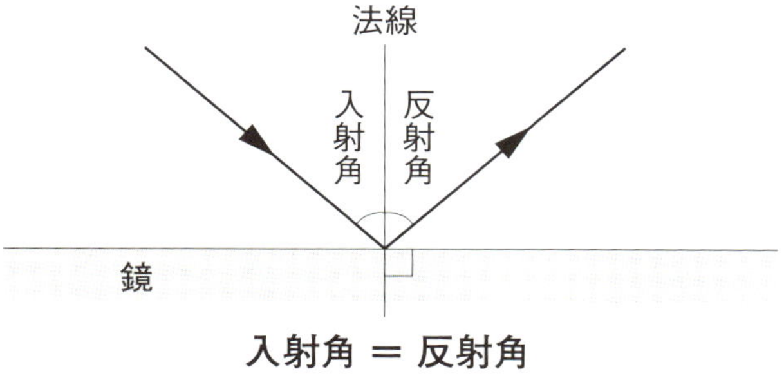

法線
入射角
反射角
鏡
入射角 ＝ 反射角

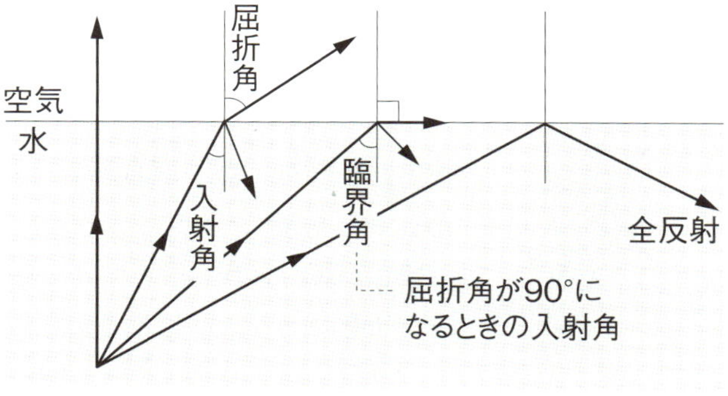

屈折角
空気
水
入射角
臨界角
全反射
屈折角が90°になるときの入射角

解説 ▸ 光の直進

光はまっすぐ直進する。光の通り道に物体を置くと，物体の後ろに影ができるのは，光が**直進**して物体の後ろに回り込まないからである。太陽，電球など，光を出す物体を**光源**（こうげん）という。光源からの光はあらゆる方向に向かって進む。光が通る道すじを１本の線で表したものを**光線**（こうせん）という。

解説 ▸ 光の反射

光は鏡などに当たるとはね返って進む。これを**反射**（はんしゃ）という。右の図で，鏡の面に垂直な線を**法線**（ほうせん）といい，鏡に向かって進む入射光線と法線との間の角を**入射角**（にゅうしゃかく），鏡ではね返った反射光線と法線との間の角を**反射角**（はんしゃかく）という。

法線
入射光線
入射角
反射角
反射光線
鏡

光線が鏡などで反射するとき，入射角と反射角が等しくなるように進む。この関係を**反射の法則**という。

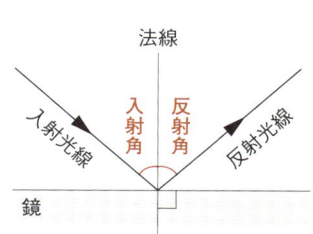

例題1 図のように，2枚の鏡面上で光線が反射をくり返している。鏡1，2それぞれについて，入射角の位置に〇，反射角の位置に△をかき込みなさい。

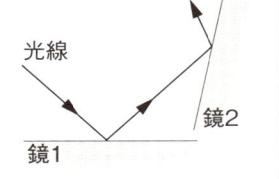

例題1の解答　下の図を参照

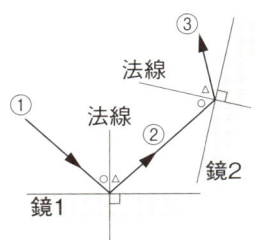

まず，それぞれの鏡の面に垂直な法線をかく。
法線と入射光線との間の角が入射角（〇），
法線と反射光線との間の角が反射角（△）である。
鏡1では①が入射光線，②が反射光線となる。
鏡2では②が入射光線，③が反射光線となる。

例題2 図のように，鏡面上の点Pで光線が反射し，入射光線と反射光線の間の角が60°になっている。入射光線と反射光線の間の角が90°になるようにしたい。点Pを中心に鏡を何度回転させればよいか。ただし，入射光線の向きは変えないものとする。

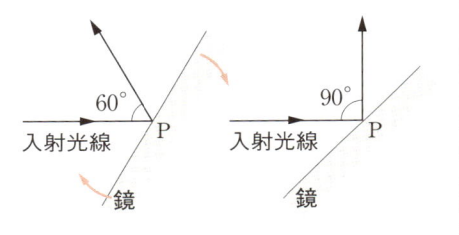

例題2の解答　（時計回りに）15°

図のように，回転前と後の鏡にそれぞれ法線をかく。
反射のとき，入射角と反射角は等しくなるので，

$$\begin{cases} 回転前の入射角と反射角はそれぞれ 30°……（図1）\\ 回転後の入射角と反射角はそれぞれ 45°……（図2）\end{cases}$$

この2つの鏡を重ねると（図3），入射光線に対して法線は，回転前30°，回転後45°傾いている。法線と鏡は一体で動くので，鏡を 45°−30° = 15° 回転させればよい。

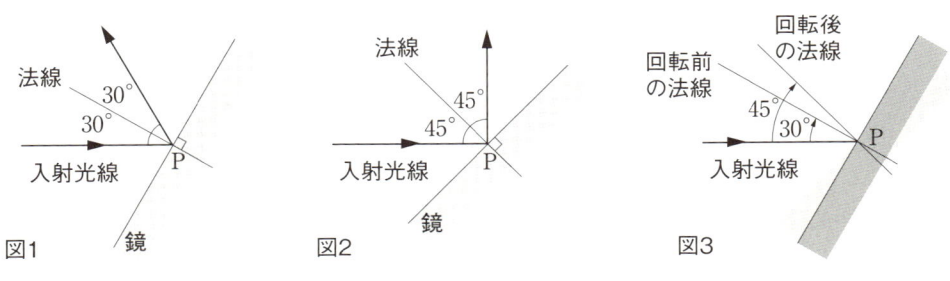

重点学習 反射の作図

光が鏡などで反射するとき，**入射角＝反射角**となる（反射の法則）。しかし，反射のようすを作図するとき，分度器は使わない。ここでは，対称性を利用した作図法の手順を身につける。

> **例題1** 図はある部屋を真横から見たようすを表している。電球の光が鏡で反射して，床を照らしている。鏡で反射した光に照らされている床の部分を図で示しなさい。

考え方 "鏡の中の電球"をかく

反射光線を正確にかくのは難しい。そこで図のように，"鏡の中の電球"をかき，そこから鏡の両端を結んで床まで延長する。

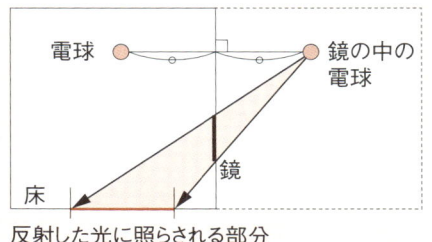

例題1の解答 （作図の手順）

[手順1] 部屋ごとパタッと折り返すイメージ

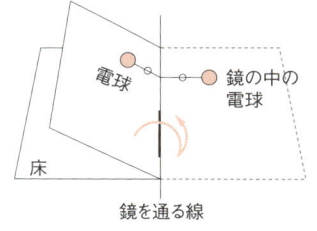

電球と"鏡の中の電球"は，鏡を通る線に対して対称になる。図のように部屋ごとパタッと折り返したようすをイメージする。

[手順2] "鏡の中の電球"をかく

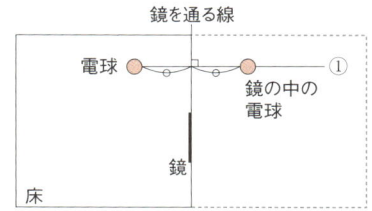

鏡を通る線と垂直になるように，電球から線分①を引く。鏡を通る線をはさんで電球と対称の位置に，"鏡の中の電球"をかく。

[手順3] "鏡の中の電球"と鏡の両端を結ぶ

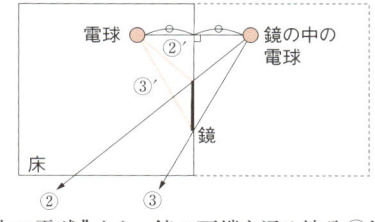

"鏡の中の電球"から，鏡の両端を通る線分②と③をかく。②'と③'は実際の光線の経路である。

[問題の答え]

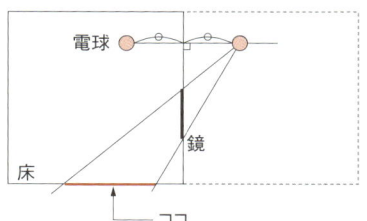

解説 ▶ なぜパタッと折り返すのか

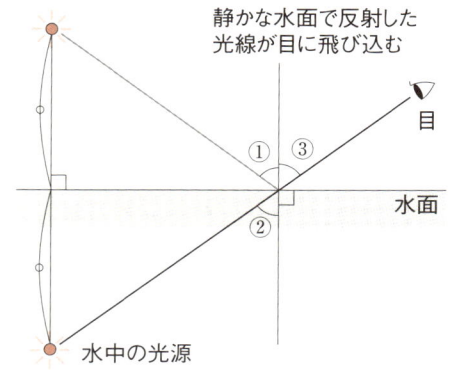

右の図は，光源から出た光が静かな水面で反射して目に入るようすである。水面でパタッと折り返して水中の光源をかき，それと目を結んで光線の通り道を表す。

∠①と∠②は対称に折り返したので等しい。
∠②と∠③は対頂角で等しい。
よって，∠① = ∠③となる。

∠①は入射角，∠③は反射角であるから，パタッと折り返せば，反射の法則が成り立つことがわかる。

練習問題

▶▶▶ 解答は232ページ

1. 図は部屋を真上から見たようすを表している。XYは床に立てた鏡，Pは床に置かれた照明器具を表している。a～fの中で，Pから出て鏡で反射した光にも照らされているのはどの点か。

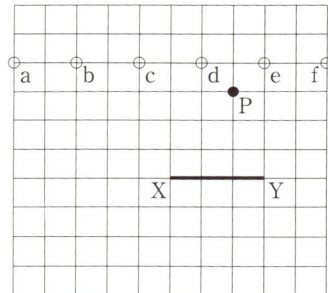

2. 鏡に自分の姿を映して見ている。図のとき，自分の姿のどの範囲を見ることができるか。図で示しなさい。

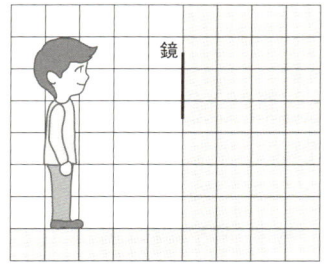

3. Kさんが道路からダム湖の水面を見たところ，岸辺の建物が波のない水面に映っていた。Kさんから見て建物の先端が映っていたのは，図のどの位置か。ア～エから選べ。

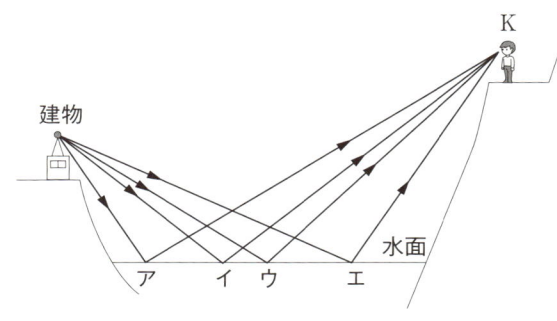

（2002年　鹿児島県）

重点学習 屈折の向き

空気と水，空気とガラスなど，質の異なる物質の境目で光線は折れ曲がる。これを屈折という。空気と水の場合，水面（境界面）に垂直な線が法線，折れ曲がって進む光線が屈折光線，法線と屈折光線の間の角が屈折角である。

屈折では，向きが問題となる。どんな物質にでも応用できる考え方を身につける。

例題1　図は光源から出た光が，空気中から水中へ進むようすを表している。光の道すじとして，正しいものをア～エから選びなさい。

（2003年　徳島県・改題）

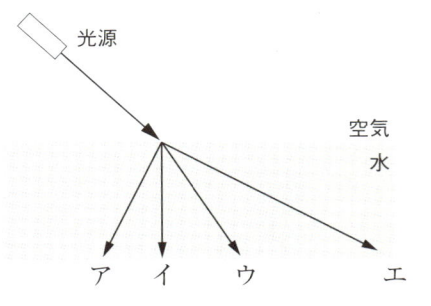

考え方　"車輪"をイメージする

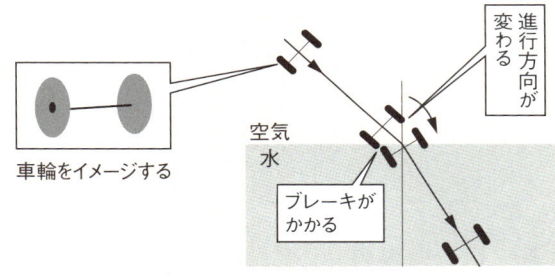

屈折の問題は，図のような車輪のイメージをもつとよい。先に水面にふれた側の車輪にはブレーキがかかり，進行方向が変わってしまう。

例題1の解答　ウ

光の屈折は，車輪のイメージで考える。密度の低いもの（空気）を舗装された道，密度が高いもの（水やガラス）をじゃり道と見なして考える。

①密度が高いものに進むとき

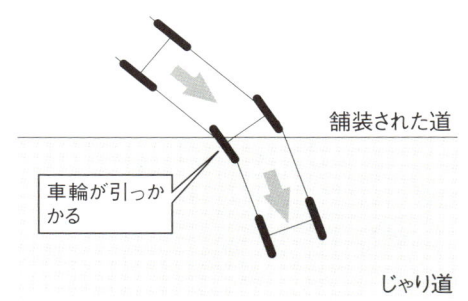

舗装された道からじゃり道に斜めに進入すると，道の境目で，じゃりに引っかかった側の車輪は，ブレーキがかかるので，車輪の進行方向が変わる。

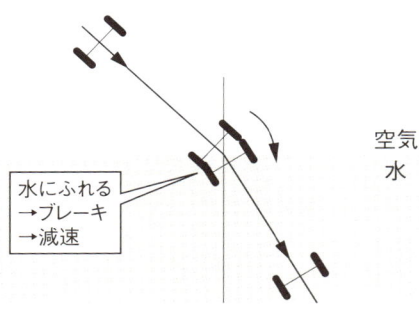

空気中から水中に斜めに光線が進む場合も同じように考えられる。先に水にふれた車輪は動きが鈍くなり減速。もう一方は元のスピードのままなので、進行方向が変わる。

②密度が低いものに進むとき

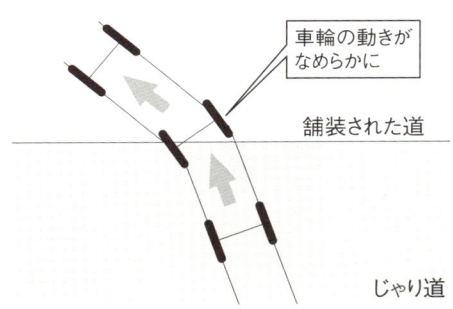

じゃり道から舗装された道に斜めに進入すると、道の境目で、先に舗装された道に出た側の車輪は、急に動きがなめらかになるので、車輪の進行方向が変わる。

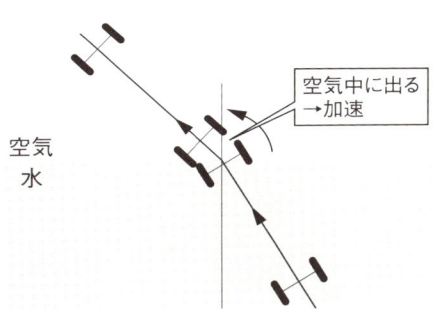

水中から空気中に斜めに光線が進む場合も同じように考えられる。先に空気中に出た車輪は動きが速くなり加速。もう一方は水中でまだ遅いので、進行方向が変わる。

まとめ▶屈折の向き

光線の進行方向	密度が低い物質→密度が高い物質 [例] 空気→水, 水→ガラス板	密度が高い物質→密度が低い物質 [例] 水→空気, ガラス板→水
屈折する向き	法線に近づくように屈折	法線から遠ざかるように屈折
角度の関係	入射角>屈折角	入射角<屈折角
図 解	入射光線／入射角／反射光線／空気・水／屈折角／屈折光線	屈折光線／屈折角／空気・水／入射角／入射光線／反射光線

解説 ▶ ガラス板を通して見る物体

ガラス板を通して見た物体は，実物の位置よりズレて見える。ガラス板を通過してから目に入る光は，2回屈折をくり返すからである。空気中→ガラス板と進むときは法線に近づき，ガラス板→空気中と進むときは法線から遠ざかる。しかし，私たちは光線が直進してきたように感じるので，ガラス板から出た光を逆方向に延長した先に物体があるかのように見える。

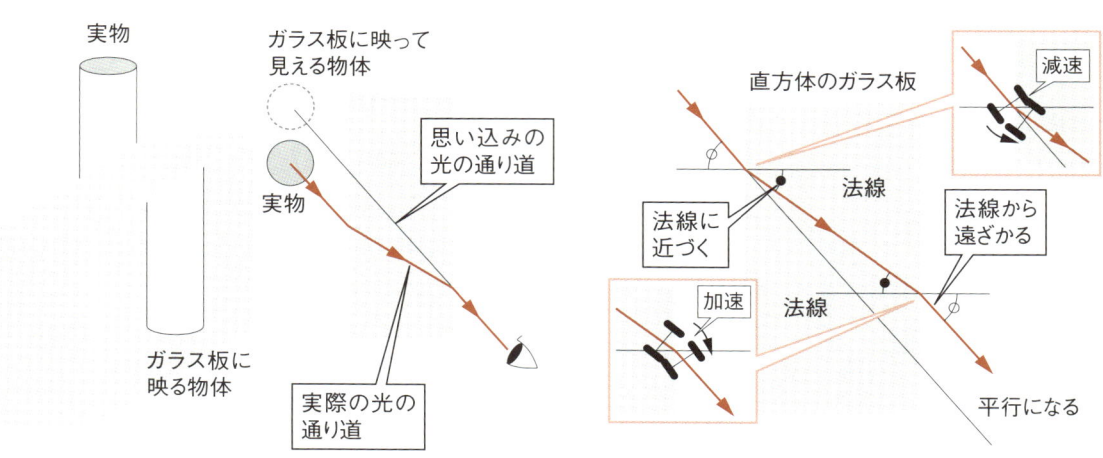

例題2　図のように，Aの高さまで水を入れた容器にCから光線を斜めに当てたところ，光線は水面aで屈折して容器の底bを照らした。光線の向きは変えずに，容器の水をふやして水面をBの高さまで上げると，光線が照らす容器の底の位置はどこになるか。図に記入して示しなさい。

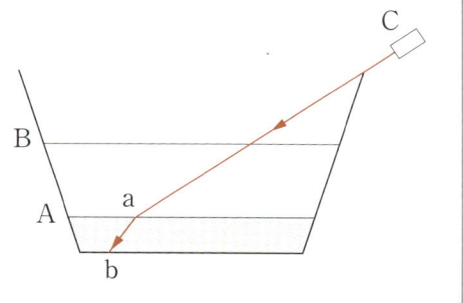

例題2の解答　答えは右の図のd（入射角は○，屈折角は●で表してある）

光線の向きは変えていないので，
水面に対する入射角（○）は変わらない。
水面Bでも屈折角は水面Aのときと同じで，
屈折光線はabと平行になるように進む。
水面Bのとき屈折光線は図のcdとなり，
容器の底dを照らす。

abとcdは平行

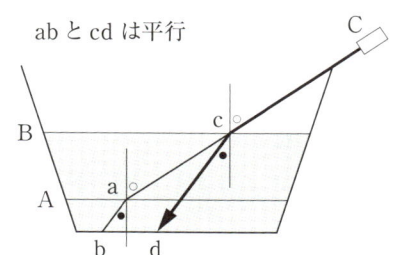

解説 ▶ **全反射**

次の図は，光線が水中から空気中に進むとき，入射角を次第に大きくしていったようすを表している（入射角は○，屈折角は●で表してある）。

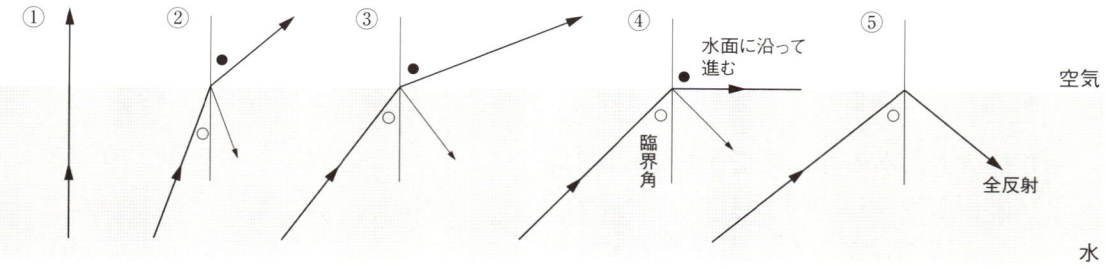

①水面に対して垂直に進むとき
入射光線はそのまま直進する（水面で光線の一部は反射している）。

②③入射角が臨界角（④参照）より小さいとき
入射光線の一部は水面で反射し，一部は屈折して空気中に出ていく。
入射角より屈折角は大きくなるので屈折光線は水面に近づく。

④入射角が臨界角と等しいとき
入射光線の一部は水面で反射し，屈折光線は水面に沿うように進む（屈折角は90°）。
このときの入射角を臨界角という。

⑤入射角が臨界角より大きいとき（全反射）
入射光線は水面ですべて反射し，空気中に出ていかない。この現象を**全反射**という。
「水→空気」の場合，入射角が約49°以上で全反射が起きる。

練習問題

▶▶▶ 解答は232ページ

1. 水平な台の上に光源装置とガラス製の半円形レンズを置いて、光の進み方を調べた。図は、台上の半円形レンズを真上から見たものである。

   (1) 位置Aにある光源装置から出た光は、半円形レンズの中心OでPとQの2つの方向に進んだ。光源装置を位置Bに変えたとき、中心Oで反射した光と屈折した光がそれぞれ進む方向は、①〜④のうちのどれか。

   (2) 光源装置から出た光が、半円形レンズの中心Oを通るように、光源装置をBからしだいにCに近づけていったところ、屈折した光がなくなり、反射した光だけになった。このような現象を何というか。

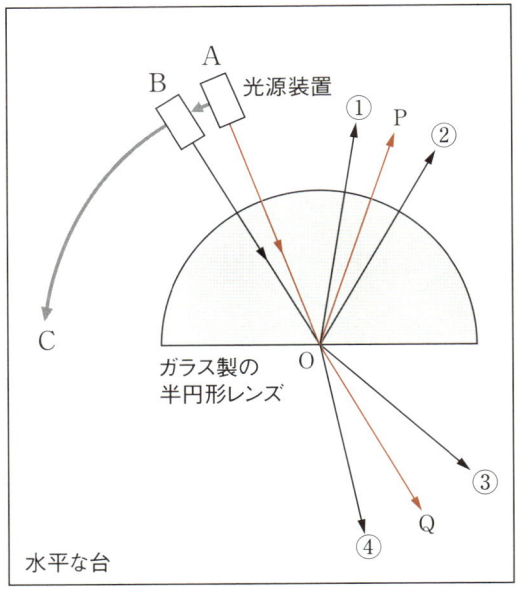

(2003年 岡山県)

2. 花子さんは、ものさしで潮だまりの深さをはかった。このとき、①ものさしの海水に入った部分が短く見えた。

   (1) 下線部①のように見えたのは、水面で光が折れ曲がったからである。光が折れ曲がって進むことを何というか。

   (2) 図において、A点の位置にあるものさしの先端が、花子さんにはB点の位置にあるように見えた。A点から出た光が、花子さんの目に届くまでの光の道筋を実線でかけ。

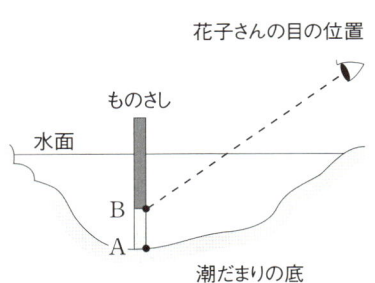

(2004年 愛媛県・改題)

2 凸レンズ

転写 凸レンズ

重要な入射光線①

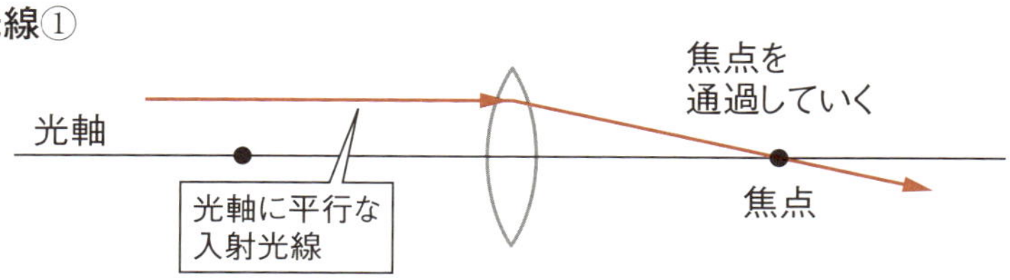

光軸
焦点を
通過していく
光軸に平行な
入射光線
焦点

重要な入射光線②

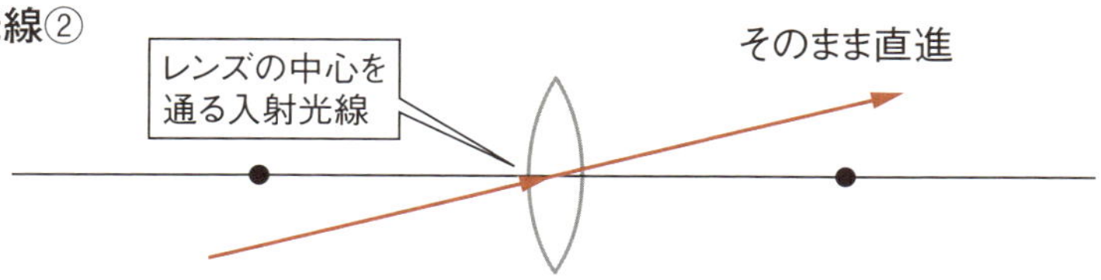

レンズの中心を
通る入射光線
そのまま直進

重要な入射光線③

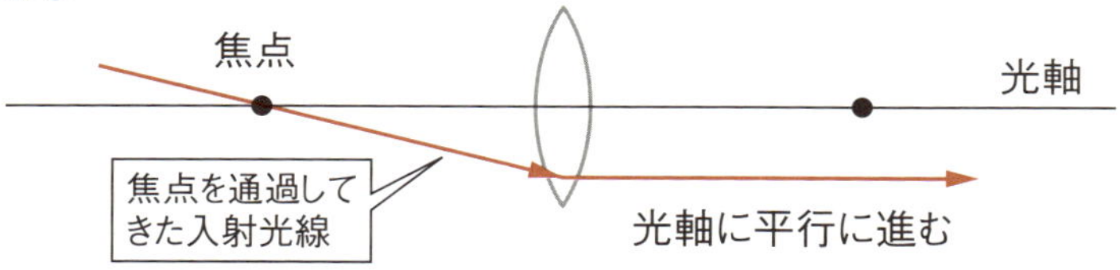

焦点
光軸
焦点を通過して
きた入射光線
光軸に平行に進む

解説 ▸ 凸レンズ

ガラスの中央部分がまわりよりも厚いレンズを**凸(とつ)レンズ**という。凸レンズの真正面から太陽光線を当てると，光線は凸レンズで屈折し１点に集まる。この点を凸レンズの**焦点(しょうてん)**という。凸レンズの中心から焦点までの距離を**焦点距離(しょうてんきょり)**といい，凸レンズは中心のふくらみが厚いほど，焦点距離は短くなる。レンズの面に垂直でレンズの中心を通る直線を**光軸(こうじく)**という。

焦点距離
焦点
焦点
焦点
距離

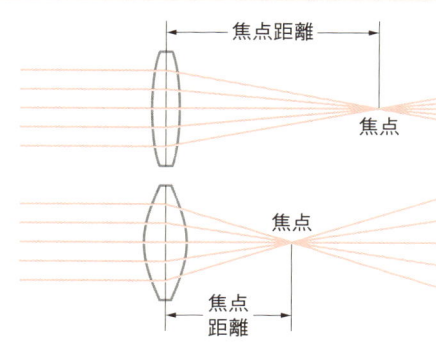

解説 ▶ 凸レンズの3つの重要な入射光線

凸レンズに入射する光線の中で、次の①～③は特に重要である。本書では、これらを「重要な入射光線」とよぶことにする。

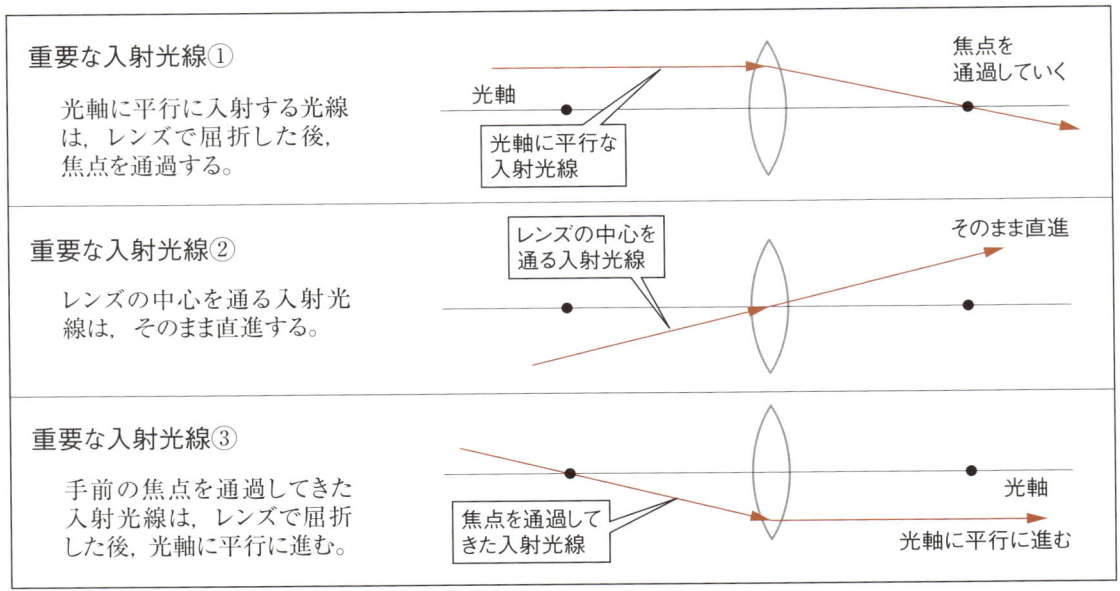

重要な入射光線①	光軸に平行に入射する光線は、レンズで屈折した後、焦点を通過する。
重要な入射光線②	レンズの中心を通る入射光線は、そのまま直進する。
重要な入射光線③	手前の焦点を通過してきた入射光線は、レンズで屈折した後、光軸に平行に進む。

例題1 上の重要な入射光線①、②について、レンズ通過後の光線の通り道を図に記入しなさい。

(1) 重要な入射光線①　　　　　　(2) 重要な入射光線②

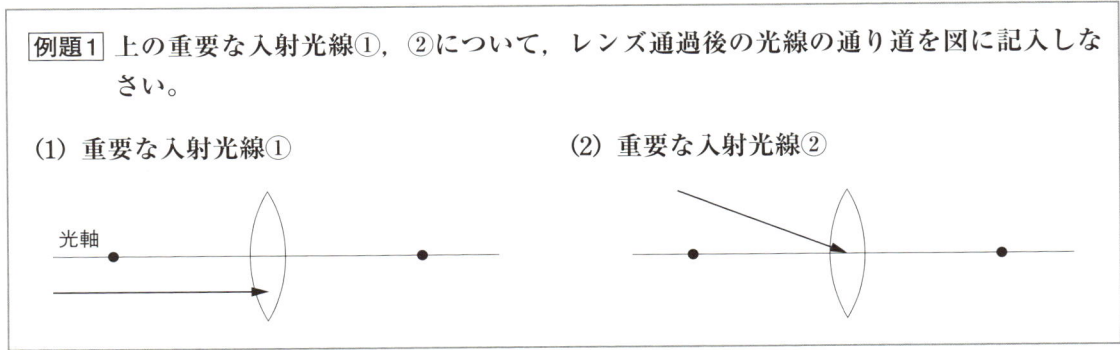

例題1の解答　下の図を参照

(1) 重要な入射光線①（光軸に平行に入射する光線）は、レンズで屈折して、凸レンズの焦点を通過する。

(2) 重要な入射光線②（レンズの中心を通る入射光線）は、そのまま直進する。

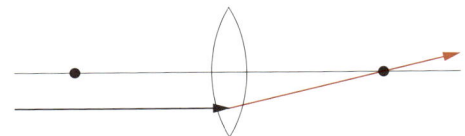 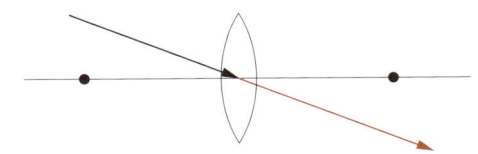

解説 ▶ **凸レンズの利用法：実像と虚像**

凸レンズには大きく2つの利用法がある。1つは映写機のようにスクリーンに物体の像を映し出す利用法，もう1つはルーペをのぞいて物体の拡大された像を見る利用法である。2つの利用法は，物体が凸レンズの焦点の外側にあるか内側にあるかの違いによるものである。

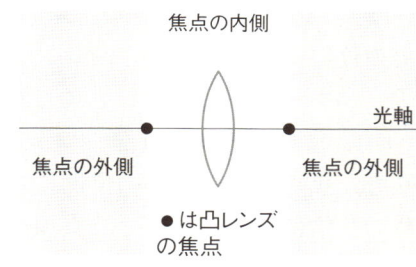

①**物体が焦点の外側にあるとき**

物体から出た光を凸レンズで集め，物体と同じ形で上下左右が逆向きの像をスクリーンに映し出すことができる。このような像を**実像**という。映写機やカメラはこの原理を応用している。このとき物体は焦点の外側にある。

②**物体が焦点の内側にあるとき**

レンズをのぞくと拡大された像が見える。この像は，実際に光が集まってできた像ではないので，その場所にスクリーンを置いても映すことはできない。見かけの像なので**虚像**という。

解説 ▶ **スクリーンに実像を映す**

図のように小さな電球（以下★）を焦点の外側に置く。★から出ている光の中で重要な入射光線①，②に注目する。

重要な入射光線①は，凸レンズで屈折して焦点を通過する（①′）。

重要な入射光線②は，そのまま直進する（②′）。

①′と②′の交点の位置に★の実像が結ばれる。

この位置に置かれたスクリーン上には，はっきりした像が映し出される。スクリーンが交点の前後に少しズレると，像は映るが輪かくがぼやける。

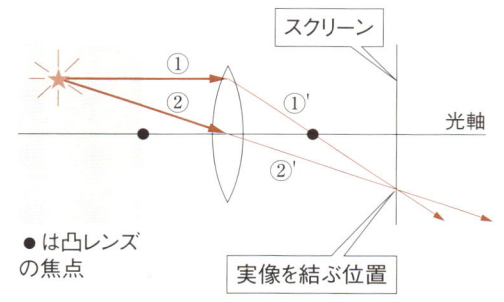

> 例題2 小さな電球★を図のように置いた。電球のはっきりした像が映るようにスクリーンの位置を決めたい。スクリーンを置く位置を図に示せ。ただし，スクリーンを置く位置を決めるためにかいた補助線などは消さないこと。●は凸レンズの焦点とする。

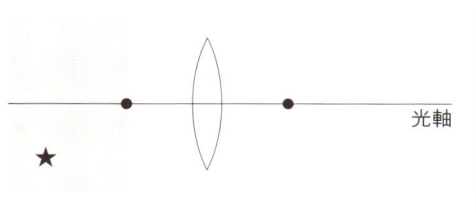

例題2の解答　右の図を参照

まず★の実像の位置を決める。★から凸レンズに，重要な入射光線①，②をかく。①はレンズで屈折して焦点を通過する（①′）。②はそのまま直進する（②′）。★の実像ができる①′と②′の交点の位置にスクリーンを置く。右の図が答えである。

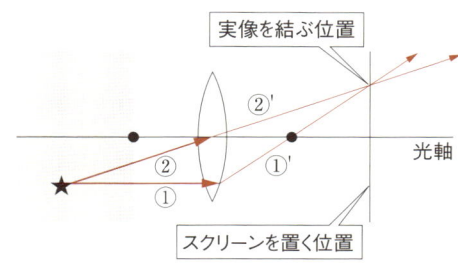

解説 ▶ 像と物体の位置の関係

図(a)のように，小さな電球（★）を焦点距離の2倍の位置に置く。★から凸レンズに重要な入射光線①，②をかく。①は凸レンズで屈折して焦点を通過（①′），②はそのまま直進（②′）する。①′と②′の交点も，焦点距離の2倍の位置になる。物体が焦点距離の2倍に位置するとき，実像も焦点距離の2倍の位置にできる。また，このときの実像はもとの物体と同じ大きさになる。

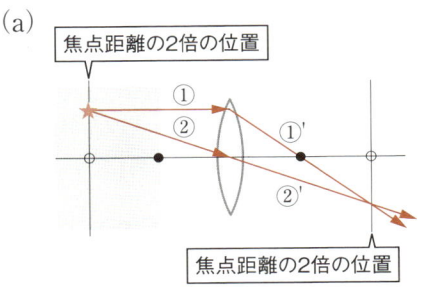

図(b)のように，★をちょうど焦点距離の位置に置く。★から重要な入射光線①，②をかく。凸レンズで屈折した光線①′と②′は平行になり，交点ができない。物体が焦点距離に位置するとき，像はできない。

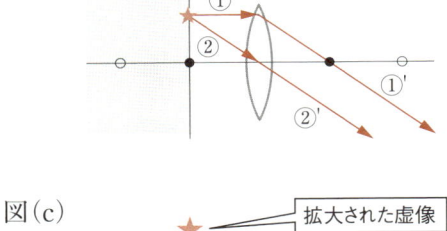

図(c)のように，★を焦点距離の内側に置く。★から重要な入射光線①，②をかく。凸レンズで屈折した光線①′と②′は次第に広がっていくので実像はできない。しかし，このとき，凸レンズをのぞいて★を見ると，レンズには大きく拡大された★が見える。これが見かけの像＝虚像である。ここから光が出ているわけではないが，まるでそこから光線が出ているかのように見える。

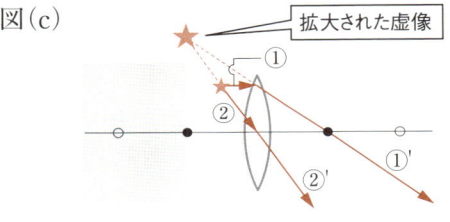

例題3 ●は凸レンズの焦点，○は焦点距離の2倍の位置を表すものとする。★は小さな電球を表している。

(1) 焦点距離の2倍の位置にある★から重要な入射光線①，②をかき，凸レンズで屈折した光線はちょうど焦点距離の2倍の位置に集まることを確かめよ。（図(a)に作図）

(2) 焦点距離の位置にある★から重要な入射光線①，②をかき，凸レンズで屈折した光線は平行になり，交わらないことを確かめよ。（図(b)に作図）

(3) 焦点距離の内側にある★から重要な入射光線①，②をかき，凸レンズで屈折した光線は次第に広がっていくことを確認せよ。さらに，レンズを通った光線を逆方向に延長すると，交点ができることを確認せよ。（図(c)に作図）

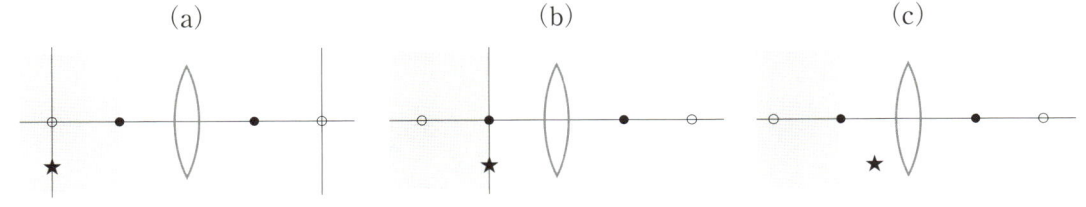

例題3の解答　下の図を参照

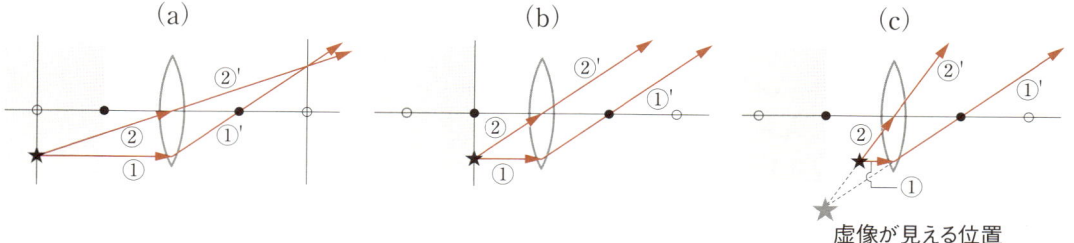

解説▶ 実像の位置と大きさ

遠くの景色が小さく見えるように，物体が凸レンズから遠く離れた位置にあれば，その実像は小さいものになる。遠くの物体を凸レンズに近づけると，実像は次第に大きくなる。物体が焦点距離の2倍の位置まで来ると，実像は物体と同じ大きさになる。さらに物体を凸レンズに近づけると，物体よりも大きな実像ができる。焦点の内側に物体が入ると実像はできない。

焦点距離の2倍に位置する物体の実像は，物体と同じ大きさで，焦点距離の2倍に位置する。

焦点距離の2倍の位置から物体を遠ざけると，実像は凸レンズに近づき物体より小さくなる。反対に物体を凸レンズに近づけると，実像は凸レンズから離れ，物体よりも大きくなる。

例題4 焦点距離の2倍の位置にある物体Aの先端から，重要な入射光線①，②をかき，凸レンズで屈折した光線の交点が像A′の先端に一致することを確認せよ。次に物体を近づけた場合，遠ざけた場合についても作図で確かめよ。

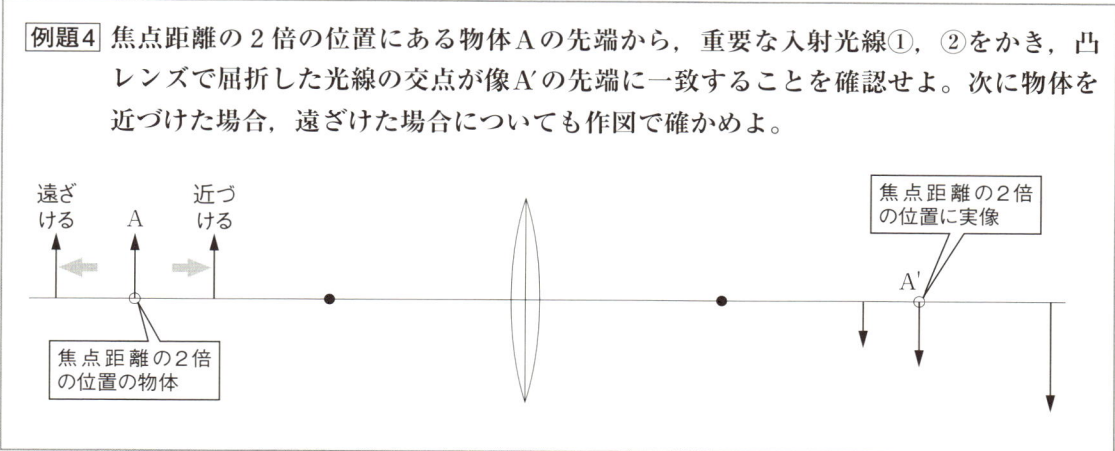

例題4の解答　下の図を参照

焦点距離の2倍の位置（A）にある物体の実像は，物体と同じ大きさで焦点距離の2倍の位置（A′）にある。物体をAから凸レンズに近づけると（A₁），実像は物体よりも大きくなりA′から遠ざかる（A₁′）。物体をAから遠ざけると（A₂），実像は物体よりも小さくなりA′より凸レンズに近づく（A₂′）。

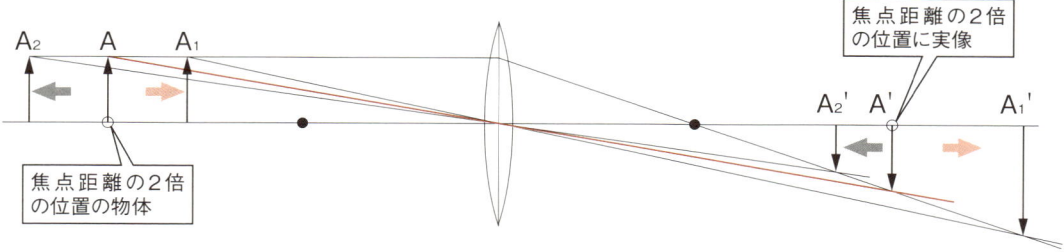

重点学習 凸レンズの実像

スクリーンに映る像の大きさと，スクリーンと凸レンズの距離の関係を作図を通して理解する。ここでも重要な入射光線①と②が活躍する。

> [例題1] 電球，凸レンズ，スクリーンを直線上に並べる。距離 a に合わせて，スクリーンにはっきりした電球の像が映るように距離 b も調節する。<u>距離 a を大きくすると，距離 b はどのように変化するか。</u>ただし，凸レンズの位置は固定するものとする。

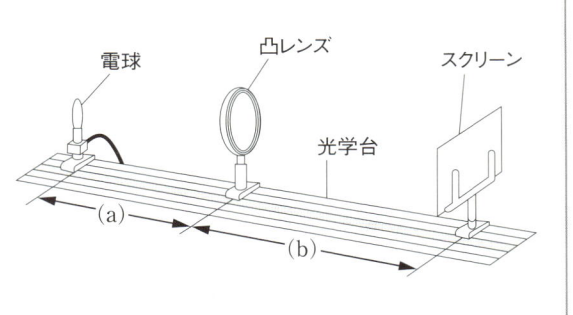

考え方　重要な入射光線①と②を使う

実像の位置とその大きさの関係は，右のような図をかいて確かめる。図のように，凸レンズは線で表してかまわない。光軸はレンズの中心を通り，レンズの面に垂直な直線である。

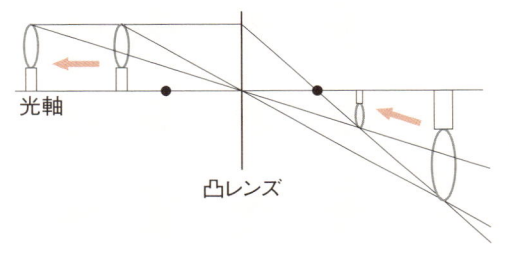

[例題1の解答]　（距離 b は）小さくなる

凸レンズから電球を遠ざけると，電球の像は凸レンズに近づき，像が小さくなることを以下の手順で確認する。

［手順1］光軸と焦点をかく

凸レンズと光軸を垂直に交わるようにかく。凸レンズの両側に焦点「●」を打つ。凸レンズからの距離が等しくなるように注意する。レンズの焦点の外側に，電球をかく。光軸にのせるようにかくと作図に便利。

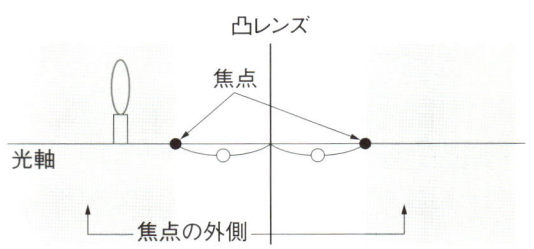

［手順2］重要な入射光線①をかく

電球の先端から，光軸に平行な直線をレンズまで引く。そこから焦点を通る適当な長さの線分を引く。

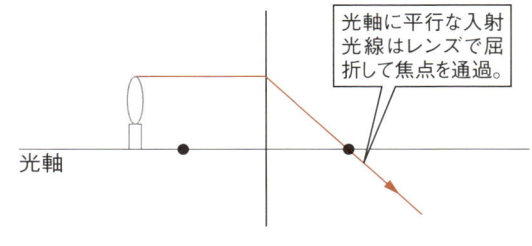

光軸に平行な入射光線はレンズで屈折して焦点を通過。

[手順3] 重要な入射光線②をかく

電球の先端からレンズの中心を通る線分をまっすぐ延長する。2つの直線の交点が電球の像の先端になる。

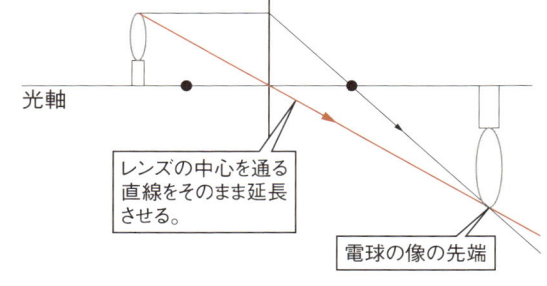

[手順4] 遠ざけた電球で同じ作業をくり返す

凸レンズから遠ざけて、もう1つの電球をかく。もう1つの電球の先端から、手順2, 3の2つの入射光線を引く。レンズを通過した2つの線の交点がもう1つの電球の像の先端の位置である。

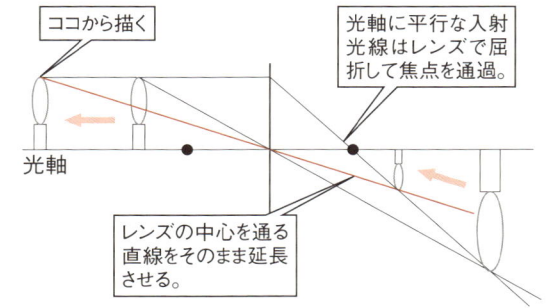

凸レンズの焦点から電球を遠ざけると、電球の像は凸レンズに近づき、像は小さくなる。

電球と同じ大きさの像ができているとき、電球も像も凸レンズから焦点距離の2倍の位置にある。

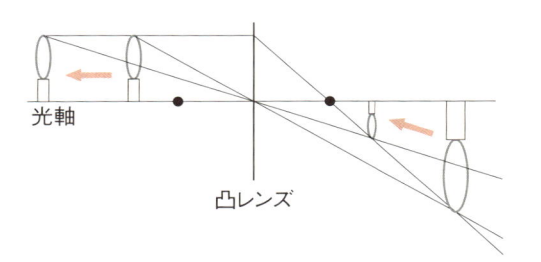

練習問題

▶▶▶ 解答は232ページ

1. 焦点距離10 cmの凸レンズを使って，次の実験を行った。

   [実験]
   図のように，光源，物体，凸レンズ，スクリーンを直線上に並べ，凸レンズの位置を固定した。次に，物体とスクリーンの位置をいろいろ変えて，スクリーンにはっきりした像が映るときの位置を調べ，そのつど，凸レンズと物体の距離Xおよび凸レンズとスクリーンの距離Yを測定した。

   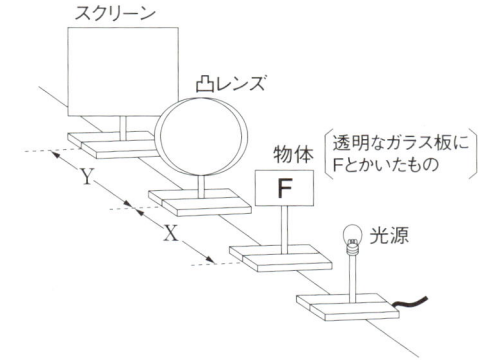

   (1) スクリーンに映った像を観察した。凸レンズの側からスクリーンを見た場合どのように見えるか。また，スクリーンに半透明のものを使い，スクリーンの裏側から像を観察するとどのように見えるか。最も適切なものをそれぞれ次のア～エから選べ。

   (2) 距離Xを40 cmから15 cmまで変化させる。このように物体を凸レンズに近づけると距離Yは大きくなるか，小さくなるか。また，そのときの像の大きさはどうなっていくか。それぞれ書け。

   （2004年　石川県・改題）

2 図1のように,「4」の字形に自ら光る光源を用いて,光源やスクリーンの位置を変えながら,凸レンズによる像のできる位置やそのでき方を調べた。下の表はその結果を示したものである。ただし,aは凸レンズから光源までの距離,bははっきりとした像ができたときの凸レンズからスクリーンまでの距離である。

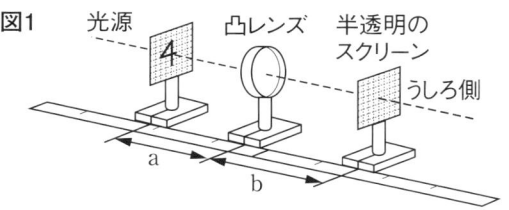

	結果1	結果2
a〔cm〕	60	40
b〔cm〕	30	40

(1) 実験の結果1で,光源の大きさが図2のようであったとき,スクリーンのうしろ側から見た像のでき方で最も適当なものを図3のA〜Eから選んで,その記号を書け。

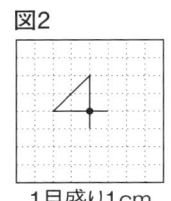

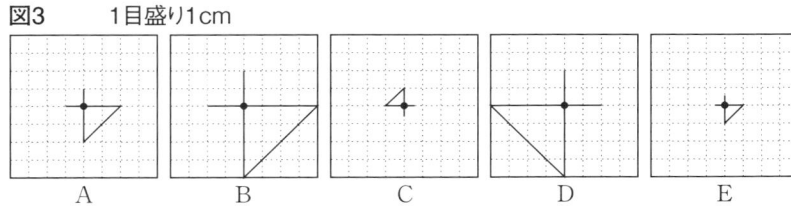

(2) 凸レンズの焦点距離は何cmか。

(2005年 福井県・改題)

3 音の性質

転写　音の波形

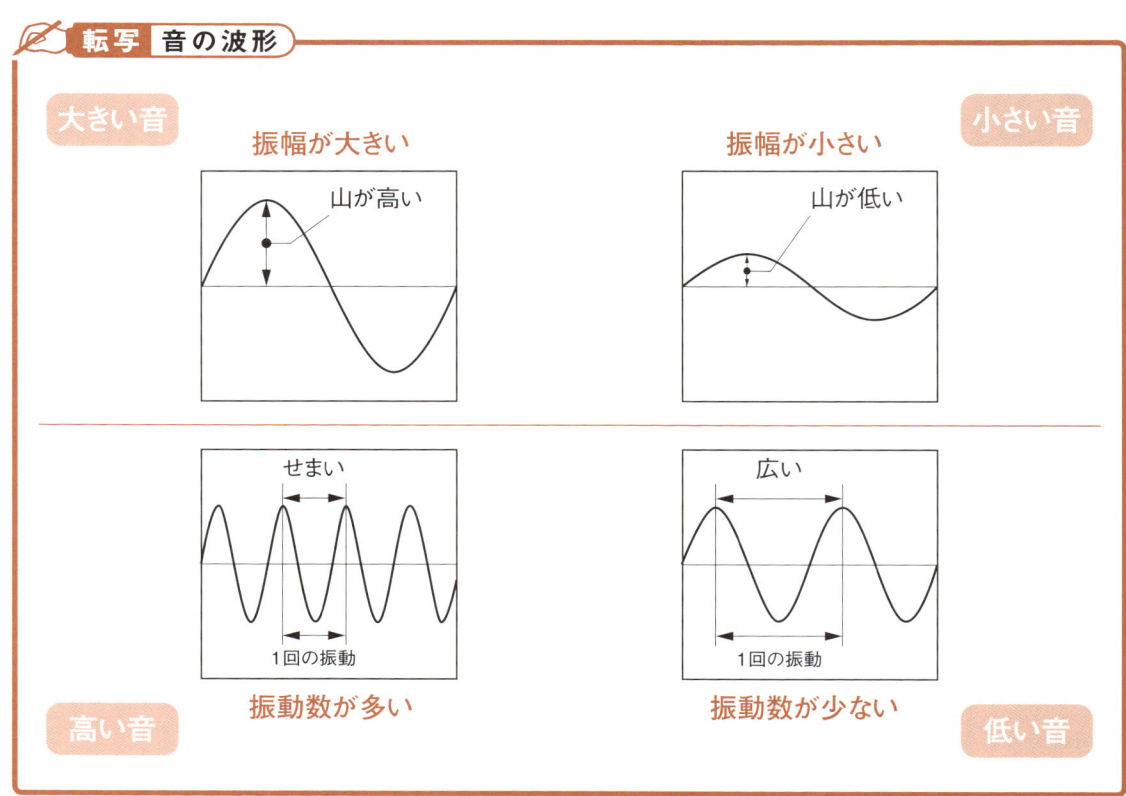

解説 ▶ 振動

音を出す物体を音源（または発音体）という。どのような音源も細かくふるえている。この細かいふるえのように，くり返し起こる往復運動を振動という。音源の振動は，音源のまわりの空気を振動させ，その外側の空気を振動させ，そのまた外側の空気を振動させ……，振動は次々に広がっていく。それが耳の鼓膜をふるわせると，音として聞こえる。振動が周囲に次々に伝わる現象を波（または波動）というが，波は振動が次々に伝わるのであって，空気（振動を伝えているもの）は移動していない。

解説 ▶ 音の速さ

遠くの稲光は，光ってしばらくしてからゴロゴロと音が聞こえてくる。光と音は同時に発生しているが，光に比べれば音の速さは非常に遅い。瞬間的に届く光に対して，音が届くまでには時間がかかる。音の速さは毎秒340 mであるが，気温によって変化する。気温が高いほど音の速さは大きくなる。

音は振動を伝えるものがあれば，空気中以外の場所でも伝わる。水中での音の速さは毎秒1500 m。振動を伝えるものがない真空中では音が伝わらない。

> **例題1** 花火が見えてから,ドーンという音が聞こえるまでちょうど 1.2 秒だった。花火が輝いた場所までは何 m だったか。音の伝わる速さを 350 m/s として計算せよ。

例題1の解答　420 m

花火が輝いたとき光と音は同時に発生する。
光はその瞬間に届くが,音は 350 m/s の速さで 1.2 秒かかって進んできた。

$$350 \times 1.2 = 420 \text{ [m]}$$

※光の速さは約 30 万 km/s(1 秒間に地球を 7 周半する速さ)なので,伝わる時間は無視してよい。

解説 ▶ 音の特徴と音の形

音には次の 3 つの要素がある。この 3 つの要素の違いで音の特徴が決まる。

- ①音の大きさ
- ②音の高さ
- ③音色

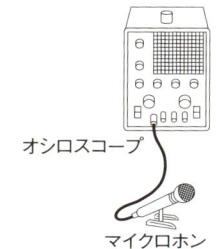
オシロスコープ
マイクロホン

オシロスコープは,音の違いを視覚的にとらえることを可能にする装置である。この装置は,マイクロホンで集めた音を電気信号に変え,波形として画面に表示するもので,画面の横軸は時間〔秒〕を表している。

オシロスコープを使って,図のようなモノコードの弦のはじき方と音の違いを調べる。

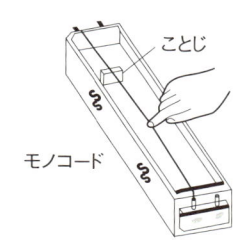
ことじ
モノコード

①大きい音・小さい音

弦を強くはじくと,ふれ幅が大きくなり大きな音が出る。軽くはじくと,弦のふれ幅は小さくなり小さな音になる。音源のふれ幅のことを<u>振幅</u>という。音源の振幅の大小で音の大小が決まる。

オシロスコープで観察すると,<u>大きな音は山の高い波形になり,小さな音は山の低い波形になる。</u>

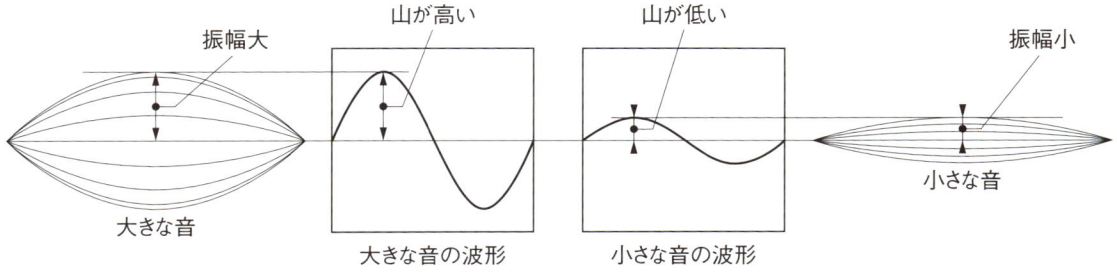

②**高い音・低い音**

　音源が1秒間にふるえる回数を**振動数**という。単位はヘルツ〔Hz〕で，音源が1秒間に100回振動していれば，その振動数は100 Hzとなる。時報に使われている音は，最初の3つが440 Hz，最後の1つが880 Hz。振動数が多いほど高い音になる。音源の振動数で，音の高低が決まる。

　モノコードは，弦を支えることじを移動させ，振動する部分の長さを変えることができる。ことじを中央のほうに近づけて弦をはじくと，高い音が出る。振動する部分を短くすると，振動数が増えて高い音になる。また，弦の張りを強くしても，細い弦にかえてはじいても高い音が出る。

　オシロスコープで観察すると，高い音は山と山の間隔がせまい波形になり，低い音は山と山の間隔が広い波形になる。

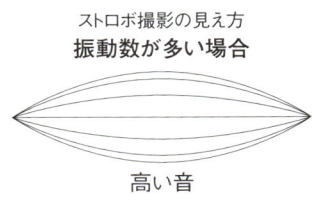
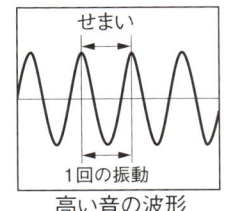
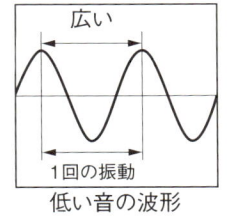
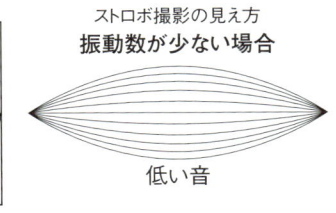

|例題2| 音さから出る音を，オシロスコープとマイクロホンで観察した。まず高い音が出る音さを強くたたき，次に同じ音さを弱くたたいた。低い音が出る音さにかえて強くたたき，さらに弱くたたいた。
図A～Dは，オシロスコープに表示された波形の記録である。A～Dを記録された順に並べなさい。ただし，横軸は時間〔秒〕，縦軸は振動の幅を表している。

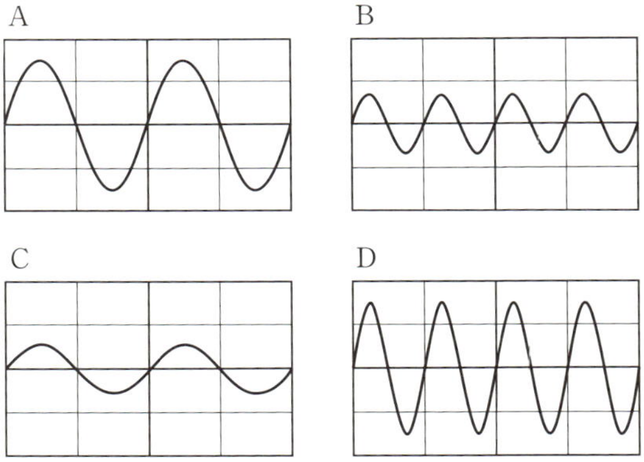

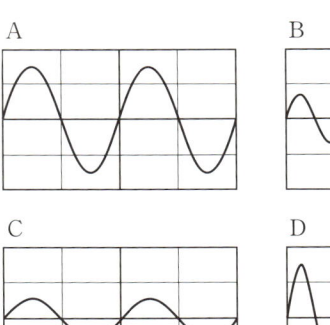

例題2の解答　（記録された順に）D，B，A，C

強い音の波形は，高い山になる。
高い音の波形は，山と山の間隔がせまい波形になる。
山と山の間隔がせまいBとDは高い音の記録，間隔が広いAとCは低い音の記録である。
山が高いAとDは強い音の記録，山が低いBとCは弱い音の記録である。

練習問題

▶▶▶ 解答は233ページ

1 次の実験についてあとの(1), (2)の問いに答えなさい。

[実験]
図1のように, 水を入れたビーカーを木の棒でたたいた。その直後の音をマイクを通してオシロスコープで調べたところ, 図2のような音の波形になった。

(1) ビーカーの水の量はそのままで, [実験] よりもビーカーを弱くたたいたとき, オシロスコープに表示される音の波形はどのようになるか。最も適当なものをア～カの中から1つ選び, 記号を書きなさい。

(2) ビーカーの水を減らして, [実験] と同じ強さでビーカーをたたいたとき, オシロスコープに表示される音の波形はどのようになるか。最も適当なものをア～カの中から1つ選び, 記号を書きなさい。

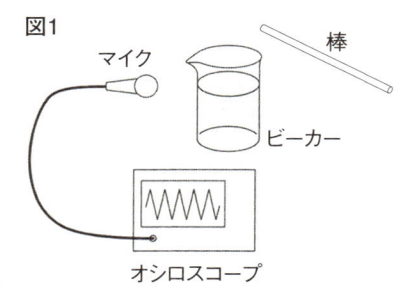

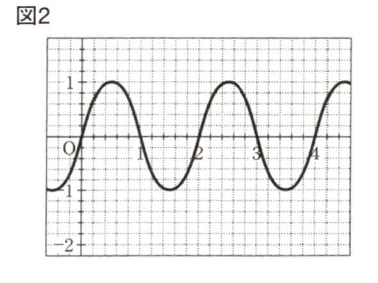

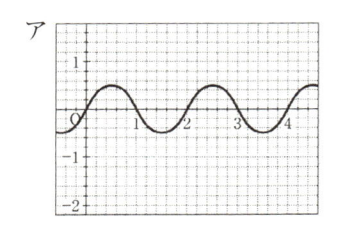

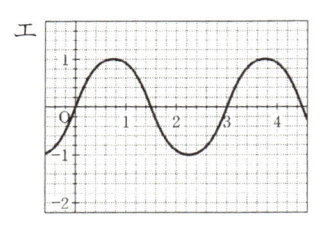

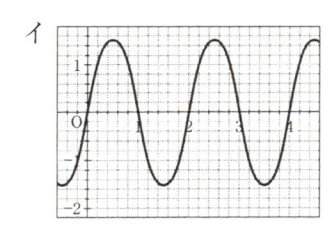

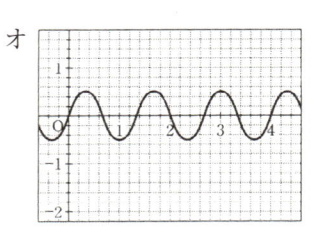

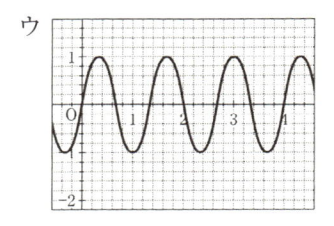

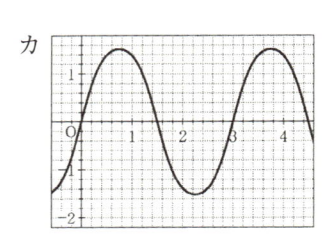

（2004年　佐賀県後期）

1 分野
物理

第 2 章

力と圧力・浮力

鉛筆で手のひらを押すとき，鉛筆の背で押すより，芯の先で押すほうが痛く感じるはずです。

鉛筆の背は力を分散させ，芯の先は力を集中させます。家具やピアノの足に台を敷くのも，力を分散させる工夫です。力を受ける面積にからくりがあるようです。

この章では力について考えます。押す力と力を受ける面積の関係に注意してください。

1 力とバネ

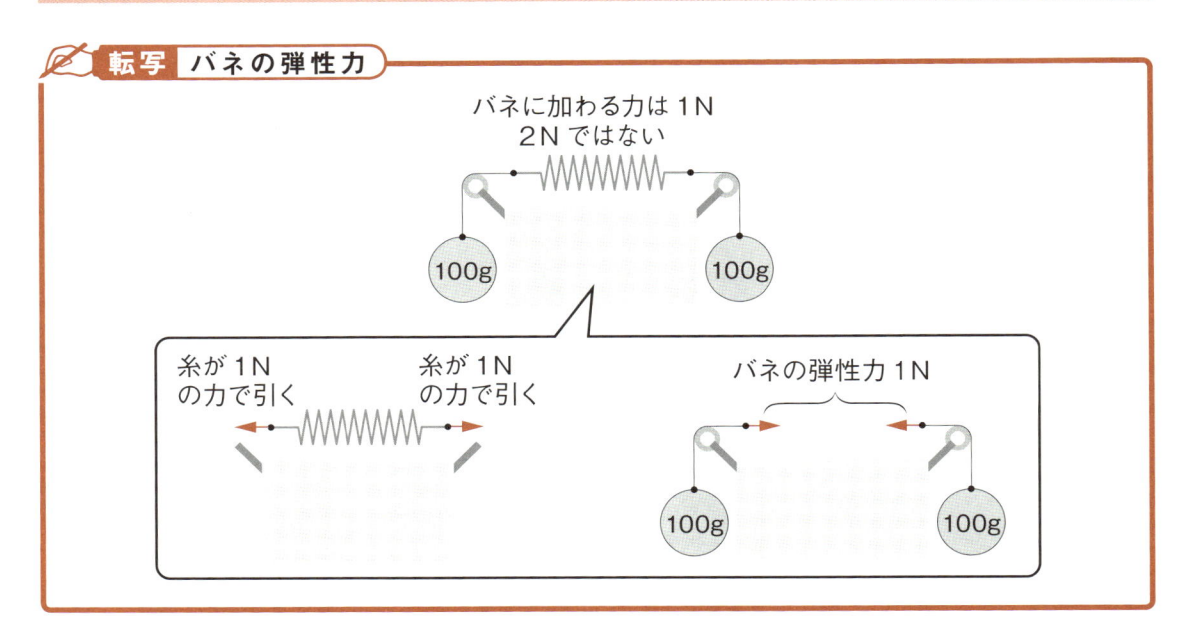

転写 バネの弾性力

バネに加わる力は1N
2Nではない

100g 100g

糸が1N
の力で引く

糸が1N
の力で引く

バネの弾性力1N

100g 100g

解説 ▶ 力の3つのはたらき

力そのものを目で見ることはできない。しかし，物体に力のはたらきがあると，次の現象①〜③のどれかが見られる。これに着目することで，力がはたらいた痕跡や，力がはたらいているようすを知ることができる。

①物体が変形する

例 つぶれたペットボトル。この変形は，何らかの力のはたらきを受けた痕跡である。

②物体が支えられる

例 本棚の本。棚から支える力のはたらきを受けているから落下しない。

③運動のようすが変化する

例 打ち返されたボール。ボールに力がはたらいたので軌道が変化した。

解説 ▶ 力の表し方

力を表すときは，右のような矢印を利用する。この矢印には，次の3つの要素が盛り込まれている。

力の3要素

力がはたらく場所（作用点）	矢印の起点の部分
力の大きさ	矢印の長さ
力の向き	矢印の向き

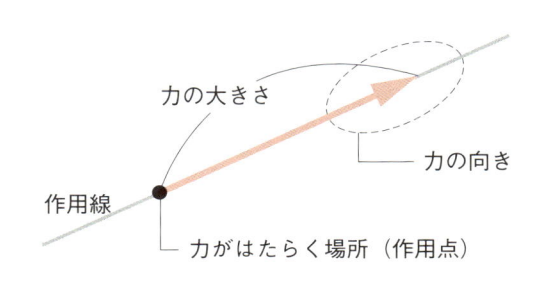

力の大きさ
力の向き
作用線
力がはたらく場所（作用点）

解説 ▶ **重力の表し方**

どんな物体も地球に引っ張られている。地球が物体を引っ張る力を**重力**という。「重力の大きさ」のことをふつう**重さ**といい，質量が大きな物体には大きな重力がはたらく。重力の大きさは物体の質量に比例して大きくなる。

重力の大きさの単位はニュートン〔N〕である。質量100gの物体にはたらく重力の大きさを1Nとする（つまり，1Nの力で質量100gの物体を支えることができる）。単1乾電池1個の質量が約100gであるから，単1乾電池1個を手にのせているとき，手は1Nの力で支えていることになる。

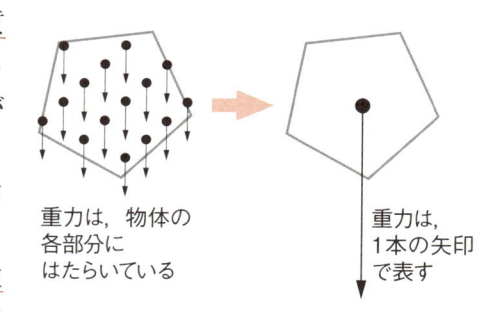

重力を力の矢印で表すときは，図のように物体の重心から鉛直下向き（地球の中心に向かって）に，1本の矢印で表す。重力は物体の各部分にはたらいていて，それらをすべて矢印で表すことは不可能である。そこで物体にはたらく重力は，各部分バラバラの力を1つにまとめて表す。

重力は，物体の各部分にはたらいている

重力は，1本の矢印で表す

例題1 質量100gの物体にはたらく重力の大きさを1Nとする。

(1) 質量4.5kgの物体にはたらく重力の大きさは何Nか。

(2) 質量20gのおもりをつるすと1cm伸びるバネがある。このバネにおもりをつるしたところ，バネの伸びが8cmになった。バネは何Nの力でおもりを支えているか。

(3) 5Nの力を加えると3cm伸びるバネがある。このバネに質量2kgのおもりをつるした。バネは何cm伸びて止まるか。

例題1の解答　　(1) 45N　　(2) 1.6N　　(3) 12cm

(1) 質量100gの物体にはたらく重力の大きさが1N，1kg（＝1000g）なら10N。4.5kgの物体には45Nの重力がはたらく。

(2) バネは質量20gのおもりで1cm伸びる。伸びが8cmであるから，20×8＝160〔g〕のおもりをつるしていることがわかる。160gのおもりには1.6Nの重力がはたらくので，バネは1.6Nの力で支えている。

(3) 2kgのおもりには20Nの重力がはたらくので，おもりを支える力は20N必要。バネは5Nの力で3cm伸びる。20Nは5Nの4倍なので，バネの伸びも3cmの4倍になる。よって，3×4＝12〔cm〕伸びる。

※ バネの伸びと力の関係は37ページを参照のこと。

解説 ▶ 重さと質量の違い

月面上では地球上より物体の重さを軽く感じる。これは，月の重力の大きさが地球の6分の1だからである。600gの物体が，地球から受ける重力の大きさは6N，月から受ける重力の大きさは6分の1の1Nである。軽く感じるのは，そのためである。体で感じる重力の大きさのことを「重さ」という。無重力の宇宙空間では，「重さ」はなくなってしまう。

月面上では物体の重さを軽く感じるが，物体そのものは変化していない。

たとえば無重力の宇宙空間に，見た目には区別がつかない鉄球とゴムの球が漂っているとする。地球上であれば持ち上げて重さの違いを感じることができるが，無重力状態では重さは感じない。ところが，無重力状態でも同じ速度で飛んでいるこの2つを手で受け止めたとき，鉄球はゴムの球よりズシッと手ごたえがある。この手ごたえの差が質量の差である。質量は物体にそなわった分量に当たり，場所によって変化することはない。

- 重さ　体で感じる重力の大きさのこと。場所によって変化する。単位はニュートン〔N〕。
- 質量　物体にそなわった分量のこと。場所によって変化しない。単位は〔kg〕〔g〕など。

たとえば，質量600gの物体の場合，月の重力を地球の6分の1とすると，

	地球上	月面上	無重力の宇宙空間
質量〔g〕	600 g	600 g	600 g
重さ（＝重力の大きさ）〔N〕	6 N	1 N	0 N

例題2 質量100gの物体にはたらく地球の重力の大きさを1N，月の重力を地球の重力の6分の1とする。

(1) 36kgの荷物の地球上での重さと，月面上での重さはそれぞれ何Nか。

(2) 質量480gの物体は，月面上では何gか。

例題2の解答　(1) 地球上での重さ：360N　月面上での重さ：60N　(2) 480g

(1) 質量100gの物体にはたらく重力の大きさが1N，1kgなら10N。36kgの物体にはたらく重力の大きさは360N。これが月面上では6分の1になるので 360÷6＝60〔N〕。

(2) 質量は場所によって変化しないので，地球上でも月面上でも宇宙空間でも480g。

解説 ▶ 弾性と弾性力

バネやゴムのように，変形した物体が元の形に戻る性質を弾性という。

変形した物体（バネ，ゴム，下敷きなど）が元の状態に戻ろうとするときに，他の物体に対して力を加える。この力を弾性力という。

一方，変形した物体が元の形に戻らない性質を可塑性（または塑性）という。粘土は可塑性をもつ物体の代表。プラスチックは弾性をもつが，熱や力を加えることで可塑性が表れる。この特性を利用してさまざまな形のプラスチック製品が作られる。

解説 ▶ フックの法則

図のようにおもりの質量を2倍，3倍……とふやしていくと，バネの伸びも2倍，3倍……となる。バネに加える力の大きさが2倍，3倍……になると，バネの伸びも2倍，3倍……となる。このとき，バネの弾性力も2倍，3倍……となる。

バネの伸びとバネの弾性力とが比例する性質をフックの法則とよぶ。

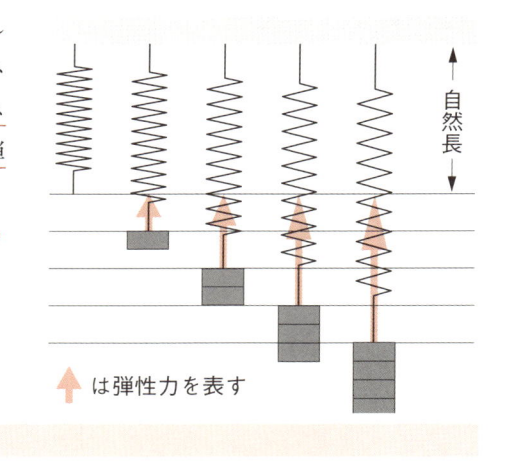

↑ は弾性力を表す

解説 ▶ バネの弾性力

図のように，100gのおもりをバネの両端につるした場合を考える。100gの物体にはたらく重力の大きさを1Nとすると，バネの両端には1Nずつ力が加わっている。

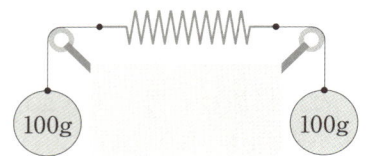

バネは，両端を引っ張られると伸びる。片方だけ引かれてもバネは伸びない。図の場合，バネを引っ張る力は1Nであって，1＋1＝2Nではない。

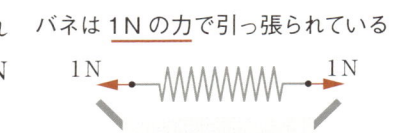

バネは1Nの力で引っ張られて伸びている。伸びたバネは元の長さに戻ろうと，バネを引き伸ばしているもの（ここではバネの両端の糸）を1Nの力で引っ張り返す。この力がバネの弾性力である。

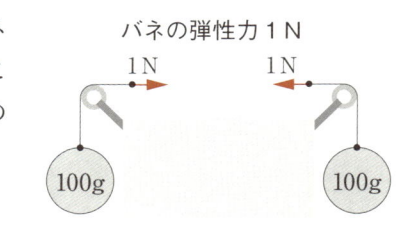

図1のようにおもりをつるしたとき，バネはおもりと天井に引っ張られている。したがって，バネの弾性力は，おもりと天井それぞれにはたらいている。

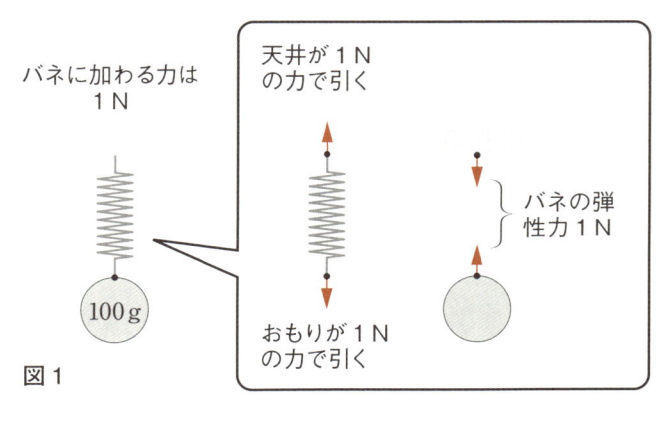

図1

図2の場合，バネは壁とおもりをつないだ糸に引っ張られている。したがって，バネの弾性力は，壁と糸それぞれにはたらく。

バネに加わる力は1N

図2

糸が1Nの力で引く　壁が1Nの力で引く　バネの弾性力1N

図3のようにバネの両端におもりをつるす場合，バネに加わる力を2Nとしないこと。また，バネを直接引っ張っているのは，おもりではなく糸であることにも注意しよう。

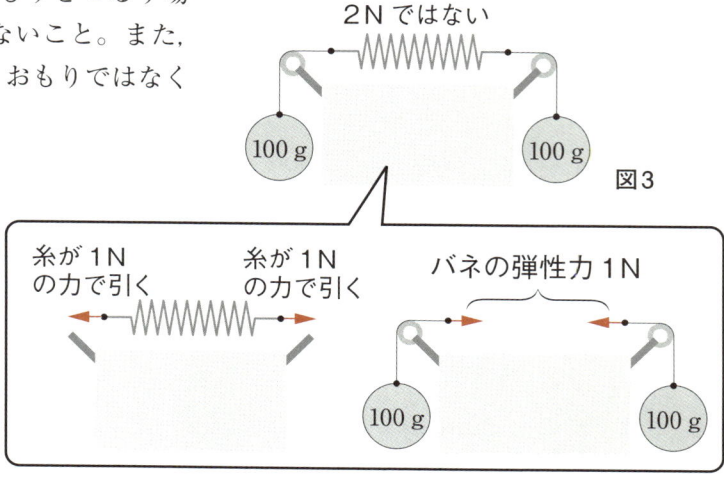

バネに加わる力は1N
2Nではない

図3

糸が1Nの力で引く　糸が1Nの力で引く　バネの弾性力1N

解説 ▶ バネの連結

図1のようにバネAに20gのおもりをつるしていく。

バネAは，20gのおもりを1個つるすと2cm伸びる。2個つるすと4cm伸び，3個つるすと6cm伸びる。

同じ強さをもつバネAをいくつか用意する（これをA_1, A_2, A_3, A_4……とする）。バネ自体の重さは無視できるものとする。

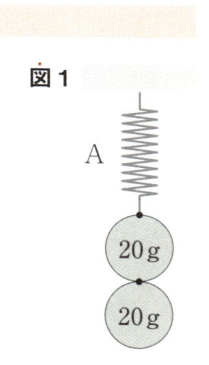

図1

図2は，バネ A_1 と A_2 を直列につないで20gのおもりを2個つるしたものである。

この場合，バネ A_1 は20gのおもり2個を支えていることになる。バネ A_2 も20gのおもり2個を支えていることになる。したがって，<u>バネ A_1，A_2 の伸びはそれぞれ4cm</u> である。

図2

A_1 が支えるのは40g分
A_2 が支えるのは40g分

図3は，バネ A_3，おもり，バネ A_4，おもりの順に連結してつるしたものである。

この場合，バネ A_3 は20gのおもり2個を支えていることになり，バネ A_4 は20gのおもり1個を支えることになる。したがって，<u>バネ A_3 の伸びは4cm</u>，<u>バネ A_4 の伸びは2cm</u> となる。

図3

A_3 が支えるのは40g分
A_4 が支えるのは20g分

図4は，バネを並列にしたものである。

この場合，つるしたおもり60g分を2つのバネで分担して支えることになるので，それぞれのバネは，30gを支えている。したがって，<u>バネ A_5，A_6 の伸びはそれぞれ3cm</u> である。

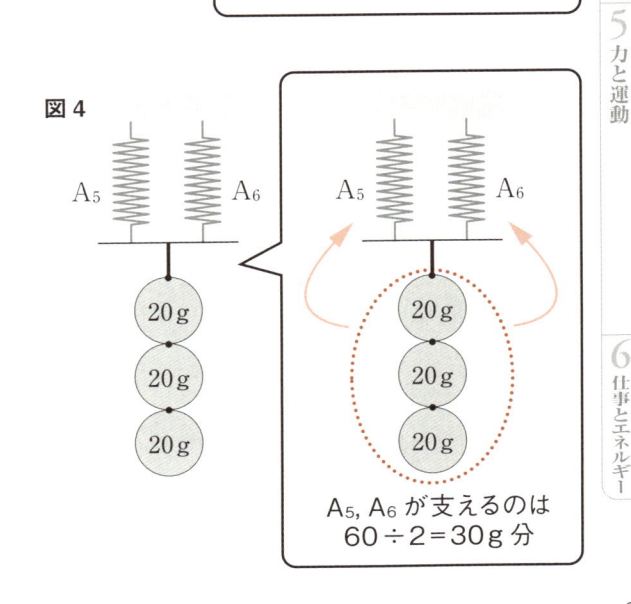

図4

A_5，A_6 が支えるのは $60 \div 2 = 30$ g分

練習問題

▶▶▶ 解答は 233 ページ

1 図のように，球が斜面を下って飛び出した。A〜Cの各瞬間の球にはたらく重力をかけ。矢印の長さは適当でよいが，作用点「●」をかくこと。

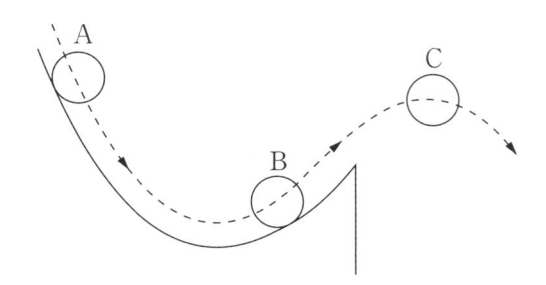

2 図1のように，100 g のおもりを天井からつるしたところ，バネの伸びは 4 cm になった。
   このバネを使って以下のようにおもりをつるした。次の問いに答えなさい。

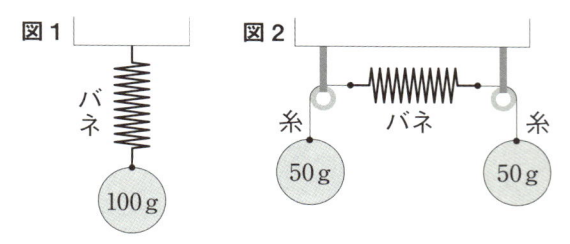

   (1) 図2のように，50 g のおもりに糸をつけ，バネの両端に滑車を通してつるした場合，バネの伸びは何 cm か。

   (2) 同じバネを2つ用意して，バネ A，Bとする。この2つのバネと 50 g のおもり 2 つを図3のように連結してつるした場合，バネ A，Bそれぞれの伸びは何 cm か。

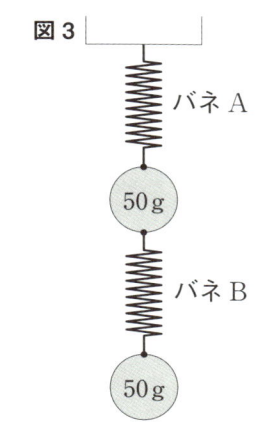

3 強さの異なるバネ A，Bに力を加え，力の大きさとバネの伸びを調べてグラフに表した。
   図のように，バネ A と B を連結し，水平な台の上で両側からゆっくりと引き，バネ B の伸びが 2 cm になったとき引くのを止めた。このとき，バネ A の伸びは何 cm か。バネの重さは考えないものとする。

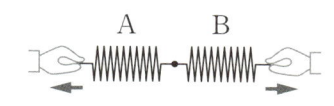

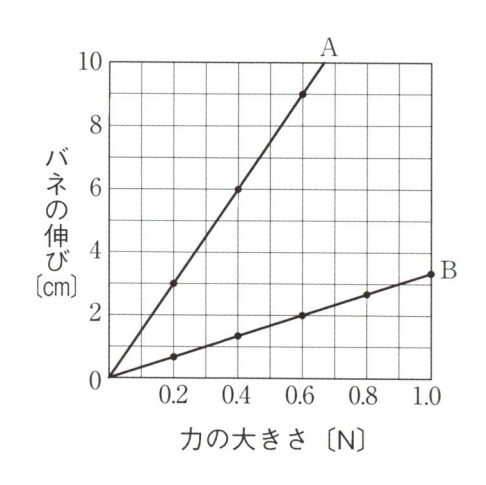

(2004 年　宮崎県・改題)

2 力と圧力

転写 圧力

圧力 単位面積当たりに加わる力の大きさ

$$\text{圧力 (Pa)} = \text{圧力 (N/m}^2\text{)} = \frac{\text{面を垂直に押す力 (N)}}{\text{ふれあう面積 (m}^2\text{)}}$$

（パスカル）　（ニュートン毎平方メートル）

解説 ▶ 圧力

　図のように紙コップの上に板をのせ，静かに人がのる。紙コップ2個では支えきれずにコップはつぶれてしまうが，9個並べればつぶれない。紙コップの数がふえると，それぞれの紙コップに加わる負担は小さくなるからである。

　ここで，紙コップ1個に「加わる負担が小さくなる」というかわりに「圧力が小さくなる」ということができる。圧力とは1m²当たり垂直に加わる力の大きさのことである。紙コップの数をふやすと体重が分散され，1個の紙コップに加わる圧力は小さくなり，体重を支えることができるようになる。

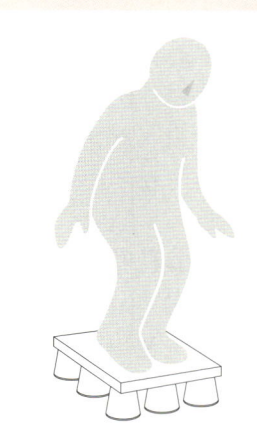

　力を受ける面の面積が大きくなると，圧力は小さくなる。

例題1 上の図において，紙コップ2個では体重を支えきれずにつぶれ，9個並べればつぶれなかった理由を，「圧力」という語を用いて説明しなさい。

例題1の解答　紙コップの数がふえ，紙コップ1個に加わる圧力が小さくなったため。
上にのる人の体重は変化していない。体重を支える面の面積が大きくなったため，紙コップにかかる圧力が小さくなったのである。

解説 ▶ へこみ方の違い

　向きを変えてレンガをスポンジにのせる。図の(a)，(b)は同じレンガを，向きを変えてスポンジにのせたものである。

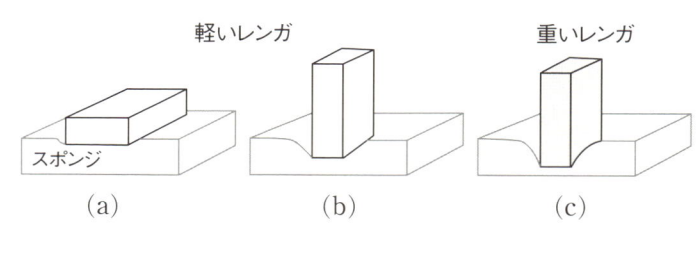

　スポンジとふれあう面の面積が大きい図(a)のほうが，スポンジのへこみ方は小さい。ふれあう面積が大きいほど圧力は分散されるので，へこみ方は小さくなる。

軽いレンガ　　重いレンガ

(a)　　(b)　　(c)

(c)は，大きさが同じで重いレンガを(b)と同じ向きに置いたもの。ふれあう面積が同じであれば，押す力が大きいほうがへこみ方も大きくなる。スポンジのへこみ方は，圧力の違いによる。へこみ方が大きいほうが，大きな圧力が加わっている。

よくへこませる方法には，①押す力を大きくする，②ふれあう面積を小さくする，の２つがある。

例題2 図のような立方体A〜Cを水平なスポンジの上に置いたとき，スポンジのへこみ方が大きい順にA〜Cを並べなさい。

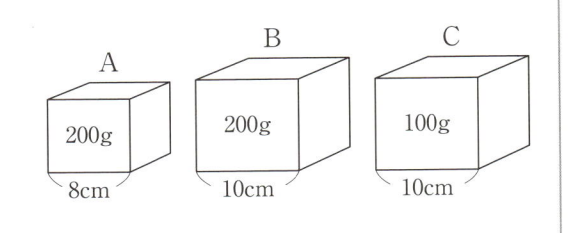

A 200g 8cm　B 200g 10cm　C 100g 10cm

例題2の解答　A → B → C

AとBは同じ質量なので，スポンジを押す力は同じである。スポンジとふれあう面積が小さいAのほうが圧力が大きくなり，へこみ方は大きい。

BとCはスポンジとふれあう面積が同じなので，スポンジを押す力が大きいBのほうが圧力が大きくなり，へこみ方は大きい。

解説 ▶ 圧力の求め方

図のような立方体ア〜ウを水平なスポンジの上に置いたときのスポンジのへこみ方を考える。

アとイは同じ質量なので，スポンジを押す力は同じであるが，スポンジとふれあう面積が小さいアのほうがへこみ方は大きい。イとウはスポンジとふれあう面積が同じなので，スポンジを押す力が大きいウのほうがへこみ方は大きい。

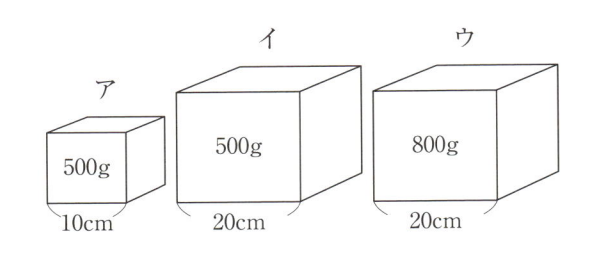

ア 500g 10cm　イ 500g 20cm　ウ 800g 20cm

どの立方体がスポンジをよくへこませるか

では，アとウどちらのへこみ方が大きいだろうか。

アの立方体にはたらく重力の大きさは5Nである。アをのせたスポンジは，立方体の底面積$10 \times 10 = 100$〔cm^2〕で5Nの力を受けている。よって，1 cm^2 当たり $5 \div 100 = 0.05$〔N〕の力が加わっていることになる。

ウの立方体にはたらく重力の大きさは8Nである。ウをのせたスポンジは，立方体の底面積$20 \times 20 = 400\ cm^2$ で8Nの力を受けている。よって，1 cm^2 当たり $8 \div 400 = 0.02$〔N〕の力が加わっていることになる。

以上を比べると，1 cm^2 当たりに加わる力はアのほうがウより大きいことがわかる。これは，アをのせたスポンジのほうがへこみ方が大きいことを意味する。

アとウの関係を整理してみよう。

	立方体 ア	立方体 ウ
立方体の質量	500 g	800 g
立方体にはたらく重力の大きさ	5 N	8 N
立方体がスポンジを押す力	5 N	8 N
スポンジとふれあう面積	100 cm^2	400 cm^2
1cm^{2}に加わる力の大きさ（圧力）	$\frac{5}{100}$ = 0.05 N/cm^2	$\frac{8}{400}$ = 0.02 N/cm^2

　表の「1 cm^2 に加わる力の大きさ」が圧力である。面を垂直に押す力の大きさ〔N〕を，力を受ける面の面積〔cm^2〕で割って求めたので，この場合の圧力の単位は〔N/cm^2〕（ニュートン毎平方センチメートル）となる。

　圧力は単位面積当たりに加わる力の大きさのことである。1 m^2 に加わる力の大きさを求めるときは，力〔N〕を面積〔m^2〕で割って求める。この場合，圧力の単位は〔N/m^2〕（ニュートン毎平方メートル）となる。圧力の単位には〔N/cm^2〕，〔N/m^2〕の他にパスカル〔Pa〕を使う。1 N/m^2 = 1 Pa である。

$$\text{圧力〔Pa〕} = \text{圧力〔N/m}^2\text{〕} = \frac{\text{面を垂直に押す力〔N〕}}{\text{ふれあう面積〔m}^2\text{〕}}$$

重点学習 圧力の計算

圧力は，面を垂直に押す力〔N〕を，その力がはたらく面積〔m²〕で割って求める。圧力の単位パスカル〔Pa〕は，〔N〕を〔m²〕で割って求めるので，$1\,\text{Pa} = 1\,\text{N/m}^2$ である。

例題1 図のような大きさの直方体が水平な机の上に置かれている。Aの面を下にして置くとき，直方体が机に及ぼす圧力〔Pa〕を求めなさい。また，Bの面を下にして置いた場合の圧力は，Aの面を下にした場合の何倍か求めよ。ただし，100 g の物体にはたらく重力の大きさを1 N とする。

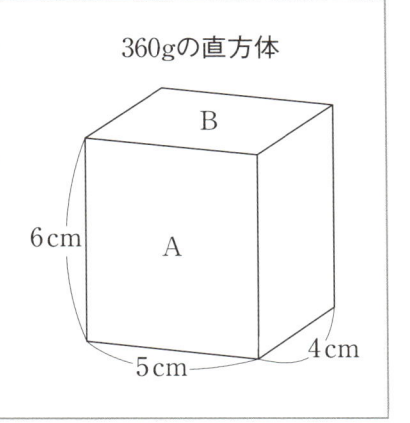

360gの直方体（6cm × 5cm × 4cm）

考え方 「面を垂直に押す力」と「力がはたらく面積」に注目して表にする

圧力は，面を垂直に押す力〔N〕と，力がはたらく面積〔m²〕との関係で決まる。単位に注意して次のような表に整理する。

	Aの面を下	Bの面を下
面を垂直に押す力	3.6 N	3.6 N
力がはたらく面積	30 cm² = 0.003 m²	20 cm² = 0.002 m²

例題1の解答　Aの面が下のとき：1200 Pa　　Bの面が下のとき：1.5倍

上の考え方の表は，次の表の行③と行④である。

		Aの面を下	Bの面を下	各行の説明
①	直方体の質量	360 g	360 g	直方体の質量は 360g である。直方体の向きを変えても質量に変化はない。
②	重力の大きさ	3.6 N	3.6 N	100 g の物体にはたらく重力の大きさが 1 N なので，360g の直方体は地球から 3.6 N の力で引っ張られる。
③	面を垂直に押す力	3.6 N	3.6 N	地球から 3.6N の力で引っ張られているので，直方体は机を 3.6 N の力で押す。
④	力がはたらく面積	30 cm² = 0.003 m²	20 cm² = 0.002 m²	力がはたらく面積は， Aを下にすると，$5 \times 6 = 30$ 〔cm²〕 = 0.003 〔m²〕 Bを下にすると，$4 \times 5 = 20$ 〔cm²〕 = 0.002 〔m²〕
⑤	圧力（③÷④）	1200 Pa	1800 Pa	圧力〔Pa〕は，行③ ÷ 行④で求める。 Aを下にすると，$3.6 \div 0.003 = 1200$ 〔Pa〕 Bを下にすると，$3.6 \div 0.002 = 1800$ 〔Pa〕

直方体が机に及ぼす圧力は，A面を下にすると 1200 Pa である。
また，B面を下にすると圧力は 1800 Pa になり，
これはA面を下にした場合の $\dfrac{1800}{1200} = \dfrac{3}{2} = 1.5$ 〔倍〕となる。

解説 ▶ 計算の工夫

直方体の向きを変えるだけなので，面を垂直に押す力は変わらない。力がはたらく面積が変わる。このような場合，力がはたらく面積と圧力は反比例の関係になる。

		Aの面を下	Bの面を下
③	面を垂直に押す力	3.6 N =	3.6 N
④	力がはたらく面積	30 cm² = 0.003 m² ③	② 20 cm² = 0.002 m²
⑤	圧力（③÷④）	1200 Pa ②	③ 1800 Pa

反比例

面を垂直に押す力が同じとき，力がはたらく面積と圧力は反比例する。この関係を利用すると，B面が下の場合の圧力 1800 Pa は求めなくてもよい。下にする面をA面からB面に変えると，力がはたらく面積が 30 cm² から 20 cm² になり $\dfrac{2}{3}$ に縮小する。反比例する圧力は，$\dfrac{2}{3}$ の逆数で，$\dfrac{3}{2} = 1.5$ 〔倍〕になる。

解説 ▶ 単位の変換について

面積の単位の変換は，タイルをしきつめるイメージをもつ。一辺 1 cm の正方形のタイルを考える。このタイルを縦 100 枚，横 100 枚ずつ，合計 100 × 100 = 10000 枚しきつめると，一辺 100 cm の正方形をつくることができる。

一辺 100 cm の正方形の面積は 1 m² であるから，1 m² は 1 cm² の 10000 枚分に相当することがわかる。

1 cm² のタイル 10000 枚で，1 m² をしきつめる

1 m² = 10000 cm²
1 m = 100 cm
1 m = 100 cm
1 cm² / 1 cm / 1 cm

たとえば 20 cm² は 1 cm² のタイル 20 枚分なので，1 m² の中では $\dfrac{20}{10000}$ の広がりということになる。20 cm² = $\dfrac{20}{10000}$ = 0.002 m²

練習問題

▶▶▶ 解答は234ページ

1. 図のような質量1.8kgのレンガがある。

   (1) このレンガにはたらく重力の大きさは何Nか。100gの物体にはたらく重力の大きさを1Nとする。

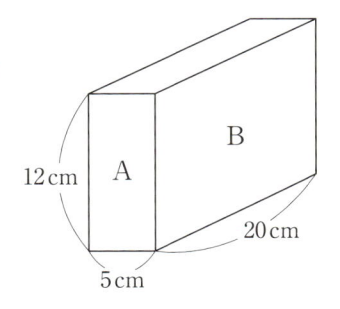

   (2) A面を下にして水平な床の上に置いたとき、床がレンガから受ける圧力の大きさは何Paか。

   (3) B面を下にして水平な床の上に置いたときの圧力の大きさは、A面を下にして置いたときの圧力の大きさの何倍か。

   (2003年 茨城県・改題)

2. 下の図1のように、3つの面をA、B、Cとする質量700gの直方体がある。図2は、水平な台の上に、図1の直方体をAの面を上にして置いたものである。図3は、水平な台の上に、図1の直方体をCの面を上にして置いたものである。

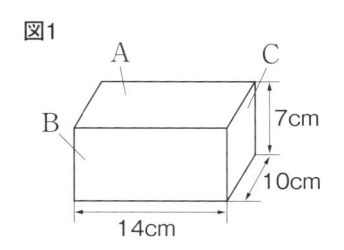

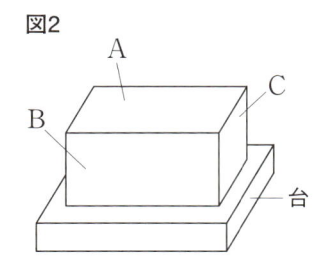

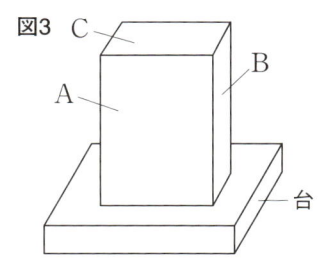

   (1) 図2の台が受ける圧力は何Paか。

   (2) 図2の台が受ける圧力は、図3の台が受ける圧力の何倍になるか。

   (2005年 高知県・改題)

3 大気圧と水圧

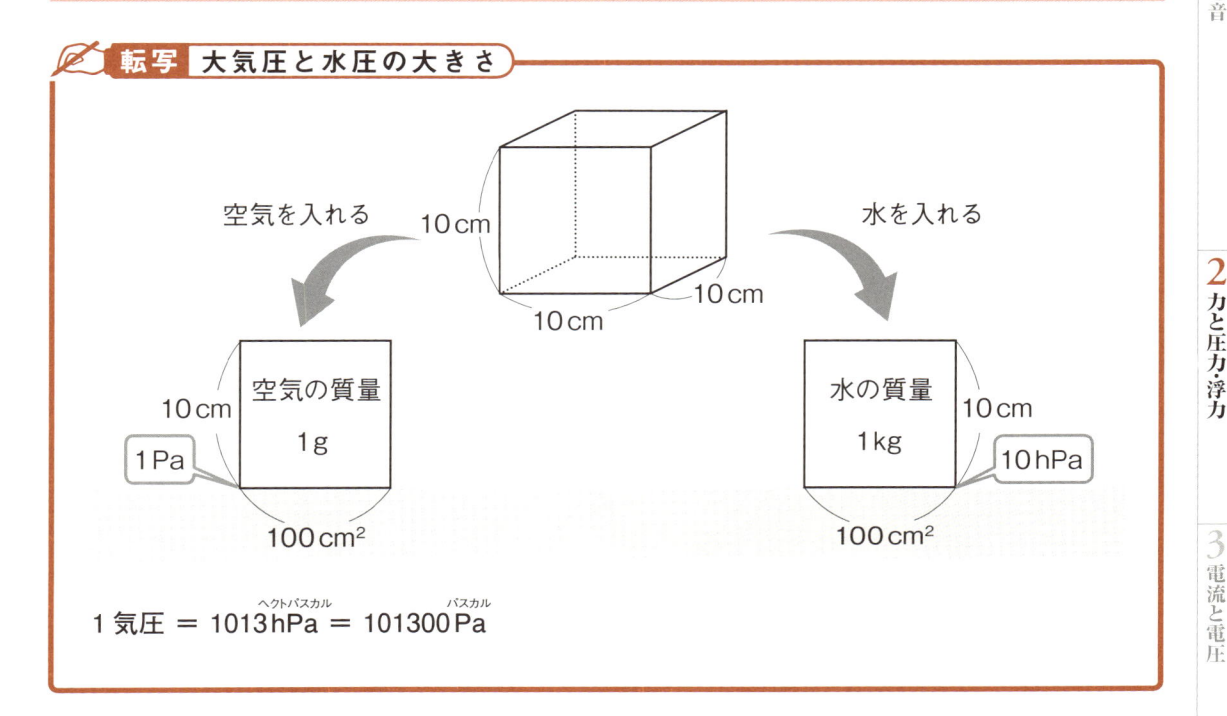

転写 大気圧と水圧の大きさ

1 気圧 = 1013 hPa（ヘクトパスカル） = 101300 Pa（パスカル）

解説 ▶ 大気と大気圧

空気にも質量がある。そのため空気は地球の重力の影響を受け，地球に引っ張られて，地表面をおおう。地表をおおう空気の層を**大気**といい，大気による圧力を**大気圧**（または**気圧**）という。

解説 ▶ 大気圧（気圧）の大きさ

地表付近の空気を，一辺が 10 cm の立方体に切り出したとする。今これを「空気の箱」とよぶことにしよう。この「空気の箱」の質量は約 1 g で，これは 1 円玉 1 枚の質量に相当する。したがって，「空気の箱」1 個を水平な机の上に置くと，机が受ける圧力は， $1\,\text{N/m}^2 = 1\,\text{Pa}$ になる。

地表付近の空気の質量

【下線部の説明】

「空気の箱」の底面積は， $10\,\text{cm} \times 10\,\text{cm} = 0.1\,\text{m} \times 0.1\,\text{m} = 0.01\,\text{m}^2$

100 g の物体にはたらく重力の大きさを 1 N とすると，1 g の空気にはたらく重力の大きさは，0.01 N。

したがって， $\dfrac{0.01\,\text{N}}{0.01\,\text{m}^2} = 1\,\text{N/m}^2 = 1\,\text{Pa}$

ところで，地表付近の気圧は 101300 Pa である。「空気の箱」1 個で 1 Pa の圧力を生じるので，

「空気の箱」を101300段重ねた場合の圧力に相当する。

箱1つの高さが10cmであるから，その高さは，10cm × 101300段 =1013000cm=10.13km。しかし，実際の空気の層（大気の厚さ）は約500km。この違いは，上空へ行くほど空気の密度が低くなるために生じる。

〈補足〉
地表付近の気圧101300Paは，通常100倍を表す記号h（ヘクト）を用いて，1013hPa（ヘクトパスカル）と表す。1013hPaを1気圧ともいう。

解説 ▶ 大気圧（気圧）の向き

カップめんの容器に使う素材（フォームポリスチレン）で立方体をつくり，テープでふさいだ注射器の中に入れる。注射器のピストンを押すと，立方体の形はそのままで大きさが小さくなっていく。

気圧は面に対して垂直にはたらくので，注射器の内部の立方体も，すべての面が面に垂直に押されるため，形は立方体のまま体積が小さくなる。

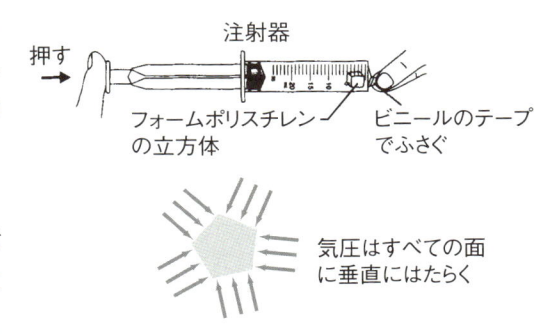

解説 ▶ 気圧の差

簡易ポンプでペットボトル内の空気を抜いていくと，ペットボトルはつぶれてしまう。この現象は，「空気が抜けたからつぶれた」という言い方では不十分である。

ペットボトル内の気圧が周りの気圧よりも低くなったため，周りの空気から押しつぶされたのである。気圧の差によって起きる現象である。

登山のとき，山頂で菓子袋がはちきれそうになっていることがあるが，これも似た現象である。菓子袋の中の気圧はふもとのものに等しいが，山頂の気圧はふもとよりも小さい。そのため，菓子袋の中の気体が袋を押し広げようとしてふくらむのである。

容器（袋やペットボトル）内外の気圧の差によって起きる現象である。

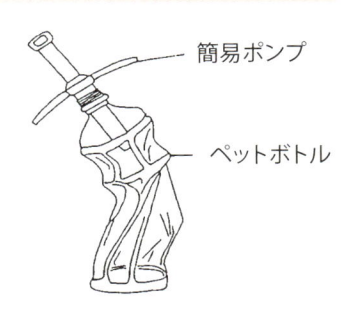

解説 ▶ 水圧

空気の重さによって大気圧（気圧）がはたらく。これと同じように，水中では水の重さによって圧力が生じる。これを水圧という。水圧の単位も気圧と同じ〔N/m²〕，〔Pa〕である。

解説 ▶ 水圧の大きさと水深の関係

同じ大きさの穴の空いた容器に水を入れると，水深が深いほうが，飛び出す水の勢いが強いことが確認できる。水圧の大きさは水深に比例するためである。水圧の大きさは水深に比例するが，水の量は無関係である。図のように，水深が同じならば，水の量が異なっていても飛び出す水の勢いは同じである。

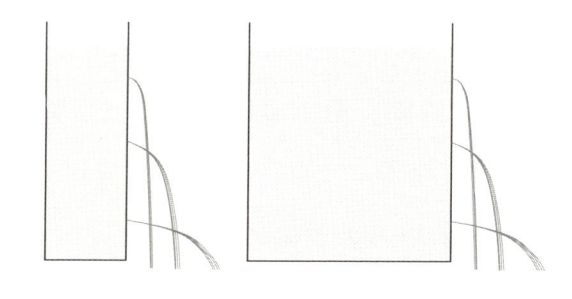

解説 ▶ 水圧がはたらく向き

水圧の向きは面に対して垂直で，その大きさは水深に比例して大きくなる。例えば，水中に風船を沈めていく場合，風船の表面全体に水圧が垂直にはたらくため，風船は形を変えずに小さくなる。プラスチック板は，風船のように形の変化は少ないが，同じように水中で面に対して垂直に水圧がはたらいている。

水圧の向きと大きさは矢印で表す。この矢印は，矢印の先端に水圧が作用していることを意味するので，矢印の始点から力が作用することを意味する力の矢印とは異なっている。

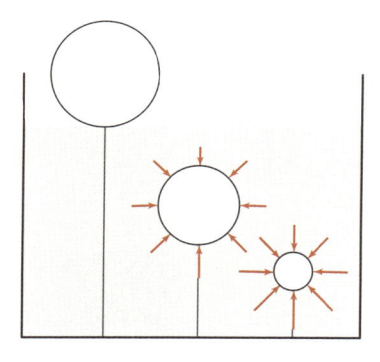

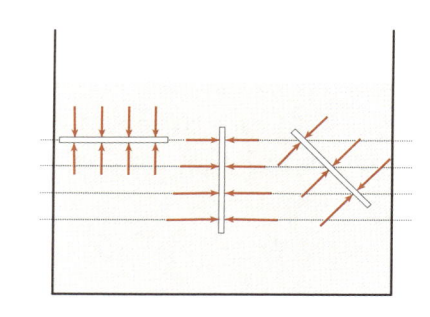

風船を沈める　　プラスチック板を沈める

解説 ▶ 水圧の大きさ

図のような，一辺が 10 cm の厚さと質量が無視できる立方体の容器を考える。この立方体の容器いっぱいに水を入れると 1 kg になる。水平な床の上に置くと，水の重さによって床は容器から 10 hPa の圧力を受けることになる。

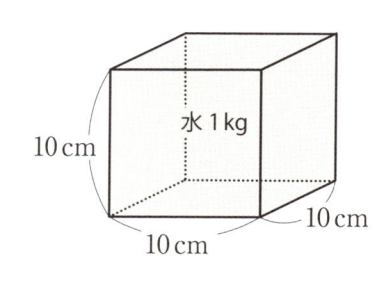

【下線部の説明】

容器の底面積は，$10\,\text{cm} \times 10\,\text{cm} = 0.1\,\text{m} \times 0.1\,\text{m} = 0.01\,\text{m}^2$

水の体積は，$10\,\text{cm} \times 10\,\text{cm} \times 10\,\text{cm} = 1000\,\text{cm}^3$。水 $1\,\text{cm}^3$ の質量は 1 g だから，容器内の水の質量は，1000 g = 1 kg である。この水に加わる重力の大きさは，10 N。したがって，容器の水によって 10 N の力が床 $0.01\,\text{m}^2$ にのしかかる。

$$\frac{10\,\text{N}}{0.01\,\text{m}^2} = \frac{1000}{1} = 1000\,\text{N/m}^2 = 1000\,\text{Pa}$$
$$1000\,\text{Pa} = 10\,\text{hPa}$$

これは，次のように言い換えることができる。

> 水深 x〔cm〕の位置における水圧は，x〔hPa〕

※100gの物体にはたらく重力の大きさを1Nとした場合

参考 ▶ 水以外の液体による圧力

灯油 $1\,\text{cm}^3$ の質量は 0.8g（密度 $0.8\,\text{g/cm}^3$）である。水は1gなので水よりも軽い。そのため水面から10cmの深さにおける水圧は，10hPaであるが，灯油の液面から10cmの深さにおける圧力は，$10 \times 0.8 = 8\,\text{hPa}$ となる。灯油は水よりも軽いので，灯油の液面からの深さ10cmは，水深8cmに相当するということである。

食塩水 $1\,\text{cm}^3$ の質量は約 1.2g（密度 $1.2\,\text{g/cm}^3$）である。食塩水の液面から10cmの深さにおける圧力は10hPaではなく，$10 \times 1.2 = 12\,\text{hPa}$ となる。食塩水は水よりも重いので，食塩水の液面からの深さ10cmは，水深12cmに相当するということである。

したがって，液体から受ける圧力を一般化すると次のようになる。

> 液面から深さ x〔cm〕の位置における圧力は，$x \times d$〔hPa〕

※密度が d〔g/cm^3〕，100gの物体にはたらく重力の大きさを1Nとした場合

例えば，図のように，水槽に密度 $1.0\,\text{g/cm}^3$ の水と密度 $0.8\,\text{g/cm}^3$ の灯油を入れたところ，完全に分離して水が深さ5cm，灯油が深さ10cmとなったとする。

灯油と水の境界面での圧力は，$10 \times 0.8 = 8\,\text{hPa}$

水深5cmでの水圧は，5hPa

したがって，水槽の底で，灯油と水から受ける圧力は，

$8 + 5 = 13\,\text{hPa} = 1300\,\text{Pa}$

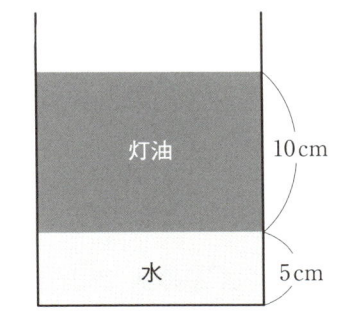

練習問題

▶▶▶ 解答は235ページ

1 大気圧に関する次の問いに答えよ。

(1) 大気圧について，次の文の a にあてはまる適切な単位の記号を書け。また，b にあてはまる適切な数値を，下のア〜エの中から1つ選べ。

　　1気圧は1013 a であり，これは，1 cm² の面に，b g の物体を載せたときの圧力にほぼ等しい。

　　　　ア 1　　　　イ 10　　　　ウ 100　　　　エ 1000

図のように，空港のロビーでは①普通の大きさだったお菓子の袋が，上昇していく飛行機の中では，だんだんふくらんでいく。これは機内を0.8気圧に調節しているためである。また，②ストローでジュースを飲むときは，大気圧が関係している。

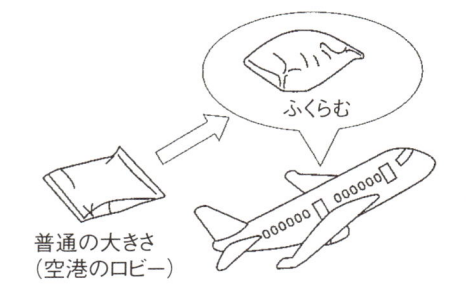

(2) 下線①について，お菓子の袋がふくらむ理由を簡潔に書け。

(3) 下線②について，次の文のa, bにあてはまる適切な語を，{ }からそれぞれ1つずつ選べ。

　　ストローを使ってジュースを飲むとき，口の中の空気の圧力は a{ア 大きくなる　イ 変化しない　ウ 小さくなる}。このとき，大気圧は b{ア 大きくなる　イ 変化しない　ウ 小さくなる}ので，生じた圧力差を利用してジュースを吸い上げている。

(4) 大気圧は，空気の重さによる圧力である。図のような場合，頭の上にある空気の重さがすべてかかっているAさんよりも，屋根がその上の空気を支えるBさんにかかる大気圧のほうが小さくなるようにも見える。しかし，実際には，屋根があってもなくても大気圧の大きさは変わらない。その理由を簡潔に書け。

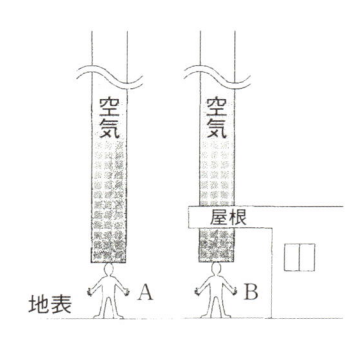

（2009年　和歌山県・改題）

2. 図のような水槽に水が入っている。100 g の物体にはたらく重力の大きさを 1 N として答えよ。

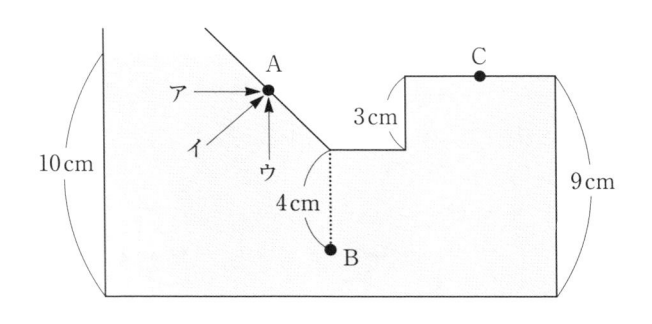

(1) A 点における水圧はどの向きか。図のア～ウから選べ。

(2) B 点における水圧は何 Pa か。

(3) C 点における水圧は何 Pa か。

4 浮力

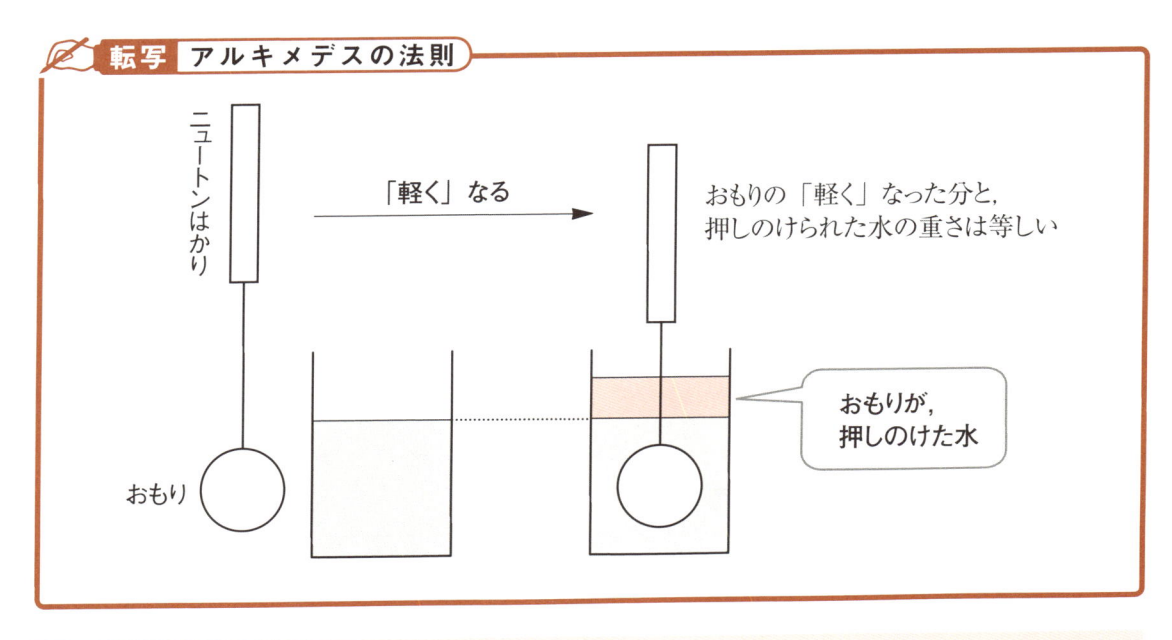

転写 アルキメデスの法則

ニュートンはかり　「軽く」なる　→　おもりの「軽く」なった分と，押しのけられた水の重さは等しい

おもりが，押しのけた水

おもり

解説 ▶ 浮力

物体を水の中に入れると，その物体が「軽く」なる。

これは，物体の質量が減ったわけではなく，水が物体を浮き上がらせようと，力を出すためである。この力を**浮力**という。また，物体は水以外の液体や気体でも「軽く」なる。これも，液体や気体が物体を浮き上がらせようと，力（＝浮力）を出すことによる影響である。

解説 ▶ 浮力の大きさと向き

水などの液体と気体をまとめて**流体**とよぶ。流体の中にある物体は，流体から浮力を受ける。
浮力の大きさは，物体が押しのけた流体の質量にはたらく重力の大きさに等しい（**アルキメデスの法則**）。

また，浮力の向きは鉛直上向き（地球の中心から逆向き）で，浮力を力の矢印で表すときは，矢印の始点は物体の重心（中心）にしてかき表す。

解説 ▶ 押しのけた流体の体積

どんな物質でも，$1\,\text{cm}^3$ 当たりの質量は決まった値になる。この値を**密度**とよぶ（153ページ参照）。密度は，質量〔g〕÷体積〔cm^3〕で求めるので，逆に密度の値から，次のようにして物質の質量を求めることができる。

> 物質の質量〔g〕＝密度〔g/cm^3〕×物質の体積〔cm^3〕

〈参考〉いろいろな物質の密度（1cm³ 当たりの質量 g）

固体(20℃)		液体(20℃)		気体(20℃)	
氷(0℃)	0.92	水(4℃)	1.00	水蒸気(100℃)	0.0006
鉄	7.87	エタノール	0.79	二酸化炭素	0.0018
アルミニウム	2.70	水　銀	13.55	酸　素	0.0013
食　塩	2.17	海　水	1.01〜1.05	空　気	0.0012
ガラス	2.4〜2.6	灯　油	0.80〜0.83	水　素	0.00008

例題1 (1) 密度 $0.8 g/cm^3$ のアルコール，$500 cm^3$ の質量を求めよ。

(2) 密度 $0.0012 g/cm^3$ の空気，$1 m^3$ の質量を求めよ。

例題1の解答　(1)　400g　　(2)　1200g

(1) $0.8 g/cm^3 \times 500 cm^3 = 400 g$

(2) $1 m^3 = 100 cm \times 100 cm \times 100 cm = 1,000,000 cm^3$ である。
$0.0012 g/cm^3 \times 1000000 cm^3 = 1200 g$

例題2 底面積が $100 cm^2$ の円柱形の容器に水を入れ，質量 1.6kg の金属球を図のようにして完全に沈めたところ水面が 2cm 上昇した。水の密度を $1 g/cm^3$ として以下の問いに答えよ。100g の物体にはたらく重力の大きさを 1N とし，容器の厚さは無視できるものとする。

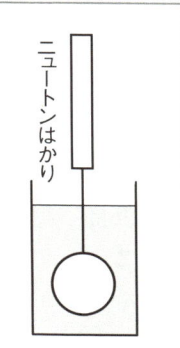

(1) 金属球が押しのけた水の体積を求めよ。

(2) 金属球にはたらく浮力の大きさは何 N か。

(3) 図のニュートンはかりの目盛りは何 N か。

例題2の解答　(1)　$200 cm^3$　　(2)　2N　　(3)　14N

(1) 金属球が押しのけた水の体積分だけ水位が上昇する。
容器の底面積が $100 cm^2$，上昇した水位が 2cm なので，$100 \times 2 = 200 cm^3$

(2) 水の密度は $1 g/cm^3$ なので，金属球が押しのけた水 $200 cm^3$ は，$200 \times 1 = 200 g$
200g にはたらく重力の大きさは 2N。よって，2N の浮力が生じる。

(3) 金属球 1.6kg（= 1600g）にはたらく重力の大きさは 16N。
おもりには鉛直下向きに 16N の重力，鉛直上向きに 2N の浮力がはたらく。
よって，はかりの目盛りは，16 − 2 = 14N を示す。

練習問題

▶▶▶ 解答は 235 ページ

1 密度 $1.3\,\text{g/cm}^3$ の食塩水，$200\,\text{cm}^3$ の質量を求めよ。

2 $900\,\text{g}$ の氷が水に浮かんでいる。$100\,\text{g}$ の物体にはたらく重力の大きさを $1\,\text{N}$ として以下の問いに答えよ。

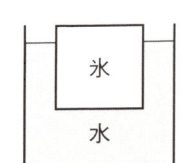

(1) 氷にはたらく浮力の大きさは何 N か。

(2) 水面より下の氷の体積は何 cm^3 か。ただし，水の密度を $1\,\text{g/cm}^3$ とする。

3 底面積が $100\,\text{cm}^2$ の円柱形の容器に，密度が $0.8\,\text{g/cm}^3$ のアルコールを入れ，図のようにして質量 $250\,\text{g}$ のガラス球を完全に沈めたところ液面が $1\,\text{cm}$ 上昇した。$100\,\text{g}$ の物体にはたらく重力の大きさを $1\,\text{N}$ とし，容器の厚さは無視できるものとする。

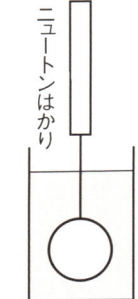

(1) ガラス球が押しのけたアルコールの体積を求めよ。

(2) ガラス球にはたらく浮力の大きさは何 N か。小数第 1 位まで求めよ。

(3) 図のニュートンはかりの目盛りは何 N か。小数第 1 位まで求めよ。

1 分野 **物理**

第 **3** 章

電流と電圧

　電流と電圧では，数学で学習した正比例，反比例の式が活躍をします。

　　　　正比例の式は $y = ax$

　　　反比例の式は $y = \dfrac{a}{x}$

でしたね。

　正比例の場合は x がふえると y もふえる。
　反比例の場合は x がふえると y は減る。

　このことをしっかりと確認しておきましょう。
　また，この章では電流を交通量に見立てることで理解をしやすくしています。回路を電気の通り道と考えるのです。道の途中，抵抗という名の料金所が置かれています。直列回路は，道にいくつも料金所があり，いちいち足止めされ，渋滞を起こしやすい状況（電流が流れにくくなる），並列回路は，料金所にゲートがたくさんあり，流れがスムーズになる状況（電流が流れやすくなる），と考えるのです。

1 電流と電圧

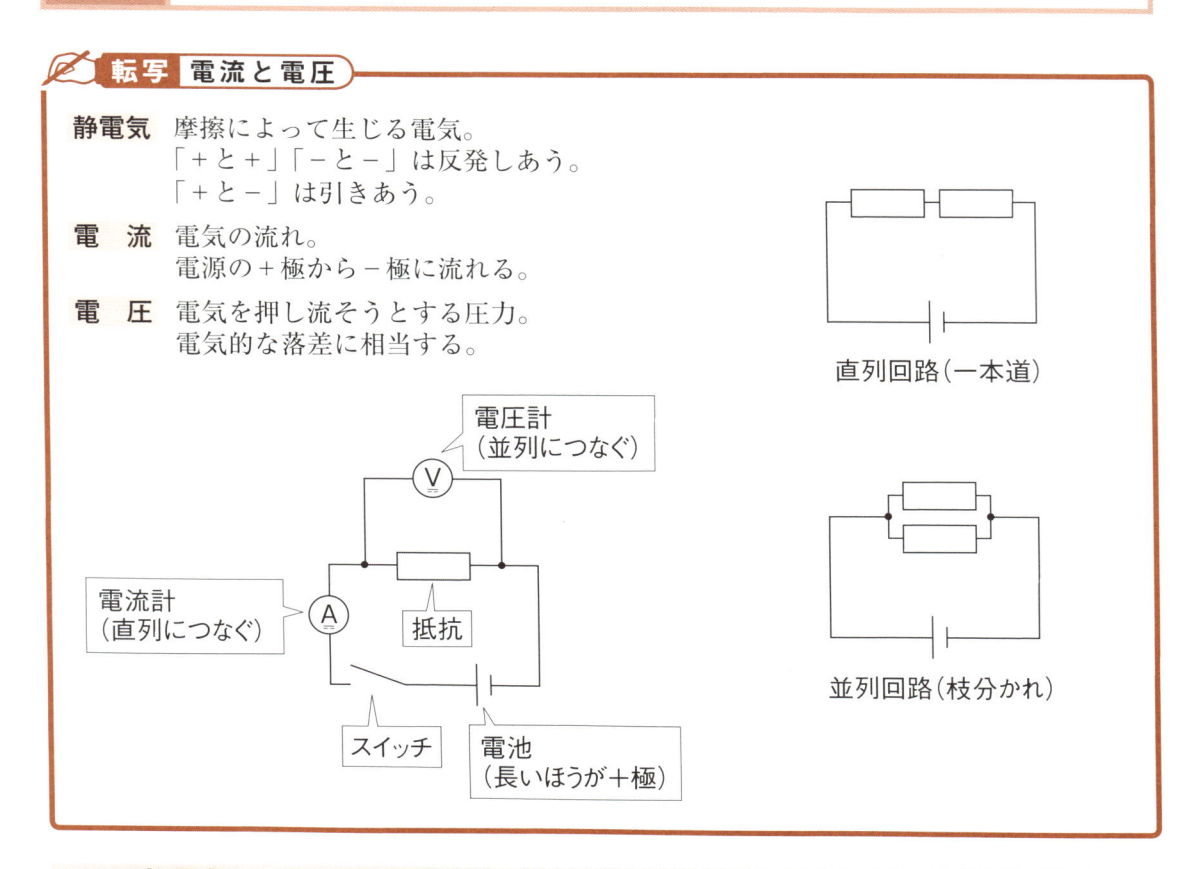

転写　電流と電圧

静電気　摩擦によって生じる電気。
「＋と＋」「－と－」は反発しあう。
「＋と－」は引きあう。

電　流　電気の流れ。
電源の＋極から－極に流れる。

電　圧　電気を押し流そうとする圧力。
電気的な落差に相当する。

電圧計（並列につなぐ）
電流計（直列につなぐ）
抵抗
スイッチ
電池（長いほうが＋極）

直列回路（一本道）

並列回路（枝分かれ）

解説　静電気

　すべての物体は，その内部に＋（プラス）の電気と－（マイナス）の電気をもっている。ふつうの状態では＋の電気と－の電気が同じ数だけあるので，＋と－が互いに打ち消しあって，プラス・マイナスがゼロの状態になっている（電気をおびていない状態）。
　2種類の物体をこすりあわせると，**静電気**が生じる。これは，一方の物体からもう一方の物体に－の電気が移動することで起きる。
　－の電気を受けとった物体は，<u>－の電気をおびる</u>（－が多い状態）。
　－の電気を受け渡した物体は，<u>＋の電気をおびる</u>（－が少ない状態）。

> 違う種類の電気（－と＋）をおびた物体どうしは，引きあう。
> 同じ種類の電気（－と－，＋と＋）をおびた物体どうしは，しりぞけあう。

実験 ▶ 静電気の実験

ストローをティッシュペーパーでこすると，ストローは−の電気をおび，ティッシュペーパーは＋の電気をおびる（ティッシュペーパーの−の電気がストローに移動した）。

このストローを虫ピンで止め，なめらかに動くようにし，ティッシュペーパーを近づけると，ストローとティッシュペーパーは引きあう（ストローとティッシュペーパーが異なる電気をおびているため）。

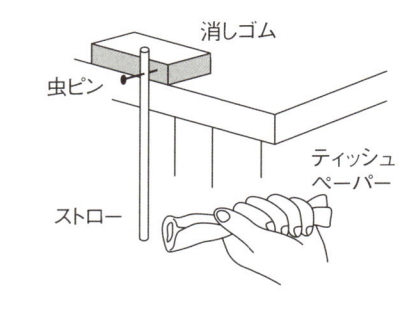

同じようにティッシュペーパーでこすった別のストローを近づけると，互いにしりぞけあう（どちらのストローも同じ電気をおびているため）。

例題1 図1のように，かわいたペットボトルの中に，発泡スチロールの小球を入れた。このペットボトルにふたをして激しく振ったところ，小球とペットボトルはこすれあい，図2のように小球どうしは互いに離れ，小球はペットボトルの内側の壁についた。このような現象が見られた理由をア～エから選べ。

ア　ペットボトルと小球が，それぞれ異なる種類の電気をおび，互いに引きあう力がはたらいたから。

イ　ペットボトルと小球が，それぞれ異なる種類の電気をおび，互いにしりぞけあう力がはたらいたから。

ウ　ペットボトルと小球が，両方とも同じ種類の電気をおび，互いに引きあう力がはたらいたから。

エ　ペットボトルと小球が，両方とも同じ種類の電気をおび，互いにしりぞけあう力がはたらいたから。

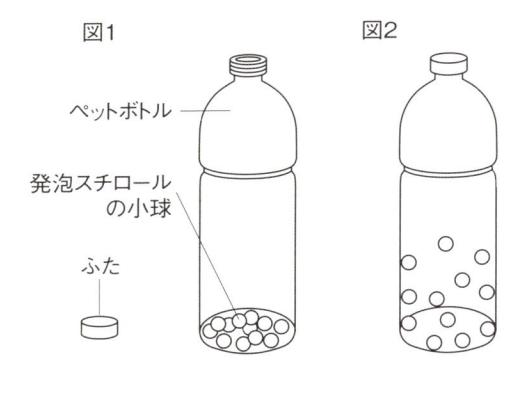

(2004年　北海道)

例題1の解答　ア

激しく振ったことで小球とペットボトルはこすれあい，静電気が生じた。小球とペットボトルは互いに異なる電気をおびている。そのため小球とペットボトルは互いに引きあう力がはたらき，内側の壁についた。小球どうしは同じ種類の電気をおびているので互いにしりぞけあう力がはたらき，1個ずつ離れた。

解説 ▶ 電流

ティッシュペーパーでプラスチックの下敷きをこすり，下敷きに静電気をためる。この下敷きを蛍光灯にふれさせると，蛍光灯が一瞬光る。下敷きにたまっていた静電気が一気に流れ出したために起きる現象である。冬の乾燥した日にドアの取っ手などにふれた瞬間，バチッと火

花が飛ぶことがある。これも体にたまっていた静電気が一気に流れ出したために起きる。

電気の流れを**電流**という。静電気の流れも，毎日利用する電流も同じものである。

乾電池で豆電球をつけると，電池の＋極から＋の電気が出て，電球を通過して－極に戻る。＋の電気は，電球などを通過したとき消滅してしまうのではない。電球などを通過して－極に戻ってくる。＋の電気が輪になって並び，全部がいっせいに移動しているイメージである。電気の流れが切れ目なくつながる道筋を回路（次ページ参照）というが，回路のある場所を一定の時間内に通過する電気の量が**電流の大きさ**で，その単位はアンペア〔A〕で表す。電流は＋から－に流れる。

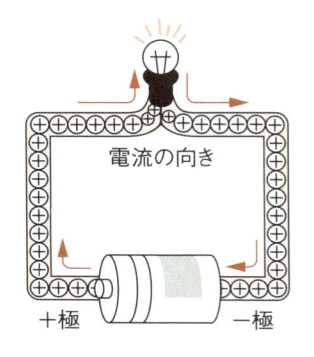

※ 実際の電流の向き
　電流は＋の電気が＋の電極から流れ，－の電極に戻るものと決められている。これは電流の正体がよくわからないときに決めたことで，後に電流は－の電気（これを電子という）の流れで，電池の－極から＋極に移動していることがわかった。しかし，電流の正体がわかった今でも，電流の向きは「＋極→－極」として考える。

解説 ▶ 電圧

乾電池は，＋の電気がたくさんたまった池のようなものではない。電気の流れをつくるために必要な"落差"をつくることが乾電池のはたらきである。水が高いところから低いところに流れるように，電気的に"高い位置"から"低い位置"に電気は流れる。乾電池は，電気をくみ上げるポンプのようなはたらきをしている。電気的な"落差"が大きいほど，電気を押し流そうとする圧力が大きくなる。

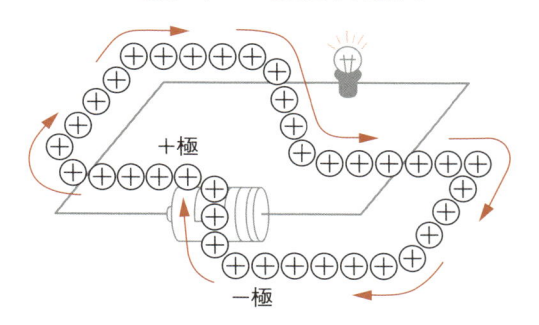

電気を押し流そうとする圧力を**電圧**といい，単位はボルト〔V〕を使う。電圧は電気的な"落差"に相当する。

乾電池は決まった電圧しかとりだせない。また長時間使用すると次第に弱まる。乾電池にはこうした弱点があるので，実験では主に電源装置を利用する。電源装置は長時間使用しても電圧が低下せず，さまざまな電圧を調整でき，実験に好都合である。

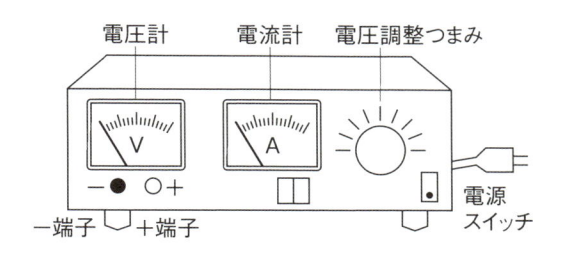

解説 ▶ 回路図

電気の流れが切れ目なくつながる道筋を回路といい，回路のようすを電気用図記号で表した図を回路図という。回路は次の２つに分かれる。

- **直列回路** 電流の道筋が"一本道"になる回路。
- **並列回路** 電流の道筋が"枝分かれ"している回路。

下の図は，豆電球２個と乾電池を組み合わせてつくった豆電球の直列回路，並列回路とその回路図である。

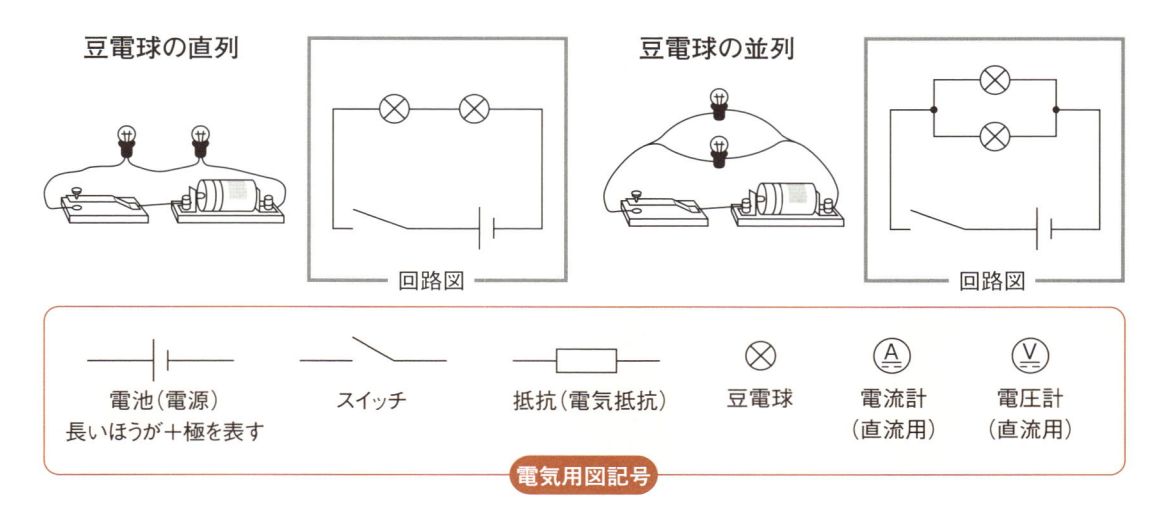

豆電球の直列　　　　　　　　　　**豆電球の並列**

回路図　　　　　　　　　　回路図

電池（電源）　スイッチ　抵抗（電気抵抗）　豆電球　電流計　電圧計
長いほうが＋極を表す　　　　　　　　　　　　　　　　（直流用）　（直流用）

電気用図記号

基本操作 ▶ 電流計と電圧計

電流の大きさは電流計ではかる。電流計を使うときは，装置の＋端子は電源装置の＋極側に，－端子はまず最大値５Ａの端子を，電流計が回路に直列になるように接続する。針のふれが小さければ，500 mA，50 mA の端子につなぎかえていく。

電圧の大きさは電圧計ではかる。電圧計は，はかろうとする部分に並列に接続する。＋端子は電源装置の＋極側に接続し，－端子はまず最大値の 300 V の端子につなぎ，針のふれが小さければ，15 V，3 V の端子につなぎかえていく。

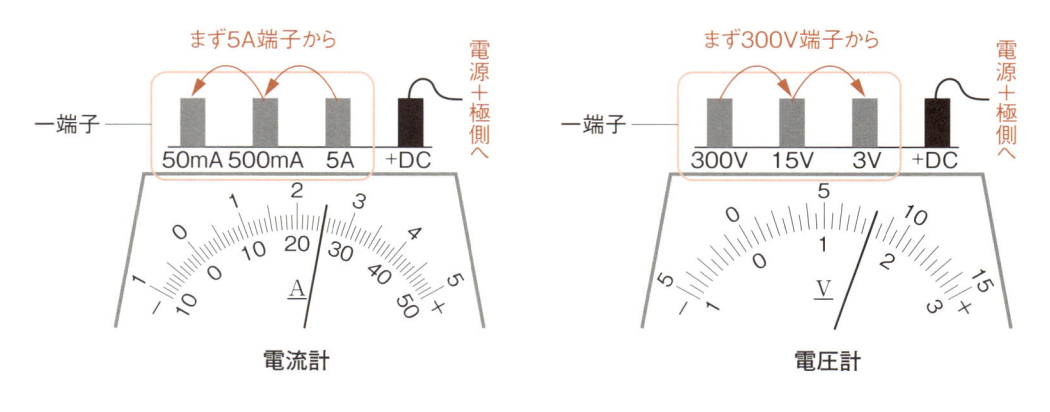

まず5A端子から　　　　　　　　　　まず300V端子から

－端子　50mA　500mA　5A　＋DC　電源＋極側へ　　　－端子　300V　15V　3V　＋DC　電源＋極側へ

電流計　　　　　　　　　　電圧計

例題2 図の電流計と電圧計について，次の問いに答えなさい。

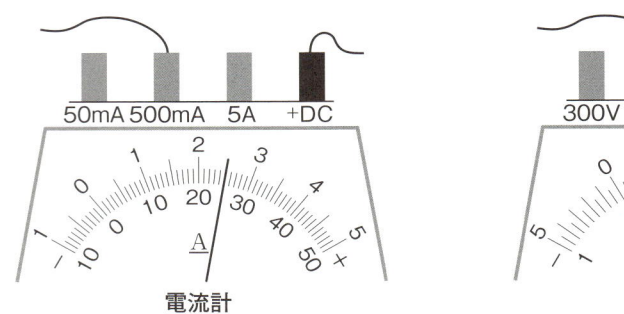

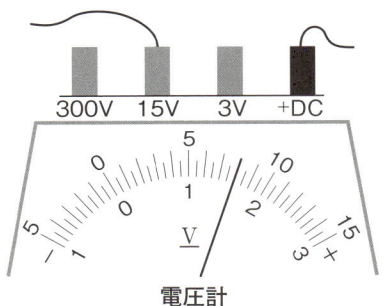

(1) 回路を流れる電流をはかったところ，図のように針がふれた。何 mA の電流が流れているか。

(2) 回路の電熱線にかかる電圧をはかったところ，図のように針がふれた。何 V の電圧がかかっているか。

例題2の解答　(1)　250 mA　　(2)　8.0 V

(1) 電流計の針が目盛りいっぱいにふれたとき，5 A 端子につないであれば 5 A，500 mA 端子ならば 500 mA，50 mA 端子ならば 50 mA と読む。図では 500 mA 端子に接続してあるので 250 mA である。

(2) 電圧計の針が目盛りいっぱいにふれたとき，300 V 端子につないであれば 300 V，15 V 端子ならば 15 V，3 V 端子ならば 3 V と読む。図のように 15 V 端子に接続したときは，長いほうの目盛りを使って読む。長いほうの目盛りは 1 V 単位となるので，その $\frac{1}{10}$ まで読んで 8.0 V となる。

例題3 回路図の電熱線（抵抗）にかかる電圧をはかるとき，電圧計はどのようにつなげばよいか，回路図にかきこみなさい。

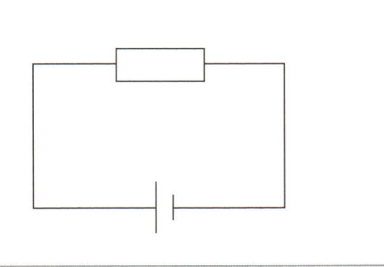

例題3の解答　下の図を参照

電圧計は，測定する電熱線に並列に接続する。

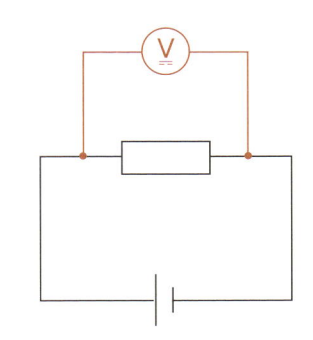

例題4 電熱線を電源装置につなぎ，電流を測定したら 400 mA 流れた。このときのつなぎ方を線で結んで図に示しなさい。

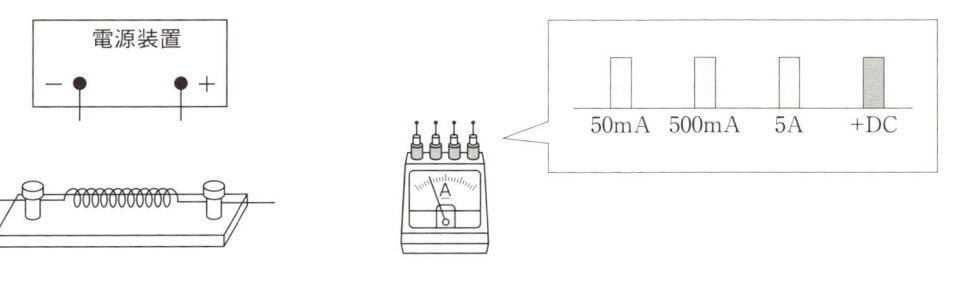

例題4の解答 下の図を参照

電流 400 mA を測定したので，電流計の－端子は 500 mA の端子に接続している。電流計は回路に直列に接続する。つまり一本道になるようにする。電源装置の＋極は電流計の＋端子とつなぎ，電流計の－端子（500 mA の端子）と電熱線，電熱線と電源装置の－極をつなぐ。

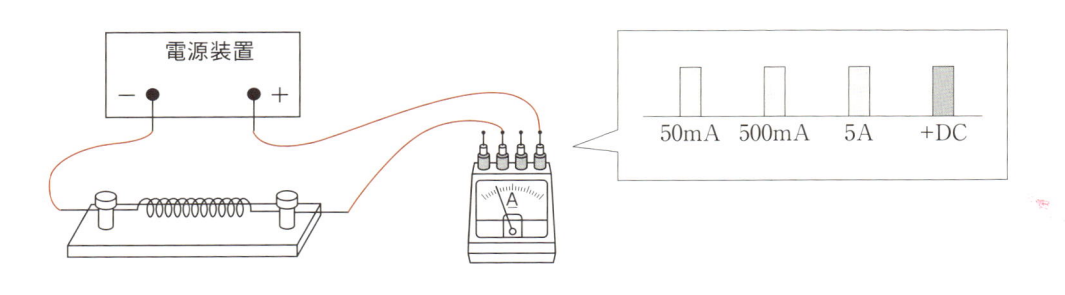

練習問題

▶▶▶ 解答は 236 ページ

1 次の問いに答えなさい。

(1) 図の回路を回路図で表しなさい。

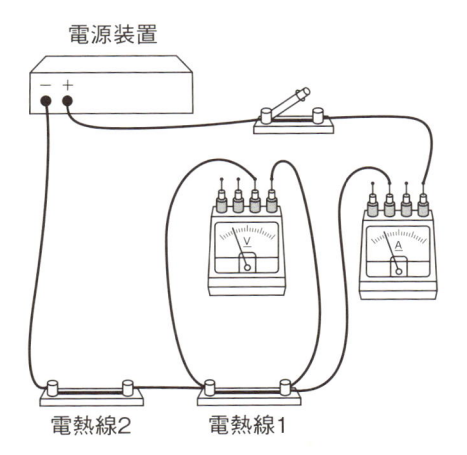

(2) 電熱線に流れる電流とかかる電圧を測定できるような配線を図にかきなさい。ただし，スイッチは記さなくてもよい。

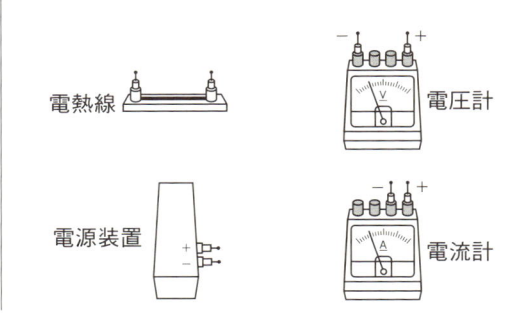

2 オームの法則とその利用

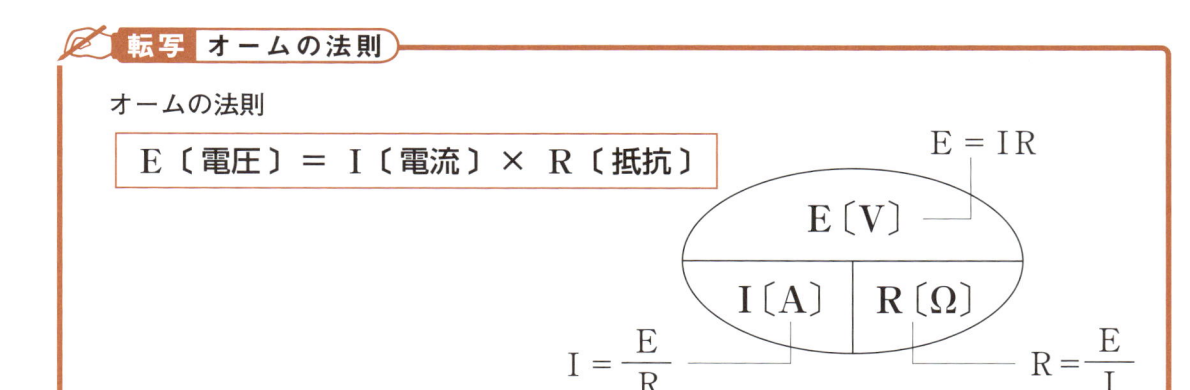

転写 オームの法則

オームの法則

$$E〔電圧〕= I〔電流〕× R〔抵抗〕$$

$$E = IR$$
$$I = \frac{E}{R}$$
$$R = \frac{E}{I}$$

解説 ▶ オームの法則

電圧〔V〕は電気を押し流そうとする圧力の大きさ，電流〔A〕は回路のある場所を一定の時間内に通過する電気の量である。豆電球や電熱線などは，電気の流れを妨げる"障害物"に当たり，電気抵抗という（たんに「抵抗」ともいう）。抵抗の単位はオーム〔Ω〕を使う。抵抗が大きいほど電気は流れにくくなる。1Vの電圧で1A流れるときの抵抗の大きさが1Ωである。

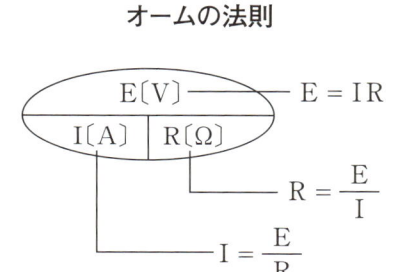

電圧をE〔V〕，電流をI〔A〕，抵抗をR〔Ω〕とすると，$E = IR$ という関係がある。これをオームの法則という。電球や電熱線などを流れる電流は加えられた電圧に比例することを意味している。

混乱しないためには，転写図を覚えてしまうとよい。求めたいものを指でかくすと，式が出てくる。

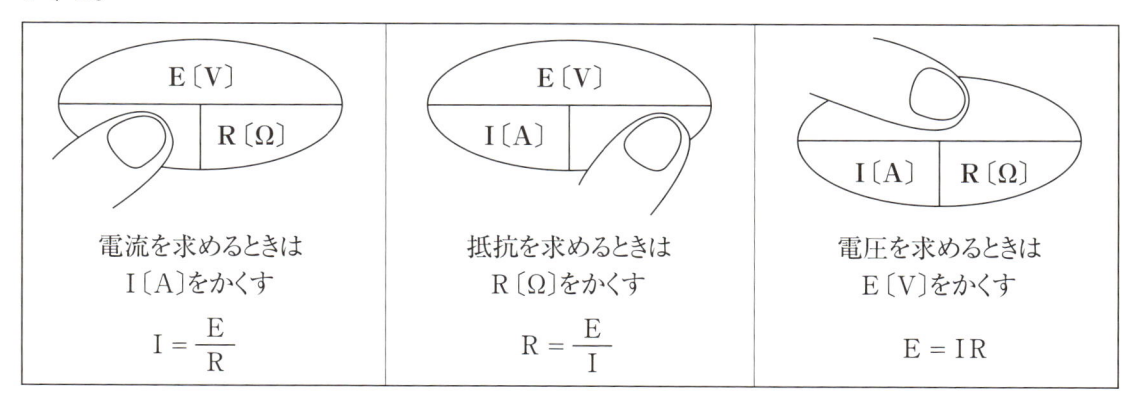

オームの法則

$$E = IR$$
$$R = \frac{E}{I}$$
$$I = \frac{E}{R}$$

電流を求めるときは I〔A〕をかくす	抵抗を求めるときは R〔Ω〕をかくす	電圧を求めるときは E〔V〕をかくす
$I = \dfrac{E}{R}$	$R = \dfrac{E}{I}$	$E = IR$

例題1 グラフは，電熱線Xにかかる電圧を変えて，流れる電流の大きさを調べ，まとめたものである。

(1) 電熱線Xの抵抗は何Ωか。

(2) 電熱線Xに10Vの電圧を加えると何Aの電流が流れるか。

(3) 電熱線Xに1.2Aの電流が流れているとき，何Vの電圧が加わっているか。

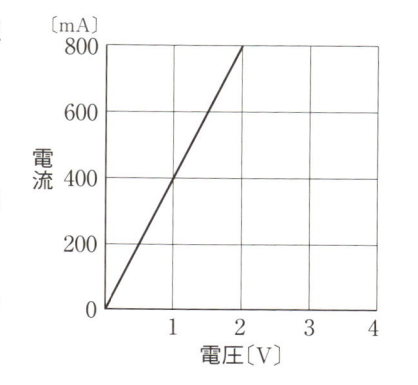

例題1の解答　(1) 2.5Ω　(2) 4A　(3) 3V

(1) グラフから，(1V, 400mA) と (2V, 800mA) の点が読みとれるので，どちらの点を利用してもよい。電流の単位は<u>アンペアに直して</u>からオームの法則を利用する。

(1V, 400mA) を使った場合，
400mA = 0.4A より，
$$R = \frac{1\,V}{0.4\,A} = \frac{10}{4} = 2.5\,[\Omega]$$

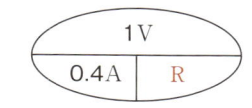

(2V, 800mA) を使った場合，
800mA = 0.8A より，
$$R = \frac{2\,V}{0.8\,A} = \frac{20}{8} = 2.5\,[\Omega]$$

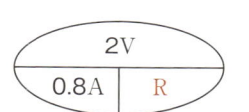

(2) 2.5Ωの抵抗に10Vの電圧を加えるので，
$$I = \frac{10\,V}{2.5\,\Omega} = \frac{100}{25} = 4\,[A]$$

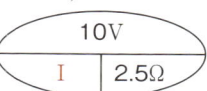

(3) 2.5Ωの抵抗に1.2Aの電流が流れるから，
$$E = 1.2\,A \times 2.5\,\Omega = 3\,[V]$$

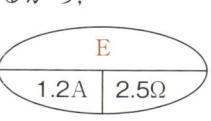

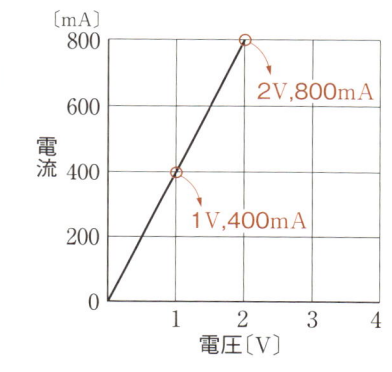

解説 ▶ 直列回路の電流と電圧

豆電球や電熱線などの抵抗を 2 つ以上つないで，電気が流れる道筋が"一本道"になるようにした回路を**直列回路**という。下の図は電熱線 X，Y を接続して直列回路をつくったものである。

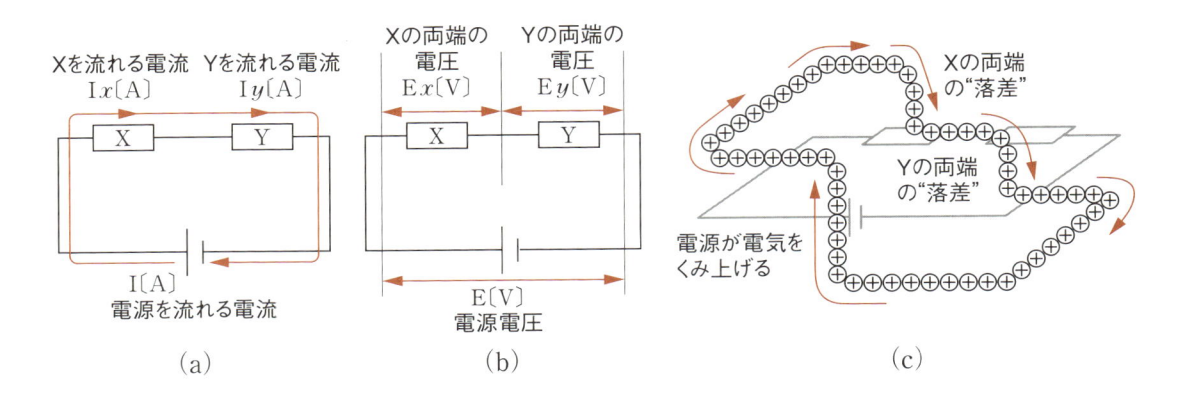

(a)   (b)   (c)

直列回路は"一本道"なので，電流の大きさは回路のどの場所で測定しても同じになる。図 (a) のように，電源，電熱線 X，電熱線 Y それぞれを流れる電流を I〔A〕，Ix〔A〕，Iy〔A〕とすると，I＝Ix＝Iy の関係になる。

また，図 (b) のように，電源電圧を E〔V〕，電熱線 X，電熱線 Y それぞれの両端の電圧を Ex〔V〕，Ey〔V〕とすると，E＝Ex＋Ey の関係になる。電源の電圧は各電熱線の両端の電圧の和に等しい。

これは図 (c) のようにとらえればよい。電圧は電気的な"落差"に相当するので，電源が電気をくみ上げ（＝E〔V〕），電熱線 X と Y それぞれの両端で順に電気がくだる。電熱線 X でくだる"落差"が Ex〔V〕，Y でくだる"落差"が Ey〔V〕である。

直列回路	各抵抗を流れる電流と電源を流れる電流は等しい
	各抵抗の両端の電圧の和が，電源の電圧と等しい

解説 ▶ 並列回路の電流と電圧

豆電球や電熱線などの抵抗を2つ以上つないで、電気が流れる道筋が"枝分かれ"して、複数あるようにした回路を**並列回路**という。下の図は電熱線X、Yを接続して並列回路をつくったものである。

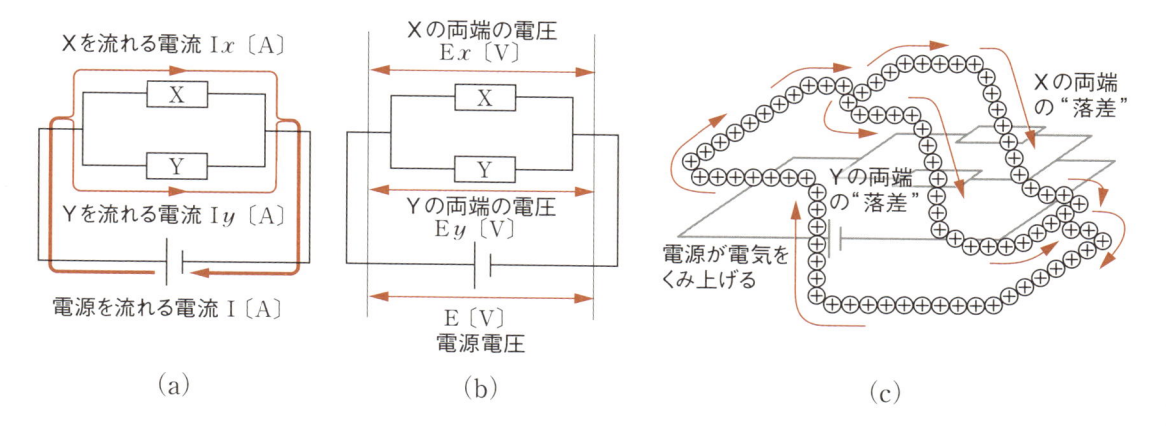

(a)　(b)　(c)

並列回路は"枝分かれ"する。回路を流れる電流も"枝分かれ"する。図(a)のように、電源、電熱線X、電熱線Yそれぞれを流れる電流をI〔A〕、Ix〔A〕、Iy〔A〕とすると、I = Ix + Iyの関係になる。電源を流れる電流は、各抵抗を流れる電流の和に等しい。

また、図(b)のように、電源電圧をE〔V〕、電熱線X、電熱線Yそれぞれの両端の電圧をEx〔V〕、Ey〔V〕とすると、E = Ex = Eyの関係になる。電源の電圧、各電熱線の両端の電圧はそれぞれ等しい。

これは図(c)のようにとらえればよい。電圧は電気的な"落差"に相当するので、電源が電気をくみ上げてつくった"落差"（= E〔V〕）を、電熱線XとYどちらかの両端で、電気がくだる。電熱線Xでくだる"落差"Ex〔V〕も、Yでくだる"落差"Ey〔V〕も、電源の"落差"E〔V〕に等しい。

並列回路	各抵抗を流れる電流の和が、電源を流れる電流と等しい
	各抵抗の両端の電圧は電源の電圧と等しい

例題2 2本の電熱線X, Yについて，電熱線の両端に加わる電圧と流れる電流の関係を調べたところ，右のグラフのような結果が得られた。

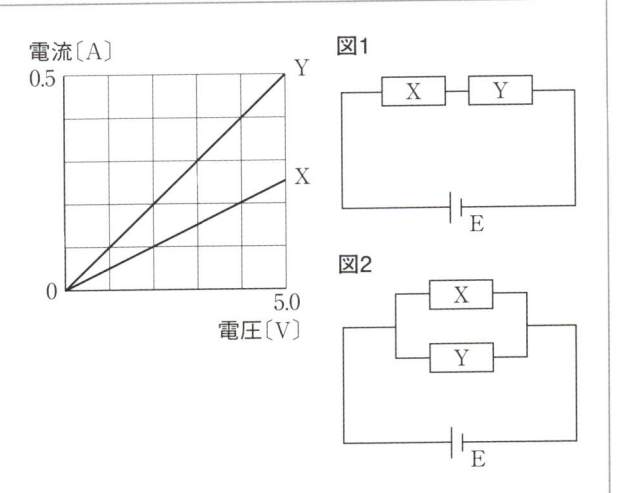

(1) 電熱線X, Yそれぞれの抵抗の値を求めなさい。

(2) 図1のように，電熱線X, Yを直列に接続し200 mAの電流を流した。このとき電源Eの電圧は何Vか。

(3) 図2のように，電熱線X, Yを並列に接続し電源Eの電圧を4.0 Vにした。電源Eを流れる電流は何Aか。

例題2の解答 (1) X：20 Ω　Y：10 Ω　(2) 6.0 V　(3) 0.6 A

(1) グラフより，電熱線Xは2.0 Vの電圧を加えると0.1 Aの電流が流れるので，電熱線Xの抵抗の値を Rx 〔Ω〕とすると，

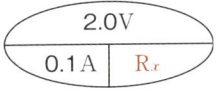

$$Rx = \frac{2.0 \text{ V}}{0.1 \text{ A}} = \frac{20}{1} = 20 \text{ 〔Ω〕}$$

グラフより，電熱線Yは1.0 Vの電圧を加えると0.1 Aの電流が流れるので，電熱線Yの抵抗の値を Ry 〔Ω〕とすると，

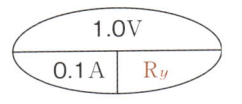

$$Ry = \frac{1.0 \text{ V}}{0.1 \text{ A}} = \frac{10}{1} = 10 \text{ 〔Ω〕}$$

(2) 直列回路は一本道なので，各抵抗を流れる電流が等しい。電熱線X, Yそれぞれに200 mAの電流が流れる。200 mA流れるとき，電熱線の両端に加わる電圧をグラフから読む。各電熱線の両端の電圧の和が電源Eの電圧である。

$$4.0 + 2.0 = 6.0 \text{ 〔V〕}$$

(3) 並列回路では，各抵抗に加わる電圧は等しい。電源Eの電圧を4.0 Vにしたので，各電熱線に加わる電圧も4.0 Vである。電熱線の両端の電圧が4.0 Vのとき，それぞれに電流が何A流れるかをグラフから読む。各電熱線を流れる電流の和が電源Eを流れる電流である。

$$0.2 + 0.4 = 0.6 \text{ 〔A〕}$$

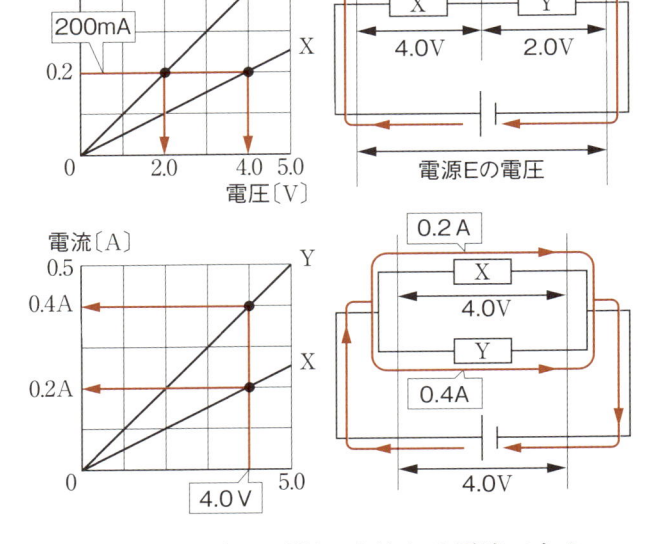

例題3 図の電熱線X，Yの抵抗の値は，それぞれ20 Ω，30 Ωである。

(1) 図1において，電源Eの電圧が10 Vのとき，電熱線Xの両端の電圧は何Vか。

(2) 図2において，aを流れる電流が150 mAのとき，電熱線Xを流れる電流は何mAか。

図1

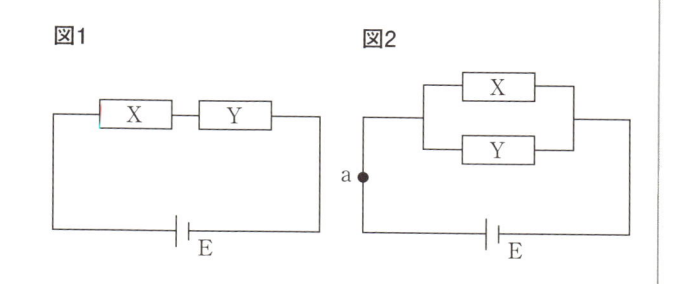

図2

例題3の解答　(1)　4 V　　(2)　90 mA

(1) 直列回路では，各抵抗を流れる電流の大きさは等しい。

電流の大きさが等しいので，抵抗の両端の電圧の比は，抵抗の値の比と一致する。

抵抗の値が大きなほうに大きな電圧が加わる。

したがって電熱線に加わる電圧の比は，抵抗の値の比 20 Ω：30 Ω = 2：3 に等しい。

電熱線Xには電源の電圧 10 V の $\frac{2}{2+3} = \frac{2}{5}$ が加わる。

よって，$10 \times \frac{2}{5} = 4$〔V〕

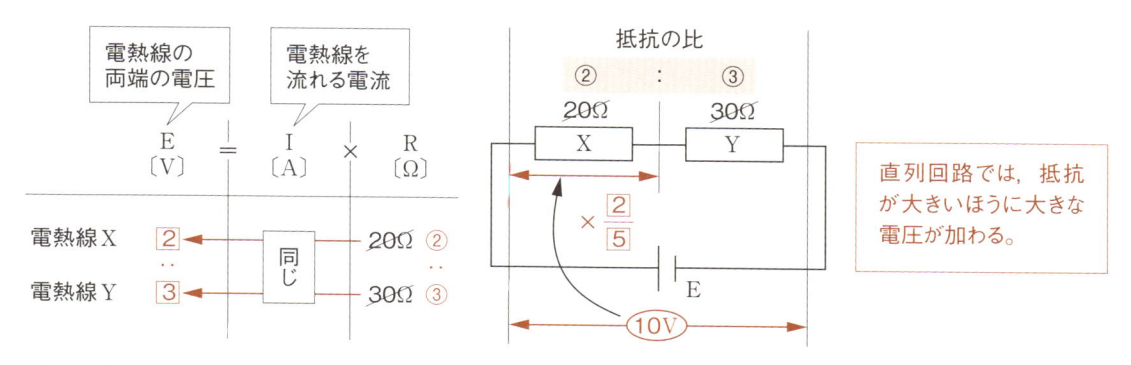

直列回路では，抵抗が大きいほうに大きな電圧が加わる。

(2) 並列回路では，各抵抗に加わる電圧が等しい。

電圧が等しいので，抵抗を流れる電流の比は，抵抗の値の比の逆比になる。

したがって電熱線を流れる電流の比は，抵抗の値の比 20 Ω：30 Ω = 2：3 の逆比になる。

電熱線Xには，aを流れる 150 mA の $\frac{3}{2+3} = \frac{3}{5}$ が流れる。

よって，$150 \times \frac{3}{5} = 90$〔mA〕

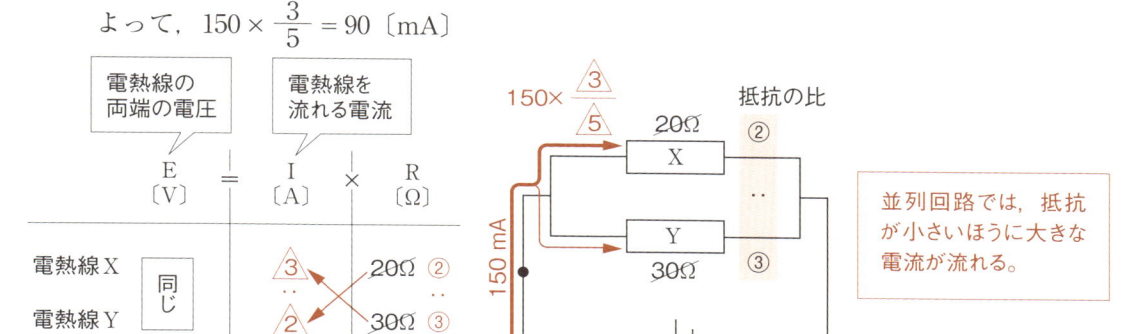

並列回路では，抵抗が小さいほうに大きな電流が流れる。

練習問題

▶▶▶ 解答は 236 ページ

1. 2本の電熱線X，Yについて，電熱線の両端に加わる電圧と流れる電流の関係を調べたところ，右のグラフのような結果が得られた。

   (1) 電熱線X，Yそれぞれの抵抗の値を求めなさい。

   (2) 電熱線X，Yを直列に接続して，回路に 200 mA の電流を流した。このとき，電源の電圧は何 V か。

   (3) 電熱線X，Yを並列に接続し電源の電圧を 3.0 V にした。このとき，電源を流れる電流は何 A か。

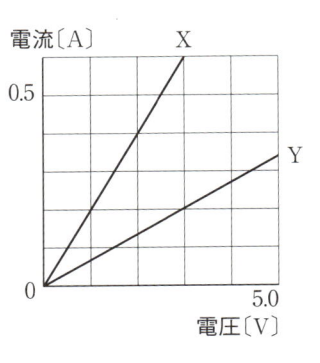

2. 図のように，電熱線X，Yを直列に接続し電圧を加えた。

   (1) 電熱線X，Yの抵抗の値がそれぞれ 10 Ω，35 Ω，電源 E の電圧が 1.8 V のとき，電熱線Xの両端の電圧は何 V か。

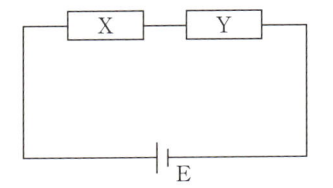

   (2) 電熱線Xの両端に 2.7 V の電圧が加わっている。電熱線X，Yの抵抗の値がそれぞれ 9 Ω，12 Ω のとき，電源 E の電圧は何 V か。

   (3) 電熱線X，Yの両端の電圧がそれぞれ 4.5 V，1.5 V，電熱線Xの抵抗の値が 30 Ω のとき，電熱線Yの抵抗の値は何 Ω か。

3. 図のように，電熱線X，Yを並列に接続し電圧を加えた。

   (1) 電熱線X，Yの抵抗の値がそれぞれ 9 Ω，18 Ω，a 点を流れる電流が 600 mA のとき，電熱線Xを流れる電流は何 mA か。

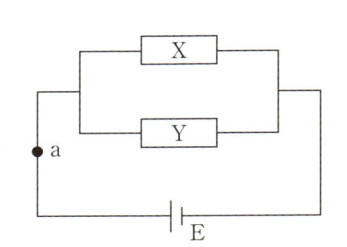

   (2) 電熱線Xに 2 A の電流が流れている。電熱線X，Yの抵抗の値がそれぞれ 9 Ω，36 Ω のとき，電熱線Yを流れる電流は何 A か。

   (3) a 点を 700 mA，電熱線Xを 400 mA の電流が流れている。電熱線Yの抵抗の値が 28 Ω のとき，電熱線Xの抵抗の値は何 Ω か。

4　図1は，2種類の電熱線X，Yの両端に加える電圧を変化させて，それぞれに流れる電流の強さを測定したものである。この電熱線X，Yを用いて，図2のような回路をつくった。この回路に電圧を加えると，電流計は0.6 Aを示した。

(1) 電熱線X，Yの抵抗の値はそれぞれ何Ωか。

(2) 図2の回路の電圧計は何Vを示すか。

(3) 図2の回路の電源Eの電圧は何Vか。

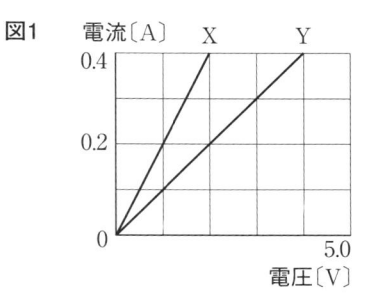

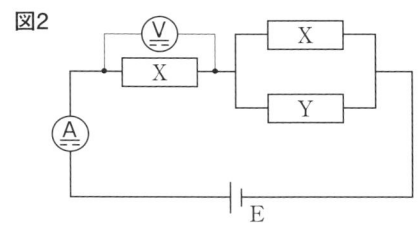

重点学習 直列回路と並列回路

　回路のある点を一定時間内に流れた電気の量を**電流の大きさ**という。電気を押し流す圧力の強さに当たるのが**電圧**である。電熱線や電球などの**抵抗**は、電気の流れを妨げるはたらきをする。大きな電圧をかけるか、抵抗を小さくすると、たくさんの電流が流れる。

> **例題1** 電熱線AとBを2個ずつ用意し、回路図に示したように接続した。電熱線AのほうがBより抵抗値は大きい。どちらも電源装置の電圧を同じにして電流を流す。
> P，Q，R，Sの各点を流れた電流が大きい順に記号を並べなさい。

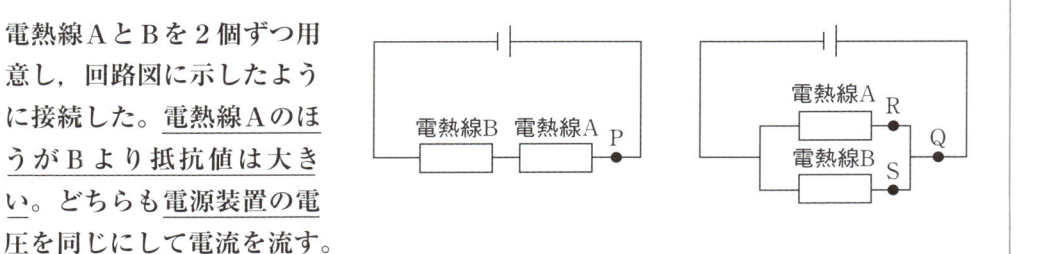

考え方 電流を大きくするには、①電圧を大きくする、②抵抗を小さくする

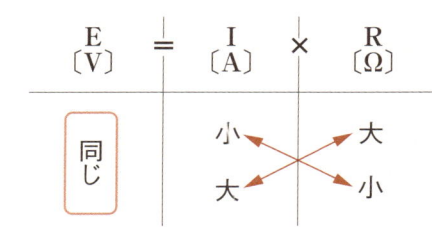

$$E_{[V]} = I_{[A]} \times R_{[\Omega]}$$

同じ　小→大　大→小

どちらの回路も等しい電圧を加えているので、各点を流れる電流の大きさは、抵抗の大きさによって決まることになる。
加わる電圧Eが等しいとき、
　抵抗Rが大きいほど、流れる電流Iは小さくなる。
　抵抗Rが小さいほど、流れる電流Iは大きくなる。

例題1の解答　（電流が大きい順に）Q，S，R，P

[手順1] 3つの回路

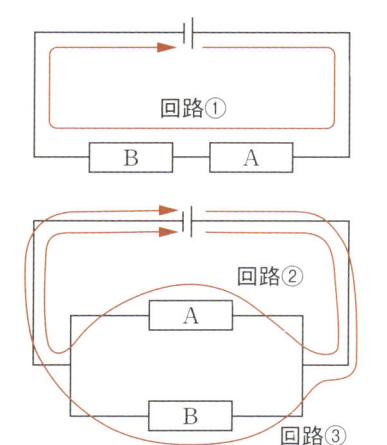

途切れることなく電気が流れる道筋を回路という。この問題では、図のような3つの回路ができている。これを回路①～③とよぶことにする。回路①～③には、どれも等しい電圧が加わっている。電気を押し流そうとする圧力の大きさがどれも同じなので、抵抗の小さい順に大きな電流が流れることになる。

[手順2] 電流の大きさを線の太さで表現すると……

回路①で電流は2つの電熱線A，Bを通過する。"障害物"が多いので電気は最も流れにくい。回路②と③では，電熱線Aのほうが B よりも抵抗値が大きいので，A を通過する回路②のほうが，回路③より電気は流れにくい。

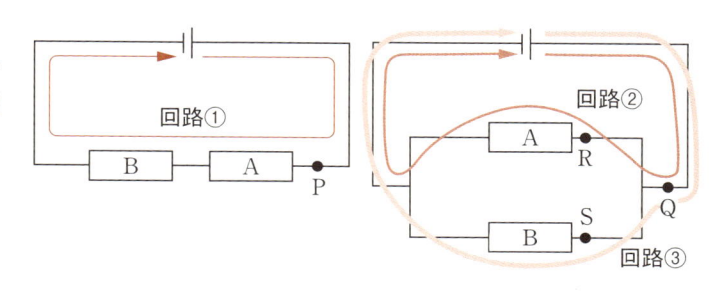

[手順3] 抵抗の小さい順＝電流の大きい順

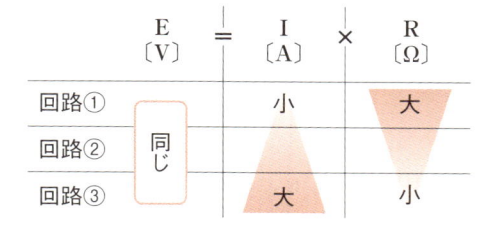

	E [V]	=	I [A]	×	R [Ω]
回路①	同じ		小		大
回路②					
回路③			大		小

回路①〜③の抵抗値Rは，①が最も大きく，②，③の順に小さくなるので，流れる電流は逆に①，②，③の順に大きくなる。各点を流れた電流は大きい順にS，R，Pである。QはRとSをあわせた電流が流れる。Qには一番大きな電流が流れたことになる。

〈補足〉

　電熱線は高速道路の"料金所"，電流は"車の流れ"のようなものとおきかえてみる。2カ所の"料金所"を通過しなければならない回路①が，最も"車の流れ"がとどこおる。つまり電気は流れにくい。電熱線AがBよりも抵抗値が大きいことは，"料金所A"のほうが"料金所B"より混雑する，などとおきかえる。電気は直接目で見ることができないので，身近なものにおきかえて考える習慣をつけると，わかりやすい。

練習問題

▶▶▶ 解答は238ページ

1　3本の電熱線X，Y，Zのうちから2本の電熱線を選び，図1の直列回路と図2の並列回路をそれぞれつくった。電源装置の電圧はどちらもつねに5.0 Vになるように調節し，電熱線の組み合わせと，流れる電流の大きさの関係を調べた。3つの電熱線の中では，Xの電気抵抗が一番大きく，Zの電気抵抗が一番小さいものとする。また，図2のように，並列回路の2本の電熱線を，電熱線①，電熱線②と表す。次の文の{　}からそれぞれ正しいものを選びなさい。

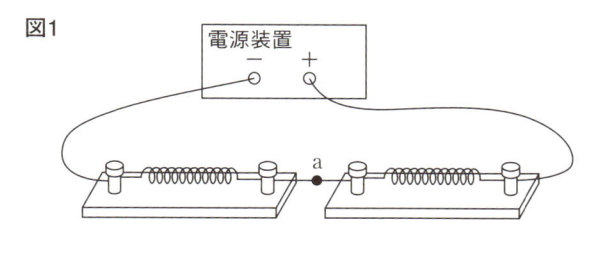

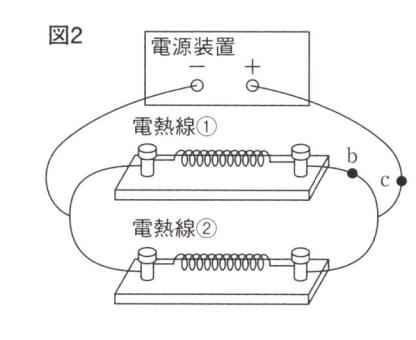

(1) b < f < d

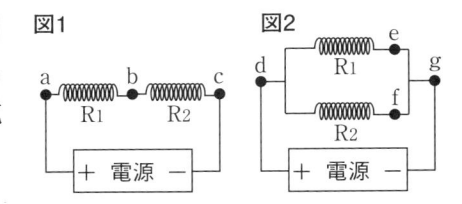

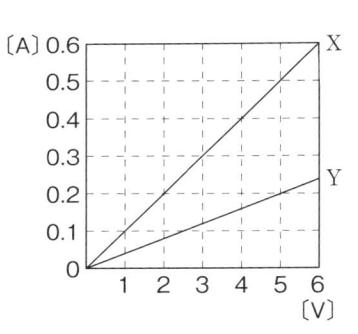

(2) 2.5 倍

3 消費電力

転写 消費電力

消費電力（電力）

$$P〔電力〕= I〔電流〕× E〔電圧〕$$

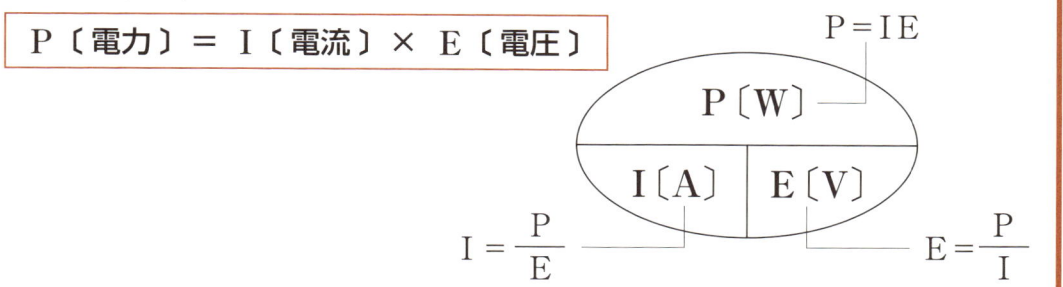

P = IE

I = P/E   E = P/I

解説 ▶ 消費電力（電力）

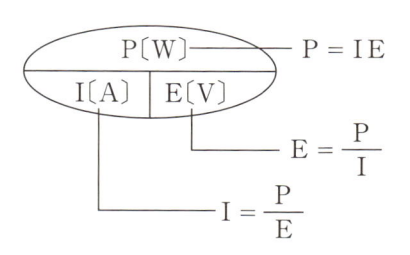

電気製品を見ると，「100 V–50 W」といった表示がある。これは 100 V の電圧をかけると消費電力が 50 W（ワット）であることを意味している。**消費電力**は，1秒間に消費する電気エネルギーの量のことで，たんに「電力」ともいう。

消費電力を P〔W〕，電流を I〔A〕，電圧を E〔V〕とすると，P = IE という関係がある。消費電力は電流に比例し，電圧にも比例することを意味している。

電流を求めるときは I〔A〕をかくす

電圧を求めるときは E〔V〕をかくす

消費電力を求めるときは P〔W〕をかくす

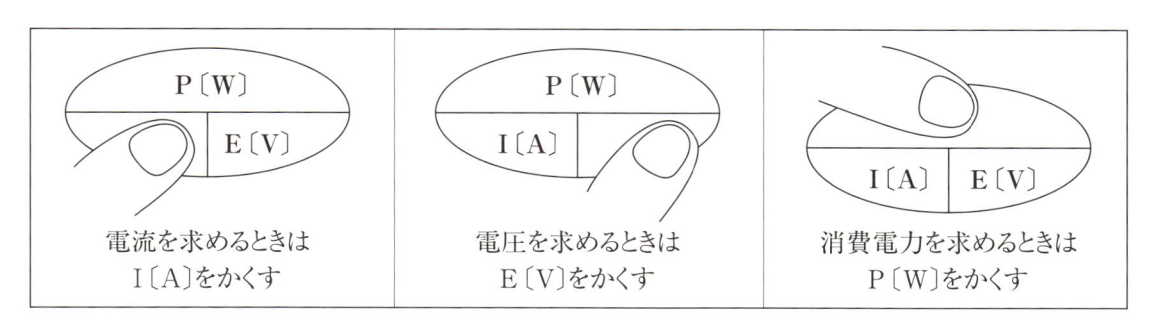

例題1 100 V–500 W の電熱器を 100 V の電源につないで使用した。

(1) 電熱器に流れる電流は何 A か。

(2) 電熱器の抵抗は何 Ω か。

(3) この電熱器に 120 V の電圧をかけると，消費電力は何 W になるか。ただし，電熱器の抵抗はオームの法則にしたがうものとする。

例題1の解答　(1) 5 A　(2) 20 Ω　(3) 720 W

(1) 100 V−500 W は，100 V の電圧をかけると，消費電力が 500 W になるという意味である。
消費電力の公式より，
$$I = \frac{500 \text{ W}}{100 \text{ V}} = 5 \text{ [A]}$$

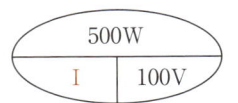

(2) 100 V の電圧をかけると 5 A 流れたので，オームの法則より，
$$R = \frac{100 \text{ V}}{5 \text{ A}} = 20 \text{ [Ω]}$$

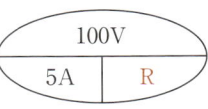

(3) 20 Ω の抵抗に 120 V の電圧をかけたことになるので，オームの法則より，
$$I = \frac{120 \text{ V}}{20 \text{ Ω}} = 6 \text{ [A]}$$ 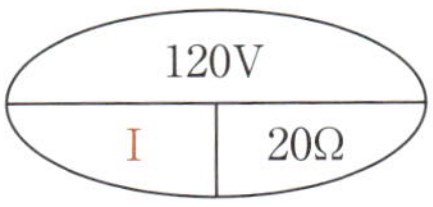
の電流が流れたことになる。
よって，消費電力の公式より，
$$P = 6 \text{ A} \times 120 \text{ V} = 720 \text{ [W]}$$

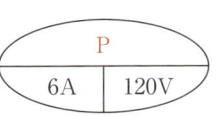

例題2 図のように，100 V−100 W の電球と 100 V−25 W の電球を直列や並列につなぎ，100 V の電圧を加えた。ア～エの電球を，明るくつく順に並べなさい。ただし，電球の抵抗は電流や熱によって変化することなく，オームの法則にしたがうものとする。

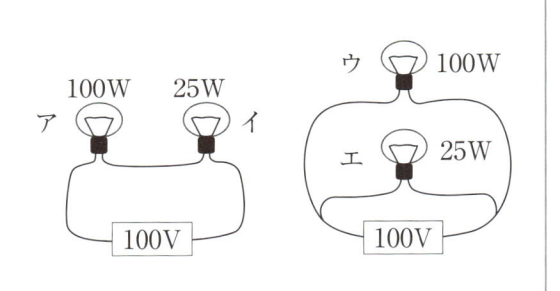

考え方 消費電力は，①電流に比例し，②電圧に比例する。

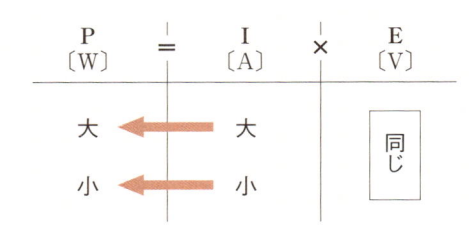

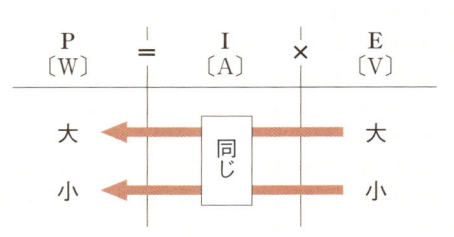

電球の明るさの順は，消費電力の大きさの順である。消費電力は電流と電圧の積で求めるので，消費電力は電圧の大きさに比例し，電流の大きさにも比例する。

例題2の解答　（明るい順に）ウ，エ，イ，ア

[手順1] ワット数の表示が大きいと，抵抗は小さい

表示のワット数が大きいものは抵抗が小さい。
抵抗値を実際に求めて確かめてみよう。

100V - 100Wの電球	100V - 25Wの電球
消費電力の公式より，$\dfrac{100W}{100V} = 1A$	消費電力の公式より，$\dfrac{25W}{100V} = 0.25A$
この電球に100V加わると1A流れる。	この電球に100V加わると0.25A流れる。
オームの法則より，抵抗は$\dfrac{100V}{1A} = 100Ω$	オームの法則より，抵抗は$\dfrac{100V}{0.25A} = 400Ω$

[手順2] 3つの回路

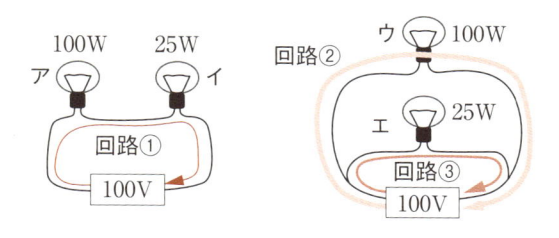

この問題には3つの回路がある。これを回路①～③とよぶことにする。どの回路も加わる電圧は100Vで等しい。図では，流れる電流の強さを線の太さの違いで示した。電流の向きはとりあえず時計回りで表してある。

回路①は，100Wと25Wの電球2つ分に100Vかけるので，流れる電流は最も小さい。
回路②は，抵抗が小さい100Wの電球に100Vかけるので，流れる電流は最も大きい。
回路③は，抵抗が大きい25Wの電球に100Vをかけるので，流れる電流は回路②よりは小さくなる。

[手順3] 電球の明るさ

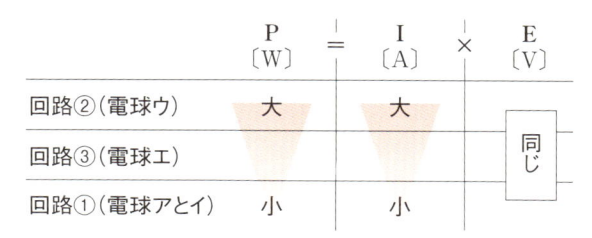

	P〔W〕	=	I〔A〕	×	E〔V〕
回路②（電球ウ）	大		大		同じ
回路③（電球エ）					同じ
回路①（電球アとイ）	小		小		同じ

回路①～③では，電流の大きさの順が電球の明るさの順になる。電球の明るさを決める消費電力は，電圧が100Vで等しいので，電流の大きさだけを考えればよい。
回路①の電球アとイを合わせた明るさは，回路③の電球エよりも暗いことになる。

[手順4] 個々の電球の明るさ

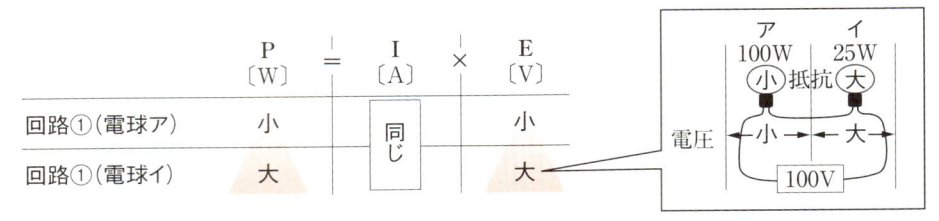

	P〔W〕	=	I〔A〕	×	E〔V〕
回路①(電球ア)	小		同じ		小
回路①(電球イ)	大				大

回路①では電球アとイを合わせても，電球エの明るさに及ばない。では，電球アとイはどちらが明るいか。回路①は，直列回路なので，どちらの電球も流れる電流の大きさは等しい。各電球に加わる電圧は，抵抗の大きさに比例するので，抵抗の大きい電球イのほうが大きな電圧が加わっている。よって，回路①では電球イのほうがアよりは明るい。

練習問題　　　　　▶▶▶ 解答は239ページ

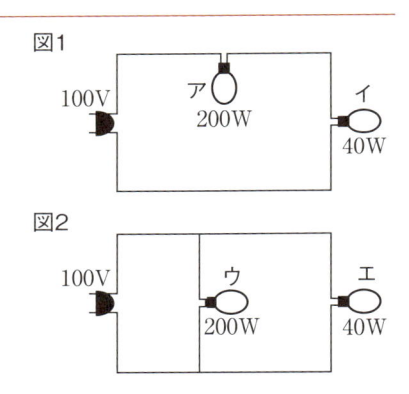

1 100 V–40 W，100 V–200 W の電球を図1，2のようにつないで，それぞれに100 Vの電圧を加えた。ア～エの電球のうちで，最も明るいのはどれか。また，最も暗いのはどれか。ただし，電球の抵抗は電流や熱によって変化することなく，オームの法則にしたがうものとする。

4 発熱量

> **転写** 水の上昇温度はワット数と電気を通す時間に比例する

一定量の水の上昇温度
（一定の時間内の温度変化）
〔℃〕／電力〔W〕

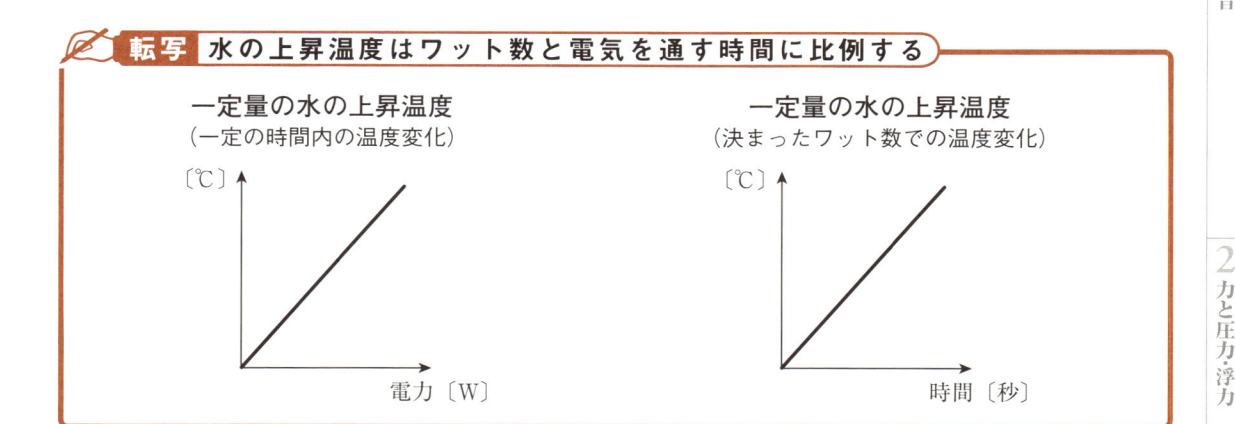

一定量の水の上昇温度
（決まったワット数での温度変化）
〔℃〕／時間〔秒〕

解説 ▶ 簡易ポット

電熱線に電流を通すと電熱線が熱で熱くなる。アイロンや電気ポットはこうした熱を利用した器具である。簡易ポットを使ってワット数（電力）と発熱量の関係を調べてみる。

電力 P〔W〕＝電流 I〔A〕×電圧 E〔V〕 …… 1秒間の電気のはたらき

例題1 電熱線 A，B，C がある。20.0℃の水 100g に電熱線 A を入れ，6.0V の電圧を加えて水をかき混ぜながら 5 分後と 10 分後と 15 分後の水温を調べた。また，電熱線 B，C についても同じようにして調べた。表はその結果である。
電熱線 A は 6.0V の電圧を加えると 3.0W の電力を消費する。これを 6V-3W と記すと，B は 6V-6W，C は 6V-9W である。

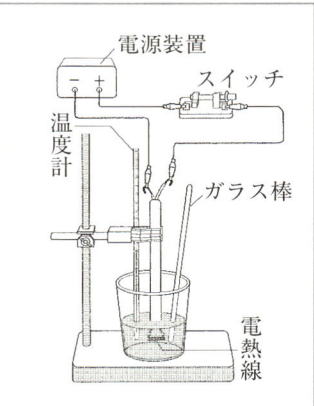

	開始前	5分後	10分後	15分後
A（6V-3W）	20.0℃	22.1℃	24.2℃	26.3℃
B（6V-6W）	20.0℃	24.2℃	28.4℃	32.6℃
C（6V-9W）	20.0℃	26.3℃	32.6℃	38.9℃

(1) 電熱線のワット数と水の上昇温度の間にはどのような関係が成り立つか。

(2) 電気を通す時間と水の上昇温度の間にはどのような関係が成り立つか。

例題1の解答　(1) ワット数と水の上昇温度は比例する
　　　　　　　(2) 電気を通す時間と水の上昇温度は比例する

(1) 5分後，10分後，15分後の水の上昇温度を調べる。

	5分後	10分後	15分後
A（6V-3W）	22.1 − 20.0 = 2.1℃	24.2 − 20.0 = 4.2℃	26.3 − 20.0 = 6.3℃
B（6V-6W）	24.2 − 20.0 = 4.2℃	28.4 − 20.0 = 8.4℃	32.6 − 20.0 =12.6℃
C（6V-9W）	26.3 − 20.0 = 6.3℃	32.6 − 20.0 =12.6℃	38.9 − 20.0 =18.9℃

上の表より，5分後の結果を縦に見ると，ワット数が2倍，3倍となると，水の温度上昇も2倍，3倍となっている。10分後，15分後の結果も同様である。したがって，電熱線のワット数と水の上昇温度は比例する。

ワット数と水の上昇温度は比例する

時間を決めて，一定量の水の温度上昇を調べると，右のようなグラフになる。

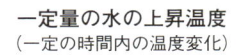

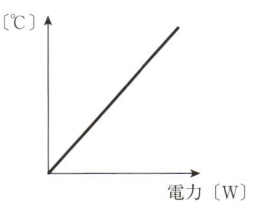

(2) 先ほどと同じ表を今度は横に見ていく。

	5分後	10分後	15分後
A（6V-3W）	2.1℃	4.2℃	6.3℃
B（6V-6W）	4.2℃	8.4℃	12.6℃
C（6V-9W）	6.3℃	12.6℃	18.9℃

上の表より，Aの結果を横に見ると，電気を通す時間が2倍，3倍となると，水の温度上昇も2倍，3倍となっている。B，Cの結果についても同様である。したがって，電気を通す時間と水の上昇温度は比例する。

電気を通す時間と水の上昇温度は比例する

ワット数を決めて，一定量の水の温度上昇を調べると，右のようなグラフになる。

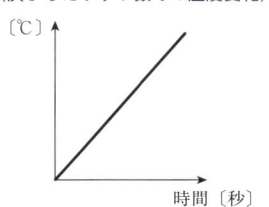

解説 ▶ 電力〔W〕と熱量〔J〕

電力〔W〕の値は，その電気器具が1秒間にどれだけのはたらきをするか，はたらきの大小を表すものである。ここでのはたらきとは，光・音・熱を発生させたり，物体を動かしたりといった，いろいろな現象を起こすことに当たるが，発生する熱の量のことを**熱量**という。

1秒間当たりの電気のはたらきが電力なので，電力と秒数の積は，電気のはたらきの総量ということになる。このはたらきがすべて熱となった場合，熱量は電力と時間の積で表される。この単位はジュール（記号J）を用いる。

熱量 Q〔J〕＝電力 P〔W〕×時間 t〔秒〕 …… 電気のはたらきの総量に当たる

解説 ▶ 熱量を表す2つの単位

日常的に使われている熱量の単位にカロリー（記号cal）がある。水1gを1℃だけ温度上昇させるのに必要な熱量が1calである。熱量の単位は〔J〕と〔cal〕の2つがあり，1cal＝約4.2Jであり，1J＝約0.24calである。したがって，単位の変換は右のように表される。

熱量の単位変換（おおよその値）

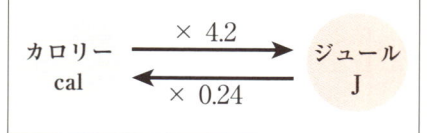

カロリー cal →×4.2→ ジュール J
カロリー cal ←×0.24← ジュール J

まとめ ▶ 電気のはたらきの単位と計算式

電気のはたらき		単位	計算式
1秒間当たりのもの	電力 P	ワット（記号 W）	電流 I〔A〕×電圧 E〔V〕
はたらきの総量（すべて熱となった場合）	熱量 Q	ジュール（記号 J）	電力 P〔W〕×時間 t〔秒〕 電流 I〔A〕×電圧 E〔V〕×時間 t〔秒〕

練習問題

▶▶▶ 解答は239ページ

1. 電熱線a, b, c, dを準備し，室温とほぼ同じ温度の水 $100cm^3$ を入れた発泡ポリスチレンのカップと，電熱線aを用いて，図のような回路をつくり，開始前の水温を測定した。電圧計の目盛りが6.0Vになるように電源装置を調整して，ガラス棒でときどき水をかきまぜながら5分間電流を流したあと，水温を測定した。次に，電熱線aのかわりに電熱線b, c, dを用いて，同様に実験操作を行った。結果を，次の表のようにまとめた。

電熱線	a	b	c	d
開始前の水温〔℃〕	18.0	18.0	18.0	18.0
5分後の水温〔℃〕	24.4	28.7	22.3	30.9

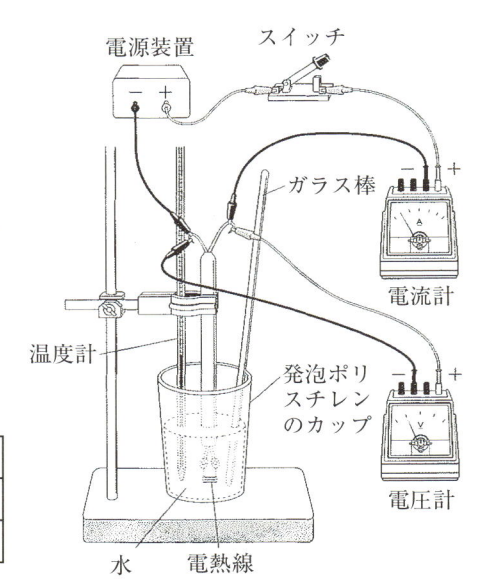

(1) 次のア〜エのうち，発泡ポリスチレンのカップを用いる理由として最も適当なものを1つ選べ。

　　ア　水の突然の沸騰を防ぐため
　　イ　カップの重さを軽くするため
　　ウ　熱によるカップの変形を防ぐため
　　エ　カップの外に熱を逃げにくくするため

(2) 消費された電力が小さい順に表中のa〜dの電熱線を並べなさい。

(2009年　岩手県・改題)

2 電熱線の発熱について調べるために，次の実験を行った。

[実験1]（a）電圧計や電流計を正しく用いて図1のような回路をつくり，導線つきの電熱線Pにかかる電圧と電流を測定した。

（b）Pを電熱線Qにかえて，同様な測定を行った。2つの電熱線における電圧と電流の関係を，図2のようにグラフにまとめた。

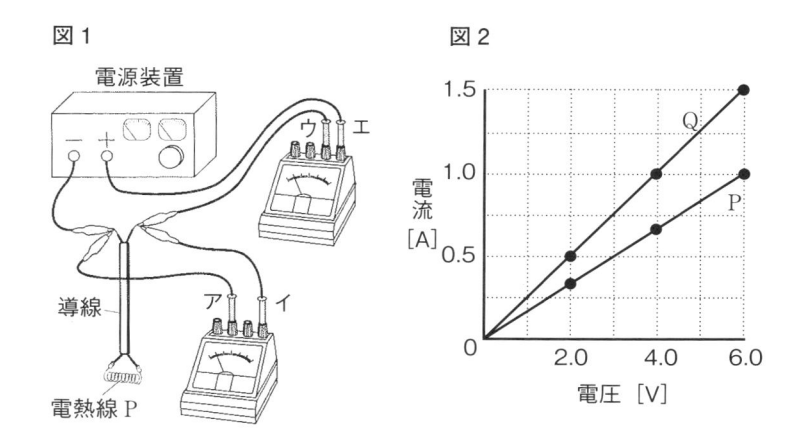

図1

図2

[実験2]（a）P，Qを用いて，図3のような直列回路と図4のような並列回路をつくった。

（b）同じ温度で同じ量の水が入った4つの発泡ポリスチレンのカップを用意し，図3と図4の回路のP，Qを，図5のようにそれぞれのカップに入れた。2つの電源の電圧を同じにして，10分間電流を流したのち，水の上昇温度を調べ，その結果を表にまとめた。

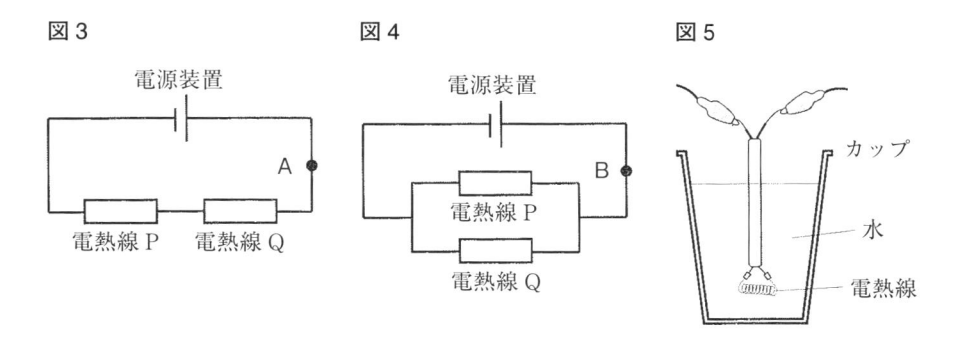

図3　　　図4　　　図5

回路	直列回路（図3）		並列回路（図4）	
電熱線	P	Q	P	Q
水の上昇温度〔℃〕	3.0	2.0	8.4	12.6

(1) 図1で，電圧計の＋端子を，図中のア〜エから1つ選びなさい。

(2) 実験2の（a）の2つの回路で，それぞれの電源の電圧を0V～6.0Vまで変化させたとき，電源の電圧と点Aおよび点Bに流れる電流の関係を表すグラフを，それぞれかきなさい。
（A，Bそれぞれのグラフがわかるようにする。縦軸の目盛りに数値をかいて完成させる。）

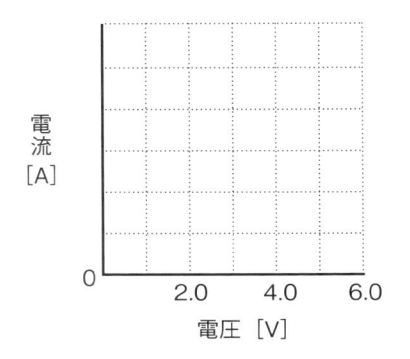

(3) 表で，直列回路のPより並列回路のPのほうが水の上昇温度が大きい理由を，「電圧」，「電流」，「抵抗」という語を用いて書きなさい。

（2009年　群馬県・改題）

1 分 野

物理

第 4 章

電流のはたらき

　自転車のライトはなぜ光るのか考えたことはありますか？
　タイヤに取りつけられた発電機を外から見ると，タイヤが回るにつれて，発電機の頭の部分が回転するようになっていることがわかるでしょう。では発電機の中はどうなっているのでしょうか？
　実は，発電機の頭の部分は中で磁石につながっているのです。そしてその磁石は，コイルとよばれる，電線をぐるぐるまきにしたものにはさまれているのです。
　自転車をこぐとタイヤが回り，発電機の頭が回り，中で磁石が回ります。図のように，N極とS極の位置がたえずコイルの中で入れかわります。コイルのまわりで磁石を動かすとコイルに電流が生じるのです。磁石の力がおよぶ範囲を磁界といいます。磁石が動くと磁界に変化が生じます。カギは「磁界の変化」です。
　電流が発生するしくみとその向きをこの章で学びます。

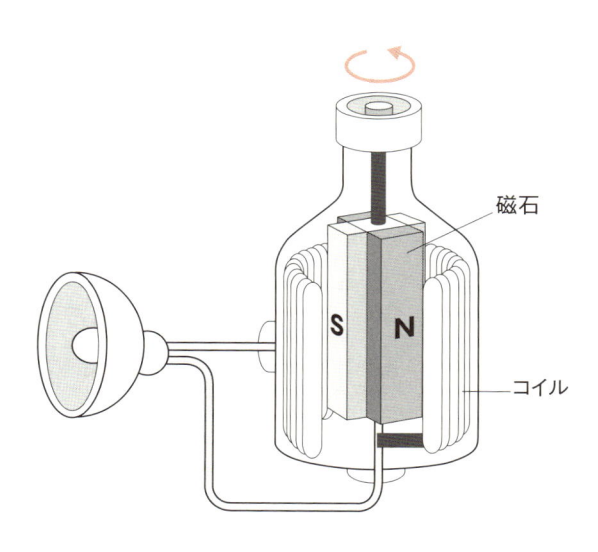

磁石

コイル

1 電流と磁界

転写 電流がつくる磁界の向き

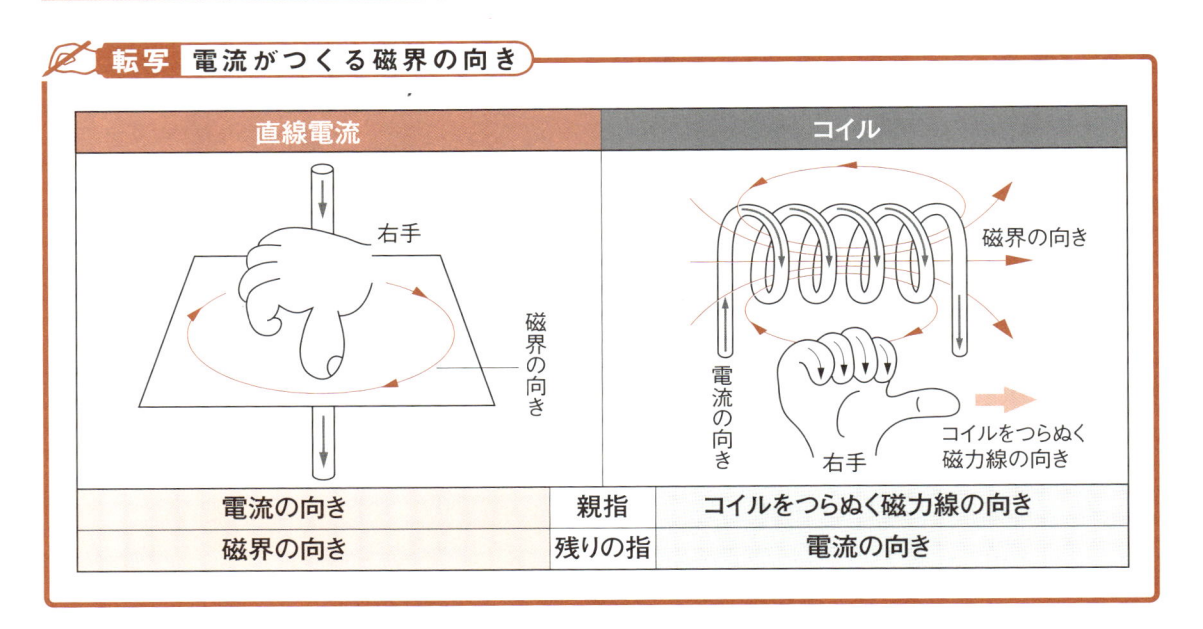

直線電流		コイル
電流の向き	親指	コイルをつらぬく磁力線の向き
磁界の向き	残りの指	電流の向き

解説 ▶ 磁界

磁石は，鉄くぎを引きよせたり，N極とS極が引きあったり，同じ極どうしが反発しあったりする。このような力を磁力といい，磁力がはたらいている空間を磁界という。

解説 ▶ 磁界の向きと磁力線

磁界の中に方位磁針を置くと，N極が決まった向きを指して止まる。方位磁針のN極が指す向きを磁界の向きという。

磁界の向きは，磁石のN極とS極を結ぶ一本の曲線上に乗っている。磁界の向きを順につないでできる曲線を磁力線という。

方位磁針はふつうN極が北の方角を示している。磁界の中に置かれた方位磁針は，磁力線にそうようにN極の向きを変える。

磁力線はN極から出てS極に入る。N極が磁力線の出口である。

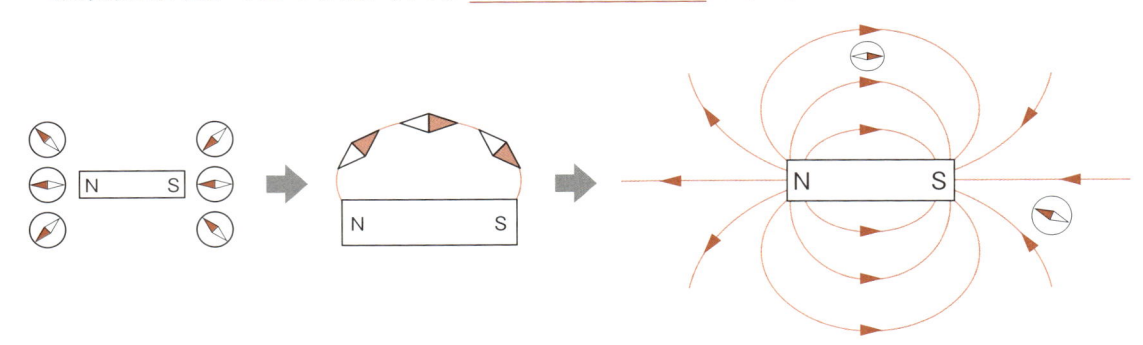

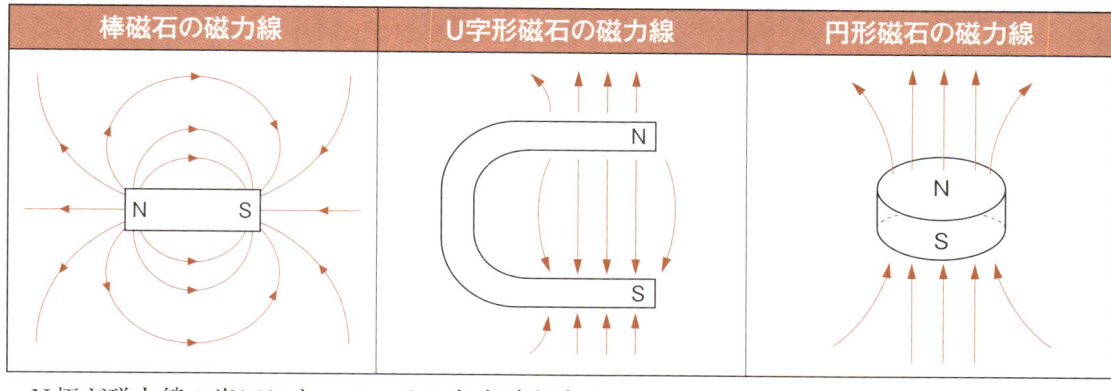

| 棒磁石の磁力線 | U字形磁石の磁力線 | 円形磁石の磁力線 |

N極が磁力線の出口になっていることを確認する。

解説 ▶ 直線電流がつくる磁界

電流のまわりにも磁界ができる。導線に電流を流すと、導線のまわりには同心円状の磁力線が生じる。

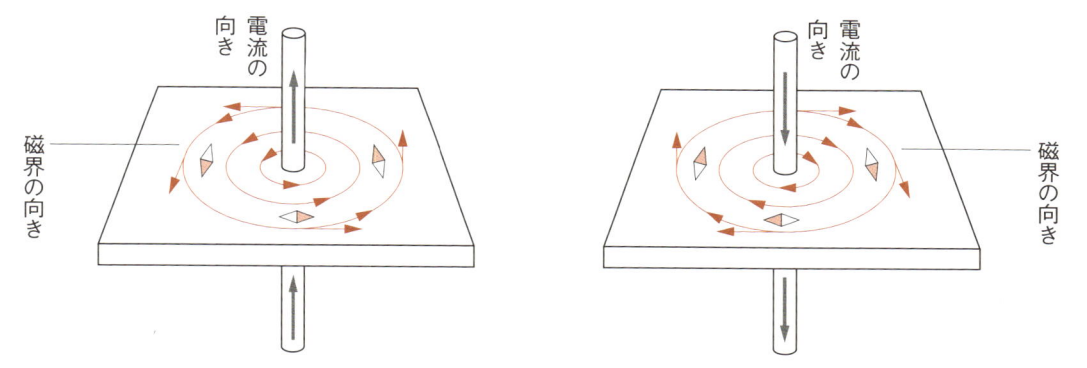

直線電流がつくる磁界の向きは、電流の向きに右手の親指をあわせて電流をつかんだときの残りの指の向きに一致する（右手で「グッド」の合図をつくる）。

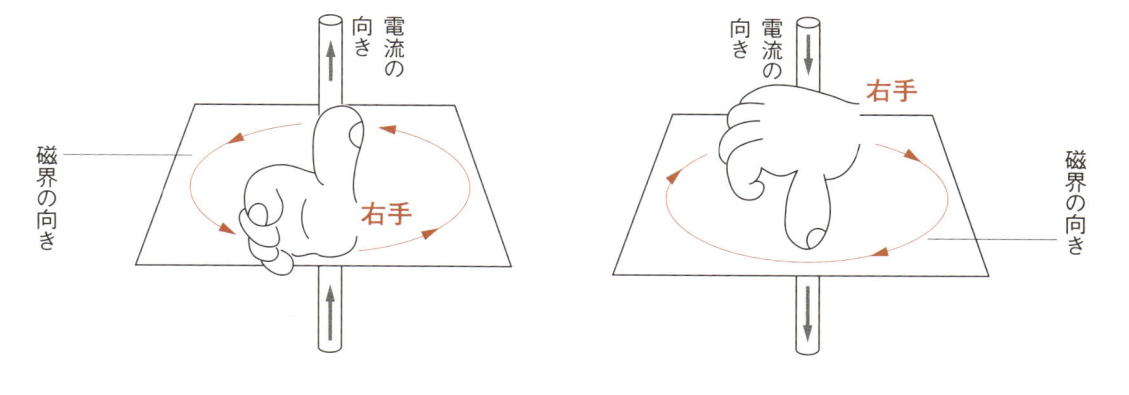

解説 ▶ 円電流がつくる磁界

円の中心付近で，円電流をつらぬく向きの磁力線ができる。導線の近くではほぼ同心円状の磁力線ができている。

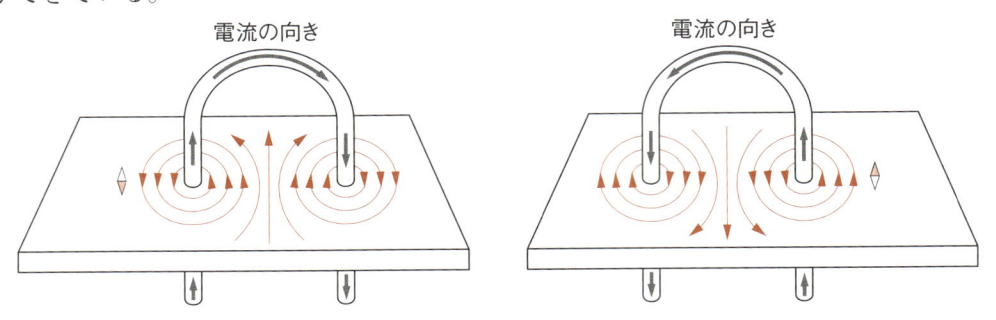

解説 ▶ コイルがつくる磁界

導線をつるまきバネのようにらせん状に巻いたものを**コイル**（ソレノイドコイル）という。コイルを流れる電流がつくる磁界の向きは次のようになる。

右手の人差し指から小指までを電流の向きにあわせてコイルをにぎる。突き出した親指の指す方向がコイルをつらぬく磁力線の向きである。

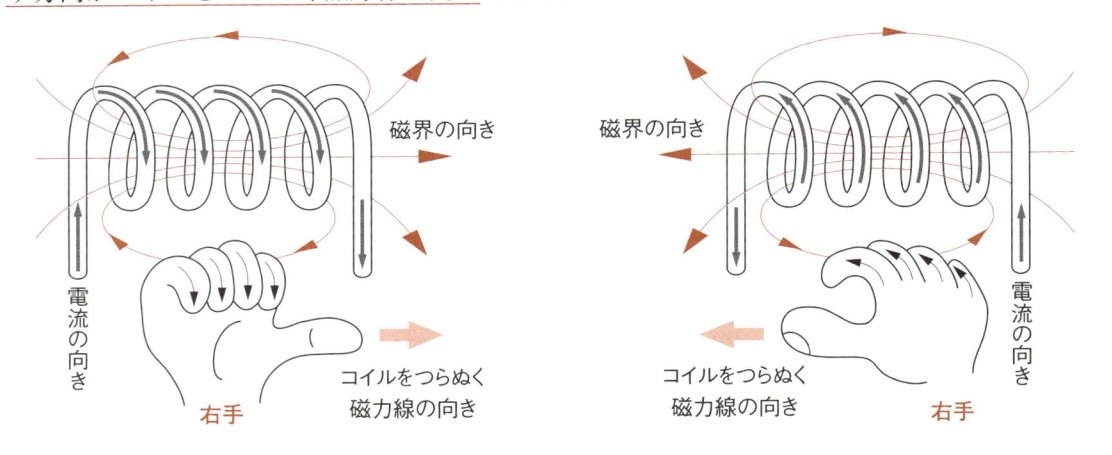

まとめ ▶ 磁界の向きと電流の向き

直線電流の場合もコイルの場合も右手を使うが，その意味するところは違うので注意する。

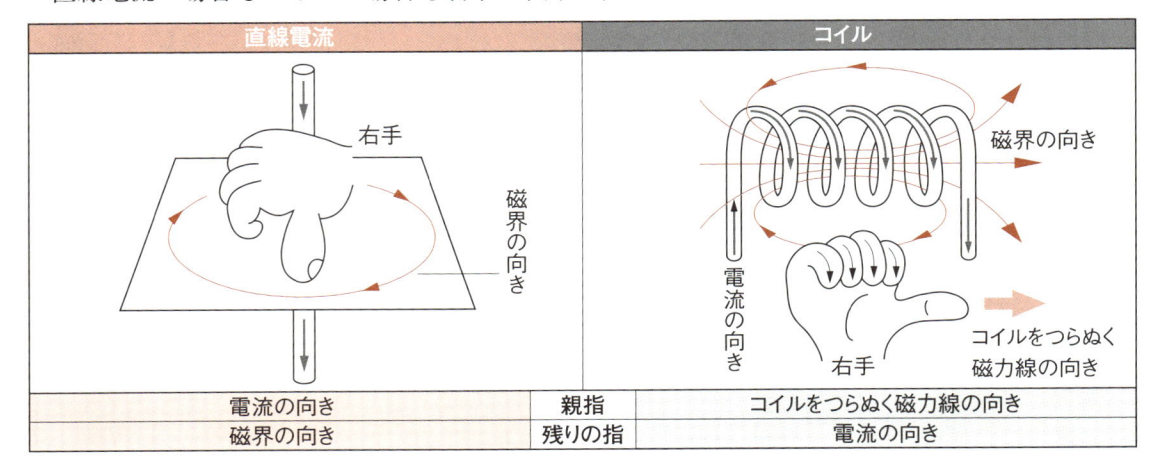

	親指	
電流の向き		コイルをつらぬく磁力線の向き
磁界の向き	残りの指	電流の向き

（左：直線電流　右：コイル）

例題1 図1の水平な厚紙の上のa～cに，方位磁針を置いた。次に，導線に電流を流し，導線のまわりに生じる磁界の向きを調べた。

図1

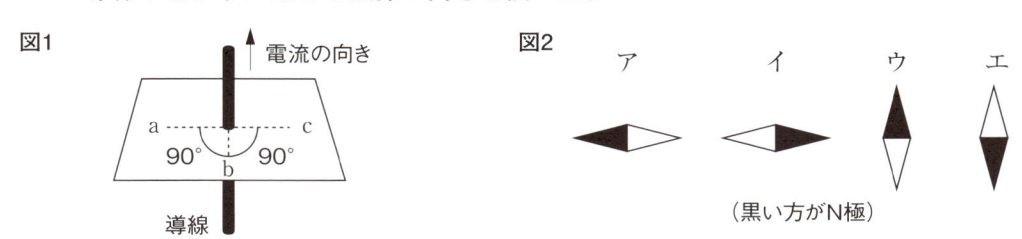

図2（黒い方がN極）

実験で電流が流れているときの，a～cに置いた方位磁針の向きとして，正しいものを，図2のア～エから，それぞれ1つずつ選び，記号を書きなさい。ただし，図2の磁針は図1のbの前に立ち，上から見たときの磁針を示している。また，地球の磁界の影響は考えないものとする。

(2004年 長野県)

例題1の解答 a エ　b イ　c ウ

右手の親指を電流の向きにあわせて電流をにぎると，残りの指の向きが磁界の向きである。上から見ると，反時計回りの磁界の向きになる。

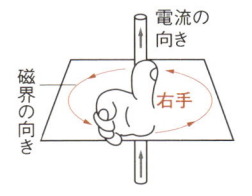

例題2 図1のような実験装置を使って，コイルに電流を流すと磁針の針は振れ，静止した。図2は，これを上から見たものである。

図1

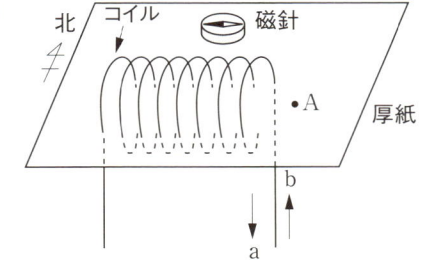

図2

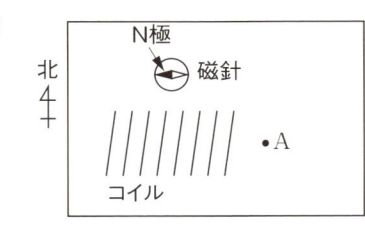

このときに，磁針を点Aの位置に動かすと，磁針の針の向きはどのようになるか，最も適切なものを下のア～エから1つ選び，その符号を書きなさい。

また，流れている電流の向きは，図1のa，bのどちらか，その符号を書きなさい。

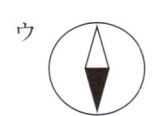

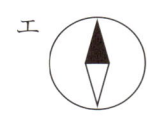

(2004年 石川県)

例題2の解答　イ，b

方位磁針の向きからコイルがつくる磁界の向きがわかる。コイルをつらぬく磁力線は図のように右向きと考えられる。Aでの磁界の向きも右向きであるから方位磁針のN極は右を向く。

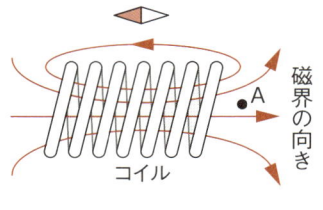

また，コイルをつらぬく磁界の向きにあわせて右手の親指を突き出すと，残りの指の向きから電流の流れ方がわかる。上向き（b）に流れているとわかる。

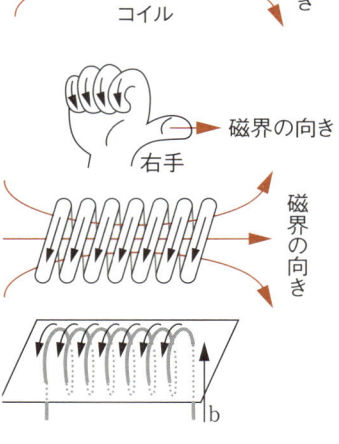

2 電流が磁界から受ける力

転写 電気ブランコの原理

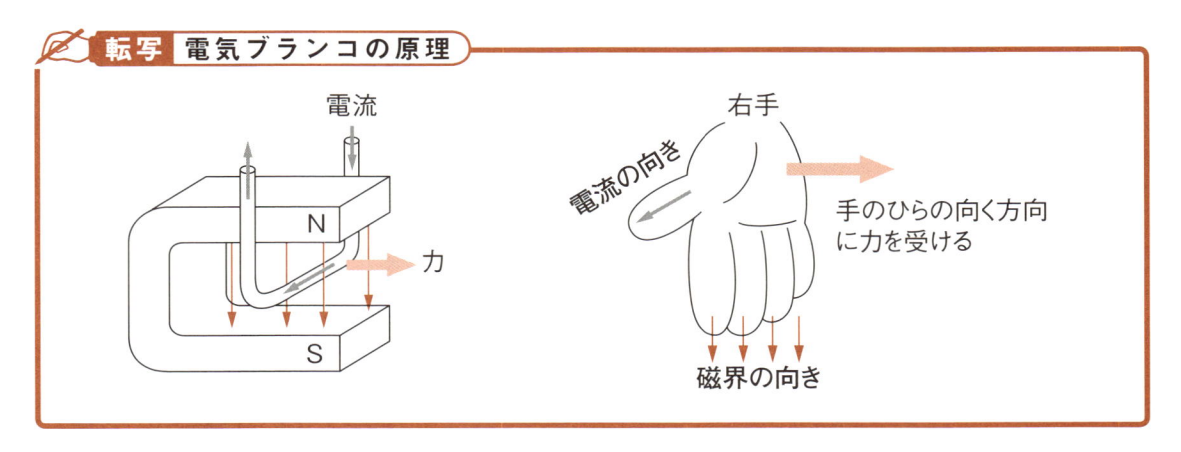

解説 ▶ 電流が磁界から受ける力

　磁界の中で電流を通すと，電流は磁界から力を受ける。電流がつくる磁界とまわりの磁界とで強めあう場所，弱めあう場所ができるためである。U字形磁石のつくる磁界の中で電流を通す場合を考える。

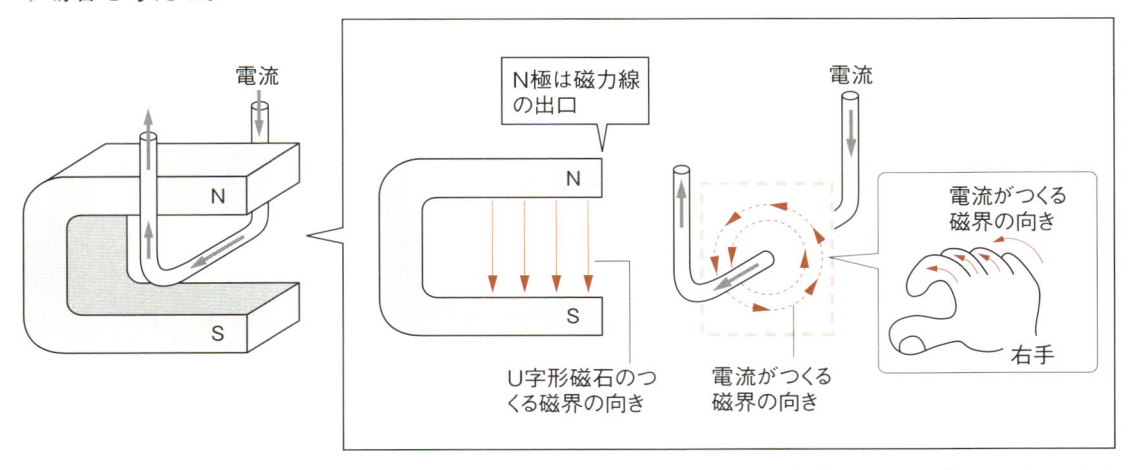

　2つの磁界を重ねあわせると，強めあう側の磁力線は密集し，導線を弱めあう側に押し出す。このようにして，電流は磁界から力を受ける。

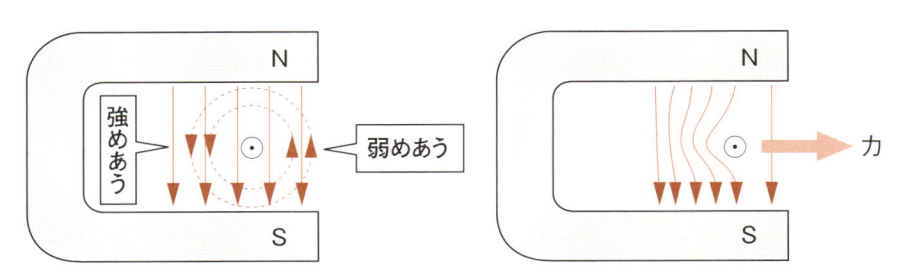

⊙は紙面裏側から表側に流れる電流を表す。

電流が磁界から受ける力を大きくするためには，①電流を大きくする，②磁石の磁力を大きくする，という2つの方法がある。電流が磁界から受ける力を利用したものには，モーターやスピーカーがある。

解説 ▶ 電流が受ける力の向き（電気ブランコの原理）

電流が磁界から受ける力の向きは，右手を使って簡単に求めることができる。右手の人差し指から小指までをまっすぐのばし，それに対して直角になるように親指を突き出す。親指を電流の向きにあわせ，残りの指を磁界の向きにあわせると，手のひらの向く方向が力の向きとなる。

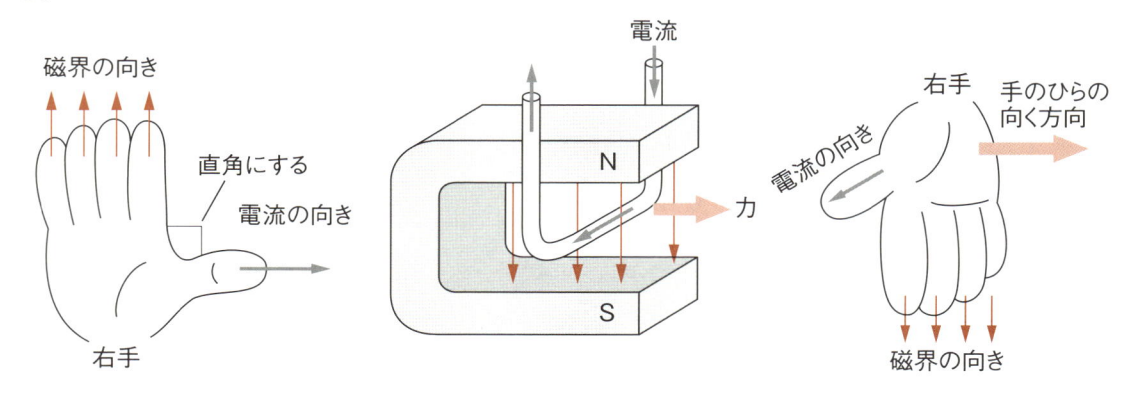

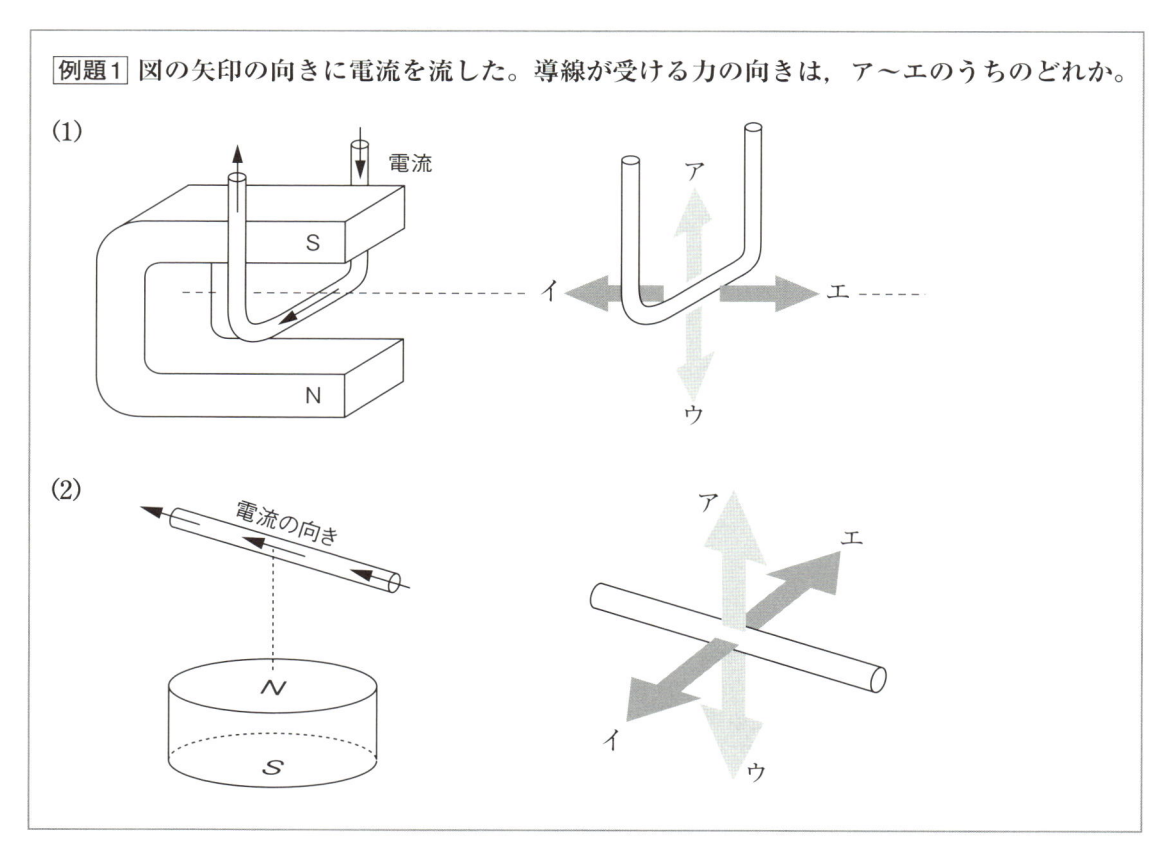

例題1 図の矢印の向きに電流を流した。導線が受ける力の向きは，ア～エのうちのどれか。

(1)

(2)

例題1の解答　(1)　イ　　(2)　エ

(1)

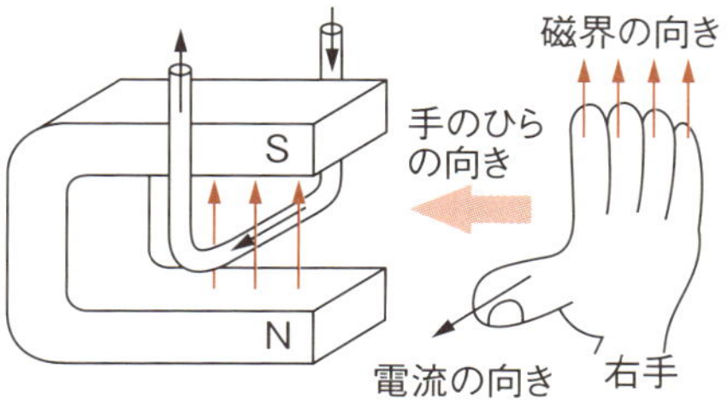

(2)

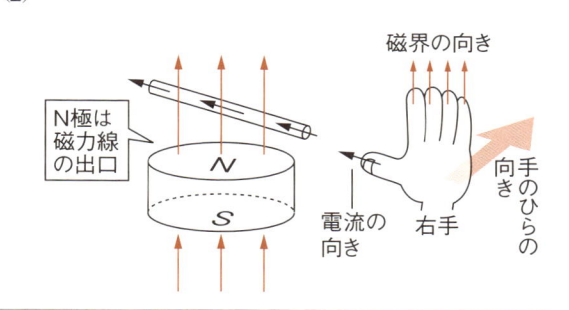

例題2 電流が磁界の中で受ける力を調べるために，太い銅線ＰＱ，電源装置，抵抗器，電流計，電圧計およびスイッチを下の図のようにつなぎ，Ｕ字形磁石を銅線ＰＱの上側がＮ極，下側がＳ極になるように置いて，次の実験Ⅰ・Ⅱを行った。

[実験Ⅰ]

抵抗器 R_1 を用い，回路のスイッチを入れた。次に，電源装置の電圧調整つまみを回し，抵抗器 R_1 にかかる電圧を 5.0 Ｖにして，銅線ＰＱに，ＰからＱの向きに電流を流すと，銅線ＰＱが動いた。

[実験Ⅱ]

回路のスイッチを切り，抵抗器 R_1 を，より小さい抵抗の抵抗器 R_2 に取りかえた。次に，回路のスイッチを入れ，電源装置の電圧調整つまみを回し，抵抗器 R_2 にかかる電圧を 5.0 Ｖにして電流を流すと，銅線ＰＱが動いた。

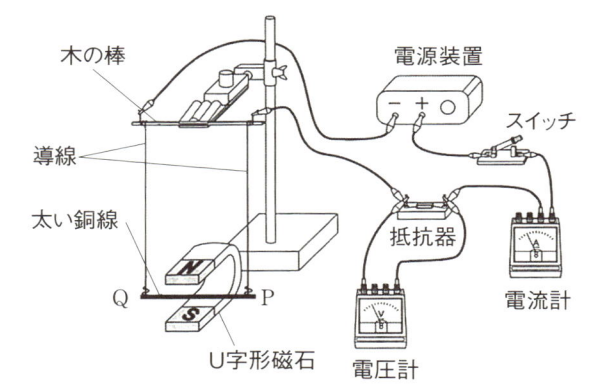

(1) 実験Ⅰで，銅線ＰＱのまわりにできる磁界の向きを表したものとして最も適切なものを，次のア～エから1つ選び，その記号を書け。

　　ア　　　　　イ　　　　　ウ　　　　　エ

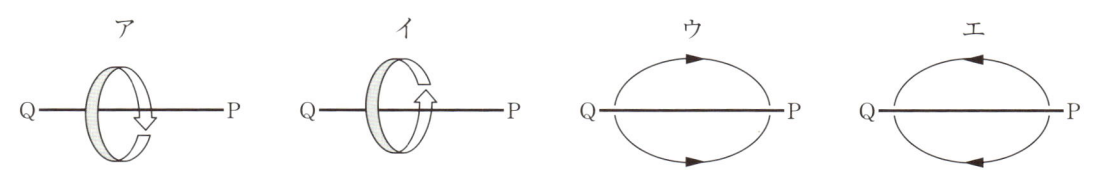

(2) 実験Ⅰで，銅線ＰＱを真上から見たとき，銅線ＰＱが動いた向きを，右の図中のア～エから1つ選び，その記号を書け。

(3) 実験Ⅱで，回路のスイッチを入れて銅線ＰＱが動いたときの振れ幅は，実験Ⅰのときの振れ幅に比べてどのように変化したか，簡潔に書け。

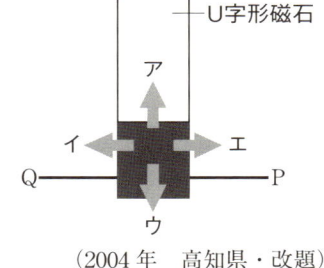

（2004年　高知県・改題）

例題2の解答　　(1) ア　　(2) ウ　　(3) 大きくなった

(1) PからQの向きに電流が流れている。右手の親指を電流の向きにあわせて突き出すと，人差し指から小指の向く方向が電流がつくる磁界の向きである。

(2) 右手の人差し指から小指までを磁界の向き（N極→S極）にあわせ，親指を電流の向きにあわせると，手のひらが向く方向に銅線は力を受ける。

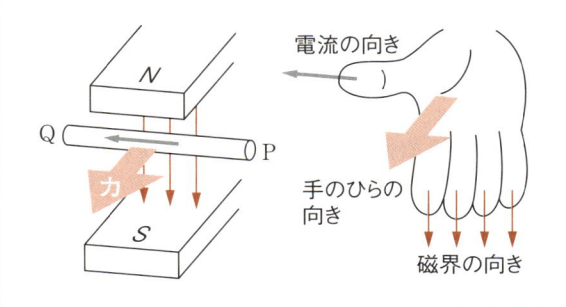

(3) 抵抗を小さくすると，電流は流れやすくなる。実験Ⅰ，Ⅱとも5.0Vの電圧を加えたので，抵抗の小さいR_2を使ったときのほうが流れる電流は大きくなる。電流が大きくなると，電流が磁界から受ける力も大きくなるので，実験Ⅱで抵抗器R_2を使ったときのほうが銅線を流れる電流は大きな力を受け，振れ幅も大きくなる。

練習問題

▶▶▶ 解答は240ページ

1. 電流が磁界から受ける力を調べるために、図のような回路をつくった。回路に電流を流すと、コイルは少し動いて静止した。

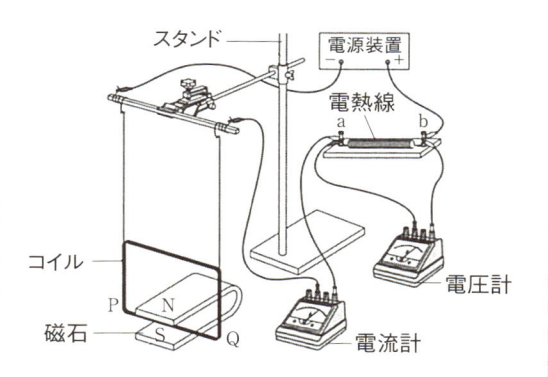

    (1) 電源装置と電流計の間に電熱線を入れてつないだのはなぜか。その理由を「電流」という語句を使い、「電熱線を入れないでつなぐと」という書き出しで書け。

    (2) P−Q間を流れる電流がつくる磁界のようすを磁力線を使って表すとどうなるか。最も適当なものを次のア〜エの中から選び、記号で書け。

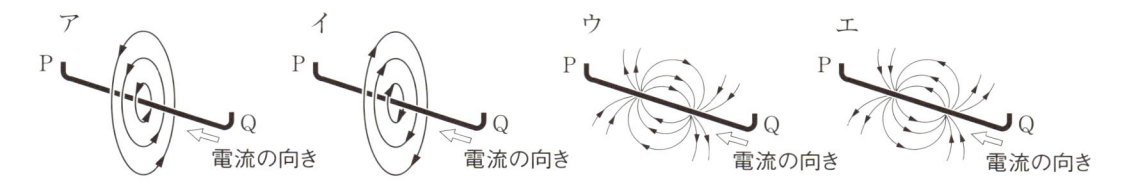

    (3) コイルはスタンドに「近づく向き」、「遠ざかる向き」のどちらに動いたか。

    (4) 電源装置の電圧を一定に保ち、図のa−b間を次のア〜エにかえて、コイルの動き方を調べた。動き方が大きい順に、ア〜エを並べかえ、記号で書け。

    ア 10Ωの電熱線を1本つなぐ。
    イ 20Ωの電熱線を1本つなぐ。
    ウ 10Ωと20Ωの電熱線を直列にしてつなぐ。
    エ 10Ωと20Ωの電熱線を並列にしてつなぐ。

    (2004年 長崎県・改題)

3 電磁誘導

転写 コイルは磁石の動きを妨げる

誘導電流の向き
① コイルがつくる磁石のN極，S極を決める

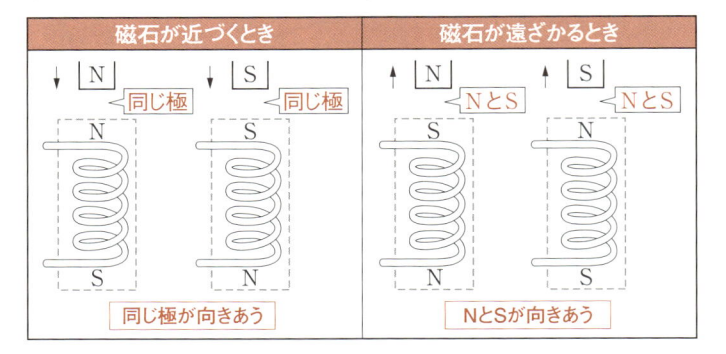

磁石が近づくとき	磁石が遠ざかるとき
同じ極 / 同じ極	NとS / NとS
同じ極が向きあう	NとSが向きあう

誘導電流を大きくする方法
① コイルの巻数を多くする
② 磁石をすばやく動かす

② 右手の親指をコイルのN極にあわせる。残りの指の向きに誘導電流が流れる

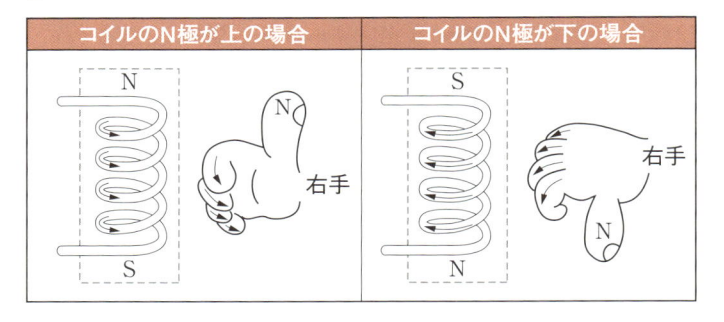

コイルのN極が上の場合	コイルのN極が下の場合

解説 ▶ 電磁誘導

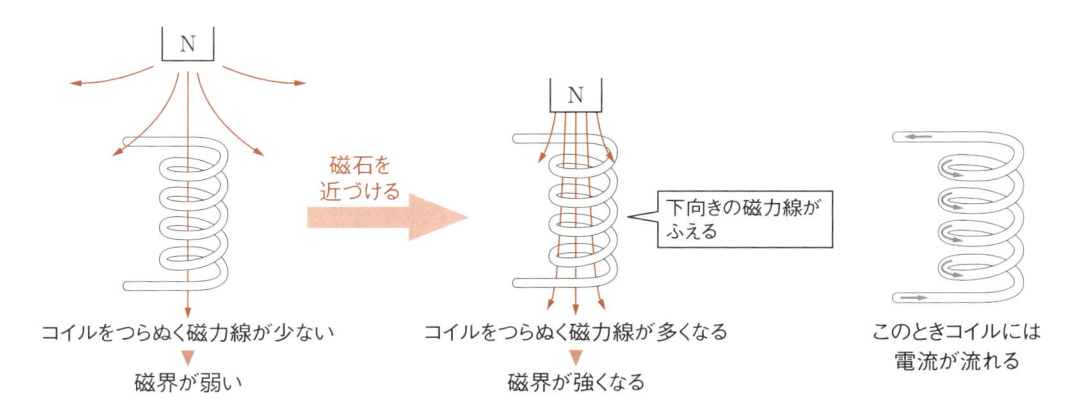

コイルを磁石に近づけたり，遠ざけたりすると，コイルをつらぬく磁力線に変化が生じる。コイルをつらぬく磁力線が変化すると，コイルに電圧が生じ，電流が流れる。この現象を**電磁誘導**といい，このとき流れる電流を**誘導電流**という。

磁石を近づける →

コイルをつらぬく磁力線が少ない
磁界が弱い

下向きの磁力線がふえる

コイルをつらぬく磁力線が多くなる
磁界が強くなる

このときコイルには電流が流れる

解説 ▶ 誘導電流の向き

コイルをつらぬく磁力線が変化すると，コイルに誘導電流が流れる（磁力線に変化がないときは，コイルに電流は流れない）。コイルはつねにつらぬく磁力線の変化を打ち消そうとする。たとえば，コイルの上側にＮ極が近づくとき，コイルは強まる下向きの磁力線を打ち消そうと，上向きの磁力線を発生させる。このとき，コイルには上向きの磁力線を発生させるような電流（誘導電流）が生じている。

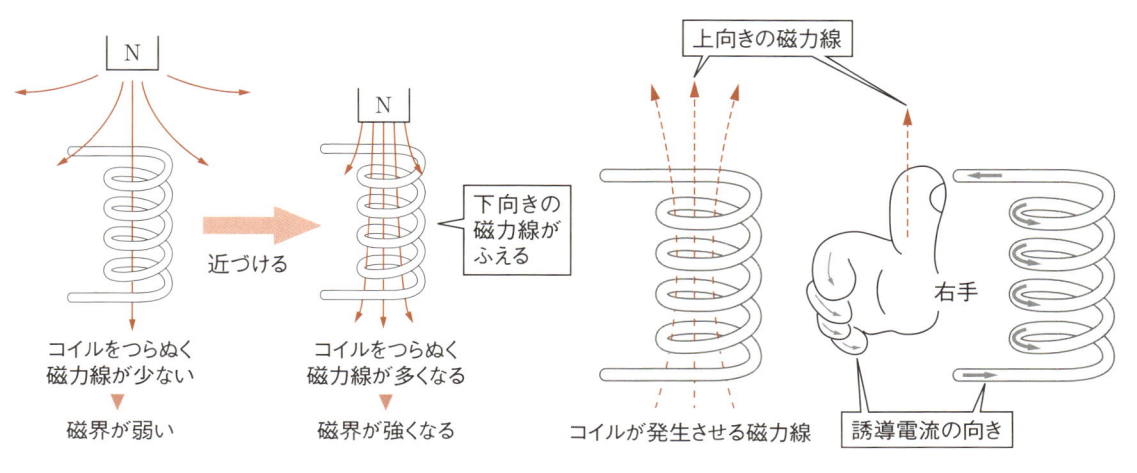

コイルが磁石の動きを妨げようとする，と考えてもよい。コイルの上側から磁石のＮ極を近づけるとき，コイルは磁石の動きを妨げるために，コイル自身が「上側がＮ極の磁石になる」。Ｎ極どうしは反発するので，磁石の動きを妨げることができる。このように考えたときでも，右手の親指をコイルがつくるＮ極にあわせることで誘導電流の向きを導くことができる。

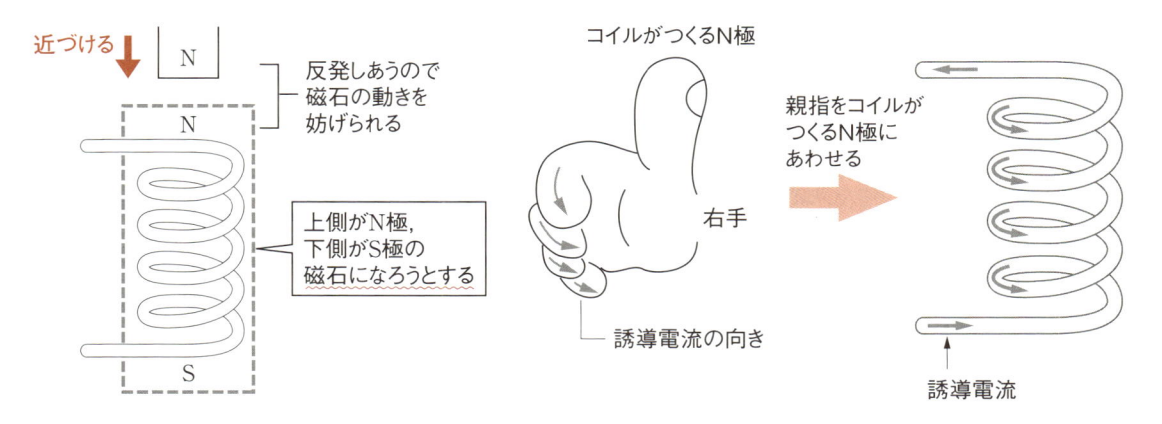

磁石を遠ざけるときも，同じように考える。磁石のＮ極がコイルから遠ざかるとき，磁石の動きを妨げるために，コイルは「上側をＳ極にして」，磁石と向きあう。Ｎ極とＳ極は引きあうので，遠ざかる磁石のＮ極の動きを妨げることになる（次ページの図を参照）。

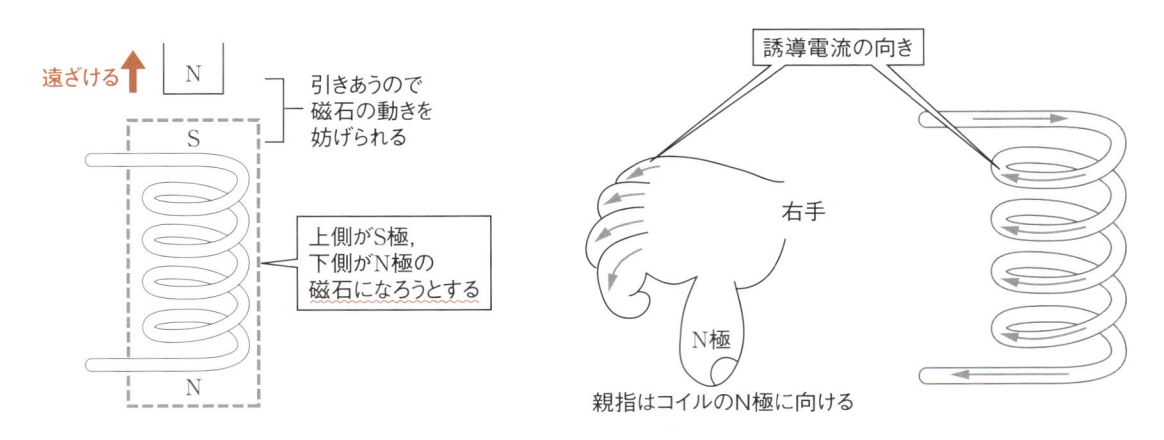

より強い電流を生むためには，①コイルの巻数を多くする，②磁石をすばやく動かす，という2つの方法がある。コイルに生じる誘導電流を利用した道具には発電機がある。自転車用のライトは，タイヤの回転を利用して磁石を回転させ，その磁石のまわりのコイルに誘導電流を生じさせている。

まとめ ▶ 誘導電流の向き

誘導電流の向きを考えるときは，まず「コイルがつくる磁石」のN極，S極を決める。

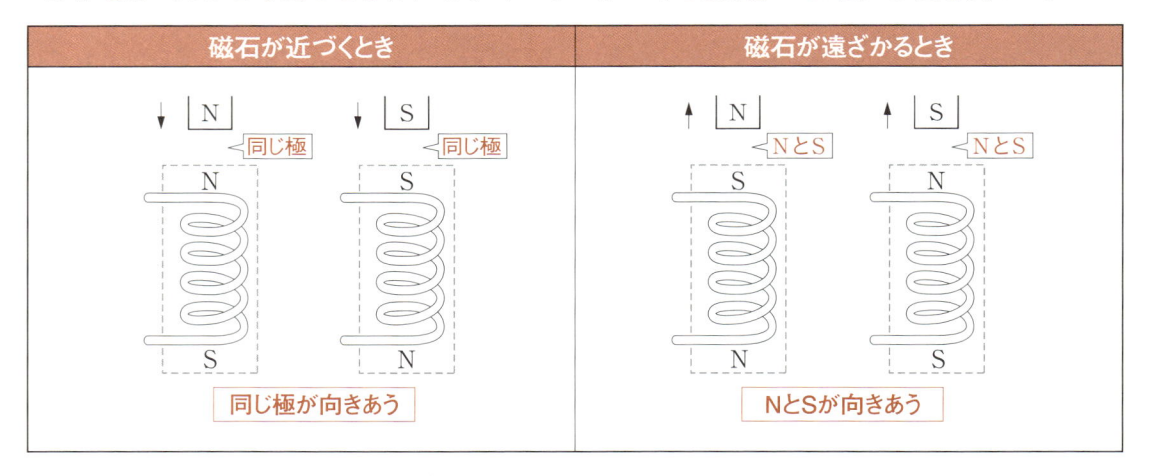

磁石が近づくとき	磁石が遠ざかるとき
同じ極が向きあう	NとSが向きあう

N，Sの位置が決まったら，右手の親指をコイルのN極にあわせてコイルをにぎる。にぎった指の向く方向に誘導電流は流れる。

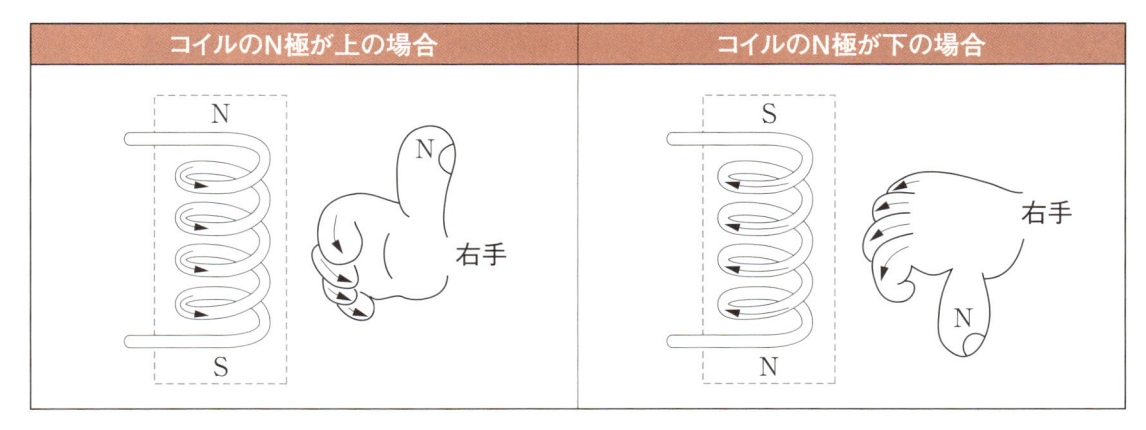

例題1 図のように，コイルと棒磁石を置き，棒磁石をコイルに近づけたり遠ざけたりしたところ，コイルに電流が流れた。

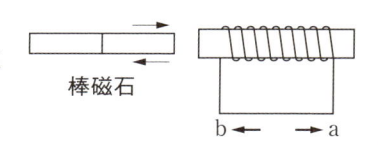

(1) 実験のように，磁石の動きによってコイルに電流が流れる現象を何というか，書きなさい。

(2) 実験で棒磁石のN極をコイルに近づけたとき，電流は図のaとbのどちら向きに流れるか。

(3) 次のア〜エの磁石の動かし方の中で，(2)の逆向きに強い電流が流れるものはどれか。
　　ア　S極を前より速く近づけた。　　　イ　S極を前より速く遠ざけた。
　　ウ　S極を前よりゆっくり近づけた。　エ　S極を前よりゆっくり遠ざけた。

(2004年　大分県・改題)

例題1の解答　(1) 電磁誘導　　(2) a　　(3) ア

(1) 電磁誘導は，コイルに磁石を近づけたり，遠ざけたりすることで，コイルに電流が流れる現象。このとき流れる電流を誘導電流という。

(2) 磁石がコイルに近づくときは，同じ極が向きあうように，コイルがつくる磁石のN極とS極が決まる。右手の親指をコイルのN極に向けてコイルをにぎれば，にぎった指が向く方向に電流が流れる。

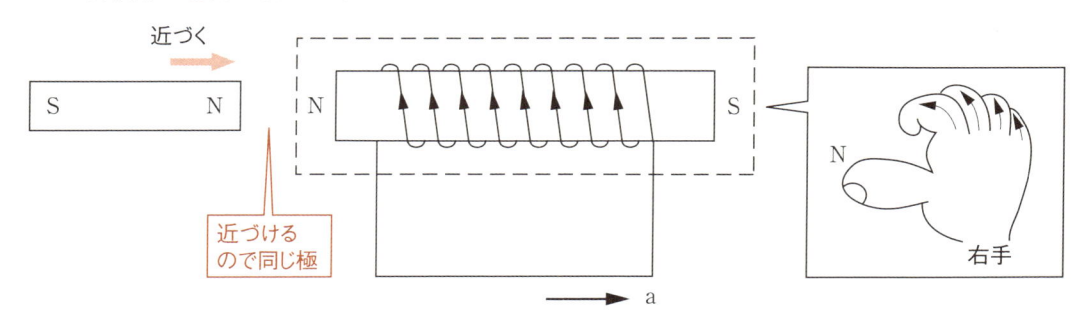

(3) 磁石をすばやく動かすと，流れる電流は強くなる。選択肢はアとイにしぼられる。
　アの場合，コイルがつくる磁石のN・Sは(2)と逆になるので，(2)とは逆向きに，強い電流が流れる。
　イの場合，コイルがつくる磁石のN・Sは(2)と同じになるので，(2)と同じ向きに，強い電流が流れる。

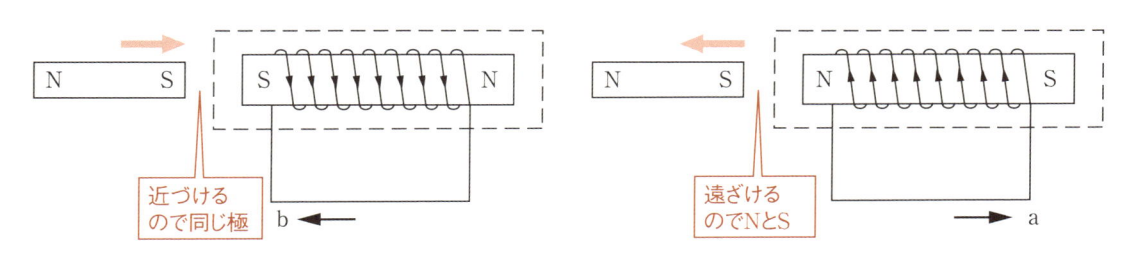

練習問題

▶▶▶ 解答は 240 ページ

1 図のように，台紙にコイルを固定し，電源装置につないだ。台紙上に均一に鉄粉をまき，電流を流してこのときにできる磁界のようすを調べた。磁界のようすを表したものとして，最も適切なものはどれか，ア〜エから1つ選びなさい。

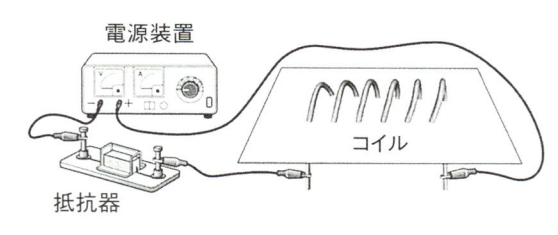

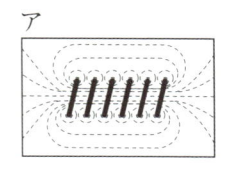

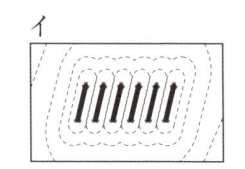

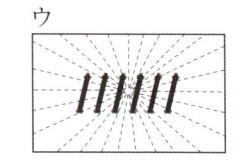

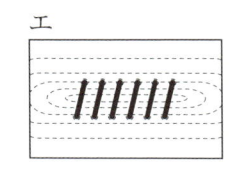

(2005年　徳島県)

2 図のように，コイルに検流計をつないで回路をつくり，コイルの上方からN極を下にして磁石を近づけた。

(1) コイルに流れた電流は，a，bどちらの向きに流れたか。

(2) 次のア〜ウの各操作を行ったとき，図の場合と逆向きに電流が流れるものはどれか。ア〜ウからすべて選びなさい。

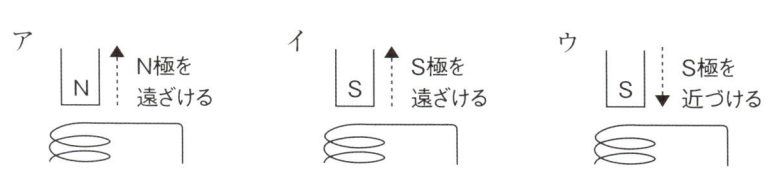

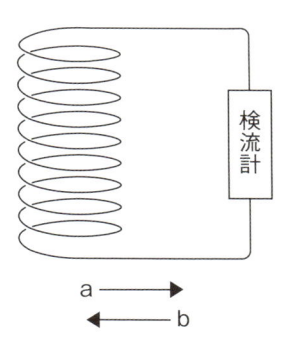

(3) このように，コイル内の磁界が変化して電流が流れる現象を何というか。

(2005年　徳島県・改題)

1 分野
物理

第 5 章

力と運動

　急ブレーキは危ないのです。
　急ブレーキをかけた電車に乗りあわせたことはありませんか。
　体が前につんのめったり，ひどいときは将棋倒しになったりしてケガをしかねません。

　でも，なぜこんなことが起きるのでしょう？
　これはすべての物質にそなわっている「慣性」という性質を学ぶことで理解できます。

　この章は，グラフから速度を求めるなど，数学的な力が必要とされる章でもあります。ここがあやふやな人は，未来を切り開く学力シリーズの『中学数学基礎篇』『中学数学発展篇　方程式と関数』も同時に取り組むとよいでしょう。

1 力の合成・分解とつり合い

転写 力の合成、力の分解、2力のつり合い

力の合成

力の分解

重力の斜面方向の分力
重力の斜面に垂直な分力
重力

1つの物体にはたらく2力のつり合い

① 力の大きさが等しい
② 力の向きが逆向き
③ 同一作用線上（一直線上）にある

解説 ▶ 力の合成

1つの物体にいくつかの力が加わるとき，力全体でその物体にどのような影響を与えるか，複数の力の影響を1つの力に表すことを**力の合成**といい，合成された力を**合力**という。

力の合成は，力と力の足し算のようなものであるが，力には「大きさ」だけではなく「向き」があるので，力の大きさだけを足し算することはできない。

例えば，図の黒帯君は右手と左手で別々の向きに力を加えている。相手には合成された大きな力が加わる。

解説 ▶ 2力を合成する（作図法）

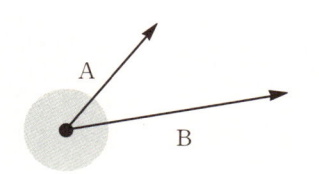

左図のように物体にA，B2つの力が加わるときの合力の求め方（作図法）

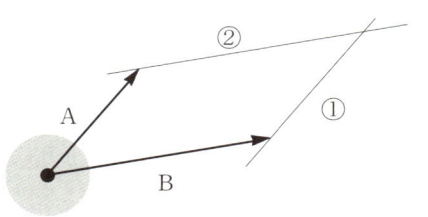

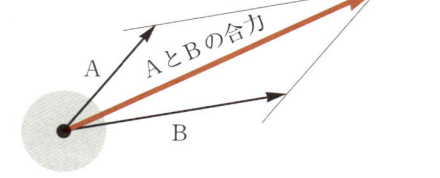

① Aに平行な線を，Bの先端を通るように引く。
② Bに平行な線を，Aの先端を通るように引く。

平行四辺形の対角線が，AとBの合力（補助線は消さずに残す）。

物体にはたらく2力（AとB）が，同一作用線上（一直線上）・逆向きの場合は，押し戻されるような感じになる。

物体にはたらく2力（AとB）が，同一作用線上（一直線上）・同じ向きの場合は，協力し合うような感じになる。

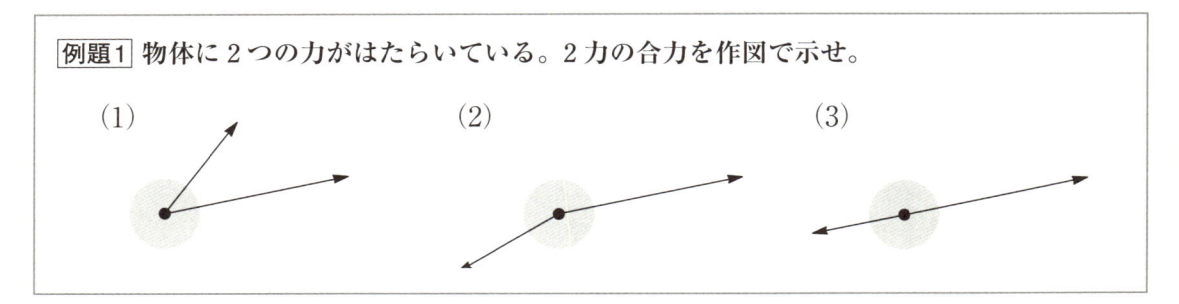

例題1 物体に2つの力がはたらいている。2力の合力を作図で示せ。

(1)　(2)　(3)

例題1の解答　下の図を参照

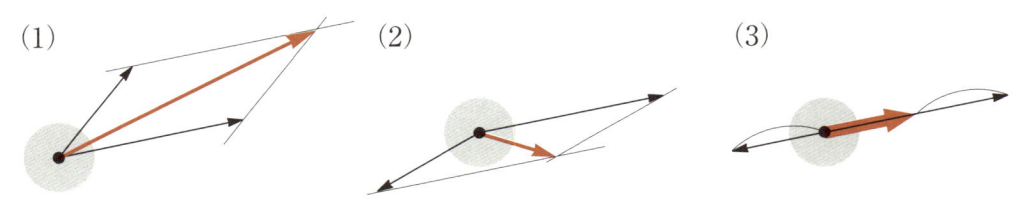

(1)　(2)　(3)

解説 ▶ 力のつり合いの状態

綱引きのとき，両軍の力が拮抗し，両軍の力と力は打ち消しあって，どちらにも綱が動かなくなることがある。これと同じように，1つの物体にいくつかの力が加わっているものの，それらの力どうしが互いに打ち消しあって，静止した状態になることがある。このとき力の合力はゼロになっている。力の合力がゼロになった状態を「つり合いの状態」という。

例えば，右図の物体は，物体に加わる2力が打ち消しあって，つり合いの状態になっている。

1つの物体に2つの力が加わっていて，この2つの力が打ち消しあって，つり合いの状態になるときの2力は，力の大きさが同じで，力の向きが逆。同一作用線上（一直線上）に並ぶ。

> 2力がつり合う条件：①力の大きさが同じ　②力の向きが逆　③同一作用線上にある

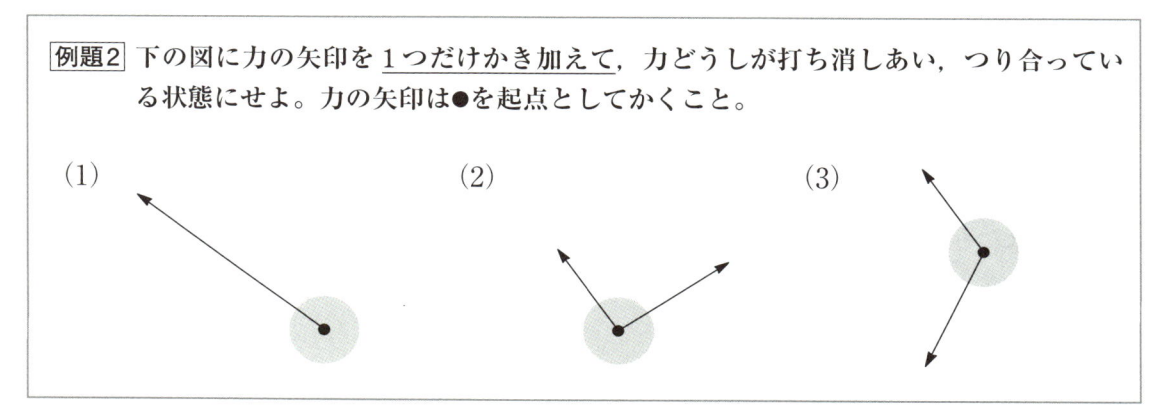

例題2 下の図に力の矢印を1つだけかき加えて，力どうしが打ち消しあい，つり合っている状態にせよ。力の矢印は●を起点としてかくこと。

(1)　　　　　　　(2)　　　　　　　(3)

例題2の解答　下の図を参照

2力がつり合う条件「①同じ大きさ」「②逆向き」「③同一作用線上」になるようにする。物体に2力が加わっている場合，まずこの2力を合成し，その合力を打ち消す力の矢印をかく。

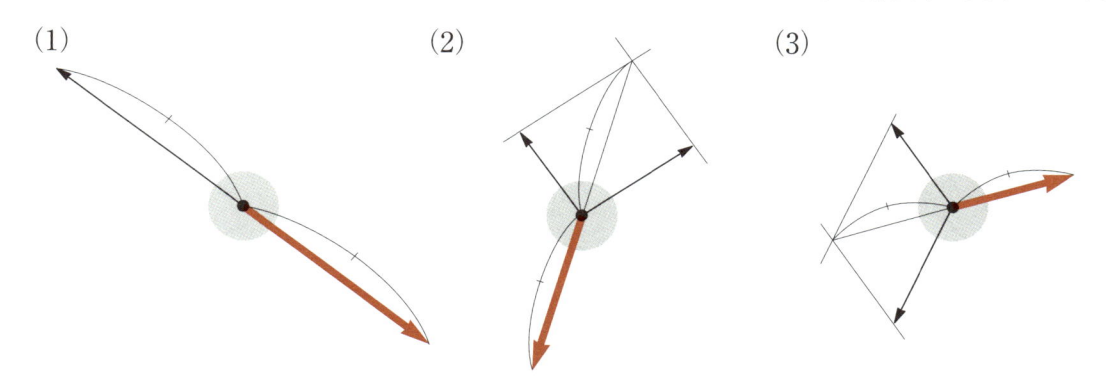

(1)　　　　　　　(2)　　　　　　　(3)

解説 ▶ 力の分解

急な坂道と緩やかな坂道。急な坂道のほうが上るのは大変である。これを力の分解で理解しよう。

重力は，鉛直下向き（地球の中心に向かって）にはたらいている。

重力を力の矢印で表し，矢印を斜面に平行な線と垂直な線ではさみ，重力の矢印を長方形で囲む。この長方形の各辺の長さに当たるのが重力の成分である。一方を「重力の斜面方向の分力（成分）」，もう一方を「重力の斜面に垂直な方向の分力（成分）」とよぶ。

急な坂 / 緩やかな坂

斜面に垂直な方向の分力
斜面方向の分力
重力

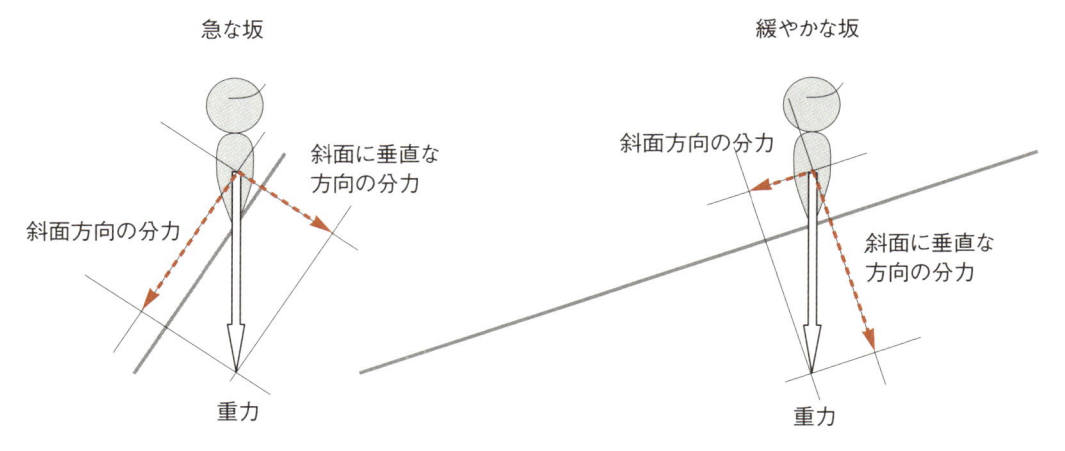

図の，斜面方向の分力に当たる矢印は，「坂を落ちようとする力」に当たる。重力の大きさが同じでも，坂の勾配が急なほうが「坂を落ちようとする力」が大きくなっていることが確かめられる。

このように，1つの力を2つの向きに分けることを**力の分解**といい，分解された力を**分力**という。

下の図のように，点Oに作用する力を，X方向とY方向に分解する場合，矢印の先端を通るようにOX，OYに平行な線をひいて平行四辺形をつくる。

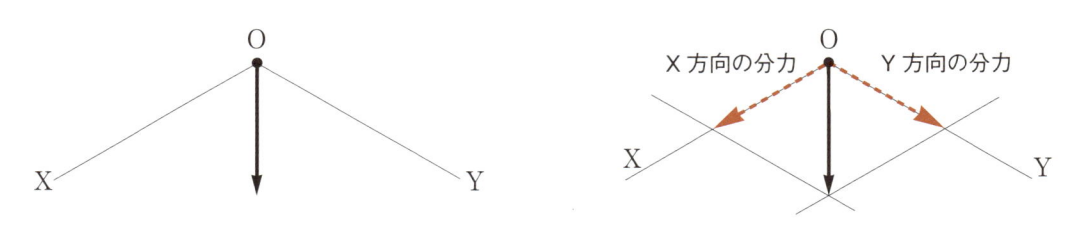

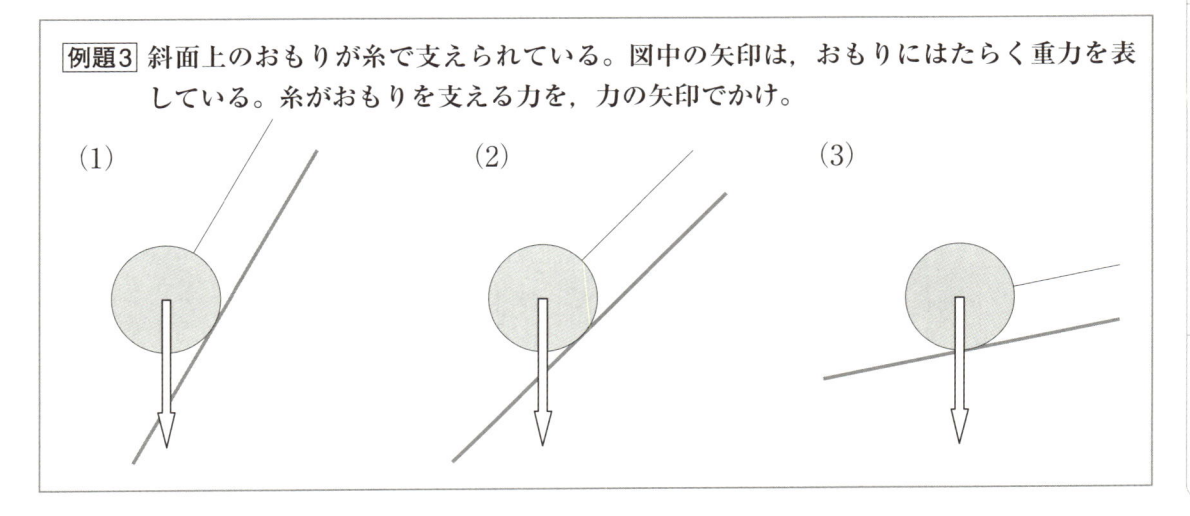

X方向の分力　Y方向の分力

例題3　斜面上のおもりが糸で支えられている。図中の矢印は，おもりにはたらく重力を表している。糸がおもりを支える力を，力の矢印でかけ。

(1)　(2)　(3)

105

例題3の解答　下図を参照

おもりに加わる重力を，斜面に垂直な向きと斜面に平行な向きに分解する。糸は，重力の斜面方向の分力を，逆向きの同じ大きさの力で打ち消している。糸とおもりの接点に，糸がおもりに加える力が生じる。

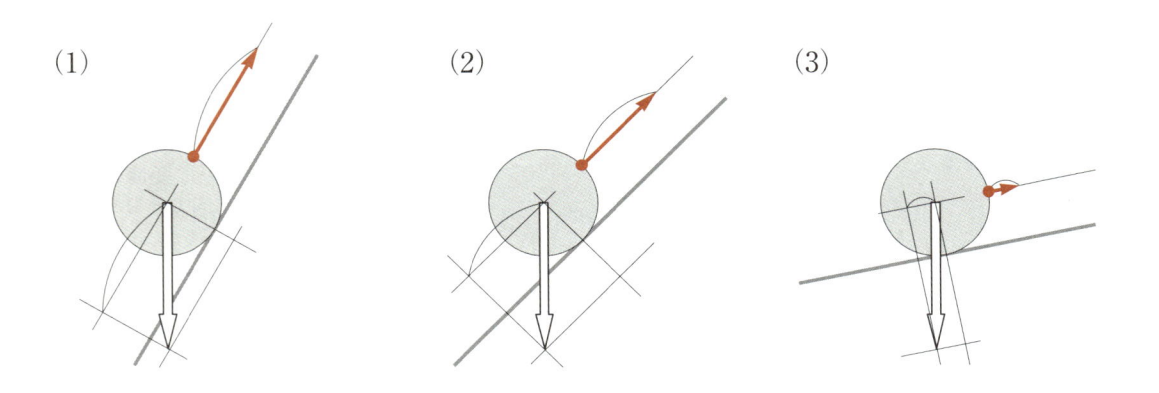

(1)　　　　　　　　(2)　　　　　　　　(3)

解説 ▶ 重力の斜面方向の分力（119ページ参照）

次の図は，斜面上の物体にはたらく重力を，斜面に垂直な向きと平行な向きに分解したものである。図の色をつけた三角形と斜面とは同じ形（相似形）になるので，物体がのっている坂の斜辺と高さの比は，重力と重力の斜面方向の分力の比に等しくなる。これはつまり，次のように表せる。

$$\text{重力の斜面方向の分力} = \text{重力} \times \frac{\text{高さ}}{\text{斜辺}}$$

この式は，斜辺に対する高さが大きいほど，重力の斜面方向の分力が大きくなることを意味する。また，この値は物体が「斜面を落ちようとする力の大きさ」に当たるので，急な勾配ほど斜面を落ちやすくなるという感覚とも一致している。

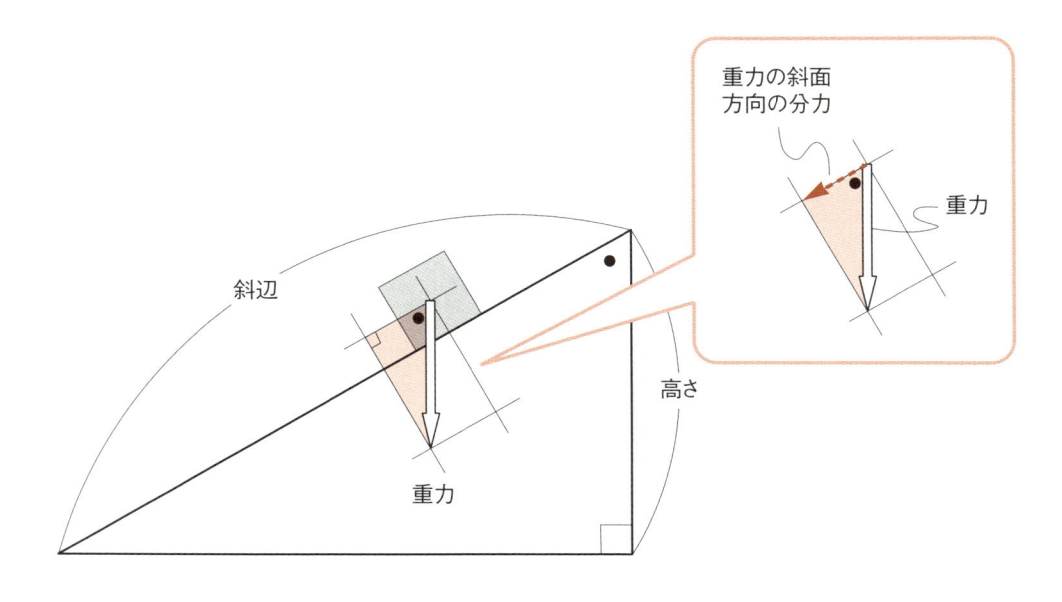

解説 ▶ 糸の張力

　天井から糸でおもりをつるしている。このとき，おもりにはたらく重力Aを，逆向きで同じ大きさの力Bが支えている。力Bは，2本の糸が引っ張る力CとDの合力で，この引っ張る力を**張力**（ちょうりょく）という。

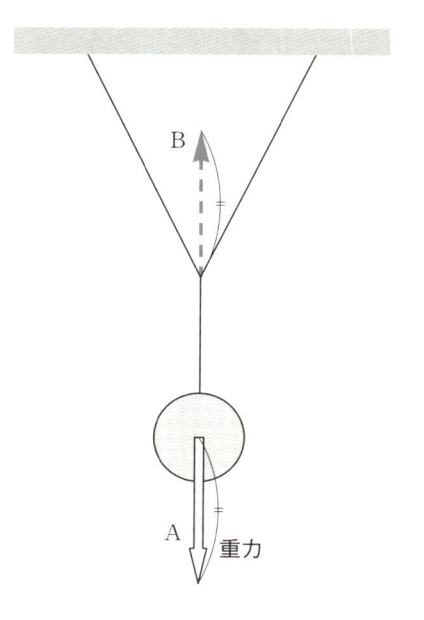

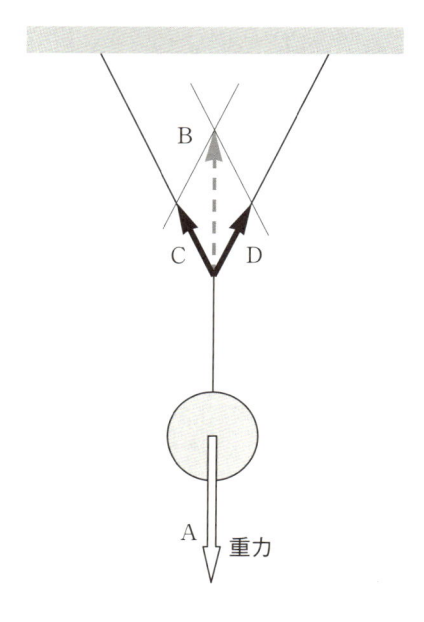

例題4 図のように，天井から糸でおもりをつるした。糸X，Y，どちらの張力が大きいか。

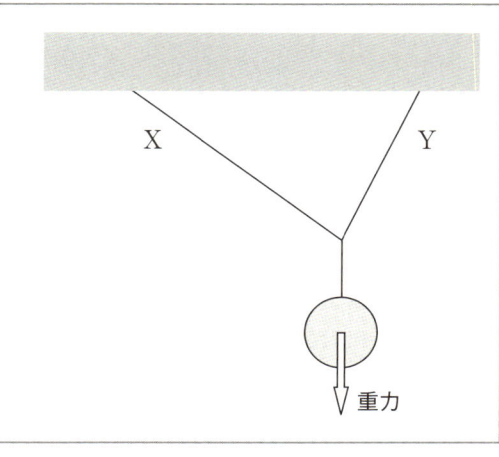

例題4の解答　Y

重力を打ち消す力をかき，その矢印を糸に平行な線で分解する。YはXよりも大きな力を出すことになる（Yのほうに大きな負担がかかっている）。

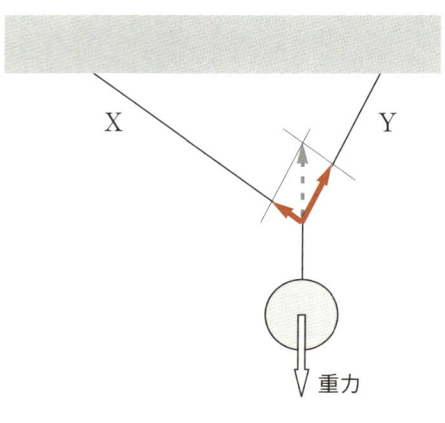

練習問題

▶▶▶ 解答は 241 ページ

1 同じ質量のおもりを糸でつるした。A〜Dのどの糸の張力が最も大きくなるか。記号で答えよ。

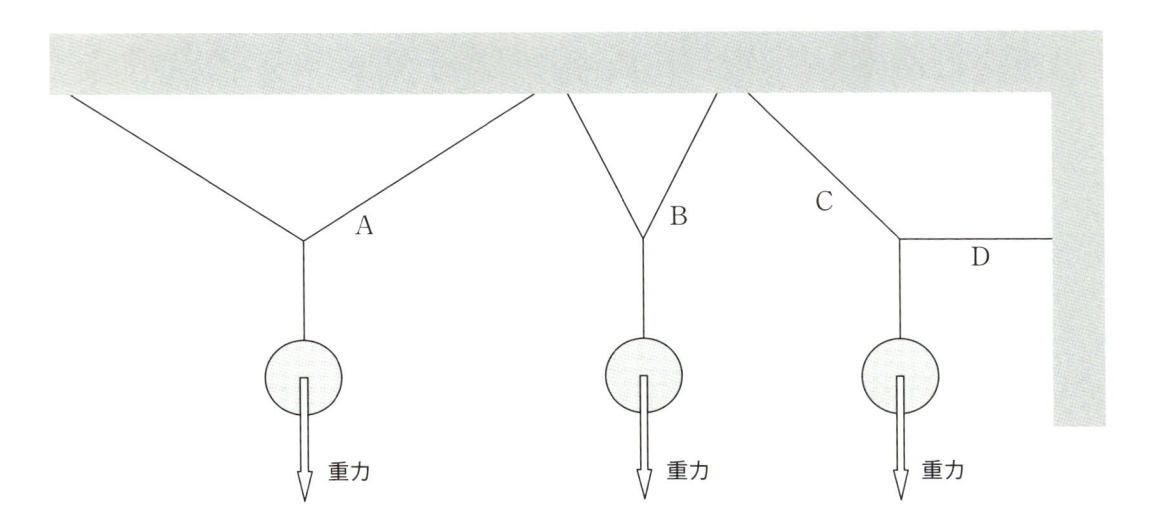

2 作用・反作用

転写 作用・反作用とつり合う2つの力

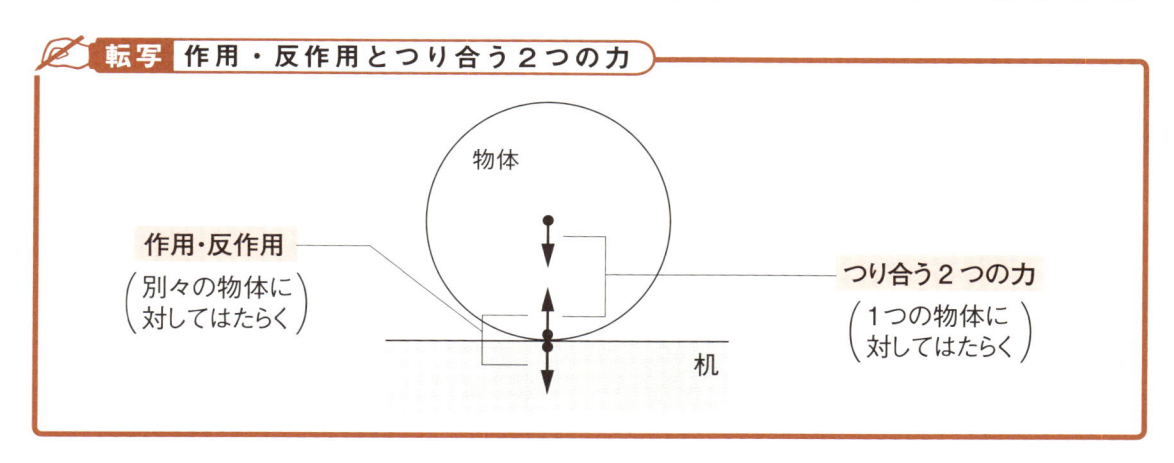

作用・反作用（別々の物体に対してはたらく）

つり合う2つの力（1つの物体に対してはたらく）

解説 ▶ 作用・反作用

　力は一方的ではなく一対となってはたらく。必ず2つの物体の間で，お互いに力を及ぼしあっている。壁をたたいてへこませてしまったとする。壁がへこむと同時に手にも痛みが伝わる。手が壁に力を及ぼしたので壁がへこみ，そのとき同時に，壁も手に力を及ぼしているので手が痛くなる。2つの物体の間で，互いに及ぼしあう力どうしを**作用・反作用の関係**にあるという。

　作用・反作用の関係にある2つの力は，次の3つの条件を満たしている。

① 同じ大きさである
② 逆向きである
③ 同一作用線上（一直線上）にある

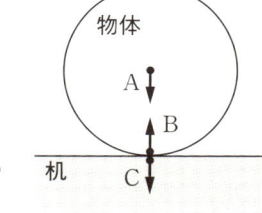

　図のような机に置かれた物体を例にして，具体的に作用・反作用の関係を考えることにする。

　物体と机に加わる力のようすを図の矢印A〜Cで表した。それぞれの力は，

力A… 地球 が 物体 を引く力（物体にはたらく重力）
力B… 机 が 物体 を押す力
力C… 物体 が 机 を押す力

である。この中で，力Bと力Cが作用・反作用の関係にある。

　作用・反作用の関係にある2つの力は，一対となって互いに及ぼしあう力の関係である。「物体が机を押す力（C）」と「机が物体を押す力（B）」は一対になってはたらいている。

　これは次のようにまとめることもできる。力を「○○が△△を押す…」のように言葉で表現したとき，作用・反作用の関係にある2つの力は，「○○が△△を…」と「△△が○○を…」のように入れかわる関係になるのである。

作用・反作用の関係にある2つの力			
力B	机 が	物体 を	押す力
力C	物体 が	机 を	押す力

例題1 図のように天井から糸で球をつるしてある。力A～Cの矢印はすべて同一直線上にはたらく力であるが，重なりをなくすために少しずらしてかいてある。それぞれの力は，

- 力A…地球 が 球 を引く力（球にはたらく重力）
- 力B…球 が 糸 を引く力
- 力C…糸 が 球 を引く力

である。力A～Cの中で，作用・反作用の関係にある2つの力はどれとどれか。

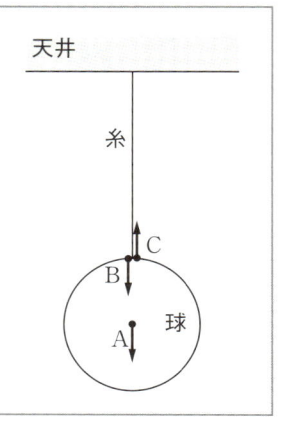

例題1の解答　力Bと力C

作用・反作用の関係にある2つの力は，一対となって互いに及ぼしあう力の関係である。「球が糸を引く力（B）」と「糸が球を引く力（C）」は一対になってはたらいている。

ところで，力Aと作用・反作用の関係にあるもう1つの力はどこにあるのか。これを図に示すと，地球が登場するのである。球や糸や天井に比べて，地球のサイズが大きすぎるので，ふつうは地球を図に表すことはない。しかし，球が地球を引く力を意識しておくことも，作用・反作用の関係の理解を深めることになる。

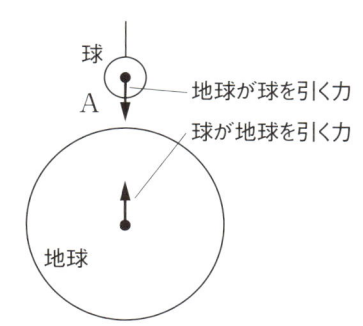

解説 ▶ つり合う2つの力との違い

作用・反作用の関係にある2つの力は，①同じ大きさ，②逆向き，③同一作用線上（一直線上），の3つの条件を満たす。例題1において，力Aと力Cもこの3つの条件を満たしている。しかし，力Aと力Cは作用・反作用の関係ではない。この2つの力は，球についてつり合う2つの力（104ページ参照）である。

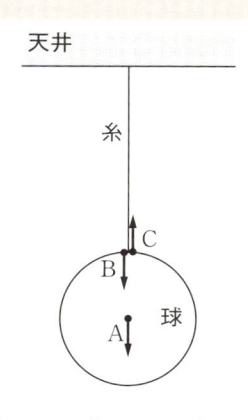

つり合う2つの力は，打ち消しあう2つの力といいかえることができる。球は地球から下向きに引かれ（力A），その力を打ち消すのが力Cで，力Cは球を上向きに引いている。力Aと力Cが打ち消しあうので，球はその場に止まっているのである。

このようにつり合う2つの力は，1つの物体にはたらいているのに対して，作用・反作用の関係にある2つの力は，別々の物体にはたらいている。「作用・反作用の関係にある2つの力」と「つり合う2つの力」の決定的な違いである。

	作用・反作用の関係にある2つの力	つり合う2つの力
共通点	①同じ大きさの力，②逆向きの力，③同一作用線上（一直線上）にはたらく力	
異なる点	別々の物体にはたらく	1つの物体にはたらく
見分け方	互いに及ぼしあうので，「○○が△△を…」と「△△が○○を…」のように，「○○」と「△△」が入れかわる	1つの物体にはたらくので，「○○が××を…」と「△△が××を…」のように，「××を…」が共通する

練習問題

▶▶▶ 解答は 241 ページ

1 図のように天井から糸で球をつるしてある。力A～Eの矢印はすべて同一直線上にはたらく力であるが，重なりをなくすために少しずらしてかいてある。それぞれの力は，

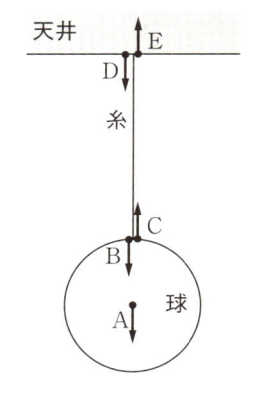

$\left\{\begin{array}{l} 力A…\boxed{地球}\,が\,\boxed{球}\,を引く力（球にはたらく重力）\\ 力B…\boxed{球}\,が\,\boxed{糸}\,を引く力 \\ 力C…\boxed{糸}\,が\,\boxed{球}\,を引く力 \\ 力D…\boxed{糸}\,が\,\boxed{天井}\,を引く力 \\ 力E…\boxed{天井}\,が\,\boxed{糸}\,を引く力 \end{array}\right.$

である。

(1) 力A～Eの中で，作用・反作用の関係にある2つの力はどれとどれか。すべて選べ。

(2) 力A～Eの中で，糸に関してつり合う2つの力はどれとどれか。

2 守さんと進さんの2人は，水平でなめらかな床の上に置かれた車輪付きのいすに，足を床に着けないようにして座った。2人のいすが止まった状態で，守さんは進さんのいすの背もたれを両手で強く前に押した。このとき，守さんのいすと進さんのいすはどのように動くか。次のア～エの中から1つ選びなさい。

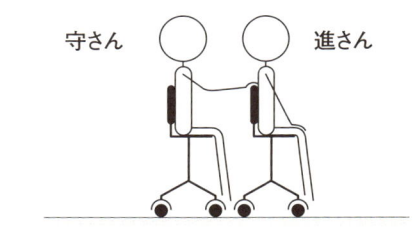

　　ア　守さんのいすだけ左に動く。
　　イ　進さんのいすだけ右に動く。
　　ウ　守さんのいすが左に動き，進さんのいすが右に動く。
　　エ　守さんのいすも進さんのいすも動かない。

(2004年　茨城県)

3 運動の記録

転写 運動の記録

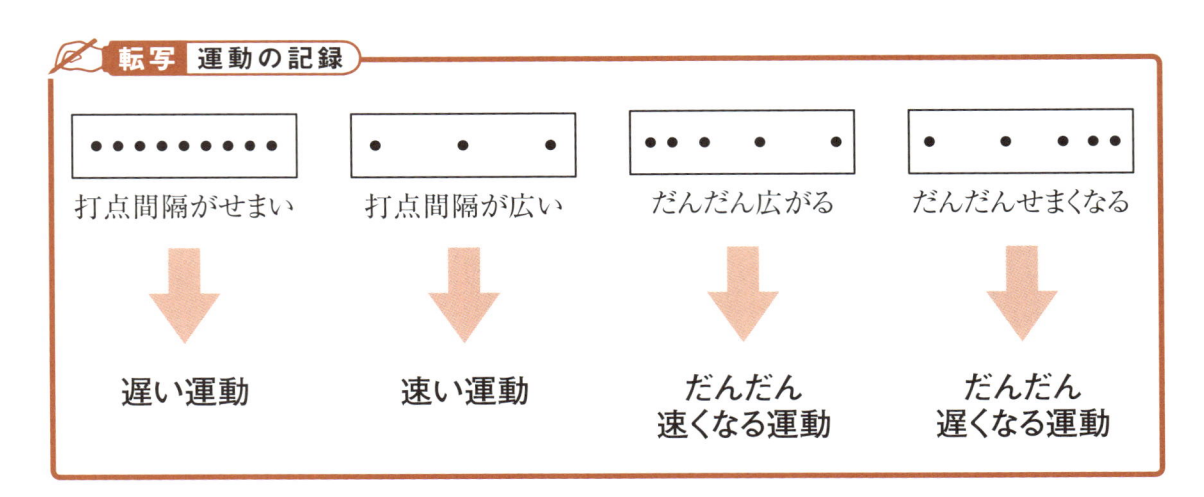

打点間隔がせまい	打点間隔が広い	だんだん広がる	だんだんせまくなる
↓	↓	↓	↓
遅い運動	速い運動	だんだん速くなる運動	だんだん遅くなる運動

解説 ▶ 運動

時間経過とともに物体の位置が変化する現象を<u>運動</u>という。運動をしている物体が1秒間，1分間，……といった<u>一定の時間内に移動する距離</u>を<u>速さ</u>という。

動く向きが変わる運動，動きがだんだん速くなる運動，だんだん遅くなる運動など，いろいろな運動がある。たとえば，斜面を下る球は速さがだんだん大きくなり，向きは変わらない運動である。振り子は，速さと向きの両方が変わる運動である。<u>運動は速さと向きの変化に注目する</u>。

斜面を下る球

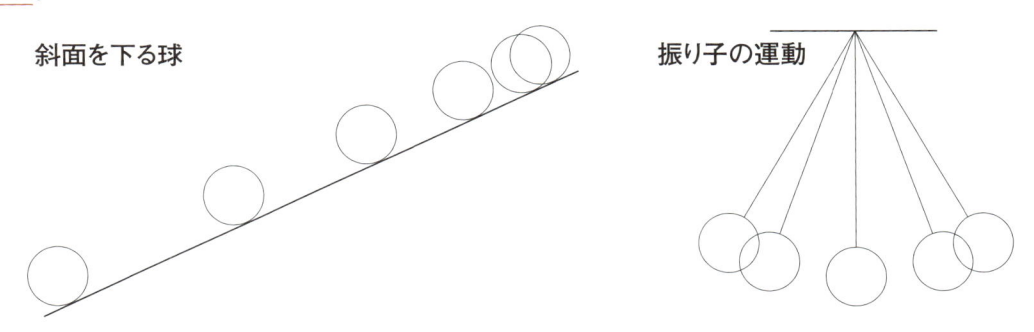

振り子の運動

解説 ▶ 運動の調べ方

運動のようすは，速さと向きの変化に注目して調べる。記録タイマーで紙テープに打点を残す方法が利用される。記録タイマーには，一定の時間間隔で振動する振動板があり，運動する物体にとりつけた紙テープを振動板の下に通すことで，紙テープに打点が記録される。打点は物体の運動の"足跡"のようなものであり，打点間隔からその運動のようすを知るのである。

記録タイマー／振動板／紙テープ

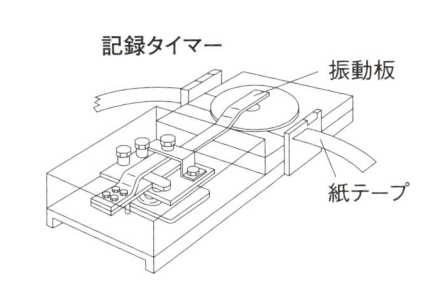

たとえば振動板が50分の1秒間隔で振動する記録タイマーに紙テープを通し，まっすぐ手で引いたところ，下の図のような打点が残ったとする。図のAB間は打点間隔が5つある。$\frac{1}{50}$秒ごとに点は打たれるので，Aが記録されてBが記録されるまで$\frac{1}{50} \times 5 = 0.1$〔s〕かかっている。この0.1秒間に4.8 cm動いているので，平均の速さは$\frac{4.8}{0.1} = 48$〔cm/s〕となる。手は平均して48 cm/sの速さで動いていたことがわかる。

<u>記録タイマーは打点間隔の数を数える。</u>すき間の数であって打点の数ではないことに注意する。

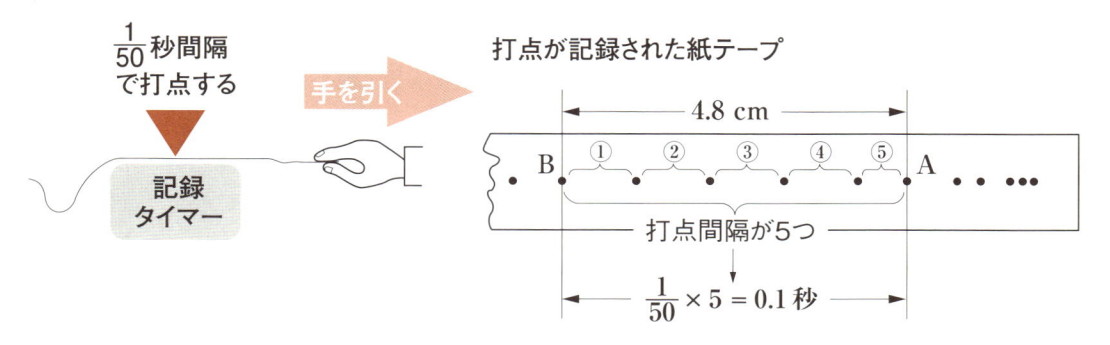

解説 ▶ いろいろな運動の記録

打点間隔は運動の速さを知る手がかりとなる。

速さが小さいときは，決まった時間内に移動する距離は小さいので，打点間隔はせまくなる。

速さが大きいときは，決まった時間内に移動する距離が大きいので，打点間隔が広くなる。

> 打点間隔がせまい → 速さが小さい
> 打点間隔が広い　 → 速さが大きい

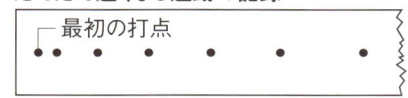

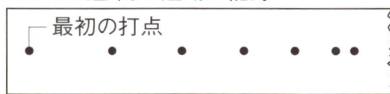

例題1 図は，50分の1秒間隔で打点する記録タイマーで物体の運動を記録した紙テープである。

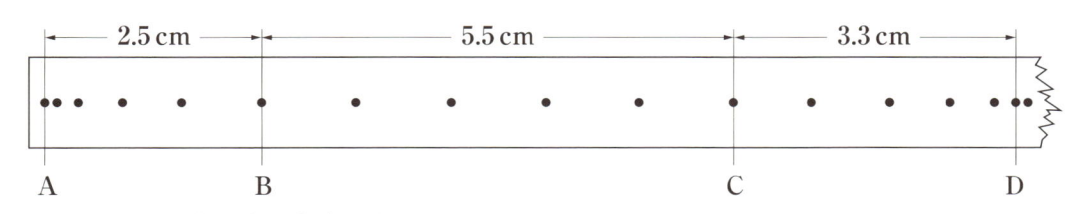

(1) AB間の平均の速さを求めなさい。

(2) BD間の平均の速さを求めなさい。

例題 1 の解答　(1)　25 cm/s　　(2)　44 cm/s

　紙テープの打点間隔より，ＡＢ間はだんだん速くなる運動，ＢＣ間は速さが一定の運動，ＣＤ間はだんだん遅くなる運動だとわかる。だんだん速く（遅く）なる運動では，瞬間瞬間の速さは変化している。

(1)　ＡＢ間の打点間隔は5つなので，この間にかかった時間は，$\frac{1}{50} \times 5 = 0.1$ 秒
　　この 0.1 秒間にＡからＢへ 2.5 cm 動いているので，

　　平均の速さは，$\frac{2.5}{0.1} = 25$ cm/s

(2)　ＢＤ間の打点間隔は 10 なので，この間にかかった時間は，$\frac{1}{50} \times 10 = 0.2$ 秒
　　この 0.2 秒間にＢからＤへは 5.5 + 3.3 = 8.8 cm 動いているので，

　　平均の速さは，$\frac{8.8}{0.2} = 44$ cm/s

4 等速直線運動と慣性の法則

転写 等速直線運動

等速直線運動 一定の速さで一直線上を動く

打点間隔＝等しい

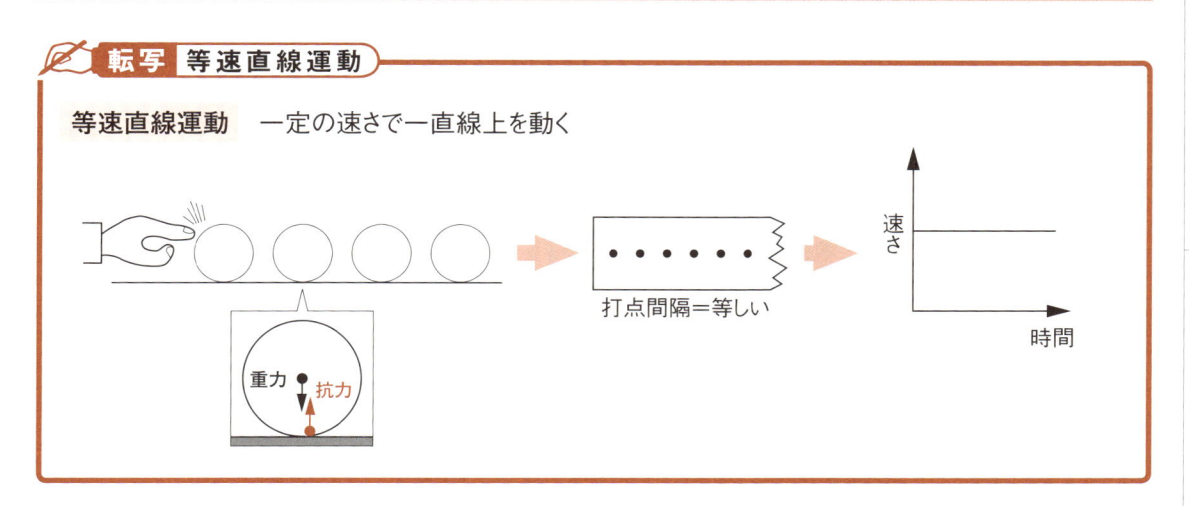

解説 ▶ つり合う2つの力 （104ページ参照）

　図1は，A，Bの2人が物体を反対向きに同じ大きさの力で引っ張りあっているようすを表している。1つの物体にはたらく2つの力が，逆向き・同じ大きさ・同一作用線上（一直線上）にあるとき，2つの力は打ち消しあい，物体は動かなくなる。力が打ち消しあう状態のとき，力は**つり合っている**という。

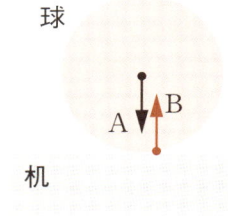

　図2は，水平な机に置かれた球と，そこにはたらく力のようすを表したものである。ただし，矢印は重ならないように少しずらして表してある。力AとBは次のように説明できる。

　　力の矢印A： 地球 が 球 に及ぼす力（**重 力**という）
　　力の矢印B： 机 が 球 に及ぼす力（**抗 力**という）

　球にはたらく2つの力AとBは，逆向き・同じ大きさ・同一作用線上（一直線上）にあるので，打ち消しあっている。球にはたらく2つの力AとBはつり合っている。

解説 ▶ 等速直線運動

　水平な机に置かれた球を強くトンと押したとする。空気の抵抗や摩擦が無視できるほどに小さければ，球は最初の勢いそのままで，まっすぐ速さの変わらない運動を続ける。一定の速さで一直線上を動く運動を**等速直線運動**という。等速直線運動は，速さも向きも変わらない運動である。

解説 ▶ 慣性

電車が発車するとき，立っている人は進行方向後ろ向きに倒れそうになる。逆に電車が停車するとき，進行方向前向きにつんのめりそうになる。これは慣性によって起こる現象の一例である。慣性とは，物体が元の運動状態を持続しようとする性質で，電車が発車するとき，体は静止状態を続けようとするので倒れそうになり，電車が停車するとき，体は速さを持続しようとするのでつんのめるのである。

慣性の例

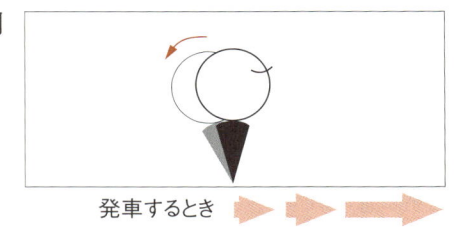

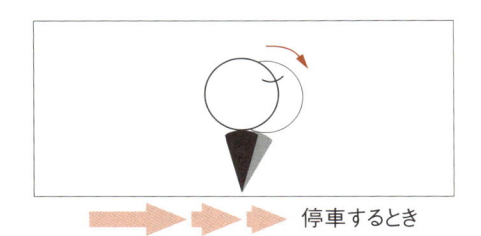

発車するとき　　　　　　　　　　　　　停車するとき

まっすぐ速さの変わらない動きをする球も，球の慣性によって等速直線運動をしている。球はトンと押されたときに勢いがつき，その勢いそのままの状態を持続しようとする。球の進行方向には力ははたらいていない。球にはたらく力は，鉛直（上下）方向に重力と抗力が打ち消しあっているだけである。

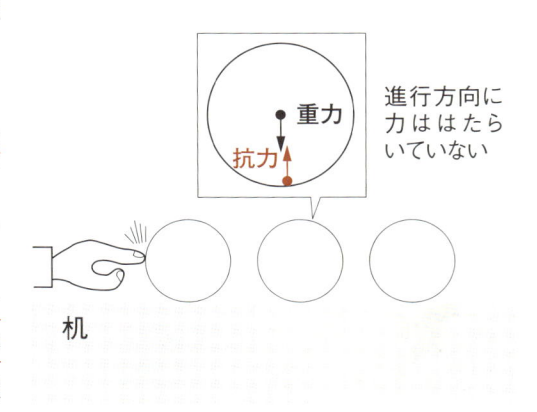

物体にはたらく力がつり合っているとき，止まっているものは静止を続け，動いているものは等速直線運動をする。これを**慣性の法則**という。逆に，等速直線運動をする物体があれば，その物体にはたらく力はつり合っている，といえる。物体にはたらく力が打ち消しあっているとき，物体の速さは変化しない。

例題1 球Aを糸につりさげて，振り子をつくった。図1のように，球Aを水平でなめらかな机の面より少し引き上げて静止させ，静かに離して振り子を振らせた。球Aは球Bに衝突して，球Bは動きだし，P点，Q点を通過していった。図2は，P点とQ点の間を運動している球Bの位置を，0.1秒ごとに記録した模式図である。摩擦や空気の抵抗は，考えないものとする。

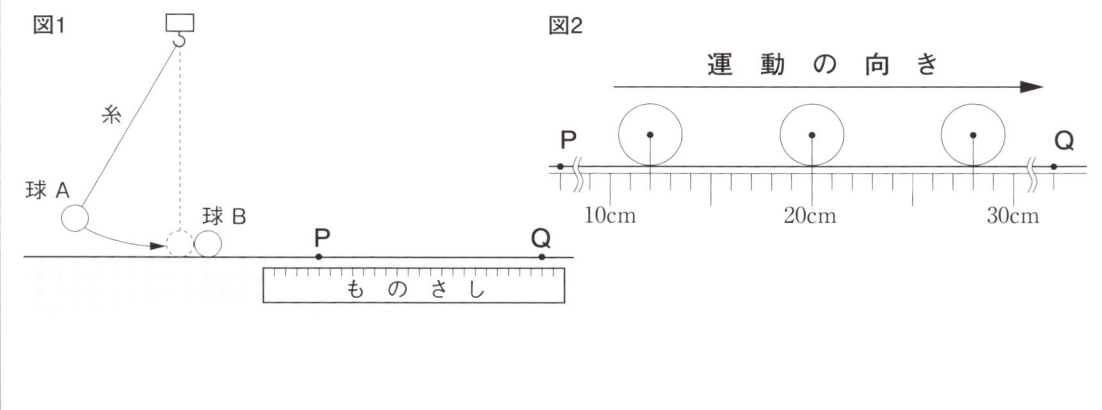

(1) P点とQ点の間を運動している球Bの平均の速さは何cm/sか。

(2) P点とQ点の間を運動中の球Bが受けている力の向きを，図3のア〜クからすべて選べ。

図3
球Bの運動の向き →

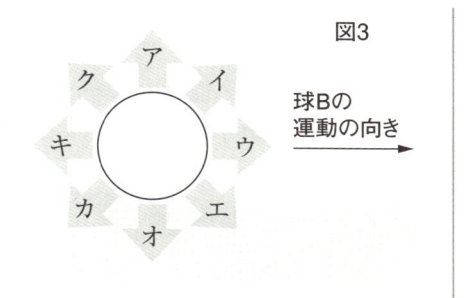

(2003年　福岡県・改題)

例題1の解答　(1) 80 cm/s　(2) ア，オ

(1) 図2より，0.1秒間に8cm動いていることがわかる。$\frac{8}{0.1} = 80$ cm/s

(2) 図2より，球Bは等速直線運動をしていることがわかる。等速直線運動をする物体にはたらく力は打ち消しあい，つり合っている。球Bには地球からオの向きに引かれる力（重力）がはたらき，机からアの向きに支えられている（抗力）。球Bは，Aと衝突したときの勢いだけで移動しているので，進行方向（ウ）には力がはたらいていない。

解説 ▶ 等速直線運動のようす

図のように等間隔に並んだ打点の記録から，等速直線運動のようすを考える。テープの打点間隔は50分の1秒とする。5打点ごとに区切った各区間を順に①〜⑤とするとその長さは，0.1秒間に移動した距離を表している。

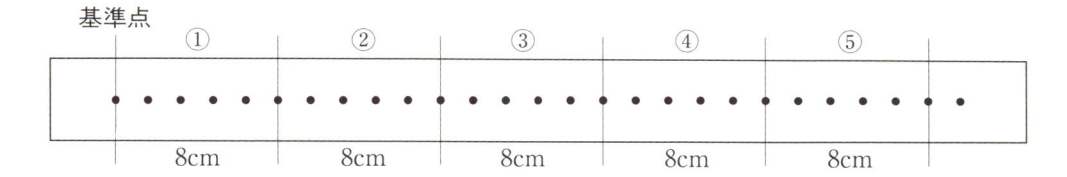

基準点　①　②　③　④　⑤
8cm　8cm　8cm　8cm　8cm

グラフaは，各区間ごとに切って順に並べたもので0.1秒ごとに移動した距離を表す。一定の時間内に移動する距離が速さであるから，グラフaはこの等速直線運動の「速さと時間の関係」を表したものである。速さが変わっていないことが確かめられる。

グラフbは，基準点から0.1秒後まで，0.2秒後まで，0.3秒後まで……と基準点から移動した距離を順に並べたもので，等速直線運動の「時間と移動距離の関係」を表している。速さが一定であるから，移動距離は経過した時間に比例するようすが確かめられる。

等速直線運動のようす

グラフa　グラフb

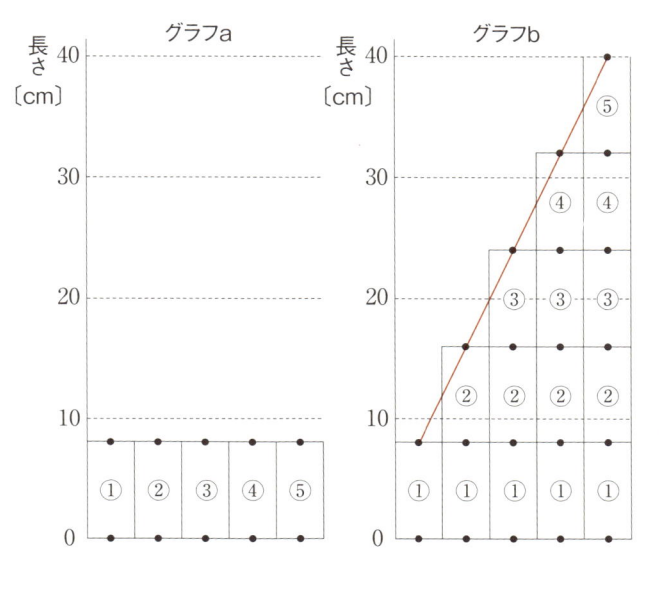

例題2 図1のように，紙テープを取りつけた台車を手で軽く押したところ，台車はまっすぐ進んだ。記録した紙テープの打点の間隔が等しくなっているところから，5打点ごとに切り離し，順に左から台紙にはりつけたところ，図2のようになった。

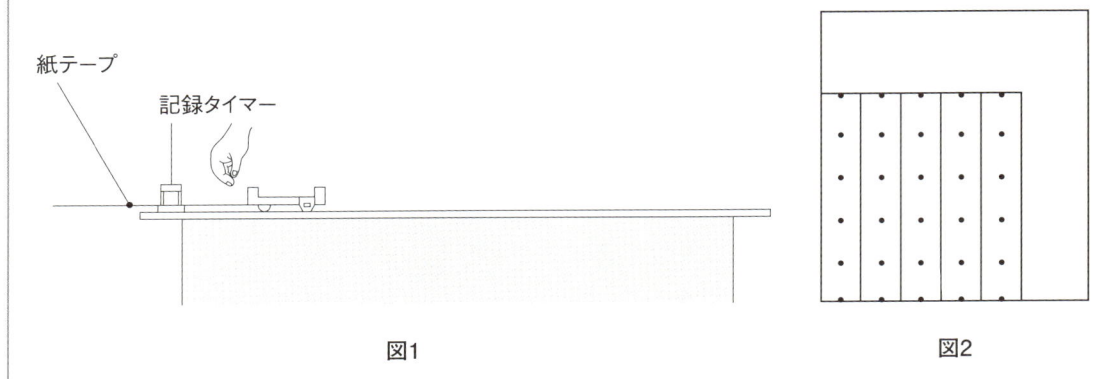

図1

図2

(1) 次の（ ア ），（ イ ）に当てはまる語を書け。

この台車は，外から力を加えないかぎり，いつまでも（ ア ）運動を続けようとする性質をもっている。このような性質を（ イ ）という。

(2) 打点の間隔が等しくなってからの，台車が進んだ距離と時間の関係を示しているグラフはどれか。

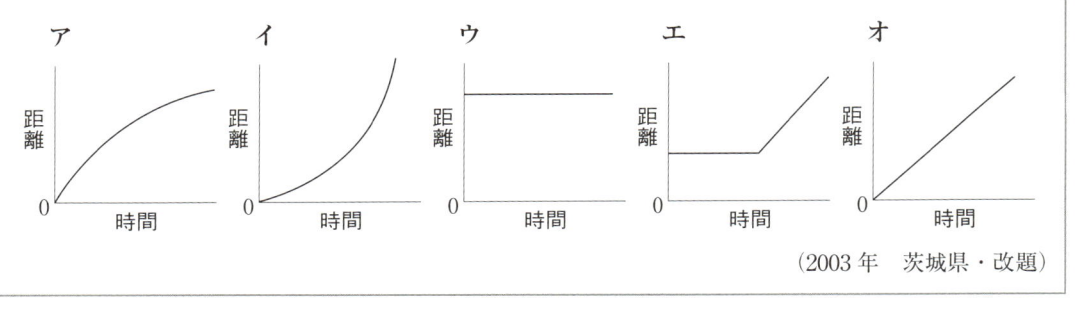

ア　イ　ウ　エ　オ

（2003年　茨城県・改題）

例題2の解答　(1) ア　等速直線　イ　慣性　　(2) オ

(1) 5打点ごとの紙テープの長さ（移動距離）が同じである。台車はまっすぐ速さが一定の運動をしている。このような運動を等速直線運動という。物体に外から力がはたらかないとき，物体は同じ運動の状態を持続しようとする性質をもつ。これを慣性という。

(2) 等速直線運動は，速さが一定の運動である。移動距離は時間に比例する。

5 だんだん速くなる運動

転写 だんだん速くなる運動

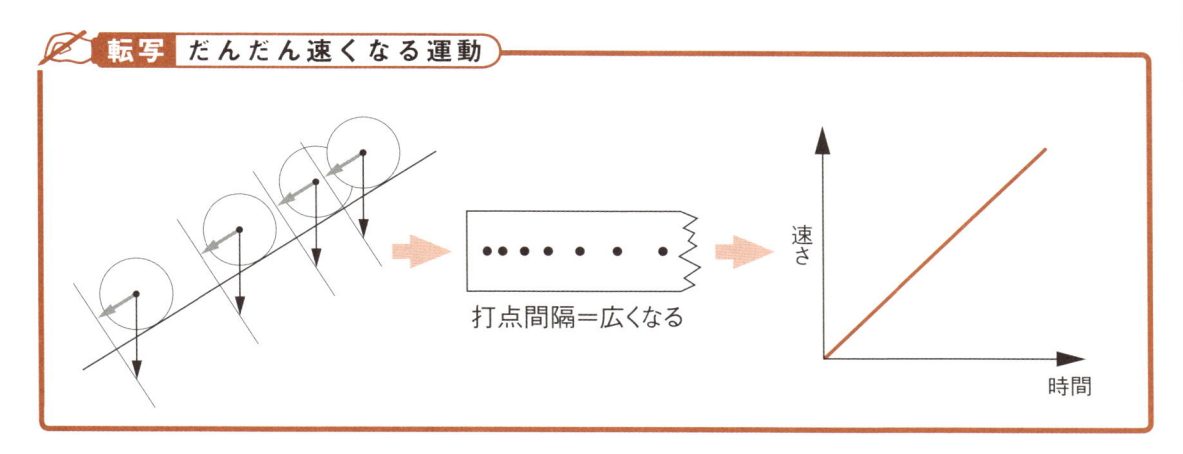

打点間隔＝広くなる

解説 ▶ 斜面方向の分力（成分）（106ページ参照）

　斜面上の物体を斜面と平行な向きに引いて支えるとき，斜度が大きくなると支える力も大きくなることは，経験上理解できるであろう。物体にはたらく重力の大きさは，その物体の質量に比例するので，斜度が変化しても，重力の大きさは変化していない。なぜ斜度が大きくなると大きな引く力が要求されるのか。

斜度の大きさと支える力

重力の大きさは同じ

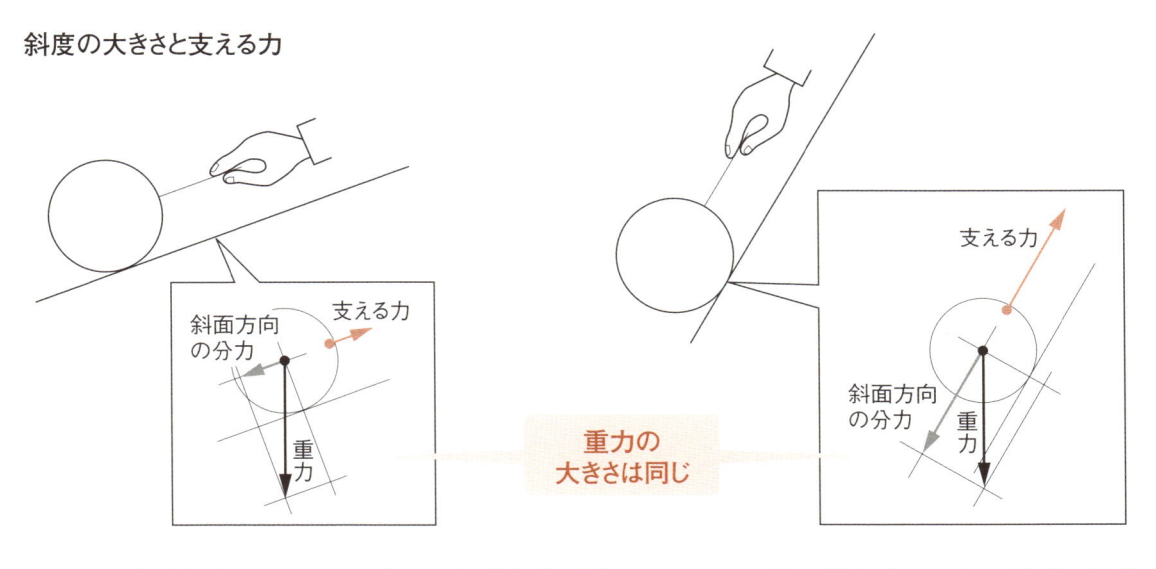

　図の吹き出し内のように，重力の矢印を長方形で囲む。その際，長方形の一辺は斜面と平行になるようにし，重力の矢印は長方形の対角線になるように囲む。このように囲んだ長方形の斜面方向の一辺の長さに相当するのが，重力の斜面方向の分力である。物体を支えるには，斜面方向の分力を打ち消さなければならない。斜度を大きくすると，斜面方向の分力が大きくなる。そのため大きな支える力が必要になるのである。
　斜度が大きくなると，斜面方向の分力が大きくなる。

解説 ▶ だんだん速くなる運動

斜面上の物体の支えをはずすと，物体は<u>だんだん速くなる運動</u>を始める。支える力がないので，物体は常に斜面方向の分力に引かれ続ける。このように，物体の運動方向に力が加わり続けると，物体はだんだん速くなる運動をする。<u>運動の方向に力が加わると速さが大きくなる</u>。

斜度が大きくなると，斜面方向の分力が大きくなる。斜度を大きくして支えをはずすと，物体はより大きな力で引かれ続ける。このとき，物体の速さの変化の割合は大きい。つまり，<u>運動方向に加わる力</u>が大きいほど<u>速さの変化</u>は大きい。

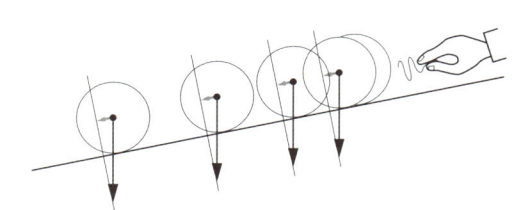

ポイント

なぜだんだん速くなるのか
➡ 一定の力が加わり続けるから（<u>加わる力が次第に強まるわけではない</u>）

例題1 右の図のように，50分の1秒間隔で打点を打つ記録タイマーと斜面用の板を用いて，斜面を走り下る台車の運動を調べる実験を行った。

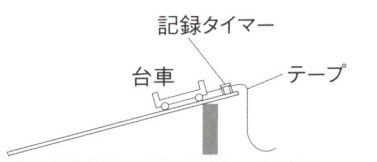

[実験1]
斜面の角度（斜度）を20°にして，台車の運動をテープに記録させた。下の図のように，テープの打点の中から基準となる点を決め，基準点から5打点ごとに区切り，順に①〜⑤として，それぞれの長さをはかった。

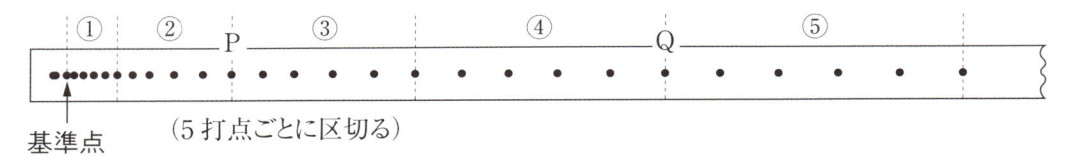

[実験2]
斜度を40°，60°に変え，それぞれ実験1と同様に①〜⑤の長さをはかった。
表は，実験1および実験2について，①〜⑤の長さをまとめたものである。

	角度	区間①	区間②	区間③	区間④	区間⑤
実験1	20°	2.3 cm	5.7 cm	9.0 cm	12.4 cm	15.8 cm
実験2	40°	4.5 cm	10.9 cm	17.4 cm	23.8 cm	30.2 cm
	60°	5.9 cm	14.4 cm	22.9 cm	31.4 cm	39.9 cm

(1) 実験1で，P点からQ点までの平均の速さは何 cm/s か。

(2) 実験1，2の結果から，斜面の角度と速さの変化との関係について，どのようなことがいえるか。

(2003年　青森県・改題)

例題1の解答　(1)　107 cm/s　(2)　斜面の角度が大きくなると速さの変化が大きくなる。

(1) P点からQ点までは区間③と④なので，9.0 + 12.4 = 21.4〔cm〕

打点間隔は10なので，$\frac{1}{50} \times 10 = 0.2$〔秒〕

よって，平均の速さは，$\frac{21.4}{0.2} = \frac{214}{2} = 107$〔cm/s〕

(2) 斜度が大きくなると，各区間の長さが長くなっていることから，一定の時間内に移動する距離が大きくなることがわかる。ただし，斜度が2倍，3倍……となっても，各区間の移動距離は2倍，3倍……とはなっていないことから，斜面の角度と速さの変化は比例していない。

解説 ▶ だんだん速くなる運動のようす

先ほどの例題の斜度が20°の場合をとりあげて，だんだん速くなる運動のようすを考える。

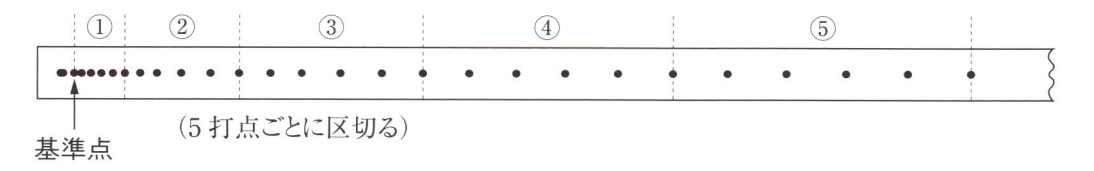

このテープの打点間隔は50分の1秒である。5打点ごとに区切った各区間の長さは，0.1秒間に移動した距離を表している。

グラフaは，各区間ごとに切って順に並べたもので，0.1秒ごとにどれだけ移動したかを表す。一定の時間内に移動する距離が速さであるから，グラフaはだんだん速くなる運動の「速さと時間の関係」を表している。だんだん速さが大きくなっていることが確かめられる。

一方，グラフbは，基準点から0.1秒後まで，0.2秒後まで，0.3秒後まで……と基準点から移動した距離を順に並べたものである。だんだん速くなる運動の「時間と移動距離の関係」を表している。

だんだん速くなる運動のようす

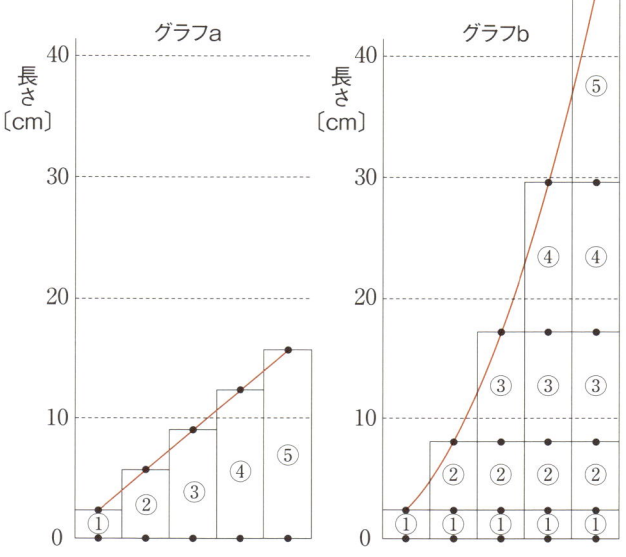

練習問題

▶▶▶ 解答は241ページ

1. 斜面上で質量1kgの台車をはなし,その運動のようすを調べる実験を行った。ただし,斜面と水平面はともになめらかな面とする。

[実験1]
図1のように,バネを使って台車を固定し,分度器で斜面の傾きをはかった後,ものさしでバネの伸びをはかった。

[実験2]
記録タイマーに紙テープを通し,紙テープの先端を台車にとりつけた。

[実験3]
次に,台車をバネから静かにきりはなし,台車がA点からD点まで進んだ時の紙テープの記録から,台車の速さと時間の関係を調べた。図2は,斜面の傾きが20°のときの結果を,運動をはじめてから0.1秒ごとに区切って示したものである。

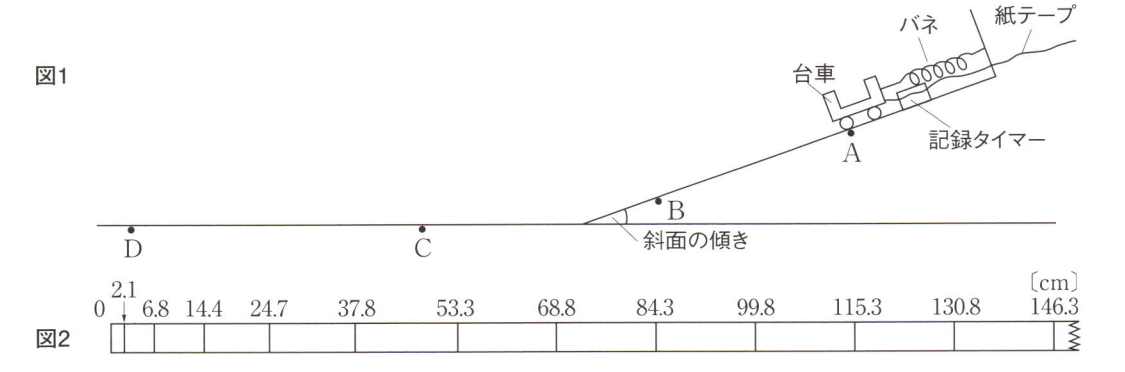

図1

図2

(1) 次の文中の①〜②について,それぞれア,イのうち,適切なものを1つずつ選んで,その記号を書きなさい。

　実験1で,バネの伸びは,台車にはたらく①{ア 重力　イ 斜面にそった下向きの力}の大きさを表す。この力の大きさは,台車が運動しているB点では,静止していたA点と比べて②{ア 大きくなる　イ 同じ大きさである}。

(2) 図2の結果を用いて,次の①,②に答えなさい。

① A点からD点まで運動した台車の速さと時間の関係を表したグラフはどれか。次のア〜エの中から適切なものを1つ選んで,その記号を書きなさい。

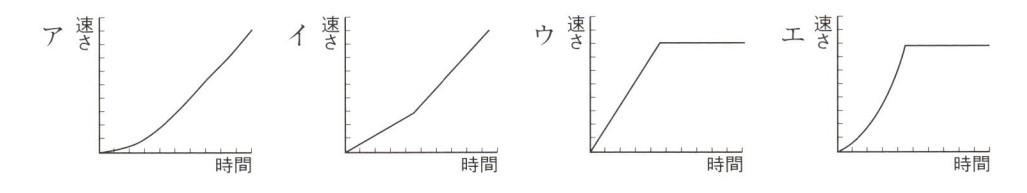

② CD間の台車の速さは何cm/sか。

(2005年　和歌山県・改題)

摩擦のある運動

重点学習

解説 ▶ 摩擦力（静止摩擦力）

押したり，引いたりしても物体が動かないとき，物体には**摩擦力**がはたらいて物体が動きだすのを妨げている。摩擦力は，物体どうしが接触している面と面の間で発生する。見た目にはなめらかな面であっても，大きく拡大すればギザギザがある。このギザギザがかみあうことで摩擦力が生じる。

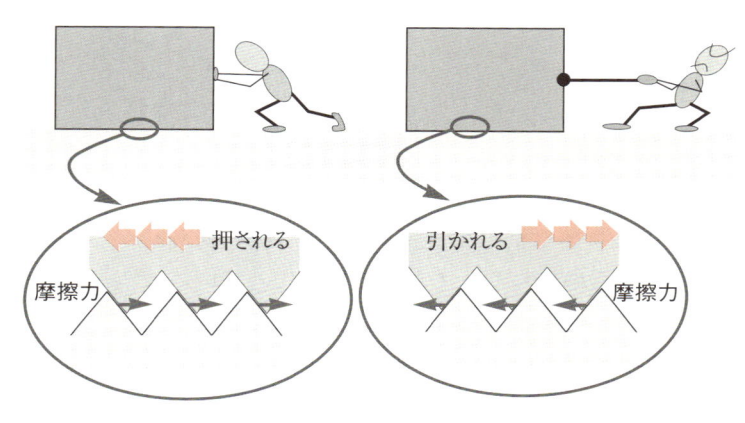

解説 ▶ 摩擦力の大きさ

摩擦力にも「大きさ」，「向き」，「作用点（起点）」の3つの要素がある。

水平面上にある物体を押しても（引いても）静止状態ならば，物体には摩擦力がはたらいている。このとき物体に作用する摩擦力の大きさは，押している（引いている）力の大きさと同じである。押したり引いたりしていなければ，摩擦力はゼロである。

斜面上に置いた物体がすべり落ちないとき，物体は摩擦力によって支えられている。このとき物体に作用する摩擦力の大きさは，物体にはたらく重力の斜面方向の分力の大きさと等しい。

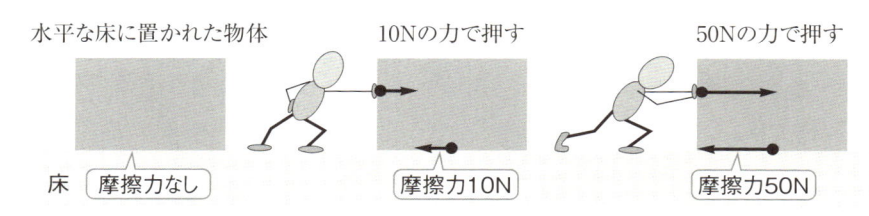

解説 ▶ 摩擦力の向きと作用点

物体に作用する摩擦力の向きは，物体が動き出すのを妨げる（邪魔する）向きである。また，摩擦力は物体が接触している面全体で生じている。面全体で生じる力をすべて表すのは不可能なので，摩擦力の矢印は一本にまとめ，矢印の起点は通常は面の中心として表す。

解説 ▶ 回転しないのか？

物体が静止状態のとき，その物体にはたらく力はつり合っている。2つの力がつり合い状態のとき，2つの力と力の間には次の①〜③の関係が成り立っている。どれか1つでも欠けることはない。

> 2力がつり合う条件：①力の大きさが同じ　②力の向きが逆　③同一作用線上にある

ここで，「①力の大きさが同じ」，「②力の向きが逆」だけで，「③同一作用線上」の条件が不足すると，右の図のように物体が回転してしまう。

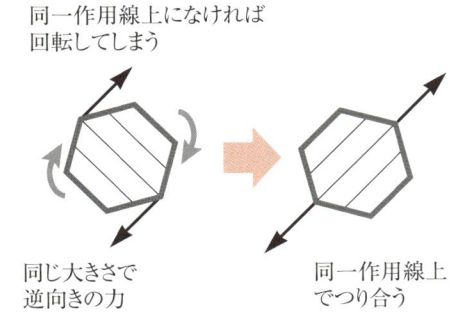

水平面上にある物体を押しても動き出さないときは，この物体の水平方向に2つの力がはたらいている。この2力の大きさは同じで逆向きだが，同一作用線上に並んでいない。しかし，同一作用線上に並んでいるものとみなして考えることにしている。

下の図をそのまま解釈し，「このままでは物体が回転してしまう」と考えるのは正しい。ただ，問題を考える上では，同一作用線上に並んでいるものとして扱う。

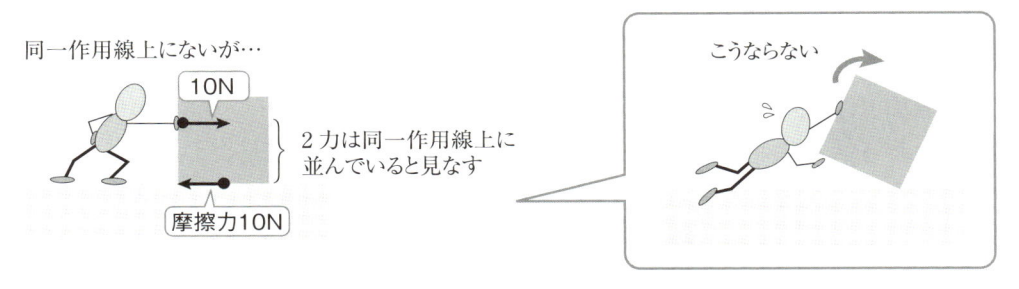

例題1 おもりを用いて引っ張った箱の運動について調べるため，次の実験を行った。1Nの力は質量100gのおもりにはたらく重力と同じ大きさの力であるとする。

[実験]
図のように，水平な机の上の点Pの位置に置いた質量700gの箱Xに軽くて伸びない糸をつけ，水平にして滑車にかけて，糸のもう一方の端に1個の質量が50gのおもりを静かにつるす。
おもりの数を1個ずつふやしていったところ，7個までは箱Xは動かなかった。

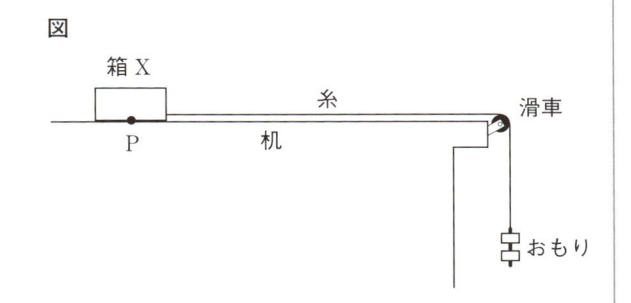

(1) おもり4個をつるしたとき，箱Xにはたらく摩擦力の大きさは何Nか。

(2) おもり4個をつるしたとき，箱Xが机を押す力は何Nか。

(3) おもりの代わりに糸を手で引いた。糸を引く力の大きさを，0からおもり7個にはたらく重力と同じ大きさになるまで少しずつ大きくなるようにしたときの，糸を手で引く力の大きさと箱Xと机の間にはたらく摩擦力の大きさとの関係を表すグラフをかけ。

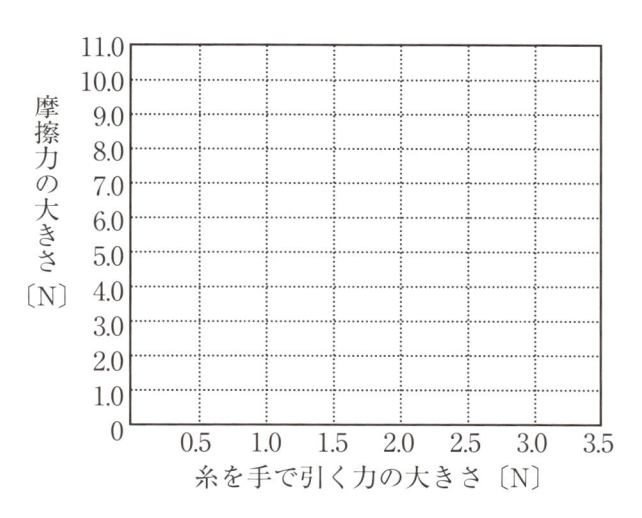

（2006年　愛知県B・改題）

考え方　水平方向と垂直方向に分けて考える

箱Xには4つの力が作用している（右図）。これらの力が打ち消しあうので静止状態になっている。

水平方向のつり合い　50gのおもり4個（合計200g）にはたらく重力の大きさは2Nなので，糸が箱Xを2Nの力で右向きに引く。この力と左向き2Nの摩擦力がつり合う。

垂直方向のつり合い　700gの箱Xにはたらく重力は7Nで鉛直下向き。机が箱Xを支える力（抗力）が7Nで鉛直上向き。この2つの力がつり合う。

おもり4個つるしたとき

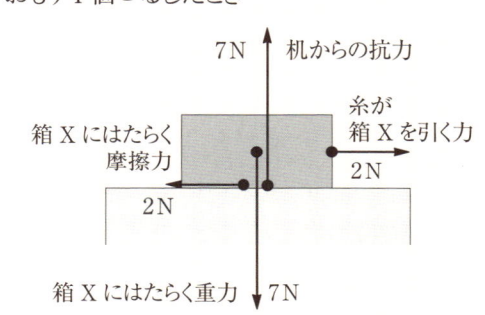

例題1の解答　(1) 2N　(2) 7N　(3) 次ページの図を参照

(1) 糸が2Nの力で箱Xを引いても静止状態のままなので，摩擦力は2N。

(2) 7 + 2 = 9Nとしないこと。つるしたおもりにはたらく重力は鉛直下向きだが，箱Xは右向きの力で糸に引かれている。したがって，机を鉛直下向きに押しているのは箱Xだけで，7N。

(3) 箱Xを引かないとき摩擦力は生じない。箱Xが静止状態のときは，糸を手で引く力の大きさと箱Xにはたらく摩擦力の大きさは等しい。

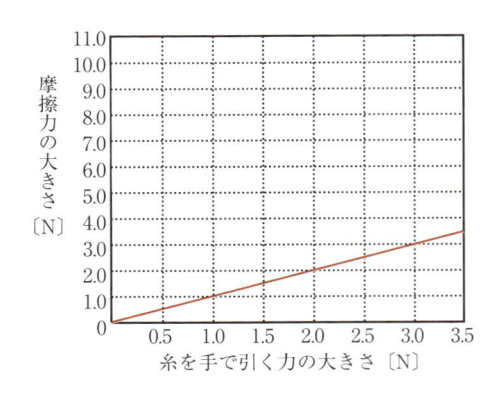

例題2 おもりを用いて引っ張った箱の運動について調べるため，次の実験を行った。1Nの力は質量100gのおもりにはたらく重力と同じ大きさの力であるとする。

[実験]
図のように，水平な机の上の点Pの位置に置いた質量700gの箱Xに軽くて伸びない糸をつけ，水平にして滑車にかけて，糸のもう一方の端に1個の質量が50gのおもりを静かにつるす。おもりの数を1個ずつふやしていったところ，7個までは箱Xは動かなかった。8個目をつるした瞬間，a 箱Xは右向きに動きだし，その後箱Xの速さは次第に増加した。再び箱Xを点Pの位置に置き，おもり5個を静かにつるした。箱Xを一瞬軽く手で横に押したところ，b 箱Xは右向きに動きだし，その後一定の速さで運動し続けた。

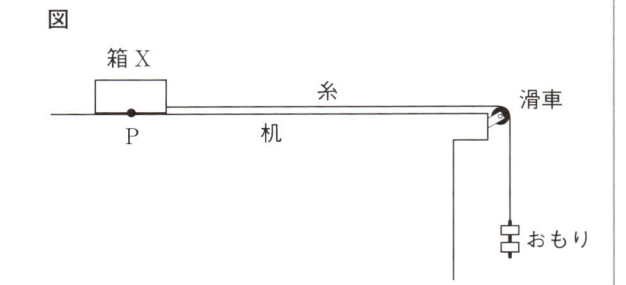

（問）下線部a，bについて，箱Xが右向きに動いているとき，箱Xにはたらく水平方向の力について述べた文として最も適当なものを，次のア〜オからそれぞれ1つずつ選べ。

ア 箱Xには右向きの力と左向きの力がはたらくが，それらの力の大きさは同じである。
イ 箱Xには右向きの力と左向きの力がはたらき，右向きの力のほうが左向きの力より大きい。
ウ 箱Xには右向きの力と左向きの力がはたらき，左向きの力のほうが右向きの力より大きい。
エ 箱Xは右向きに運動をしているので，箱Xには右向きの力だけがはたらいている。
オ 箱Xは右向きに運動をしているが，箱Xには左向きの力だけがはたらいている。

(2006年　愛知県B・改題)

考え方

おもりを1つずつふやしていくと、糸が箱Xを引く力が大きくなり、箱Xにはたらく摩擦力も次第に大きくなる。しかし、おもり8個目をつるしたときすべり始めるので、摩擦力には大きくなれる限度がある。

すべり始める直前の摩擦力を<u>最大静止摩擦力</u>とよぶ。動いている物体にはたらく摩擦力は一定の大きさで、これを<u>動摩擦力</u>とよぶ。これに対して止まっている物体にはたらく摩擦力を<u>静止摩擦力</u>という。静止摩擦力の大きさは変化するのに対して動摩擦力は一定である。

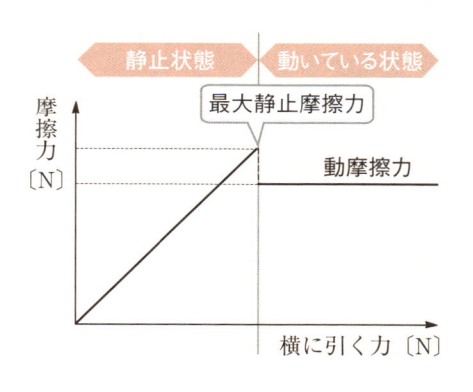

例題2の解答　　a イ　　b ア

箱Xには右向きの力と左向きの力がはたらいている。糸が箱Xを右向きに引き、左向きの摩擦力がはたらいている。

「右向きの力>左向きの力」になると、箱Xの速さは次第に増加する。下線部aのとき、糸が箱Xを引く力のほうが箱にはたらく摩擦力よりも大きいので、速さがしだいに増加した。よって、下線部aはイ。

「右向きの力=左向きの力」のとき、箱Xは一定の速さで運動する。下線部bのとき、糸が箱Xを引く力と箱にはたらく摩擦力がつり合ったので、速さが一定になった。よって、下線部bはア。

運動のようす	静止状態	等速直線運動
力の状態	力がつり合っている	力がつり合っている

※静止状態と等速直線運動は同じ力の状態である。

発展　なぜおもり7個で動かなかったのに、5個で等速直線運動をしたのか？

■ **摩擦力には2種類ある**
　止まっている物体にはたらいている摩擦力を静止摩擦力、動いている物体にはたらいている摩擦力を動摩擦力という。静止摩擦力の大きさは変化するのに対して、動摩擦力の大きさは一定である。

■ **おもりを7個つるしても箱Xは動き出さなかった**
　50gのおもりを7個つるしても箱Xは動き出さない。これは、糸の張力（＝糸が箱Xを引く力）が大きくなっても、静止摩擦力も大きくなっていくからである。
　糸の張力は右向き、静止摩擦力は左向き。2つの力は打ち消しあい、箱Xはつり合いの状態になるので静止している。

おもりを3個つるしたとき：静止摩擦力 1.5N ← / → 糸の張力 1.5N

おもりを5個つるしたとき：静止摩擦力 2.5N ← / → 糸の張力 2.5N

おもりを7個つるしたとき：静止摩擦力 3.5N ← / → 糸の張力 3.5N

■ 静止摩擦力の最大値
おもりを8個つるすと箱Xはついに動き出す。おもりを8個つるしたとき，糸の張力が4.0Nになるので，静止摩擦力は4.0N以上にならないということがわかる。一番大きな静止摩擦力を最大静止摩擦力という。

■ 動摩擦力の大きさ
おもりを5個つるしただけでは箱Xは動き出さないが，この状態でトンと箱Xを押すと，箱は動き出し，等速直線運動を始めた。

おもりを5個つるしたとき
2.5N 静止摩擦力　2.5N 糸の張力

トン　等速直線運動
2.5N 動摩擦力　2.5N 糸の張力

これは，箱Xは押されたことで勢いがつき，慣性のため押された直後の速さを持続しようとする。ちょうど動摩擦力と糸の張力がつり合っていたため，押された直後の速さがそのまま維持されたのである。動摩擦力の大きさは2.5Nだとわかる。

■ ドンと強く押してみる
では，おもりを5個つるした箱Xを，強くドンと押したらどうなるであろうか。これもやはり等速直線運動を続ける。糸の張力と動摩擦力がつり合っているから，ドンと強く押された直後の速さは維持されることになる。ただ，軽く押された場合よりも速さは大きい。軽くトンと押すとゆっくり等速直線運動をし，強くドンと押せば速さの大きい等速直線運動をすることになる。

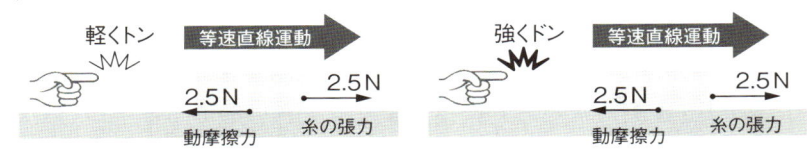

軽くトン　等速直線運動
2.5N 動摩擦力　2.5N 糸の張力

強くドン　等速直線運動
2.5N 動摩擦力　2.5N 糸の張力

このように，物体を等速直線運動させることで，その物体にはたらく動摩擦力の大きさを割り出すことができる。動摩擦力の大きさは最大静止摩擦力よりは小さく，物体の速さに関係なく一定である。

■ 重さを変えて軽くトン
さて，おもりを3個つるした状態の箱Xをトンと押すとどうなるだろうか。トンと押されて右に動き出すと，すぐに動摩擦力2.5Nが左向きにはたらく。右向きの力である糸の張力は1.5Nであるから，速さを維持できずにすぐに止まってしまう。止まると，左向きの力は動摩擦力ではなく，1.5Nの静止摩擦力となる。

おもりを3個つるしたとき
1.5N 静止摩擦力　1.5N 糸の張力

トン　すぐ止まる
2.5N 動摩擦力　1.5N 糸の張力

では，おもりを7個つるした状態の箱Xをトンと押すとどうなるだろうか。トンと押されて右に動き出すと，すぐに動摩擦力2.5Nが左向きにはたらく。右向きの力である糸の張力は3.5Nであるから，右向きの力のほうが，3.5 − 2.5 = 1.0N大きい。箱Xは常に1.0Nの力で右向きに引かれ続けることになり，だんだん速くなる運動をする。

おもりを7個つるしたとき
3.5N 静止摩擦力　3.5N 糸の張力

トン　だんだん速くなる
2.5N 動摩擦力　3.5N 糸の張力

1 分野
物理

第 **6** 章

仕事とエネルギー

　乾電池があれば電灯をともしたり，音楽を聞いたり，モーターを動かしたりすることができます。つまり，電気にはさまざまな現象を生み出す能力があるのです。この秘められた能力をエネルギーといいます。でもエネルギーは電気だけに備わったものではありません。
　例えば自動車。多くの自動車はガソリンを燃焼させて動いています。ソーラーカーは太陽電池で動きます。水素と酸素を燃料にする燃料電池であれば，排出されるのは水蒸気だけ。だから環境対策としても次世代のエンジンとして注目されています。ガソリン，光（太陽光），水素，どれもが車を動かすという共通の能力，つまりエネルギーをもっています。
　光，音，熱，動力など，さまざまな現象を生み出す秘められた能力。その能力を測るための共通の"モノサシ"が仕事です。どれだけのエネルギーをもっているかは，どれだけの仕事をするかで測ります。
　何か荷物を運び上げるとき，階段を使うか，エレベーターを使うか，クレーンを使うか。仕事というモノサシで測ると，そこに要するエネルギーの総量は同じになるということが見えてきます。
　理科でいう仕事は，通常の「お仕事」とは異なります。混同しないように。

1 仕事と仕事の原理

転写 仕事の原理

滑車や斜面を利用して必要な力を小さくしても動かす距離は長くなる。
仕事で得することはない(必要なエネルギーは変わらない)。

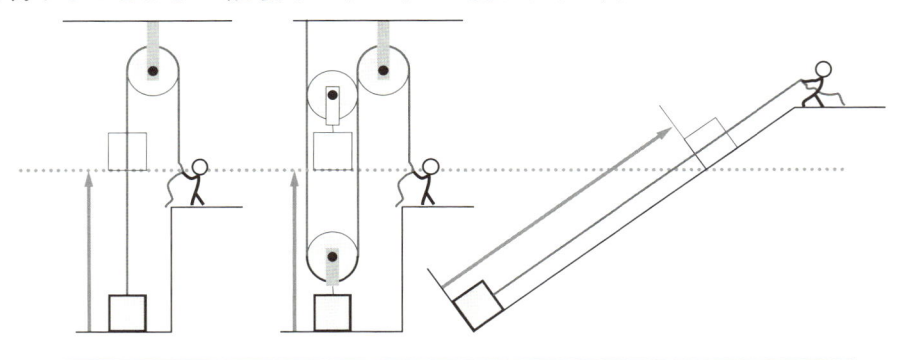

仕事〔J〕 = 力の大きさ〔N〕 × 力の向きに動いた距離〔m〕

解説 ▶ エネルギー

電池で明かりをともすことができる。音を出すことやモーターを動かすことにも利用できる。電池には光,音,物を動かすといった能力がある。車の燃料はガソリンが一般的だが,水素を燃料とするもの,太陽光で動くものもある。ガソリン,水素,太陽光それぞれには,車を動かすという能力がある。

電池,ガソリン,水素,太陽光……には,光,音,物を動かす,物を壊すといったさまざまな現象を生み出す能力がある。ここで,さまざまな現象を生み出す能力をエネルギーという。エネルギーの単位はジュール〔J〕である。

解説 ▶ 仕事とは

さまざまな現象どうし,その程度の差は簡単には比べられない。そこでエネルギーの大きさを比べるための"モノサシ(共通の基準)"が必要になる。これが仕事である。

仕事は,物体に力を加えて移動させることである。例えば,みかん1個(約100g)を支える手は1Nの力を出している。そのままゆっくりと1m持ち上げるとき,その間,手は少なくとも1Nの力を出し続けなければならない。

このように,物体に1Nの力を加え続け,その力の向きに物体を1m動かすとき,手は1Jの仕事をしたという。仕事は次の式で表される。単位はジュール〔J〕。

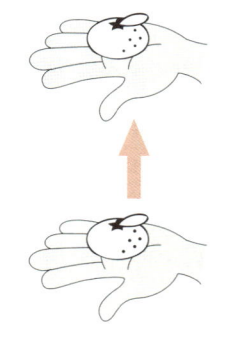

仕事〔J〕 = 力の大きさ〔N〕 × 力の向きに動いた距離〔m〕

ここで,「力の向きに動いた距離」とあることに注意しよう。仮にみかんを支えながら,手を水平に1m移動させる場合,手がした仕事は0である。手がみかんに加える力の向きは鉛直上向き(つまり真上)で,みかんが移動した向きはこれに垂直。みかんは力の向きに動いていないからである。

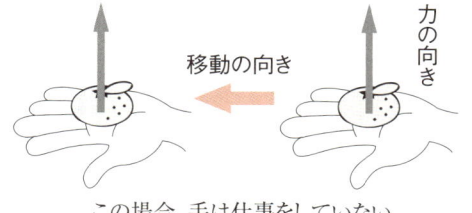

この場合,手は仕事をしていない

解説 ▶ 仕事が0になるとき

仕事が0になる(仕事をしていない)のは,次のような場合である。

① 加えた力の向きと,移動の向きが垂直の場合
② 力を加え続けたが,物体が移動しなかった場合
③ 加えた力の大きさが,ほぼ0の場合

摩擦のない水平面上で,物体を等速直線運動させる場合が③に当たる。摩擦(や空気抵抗)が無視できるほど小さい場合,物体の運動方向に力を加え続ける必要がないので,仕事は0になる。

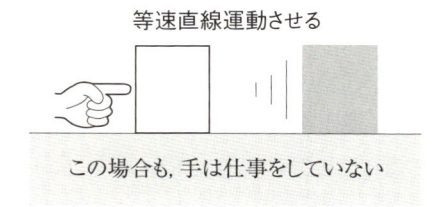

この場合も,手は仕事をしていない

例題1 次の問いに答えよ。ただし,100gの物体にはたらく重力の大きさを1Nとする。

(1) 1.2kgの荷物を,床から2m持ち上げた。このとき何Jの仕事をしたか。

(2) 摩擦のある平面で,質量900gの物体をゆっくりと引いて2m移動させた。物体を引いているとき,バネはかりは400gを示していた。手は何Jの仕事をしたか。

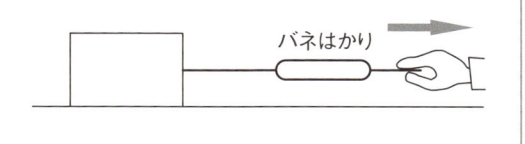

例題1の解答　(1) 24J　(2) 8J

(1) 1.2kg = 1200g。荷物に加わる重力の大きさは12N。12Nの力を加え続けて荷物を2m持ち上げたことになる。12 × 2 = 24〔J〕

(2) 重力の向きは鉛直下向きで,物体は水平方向に移動する。互いに垂直なので,物体に加わる重力9Nは,手がする仕事に無関係。バネはかりの値から,手は右方向に4Nの力を加え続けたことがわかる。物体は力の向きに2m移動したので,手がした仕事は,4 × 2 = 8〔J〕

解説 ▶ 仕事の原理

我々は日常,斜面,滑車のほかいろいろな道具を使っている。道具には「小さな力で大きな力を取り出せる」という利点がある。しかし,力を加え続ける距離が長くなるので,仕事の量としては同じになる。

現実的には,斜面や滑車の回転には摩擦の影響があり,ロープや滑車には質量があるので,道具を使うと仕事の量は増えてしまうが,通常これらの影響を無視して考える。

仕事の原理 （道具を使って）必要な力を小さくしても動かす距離は長くなり，仕事で得することはない（必要なエネルギーは変わらない）。

ここでは，仕事の原理を理解するために，30kgの物体を2mの高さに引き上げるのに要するエネルギーを考える。直接引き上げる，斜面を利用する，滑車を利用する，それぞれの場合の仕事の量を求めてみる。

解説▶ 直接引き上げる場合

30kg（＝30000g）の物体に加わる重力は300N。直接引き上げる場合に必要な力は300Nである。300Nの力を2m出し続けることになる。したがって手がする仕事は，

300 × 2 ＝ 600〔J〕

※ 表現上の注意

手は300Nの力で2m引き上げた。一方，物体は300Nの力で2m引き上げられた。「手がした仕事」に対して「物体がされた仕事」ともいう。

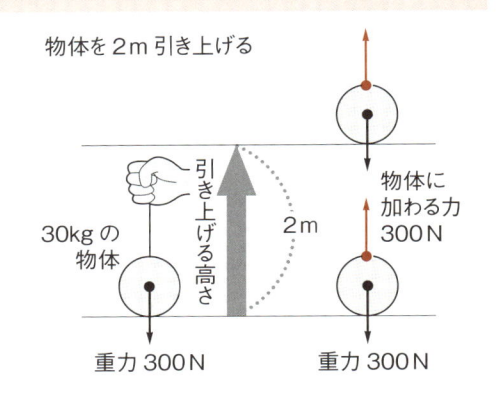

解説▶ 斜面を利用する場合

図のような斜面上では，重力の斜面方向の分力の大きさは，重力×$\frac{高さ}{斜辺}$であるから（106ページ参照），

300 × $\frac{2}{5}$ ＝ 120〔N〕

したがって，この斜面で物体を引き上げるためには120Nの力が必要になる。これは，直接引き上げるときの300Nより小さな力である。小さな力で引き上げることが可能になるが，引き続ける距離は5mと長くなる。手がする仕事は，

120 × 5 ＝ 600〔J〕

斜面を利用すると，小さな力で済むが，力を加え続ける距離は長くなる。仕事の量は，直接引き上げる場合と同じである。

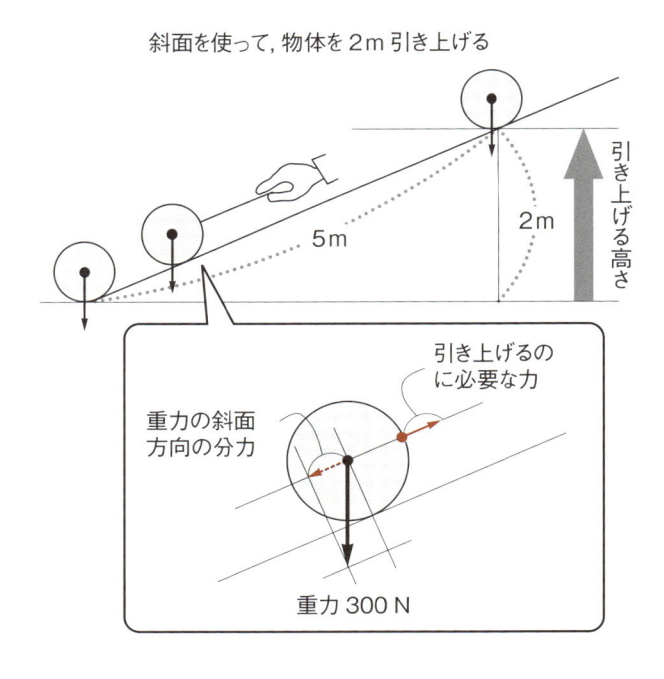

※ 実際には，斜面と物体の間の摩擦の影響で，直接引き上げる場合より仕事の量は大きくなる。

解説 ▶ 定滑車を利用する場合

定滑車は，中心軸を天井（など）に固定した円板に，ロープをかけて回転させる道具で，力の向きを変えるはたらきをするものである。

ロープを下向きに引くことで物体は持ち上がる。必要な力の大きさは，直接持ち上げる場合と変わらない。300 N の力でロープを 2 m 引き続けるので，手がする仕事は，

$300 \times 2 = 600 \, [J]$

仕事の量は，直接引き上げる場合と同じである。

※ 滑車はなめらかに回転し，ロープの質量は無視できるほど小さいものとして考えてよい。

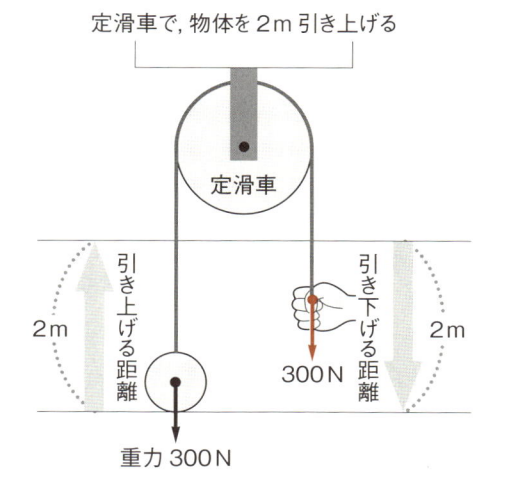

定滑車で，物体を 2 m 引き上げる

解説 ▶ 動滑車を利用する場合

動滑車を利用すると，加える力を小さくすることができる。動滑車はロープにつられた円板で，この円板と持ち上げる物体を固定する。図の場合，物体に加わる重力 300 N を，動滑車の両側のロープ 2 カ所で支えることになる。そのためロープの左端の天井には 150 N の力が加わる。ロープの右端を支える手には 150 N の力がかかる。

150 N の力で引き続けることで，物体を持ち上げることができる。

ただ，物体を 2 m 持ち上げるためには，動滑車の両側のロープ 2 m ずつ，合わせて 4 m 分をロープ右端で引き下げなければならない。したがって 150 N の力を 4 m 加える必要がある。手がする仕事は，

$150 \times 4 = 600 \, [J]$

仕事の量は，直接引き上げる場合と同じである。

動滑車で，物体を 2 m 引き上げる

解説 ▶ 仕事率

例えばピラミッドのような建造物をつくる場合を考えてみる。クレーンのような動力機械がなかった時代，多くの人手と時間を要したことであろう。人力でも機械でも仕事の量（必要なエネルギー）は変わらない。しかし，仕事の能率という点では違いがある。

仕事やエネルギーは，その全体量だけではなく仕事の能率を問題にすることがある。これを仕事率という。

$$仕事率〔W〕= \frac{仕事〔J〕}{かかった時間〔秒〕}$$

仕事率は，単位時間（1秒間）当たりにする仕事の量である。1秒間に1Jの仕事をするときの仕事率が1W。単位のワット〔W〕は，電力と同じ単位である。

まとめ ▶ 新しい理科のことばと単位

ことば	その意味や求め方	単位
エネルギー	さまざまな現象を生み出す能力 仕事をする能力	J（ジュール）
仕事（の量）	物体に力を加えて移動させること 力の大きさ〔N〕×力の向きに動いた距離〔m〕	J（ジュール）
仕事率	単位時間(1秒間)当たりにする仕事の量	W（ワット）
電力	電流〔A〕×電圧〔V〕	W（ワット）

※「仕事」と「仕事の量」の区別はない。同じである。

練習問題

▶▶▶ 解答は 242 ページ

1 100 g の物体にはたらく重力の大きさを 1N として次の問いに答えよ。また、動滑車と糸の質量は無視できるほど小さく、摩擦力の影響はないものとする。

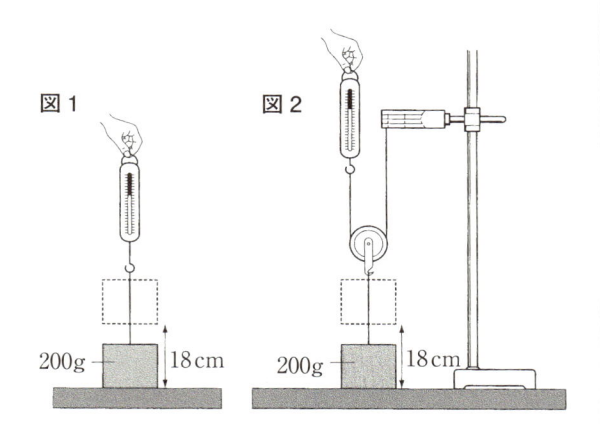

(1) 図1のように、質量200gの物体にニュートンはかりをつなぎ、静かに引き上げた。物体が床から離れるとき、はかりの目盛りは何Nになるか。

(2) 物体が床を離れて床から18cmの高さになるまでに、手が物体にした仕事は何Jか。

(3) 図2のように動滑車を使って、質量200gの物体を静かに引き上げる。物体が床から離れるときのはかりの目盛りは何Nになるか。

(4) 物体が床から離れてから18cmの高さに引き上げるには、ニュートンはかりにつないだ糸を何cm引き上げる必要があるか。

(2001年 岩手県・改題)

2 摩擦力のはたらかない斜面を使って実験を行った。重さが500gのおもりをニュートンはかりにつるし，操作1，操作2を行った。100gの物体にはたらく重力の大きさを1Nとして次の問いに答えよ。

[操作1] 図1のように，ゆっくりとおもりをもとの高さから15cm真上に引き上げた。
[操作2] 図2のように，摩擦力のはたらかない斜面にそって，点Aから点Bまでゆっくりとおもりを引き上げ，もとの高さよりも15cm高くした。

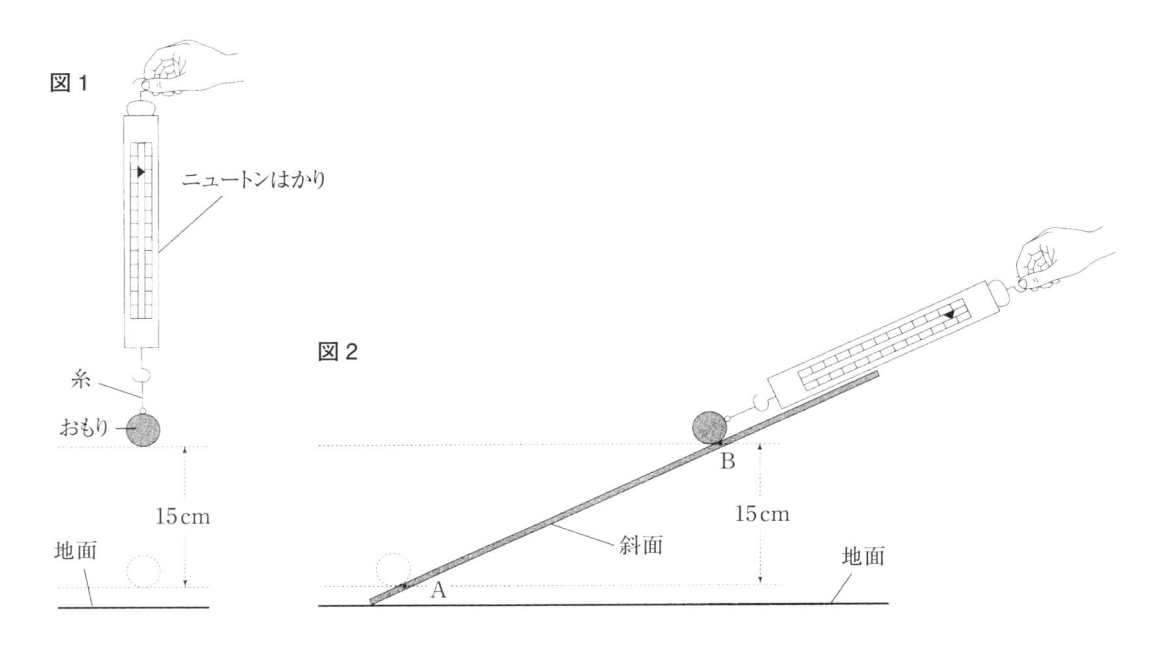

(1) 操作1で，おもりを15cm引き上げるために必要な仕事は何Jか。

(2) 図2の点Bでおもりにはたらく重力を，斜面に垂直な方向と斜面方向に分解して図に矢印でかき入れよ。作図のために用いた線は消さずに残せ。

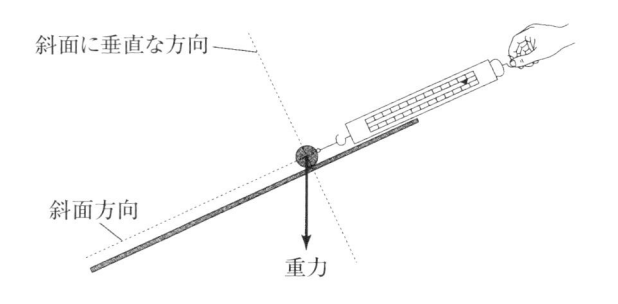

(3) 操作2で，おもりを摩擦力のはたらかない斜面にそって引き上げているとき，ニュートンはかりの目盛りは2.5Nであった。AB間の斜面にそった距離は何cmか。

(2002年　島根県・改題)

2 力学的エネルギー

転写 位置エネルギーと運動エネルギー

振り子の運動

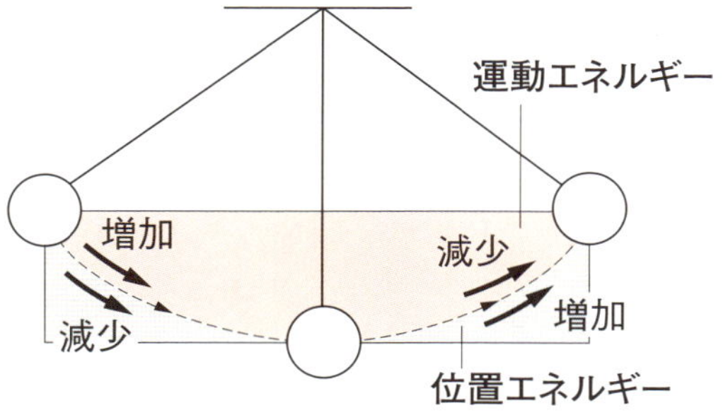

運動エネルギー
増加　減少
減少　増加
位置エネルギー

ジェットコースター

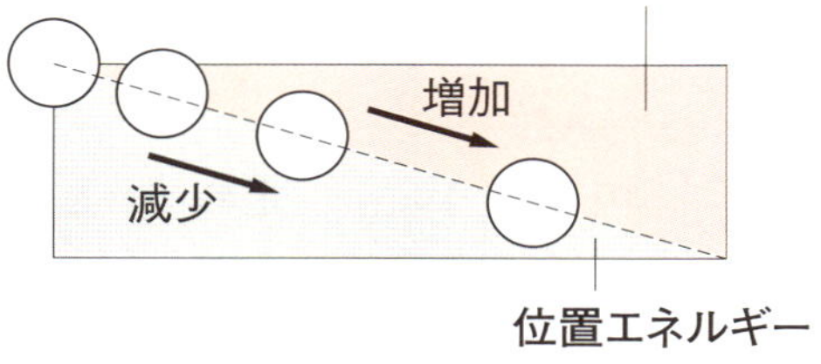

運動エネルギー
減少　増加
位置エネルギー

解説 ▶ 位置エネルギー

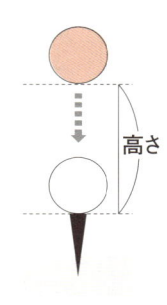

物体を落下させると、くいを打ちつけることができる。高いところにある物体はエネルギーをもっているので、物を動かす（くいを打つ）ことができる。

高いところにある物体がもつエネルギーを<u>位置エネルギー</u>という。このエネルギーは<u>物体の質量が大きいほど大きくなり、高さが高いほど大きくなる</u>。高い場所から落下させるほうが威力は大きくなり、重いもののほうが破壊力は強いことからも理解できるであろう。

解説 ▶ 運動エネルギー

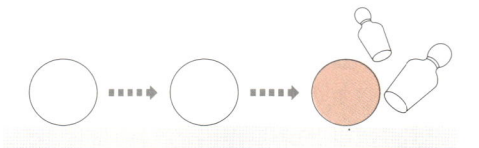

ボウリングの球がピンをはじき飛ばすように、運動をする物体はエネルギーをもっている。運動するものがもつエネルギーを<u>運動エネルギー</u>という。

金づちをゆったりと打ちつけるよりも、勢いよく打ちつけるほうが1回でくぎを深く打ち込むことができ、また重い金づちのほうが1回でくぎを深く打ち込むことができる。運動エネルギーは、<u>質量が大きいほど大きくなり、速さが速いほど大きくなる</u>。

解説 ▶ 力学的エネルギー

位置エネルギーと運動エネルギーをあわせて**力学的エネルギー**という。物体を落下させると，位置エネルギーは次第に小さくなるが，運動エネルギーは大きくなっていく。力学的エネルギーは変わらない。このように，エネルギーはそのすがたを変えても，全体の量は変化しないのである（次ページ参照）。

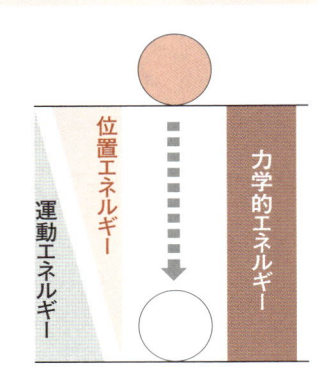

例題1 図1のように，一定の傾きをもつ斜面と水平面がなめらかにつながっている。台車を斜面上のA点に置いて静かに手をはなすと台車は動き始め，まっすぐ運動して，B，Cの各点を通過した。

図2はこのときの台車について，A点からの水平方向の距離と，A点からC点までの位置エネルギーとの関係を表したものである。

A点からの水平方向の距離と運動エネルギーとの関係を表すグラフを，A点からC点までについて，図2のグラフに重ねてかきなさい。ただし，A点における台車の運動エネルギーの値は0，摩擦や空気の抵抗は考えないものとする。

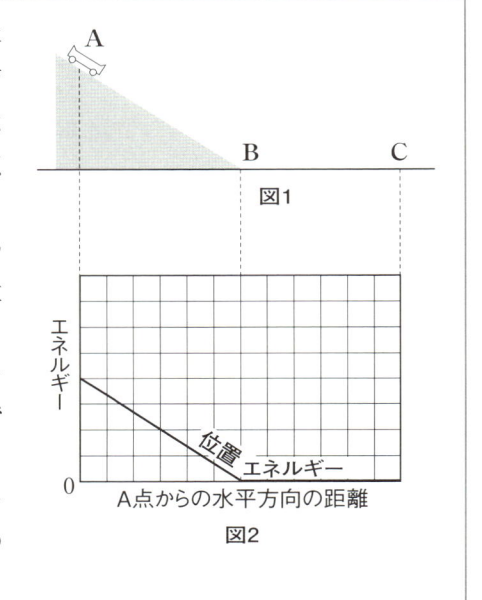

（2003年　栃木県）

例題1の解答　右のグラフを参照

摩擦や空気の抵抗は考えないので，位置エネルギーの減少量が運動エネルギーの増加量になる。AB間は運動エネルギーが増加し，BC間はそのままエネルギーの変化がない。最初の位置エネルギーが4目盛りから始まっているので，運動エネルギーも4目盛りまで増加する。台車がBを通過するとき，運動エネルギーは4目盛りに達する。

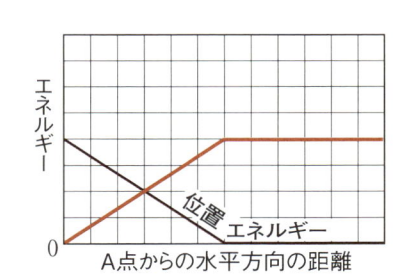

例題2　糸におもりを取りつけ，図のように糸をO点に固定し，おもりをAの位置まで，糸がたるまないように引き上げ，静かに手をはなした。おもりはAの位置からEの位置まで振れた。糸の質量やのび，振り子にはたらく空気の抵抗や摩擦力はないものとして次の問いに答えなさい。

(1) おもりの位置エネルギーは図の破線のように表される。おもりの運動エネルギーはどのように変化するか。そのグラフを図に実線でかきいれなさい。

(2) おもりの力学的エネルギーはどのように変化するか。そのグラフを図に点線でかきいれなさい。

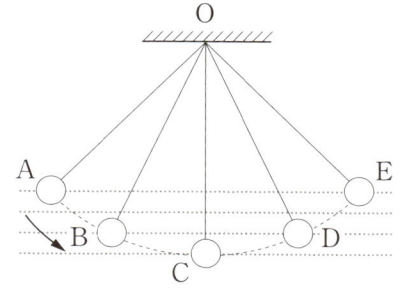

点線(……)は等間隔の水平線を表す。

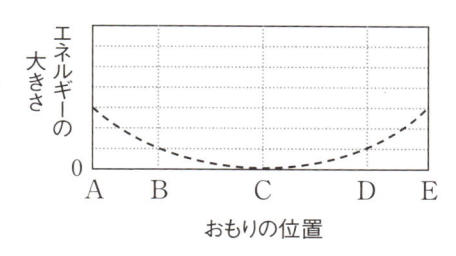

(2004年　岩手県)

例題2の解答　右の図を参照

(1) おもりがAとEにある瞬間，おもりの速さはゼロになる。運動エネルギーはAとEでゼロである。おもりがCにあるとき，速さは一番大きくなっているので，運動エネルギーもCで最大（3目盛り）になる。

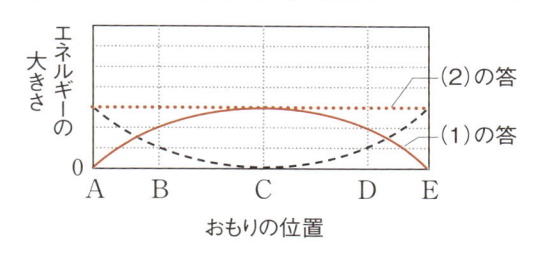

(2) 位置エネルギーが減少するとその分だけ運動エネルギーは増加し，逆に位置エネルギーが増加するとその分だけ運動エネルギーは減少する。力学的エネルギーは変わらず一定（3目盛り）になる。

解説 ▶ 力学的エネルギー保存の法則

これまで見てきたように，摩擦や空気の抵抗が無視できるほど小さいとき，力学的エネルギーは変わらず一定になる。これを**力学的エネルギー保存の法則**という。

摩擦や空気の抵抗を考えないとき，「位置エネルギー＋運動エネルギー＝一定」となる。

例題3 図のような曲線で表される，摩擦のないなめらかな面上を球が移動する。球はゆっくりとAから動き始め，B，C，Dと通過していった。ただし，Aでの球の運動エネルギーはゼロとする。また，図の平行線は等間隔である。

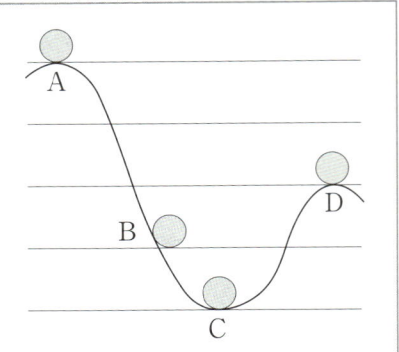

(1) 球のAでの位置エネルギーは，Dでの位置エネルギーの何倍か。

(2) 球のBでの運動エネルギーは，Cでの運動エネルギーの何倍か。

例題3の解答 (1) 2倍 (2) 0.75倍

(1) 位置エネルギーの大きさは，高さと質量に比例する。質量は共通であるから，高さだけに注目すればよい。球が通過する最下点Cを位置エネルギーの基準線として考える。

Bでの位置エネルギーを x とおく。Aでの位置エネルギーは基準線から4段上なので $4x$，Dでの位置エネルギーは2段上なので $2x$ となる。

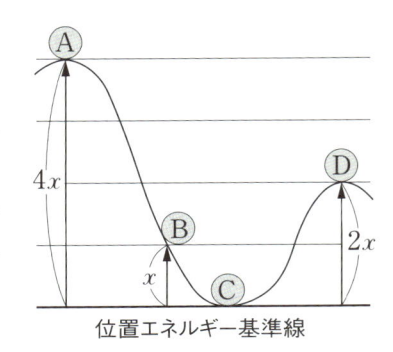

よって，$\dfrac{4x}{2x} = \dfrac{4}{2} = 2$ 〔倍〕

(2) 力学的エネルギー保存の法則から，位置エネルギーの減少分は運動エネルギーに変わる。球が通過する最高点Aを運動エネルギーの基準線として，基準線から下がった分が運動エネルギーに相当するものと考える。

Aでの運動エネルギーはゼロ。Bでの運動エネルギーは基準線から3段下なので $3x$，Cでの運動エネルギーは4段下なので $4x$ とおける。

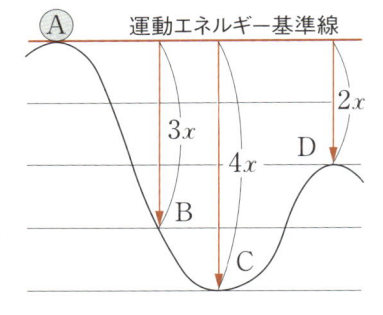

よって，$\dfrac{3x}{4x} = \dfrac{3}{4} = 0.75$ 〔倍〕

※ 位置エネルギーと運動エネルギーは共通の単位で表せるので，共通の文字で表してもよい（ここでは x を用いて考えた）。

練習問題

▶▶▶ 解答は243ページ

1. 図のように，O点の真下にくぎを取りつけ，振り子のおもりをくぎと同じ高さのPの位置まで引き上げ，静かに手をはなすと，おもりは図のア〜エのどの位置まで振れるか。正しいものを1つ選べ。ただし，くぎの太さや空気の抵抗，摩擦は考えないものとする。

（2004年　岩手県）

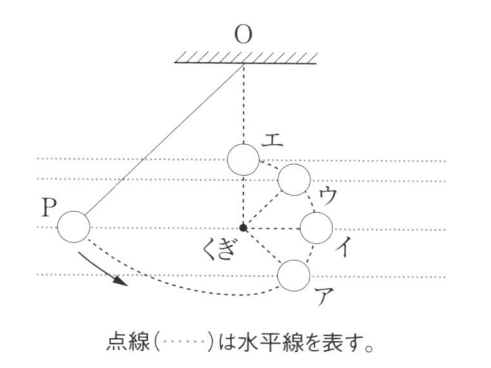

点線（……）は水平線を表す。

2. 斜面AとBを連結して，静かにはなした小球を真上に打ち上げたところ，小球は最初の高さまで打ち上げることができた（図1）。次に，斜面AとCを連結して，静かにはなした小球を，斜めに打ち上げた（図2）。小球はどの高さまで打ち上げられるか。

　　ア　最初の高さを少し越える
　　イ　最初と同じ高さ
　　ウ　最初の高さまで少し届かない

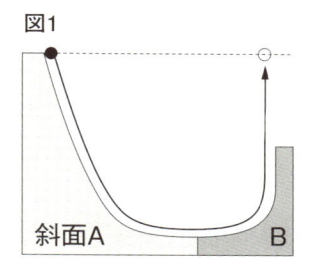

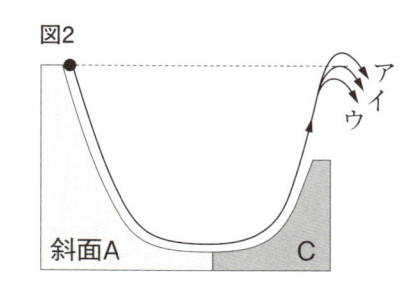

3 物体の運動のようすを調べるために，まっすぐなレールをなめらかにつなぎ，下の図1，図2に示す2つの実験装置を作った。図1の斜面の長さは80cm，図2の斜面の長さは40cmであり，どちらの斜面も上端は水平面より20cm高いところに固定してある。両方の斜面の上端に小さな鉄球を置き，静かに手をはなしたところ，どちらの鉄球も斜面上を進み，それぞれの斜面の下端であるア，イを通過した。

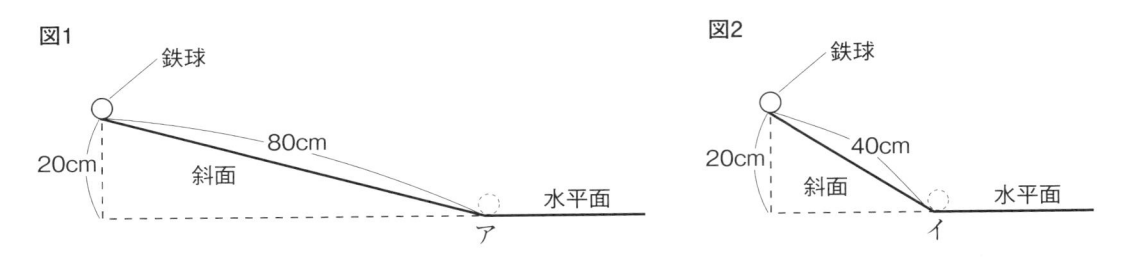

図1

図2

(1) 手をはなしてから鉄球がアに達するまでの時間をA〔秒〕，イに達するまでの時間をB〔秒〕とし，鉄球がアに達したときの速さをa〔cm/s〕，イに達したときの速さをb〔cm/s〕とする。AとBおよびaとbの関係はどのようになると考えられるか。次のア～エの組み合わせから選べ。ただし，用いた鉄球は同じものとし，鉄球とレールとの間の摩擦および鉄球にはたらく空気の抵抗は考えないものとする。

　　ア　$A > B$，$a < b$　　　　イ　$A > B$，$a = b$
　　ウ　$A = B$，$a < b$　　　　エ　$A = B$，$a = b$

(2) 図1の鉄球は水平面上を等速直線運動した。このとき，鉄球にはたらく力を右の図にすべてかけ。

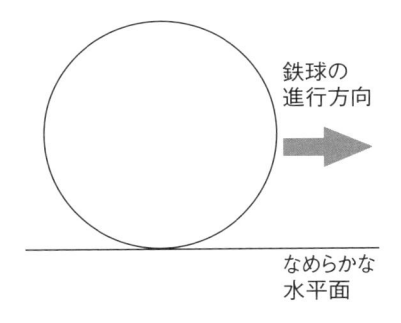

（2005年　神奈川県・改題）

仕事の測定

重点学習

机に本を重ねて置き，そこに定規をはさむ。はさんだ定規に金属球を衝突させて打ち込む。打ち込まれるとき，定規は金属球から一定の力を受けている。仕事は「力の大きさ×力の向きに動いた距離」である（130ページ参照）。したがって，定規が動いた距離は，金属球がした仕事の大きさに比例することになる。

例題1 次の問いに答えなさい。

[実験]

① 図1のように電気コードのカバーをレールとして用いた斜面上で小球を静かにはなし，水平面上に置いた木片に衝突させる装置をつくった。木片は小球が衝突して動いてもレールからはずれないようにした。

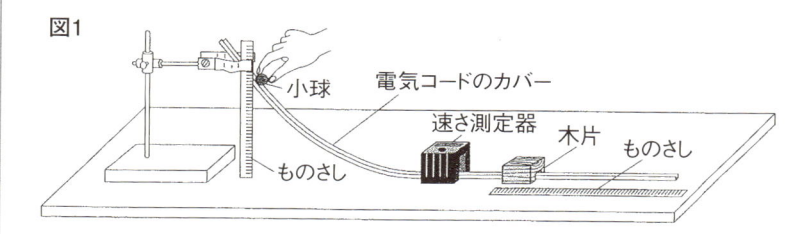

図1

小球／電気コードのカバー／速さ測定器／木片／ものさし／ものさし

図2

速さ測定器
センサーがついており，物体が通過したときの速さが表示される。

② 質量が15g，30g，60gの小球をいろいろな高さからそれぞれはなして，図2のような「速さ測定器」で各小球が水平面に達したときの速さを測り，さらにそのとき小球が衝突して木片が移動した距離を測定した。
③ 小球をはなした高さと木片の移動距離との関係を表すと，図3のようになった。
④ 小球が水平面に達したときの速さと木片の移動距離との関係を表すと，図4のようになった。

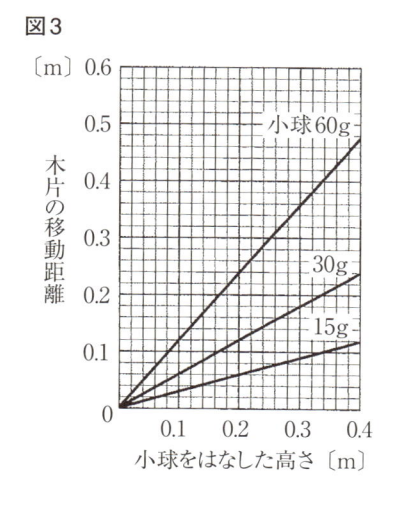

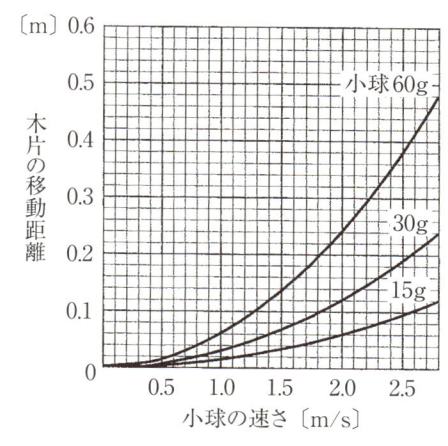

図3（木片の移動距離〔m〕 vs 小球をはなした高さ〔m〕：小球60g, 30g, 15g）

図4（木片の移動距離〔m〕 vs 小球の速さ〔m/s〕：小球60g, 30g, 15g）

(1) 手をはなす直前に小球がもっている位置エネルギーの大きさは何によって決まるか。図3をもとに，2つかきなさい。

(2) 木片に衝突する直前に小球がもっている運動エネルギーの大きさは何によって決まるか。図4をもとに，2つかきなさい。

(3) 質量60gの小球を，0.1mの高さからはなすと，水平面に達したときの小球の速さは何m/sになるか。図3と図4をもとに，求めなさい。

(4) 小球を2.0m/sの速さで木片に衝突させたときの「小球の質量」と「木片の移動距離」との関係を表すグラフを，横軸，縦軸に目盛りとなる数値を適切に入れて，右の図にかきなさい。

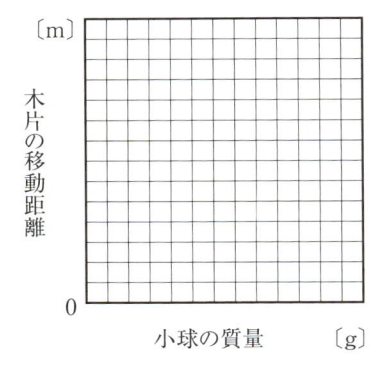

(2009年　山口県・改題)

考え方 物体のもつ位置エネルギーの大きさは，質量と基準面からの高さに比例する
物体のもつ運動エネルギーの大きさは，質量と速さの2乗に比例する

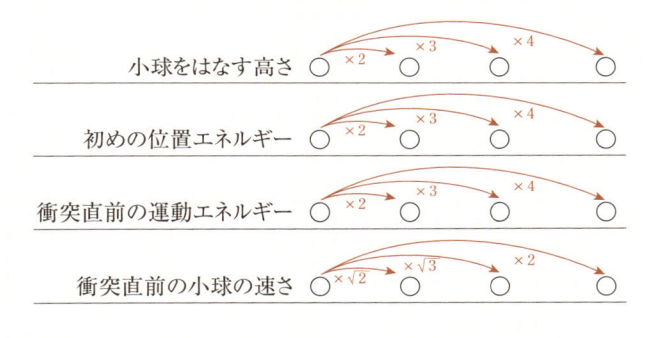

実験のように，同じ小球をはなす高さを2倍，3倍，4倍……と変化させると，初めに小球がもつ位置エネルギーも2倍，3倍，4倍……となる。小球が下りると，初めの位置エネルギーはすべて運動エネルギーに移り変わるので，運動エネルギーも2倍，3倍，4倍……となる。物体がもつ運動エネルギーは，その物体の速さの2乗に比例しているので，運動エネルギーが2倍，3倍，4倍……となれば，そのときの物体の速さは$\sqrt{2}$倍，$\sqrt{3}$倍，$\sqrt{4}$倍（＝2倍）……と変化する。

例題1の解答 (1) 小球の質量，小球をはなした高さ　　(2) 小球の質量，小球の速さ
(3) 1.4 m/s　　(4) 右の図を参照

(1) 図3の木片の移動距離から，小球が初めにもっていた位置エネルギーの大きさがわかる。小球の質量が一定のとき，小球をはなした高さに比例して木片の移動距離は大きくなる。例えば，小球の質量が15gのグラフを見ると，小球をはなした高さが2倍，3倍……となると，木片の移動距離は2倍，3倍……となっている。

小球をはなした高さが一定のとき，小球の質量に比例して木片の移動距離は大きくなる。例えば，小球をはなした高さが0.4mのところを見ると，小球の質量が2倍，4倍……となると，木片の移動距離は2倍，4倍……となっている。

(2) 図4の木片の移動距離から，小球が衝突直前にもっていた運動エネルギーの大きさがわかる。

小球の質量が一定のとき，速さの2乗に比例して木片の移動距離が大きくなる。例えば，小球の質量が60gのグラフを見ると，小球の速さが2倍，3倍……となると，木片の移動距離は4倍，9倍……となっている。

小球の速さが一定のとき，小球の質量に比例して木片の移動距離は大きくなる。例えば，小球の速さが2.0m/sのところを見ると，小球の質量が2倍，4倍……となると，木片の移動距離は2倍，4倍……となっている。

(3) 図3より，60gの小球を0.1mの高さからはなすと，木片の移動距離は0.12mとわかる。図4より，木片の移動距離が0.12mのとき（小球60g），小球の速さは1.4m/sであることがわかる。

(4) 図4で小球の速さが2.0m/sのところを見る。小球の質量が15gのとき木片の移動距離は0.06m，30gのとき0.12m，60gのとき0.24m。

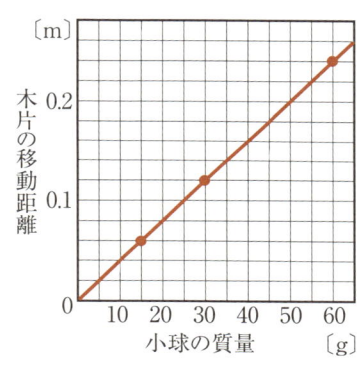

練習問題

>>> 解答は243ページ

1. 図1のような装置を用いて，物体がもつ位置エネルギーの大きさを調べる実験を行った。まず，質量10gの小球を，2.0cm，4.0cm，6.0cm，8.0cmのそれぞれの高さから転がして木片に当て，木片が移動した距離を測定した。続いて，質量20g，40g，60gの小球についても，それぞれ同じ方法で実験を行った。図2は，実験で用いた10g，20g，40g，60gのそれぞれの小球について，小球の高さと木片の移動距離との関係を表したグラフである。

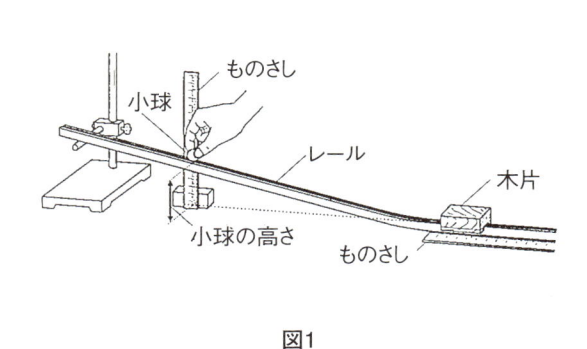

図1

図2

(1) この実験で，8.0cmの高さから小球を転がしたときの，小球の質量と木片の移動距離との関係はどうなるか。その関係を表すグラフをかけ。

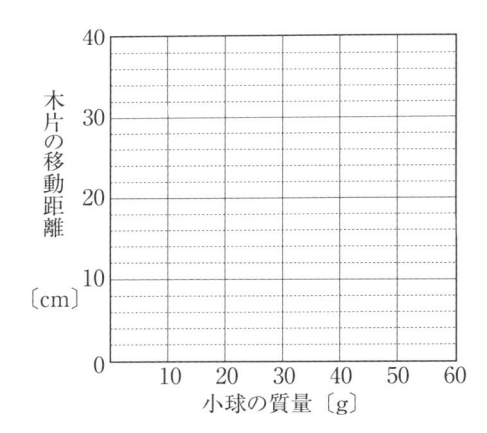

(2) 図2から，物体がもつ位置エネルギーの大きさについて，どのようなことがわかるか。「高さ」，「質量」という2つの言葉を用い，以下の書き出しに続けて簡単に書け。

物体がもつ位置エネルギーの大きさは，

(2008年　愛媛県・改題)

2 物体の運動とエネルギーについて調べるため，次の実験1，2を行った。このときの金属球の運動は，力学的エネルギーが保存されているものとする。

[実験1]
図1のように，水平な台の上にカーテンレールでコースをつくり，定規をはさんだ本をコースの端に固定した。金属球をA点からいろいろな速さで定規に衝突させ，定規の移動距離を測定した。

図1

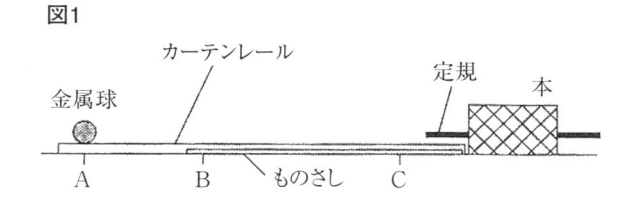

表1は，金属球の速さと定規の移動距離をまとめたものであり，図2は，それをグラフに表したものである。

表1

金属球の速さ〔cm/s〕	45	78	90	105	128
定規の移動距離〔cm〕	0.3	0.9	1.2	1.6	2.4

図2

[実験2]
図3のように，水平な台の上にカーテンレールでコースをつくり，実験1で用いた定規をはさんだ本をコースの端に固定した。実験1で用いた金属球を異なる高さに置き，静かにはなし定規に衝突させ，定規の移動距離を測定した。

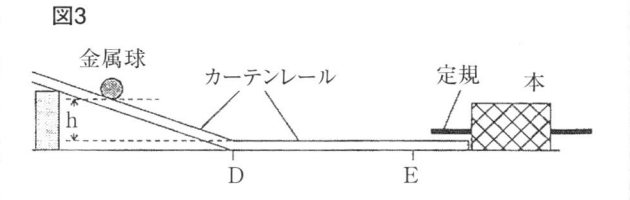

図3

表2は，金属球の高さhと定規の移動距離をまとめたものであり，図4は，それをグラフに表したものである。

表2

金属球の高さh〔cm〕	2	4	6	8	10
定規の移動距離〔cm〕	0.4	0.7	1.2	1.6	2.0

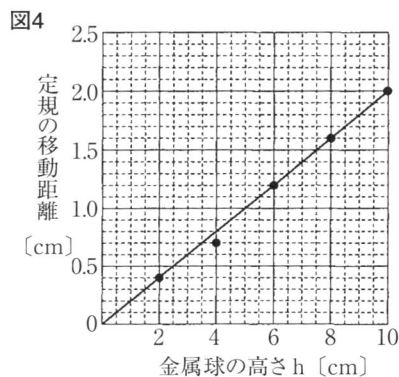

図4

(1) 下線部について，金属球の速さは，BC 間の金属球の運動のようすをストロボ写真にとって求めた。右図は，そのときのストロボ写真の一部を模式的に表したもので，数値は，ものさしの目盛りの読みを示している。
右図から求めた速さが 90 cm/s であった。このときのストロボの発光の間隔は何秒か。

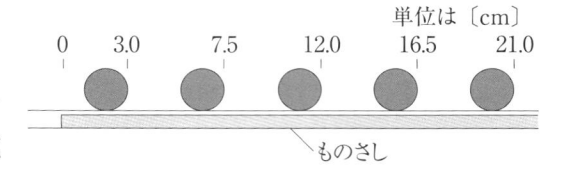

(2) 実験 2 で，金属球の高さ h が 8 cm のとき，DE 間の金属球の速さは何 cm/s か。

(3) 実験 2 で，金属球の高さ h と DE 間における金属球の速さの関係をグラフにすると，どのようになるか。ア〜エのうちから最も適当なものを 1 つ選べ。

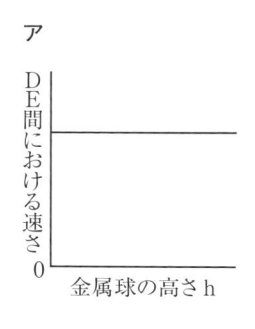

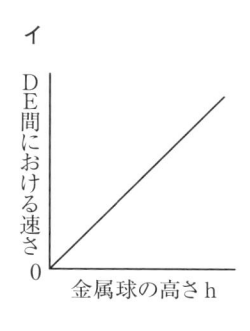

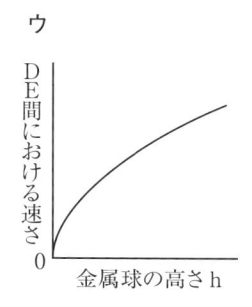

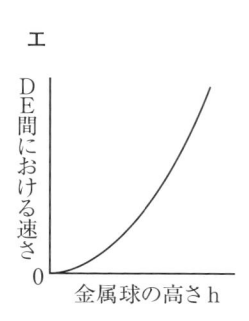

(2008 年　千葉県・改題)

1 分 野
化学

第 **1** 章

身のまわりの物質

　お家にお父さんのウィスキーがある人は，そのラベルを見てください。蒸留酒（じょうりゅうしゅ）という表示がしてあると思います。
　蒸留酒とは何でしょう？
　ウィスキーは麦芽（ばくが）からつくられるものですが，いくつかの段階をへてウォッシュというアルコールの度数7パーセントぐらいの液体になります。このウォッシュのままではほとんどが水のため，アルコールの濃度を高める必要があるのです。
　水とアルコールが混ざった液体からアルコールだけをとり出すには，どのようにしたらいいでしょうか。水の沸点（ふってん）は100度でしたね。ではアルコールの沸点は？
　エタノールという正式名をもつアルコールの沸点は78度なのです。つまり78度以上になれば，気体になって出てくるということになります。
　この気体をつかまえて，もう一度冷やせば，液体のアルコールだけをとり出すことができるのです。
　この章では身のまわりのさまざまな物質の性質を学びます。

1 物質のすがた

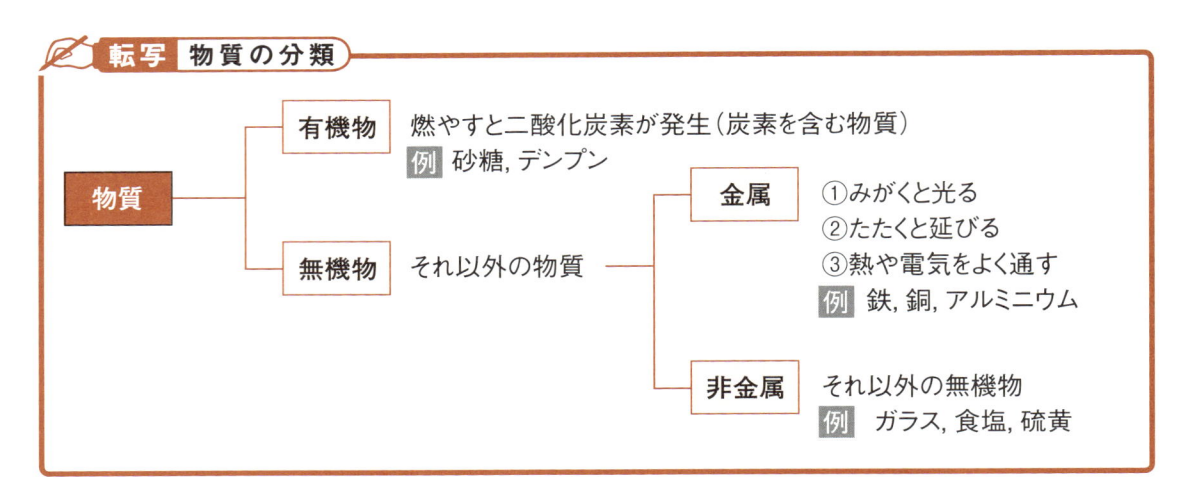

転写 物質の分類

- 物質
  - 有機物 — 燃やすと二酸化炭素が発生（炭素を含む物質）
    - 例 砂糖, デンプン
  - 無機物 — それ以外の物質
    - 金属
      - ①みがくと光る
      - ②たたくと延びる
      - ③熱や電気をよく通す
      - 例 鉄, 銅, アルミニウム
    - 非金属 — それ以外の無機物
      - 例 ガラス, 食塩, 硫黄

解説 ▶ 物体と物質

- 物体　モノの「形や使いみち」に注目したよび方。
- 物質　物体をつくる「素材」のこと。

物体	ビーカー	試験管
物質	ガラス	ガラス

解説 ▶ 有機物と無機物

- 有機物　燃やすと二酸化炭素を発生させる物質（炭素を含む物質）。
- 無機物　それ以外の物質（二酸化炭素は炭素を含むが例外で，無機物に入る）。

実験 ▶ 有機物の見分け方

食塩，砂糖，かたくり粉（デンプン）をアルミホイルに入れて加熱する。加熱の際，図のようにして二酸化炭素が発生しているかどうかを調べる（二酸化炭素は石灰水を白くにごらせる）。

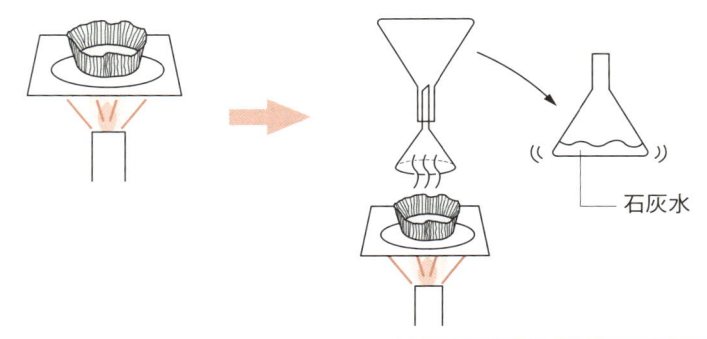

石灰水

実験の結果

物質	加熱したときのようす	石灰水の変化
食塩	パチパチと音を立てるが燃えない	変化なし（二酸化炭素は発生しない）
砂糖	とけてから黒こげ（炭）になる	白くにごる（二酸化炭素が発生した）
かたくり粉	黒こげ（炭）になる	白くにごる（二酸化炭素が発生した）

砂糖，かたくり粉（デンプン）は，燃えたときに二酸化炭素を発生させるので有機物であることがわかる。

食塩は，二酸化炭素を発生させないので無機物である。

例題1 台所にあるグラニュー糖，食塩，デンプンはいずれも白い粉末である。この3つの物質を見分ける実験について，次の問いに答えなさい。

(1) まず，粉末を乾いた手で触れてその感触を調べてみた。感触が他と異なり，何であるかを決められるものを選べ。
 ア　グラニュー糖だけ　　イ　食塩だけ
 ウ　デンプンだけ　　　　エ　すべてわかる

(2) 金網の上に3つの粉末を入れたアルミはくの容器を置き，弱火で長時間加熱した。観察される現象を，グラニュー糖，食塩，デンプンについてそれぞれ選べ。
 ア　蒸発してなくなる　　　イ　とけて液体になる
 ウ　とけてから黒くこげる　エ　白い粉末のままである
 オ　黒くこげる

(2003年　東京学芸大学附属)

例題1の解答　(1) ウ　　(2) グラニュー糖：ウ　食塩：エ　デンプン：オ

(1) 食塩とグラニュー糖（砂糖）の手触りはザラザラしているので見分けはつきにくい。デンプンの粒は細かいので，キシキシとした手触りがある。

(2) グラニュー糖（砂糖）は加熱すると，とけてネバネバした液体になり，その後すぐに黒こげになる。食塩は燃えないし，とけない（約800℃の高温でとけはじめる）。デンプンはとけずにそのまま黒こげになる。

解説 ▶ 金属と非金属

無機物は性質の違いから，金属と非金属に分けられる。

金属（鉄，銅，アルミニウムなど）
①みがくと光る
②たたくと延びる
③熱や電気をよく通す
※磁石につくのは鉄，コバルト，ニッケルの3つの金属だけで，すべての金属に共通するものではない。

非金属（ガラス，食塩，硫黄など）
金属に共通する3つの性質をもたない無機物のこと。

まとめ ▶ 物質の分類

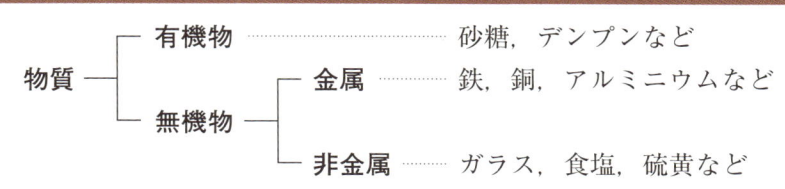

物質 ─┬─ 有機物 …………… 砂糖，デンプンなど
　　　└─ 無機物 ─┬─ 金属 ………… 鉄，銅，アルミニウムなど
　　　　　　　　　└─ 非金属 ……… ガラス，食塩，硫黄など

例題2 エタノールとスチールウール（鉄）をそれぞれ燃焼させてできる物質を調べるために，次の実験Ⅰ，Ⅱをした。これに関して，次の問いに答えよ。

［実験Ⅰ］
右の図1のように，よくかわいた集気びんの中でエタノールを燃焼させた。燃焼後，集気びんの内側を観察したら，くもっていた。さらに，集気びんに石灰水を入れてふってみると，白くにごった。

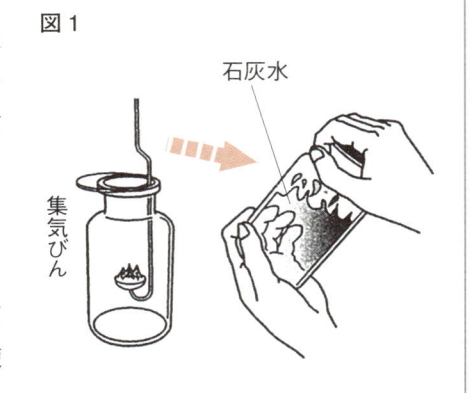

(1) 実験Ⅰにおいて，集気びんの内側がくもったことから，水ができたと考えられる。集気びんをくもらせたものが水であることを，色の変化によって確かめるためには，次のア〜エのうち，どれを使えばよいか。
　　ア　青色の塩化コバルト紙　　イ　赤色のリトマス紙
　　ウ　青色のリトマス紙　　　　エ　万能試験紙

(2) 実験Ⅰにおいて，石灰水が白くにごったのは，エタノールの燃焼で何が発生したからか。

［実験Ⅱ］
右の図2のように，スチールウールにガスバーナーで火をつけた。それを石灰水を入れた集気びんに移して，酸素を吹き込みながら完全に燃焼させたところ，黒い物質ができた。この黒い物質を取り出した後，集気びんをふってみた。

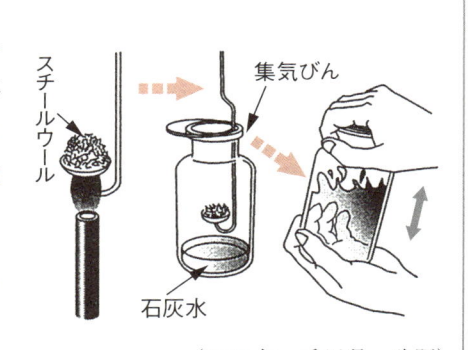

(3) 実験Ⅱにおいて，石灰水は変化したか，しなかったか。

（2005年　香川県・改題）

例題2の解答　(1) ア　　(2) 二酸化炭素　　(3) 変化しない

(1) 青色の塩化コバルト紙は，水がつくと赤色に変化する（250ページ参照）。
(2) 石灰水が白くにごったことから，エタノールの燃焼で二酸化炭素が発生したことがわかる。このことからエタノールは有機物で，炭素を含む物質であることがわかる。
(3) スチールウールは，鉄を繊維のように細くしたもので，火をつけるとパチパチと火花を散らして燃える。これは空気中の酸素と鉄が激しく結びつくことによって起きる現象で，このとき二酸化炭素は発生していない。よって，石灰水は白くにごらない。

解説 ▶ 物質の密度

どんな物質にも質量と体積がある。

- **質量** その物質の量で，形を変えても変化しない。天びんや電子天びんではかる。
  単位は〔kg〕，〔g〕など（36ページ参照）。
- **体積** その物質が占める空間の大きさで，単位は〔m³〕，〔cm³〕など。

物質 1 cm³ 当たりの質量〔g〕のことを**密度**という。

密度は質量〔g〕を体積〔cm³〕で割って求めるので，単位は〔g/cm³〕（グラム毎立方センチメートル）である。

$$\text{密度}〔\text{g/cm}^3〕 = \frac{\text{質量}〔\text{g}〕}{\text{体積}〔\text{cm}^3〕}$$

例題3 同じ大きさ，質量をもつ金属球がたくさんある。金属球50個の質量は 180 g であった。また，100 cm³ 用のメスシリンダーに水を 50 cm³ 入れ，金属球を静かに入れていき，20 個の金属球を入れたときの水面は図のようであった。

(1) 図のとき，体積は何 cm³ と読めばよいか。次から選べ。
　　ア　59 cm³　　イ　59.5 cm³　　ウ　60 cm³　　エ　59.0 cm³

(2) 金属球をつくる物質の密度を求めよ。

例題3の解答　(1) エ　　(2) 8 g/cm³

(1) アではない。メスシリンダーの目盛りは，水面のへこんだ部分を真横から見て読む。また，最小目盛りの 1/10 までを目分量で読むため，この場合は 59 cm³ でなく，59.0 cm³ が正しい。

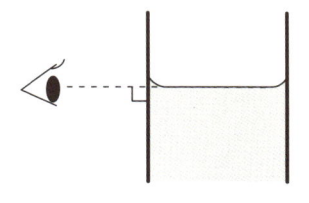

(2) 50 個の質量が 180 g であるから，1 個の質量は 180 ÷ 50 = 3.6〔g〕
　　金属球を 20 個沈めたことで，59 − 50 = 9〔cm³〕体積がふえたので，
　　1 個の体積は，9 ÷ 20 = 0.45〔cm³〕

　　密度 = $\frac{\text{質量}}{\text{体積}}$ より，$\frac{3.6}{0.45} = \frac{360}{45} = 8$〔g/cm³〕

2 気体の性質

転写 気体の製法と集め方

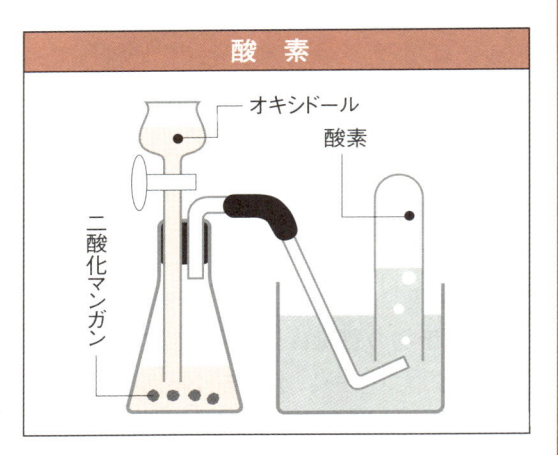

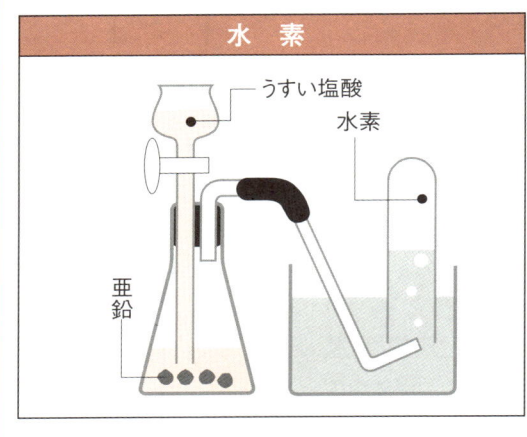

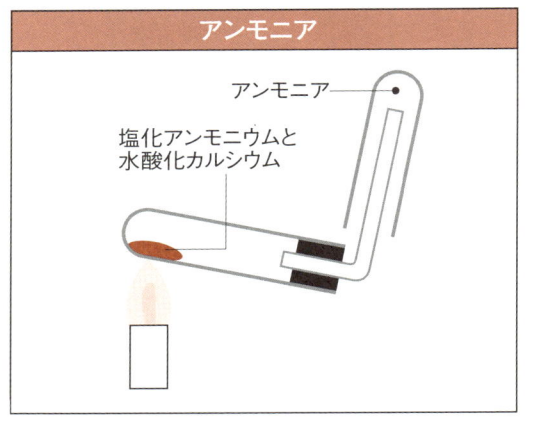

二酸化炭素
- うすい塩酸
- 二酸化炭素
- 石灰石

酸素
- オキシドール
- 酸素
- 二酸化マンガン

水素
- うすい塩酸
- 水素
- 亜鉛

アンモニア
- アンモニア
- 塩化アンモニウムと水酸化カルシウム

解説 ▶ 気体の製法と集め方

気体は，水や空気で満たした容器に集めたい気体を送り込み，水や空気と気体を置き換える方法で集める。

気体	製　　法	集め方
二酸化炭素	石灰石にうすい塩酸	水上置換
酸素	二酸化マンガンにオキシドール	水上置換
水素	亜鉛にうすい塩酸	水上置換
アンモニア	塩化アンモニウムと水酸化カルシウムを混ぜて加熱	上方置換

水上置換(法)	下方置換(法)	上方置換(法)
水で満たした試験管に集めたい気体を送り込む。気体が水を押しのけるので，試験管に気体は集まる。水にとけにくい気体は水上置換を利用する。	空気より重い気体が空気中を沈んでいく性質を利用して，試験管の底のほうから気体を集める。水に非常によくとける塩化水素は水上置換では集められない。塩化水素は空気より重いので下方置換を利用する。	空気より軽い気体が空気中を上昇していく性質を利用して，試験管の底を上に向け，上のほうから気体を集める。アンモニアは水に非常によくとけるので水上置換では集められない。アンモニアは空気より軽いので上方置換を利用する。

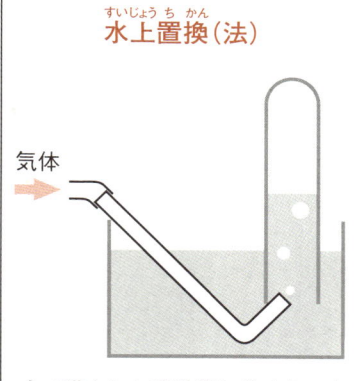

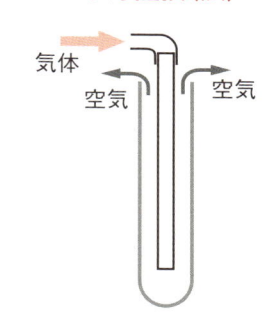

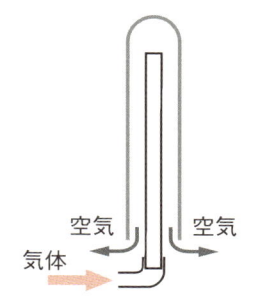

解説 ▶ 二酸化炭素

【製法】 石灰石にうすい塩酸を加える

　石灰石の主成分である炭酸カルシウムは，二酸化炭素を発生させながら酸にとける。同じ炭酸カルシウムが主成分の卵のから，貝がら，大理石，チョークなどは石灰石の代用になる。うすい塩酸は食酢で代用できる。

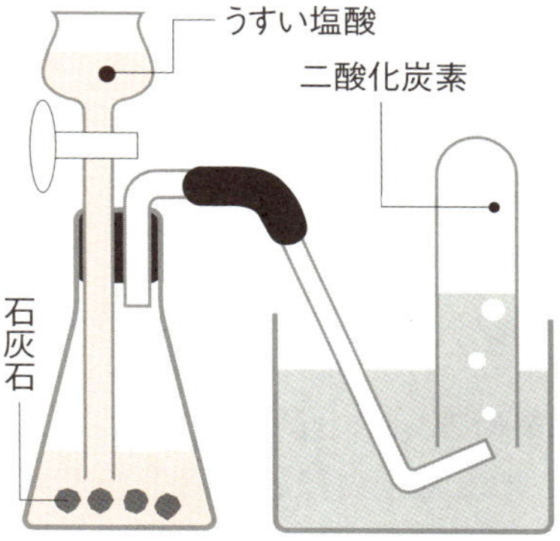

【確かめ方】
[方法] 石灰水に気体を通す
[結果] 石灰水が白くにごる

【集め方】 水上置換

　二酸化炭素は水に少しとけるが，純粋な気体を集めるために水上置換を行う。下方置換でも集めることはできる。

　炭酸水素ナトリウムを加熱すると二酸化炭素が発生する（180ページ参照）。炭酸水素ナトリウムはふくらし粉（ベーキングパウダー），発泡入浴剤，入れ歯洗浄剤にも含まれている。有機物（エタノール，ロウ，木炭など）の燃焼，生物の呼吸によっても二酸化炭素は発生する。

解説 ▶ 酸素

【製法】 二酸化マンガンにオキシドールを加える

　オキシドール（うすい過酸化水素水）は，二酸化マンガンの手助けで分解し，酸素と水になる。このとき二酸化マンガンは分解の手助けをするが，自分自身は変化しない。このような物質を触媒という。レバー（豚の肝臓），ジャガイモなどの刻んだ野菜は，二酸化マンガンの代用になる。

【確かめ方】
[方法] 火のついた線香を入れる
[結果] 線香が炎をあげて燃えだす

【集め方】水上置換
　酸素は水にとけにくい気体である。

　酸素系漂白剤は，湯を注ぐと分解して過酸化水素水になり，過酸化水素水は分解し酸素を発生する。風呂がまの洗浄剤も同じように酸素を発生する。酸素には，ものの燃焼を助けるはたらきがある（助燃性という）が，酸素自身は燃えない気体である。

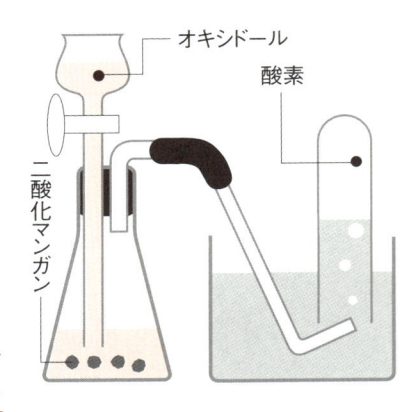

解説 ▶ 水素

【製法】亜鉛にうすい塩酸を加える
　亜鉛，鉄，マグネシウム，アルミニウムなどの金属は，うすい塩酸やうすい硫酸など酸にとけながら水素を発生させる。金，銀，銅，プラチナは酸にとけないので同じ金属でも代用がきかない。

【確かめ方】
[方法] 炎を近づける
[結果] ポッという音を出して水素が燃える

【集め方】水上置換
　水素は水にほとんどとけない。

解説 ▶ アンモニア

【製法】塩化アンモニウムと水酸化カルシウムの混合物を加熱する
　塩化アンモニウムは肥料の原料，水酸化カルシウムは運動場のライン引きに使う白い粉である。

　※ アンモニアは塩化アンモニウムと強いアルカリの組み合わせで発生する。強いアルカリには，水酸化カルシウム，水酸化ナトリウムなどがある。

【確かめ方】
[方法] 塩酸をガラス棒につけて，アンモニアの気体に近づける
[結果] 白い煙（塩化アンモニウム）が発生する

【集め方】上方置換
　アンモニアは水に非常によくとけるので水上置換では集められない。アンモニアは空気より軽い気体である。

転写 気体の性質

気体	色	におい	空気より	水に	しめらせたリトマス紙	集め方
水素	なし	なし	軽い	△	変化なし	水上置換
酸素	なし	なし	やや重い	△	変化なし	水上置換
窒素	なし	なし	やや軽い	△	変化なし	水上置換
アンモニア	なし	刺激臭	軽い	◎	赤→青（アルカリ性）	上方置換
二酸化炭素	なし	なし	重い	○	青→赤（酸性）	水上置換
塩化水素	なし	刺激臭	重い	◎	青→赤（酸性）	下方置換
塩素	黄緑色	刺激臭	重い	○	青→赤（酸性）	下方置換

水に：◎非常によくとける，○…とける，△…とけにくい

まとめ ▶ 気体の見分け方

①気体の色を見る

ほとんどの気体は無色である。色のある気体は塩素（黄緑色），オゾン（うすい青），二酸化窒素（赤褐色）。

②気体のにおいをかぐ

手であおぐようにしてにおいをかぐ。直接鼻を近づけると鼻の粘膜を傷める危険性がある。刺激臭があるのは，アンモニア，塩化水素，塩素，二酸化硫黄など。硫化水素はかたゆで卵のにおいがする。

③石灰水に通す

気体を集めた試験管に石灰水を入れてよく振り，白くにごればその気体は二酸化炭素。

④火のついた線香を入れる

気体の中に火のついた線香を入れる。線香の火が炎をあげて燃えだせば，その気体は酸素。酸素以外の気体の中では線香の火は消えてしまう。

⑤マッチの火を近づける

水素，一酸化炭素などは燃える気体（可燃性という）で，火を近づけると気体は燃えだす。ただし酸素は燃えない気体である。

⑥水にとけたときの性質を見る

水でしめらせたリトマス紙を近づけて色の変化を見る。アンモニアはアルカリ性（赤色リトマス紙→青色）を示す。二酸化炭素，塩素，塩化水素，硫化水素，二酸化硫黄などは酸性（青色リトマス紙→赤色）を示す。

例題1　アンモニアについて，次の問いに答えなさい。

(1) アンモニアを集めるとき，その性質に最も適した集め方は，次のア～ウのうちのどれか。

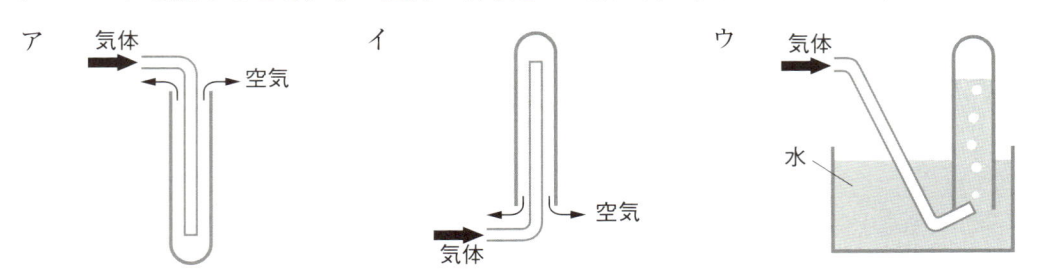

(2) (1)で答えた集め方をするのは，アンモニアがどのような性質をもつからか。その性質を2つ書きなさい。

例題1の解答　(1)　イ　　(2)　水に非常によくとける。（同じ体積の）空気より軽い。

(1)(2)　水上置換で気体を集めると集まった量がわかりやすい。色のない気体を集めるには水上置換が望ましいが，水に非常によくとけるアンモニアには不向きである。アンモニアは空気より軽いので，上方置換で集める。

練習問題

▶▶▶ 解答は245ページ

1. 5種類の気体が入った集気ビンA，B，C，D，Eがある。これらの気体は酸素，水素，二酸化炭素，アンモニア，塩素のどれかである。次の実験結果をもとに答えなさい。

   [実験Ⅰ] 気体を水にとかしたとき，DとEはほとんどとけなかった。
   [実験Ⅱ] 水にとけたA，B，Cをリトマス紙で調べた。Aは赤色のリトマス紙が青に変化した。B，Cは青色のリトマス紙を赤色に変化させた。
   [実験Ⅲ] 気体の色を観察するとCだけ色があった。
   [実験Ⅳ] ロウソクの火を近づけた。Dは音をたてて燃え，Eは炎が大きくなった。

   (1) 刺激臭のある気体はどれか。すべて選んでA～Eの記号で答えなさい。

   (2) どの気体を石灰水に通すと白くにごるか。A～Eの記号で答えなさい。

   (3) 空気より軽い気体はどれか。すべて選んでA～Eの記号で答えなさい。

2. アンモニアを発生させて集めるときの手順を示してある。

   [手順1]
   図のように，塩化アンモニウムと水酸化ナトリウムを試験管Aに入れて，少量の水を加え，アンモニアを発生させる。

   [手順2]
   発生させたアンモニアを，別のかわいた試験管に集める。

   (1) 右の □ 内には，アンモニアを発生させる装置が図示されている。発生させたアンモニアを集めるための装置を，□ 内に簡単に図示せよ。ただし，ゴム管，ガラス管，気体を集める試験管を用いること。

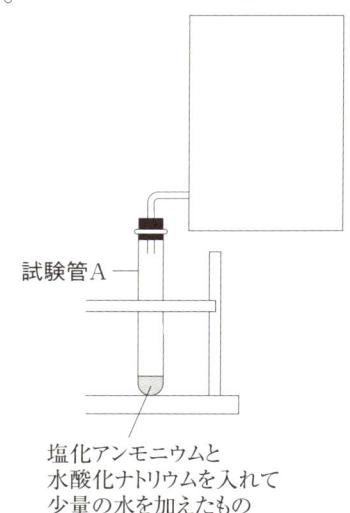

   (2) 気体を集める試験管の中に，アンモニアが十分にたまったことを確認する方法を，1つ簡潔に書け。ただし，においをかぐ方法は用いてはいけない。

   (2005年　福岡県・改題)

3 水溶液の性質

転写 水溶液の性質

酸性の水溶液	中性の水溶液	アルカリ性の水溶液
塩酸（塩化水素＋水） 炭酸水（二酸化炭素＋水）	食塩水（塩化ナトリウム＋水） 砂糖水（砂糖＋水） エタノール水（エタノール＋水）	水酸化ナトリウム水溶液 　　（水酸化ナトリウム＋水） アンモニア水（アンモニア＋水） 石灰水（水酸化カルシウム＋水）
リトマス紙：青→赤 BTB溶液：黄 金属をとかす 電気をよく通す	リトマス紙：変化なし BTB溶液：緑 ※砂糖水とエタノール水は電気を通さない	リトマス紙：赤→青 BTB溶液：青 フェノールフタレイン液：赤 電気をよく通す

解説 ▶ 水溶液の特徴

図のように水に入れたコーヒーシュガーを放置すると，かき混ぜなくてもやがてとけてしまう。水の粒（分子）が激しく衝突しながら動くため，砂糖の粒（分子）が引き離され，水の中全体に広がっていくためである。

仮にそのまま放置を続けても，液全体のようすは変化しない。底のほうの色や味が濃くなるといった変化はおきない。とかした物質が水全体に均一に行き渡り，液が透明なとき，その物質は水に「とけた」という。水に物質がとけ込んだ液を**水溶液**といい，水溶液には，

① 透明（すけて見える状態）
② 濃さが均一（どこも同じ）

という共通の性質がある。

コーヒーシュガーを水に入れて放置する

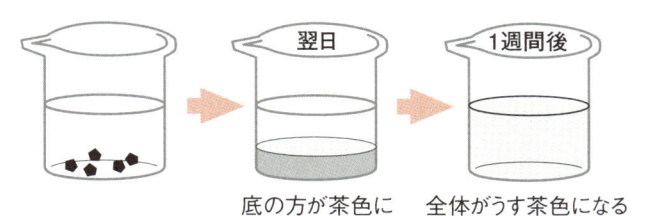

翌日 → 底の方が茶色に
1週間後 → 全体がうす茶色になる

とける仕組み

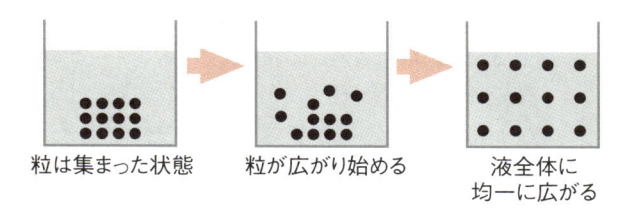

粒は集まった状態 → 粒が広がり始める → 液全体に均一に広がる

解説 ▶ 飽和水溶液と溶解度

20℃・100gの水に食塩は35.8gまでしかとけない。それ以上はどんなにかき混ぜてもとけない。砂糖は水に非常によくとけるが，20℃・100gの水に204g以上はとけない。とける量には限界があり，水に物質をとけるだけとかした水溶液を**飽和水溶液**という。飽和は，とかす限界に達した状態のことである。

水100gの水温を変化させ，各温度で物質が何gずつとけるかをグラフにして表したものを**溶解度曲線**という。**溶解度**とは，100gの水にその物質が飽和するまでに，とけた質量のことである。

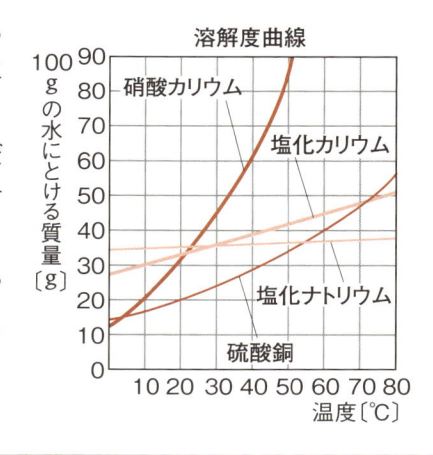

例題1 硫酸銅の水に対するとけ方について調べるため，次の実験を行った。

[実験] 図のように，水の入った容器に少量の硫酸銅の粒を入れ，ふたをして数日間置いておいたところ，粒はすべてなくなり，下のほうの色が濃い液になった。

実験の後，図の容器をさらに長い間置いておくと，液の色の濃さはどのようになるか。ア～エから1つ選び，記号で書きなさい。

　ア　下のほうがさらに濃くなり，それ以上変化しない。
　イ　いったん液全体が同じ濃さになり，その後，下のほうが濃くなる。
　ウ　液全体が同じ濃さになり，それ以上変化しない。
　エ　変化しない。

（2005年　大分県・改題）

例題1の解答　ウ

水溶液は「透明（透き通っている）」，「同じ濃さ」という2つの特徴を必ず示す。透明は，有色透明でもよい。いったん液全体が同じ濃さになったら，時間がたってもその状態は変わらない。泥水のようにかくはんして，しばらくたつと泥が沈んでくるものは，水溶液とはよばない。

解説 ▶ 再結晶

固体の物質を一度水にとかし，再び固体として取り出す方法を**再結晶**という。再結晶には加熱する方法と，冷やす方法がある。食塩水を加熱して水を蒸発させると食塩が残るが，これは加熱による再結晶である。

溶解度／水100gにとける物質の質量〔g〕

水温	0℃	10℃	20℃	30℃	40℃	60℃	80℃
硝酸カリウム	13.3g	22.0g	31.6g	45.6g	63.9g	109g	169g

表は硝酸カリウムの溶解度（水100gにとける質量）である。硝酸カリウムは，水温が変化すると溶解度が大きく変化する物質である。このような物質は冷やす方法による再結晶が向いている。例えば40℃・100gの水に硝酸カリウム63.9gをとかして飽和水溶液をつくり，この飽和水溶液を10℃まで水温を下げると，63.9−22.0＝41.9gの硝酸カリウムがとけきれなくなり，出てくる。

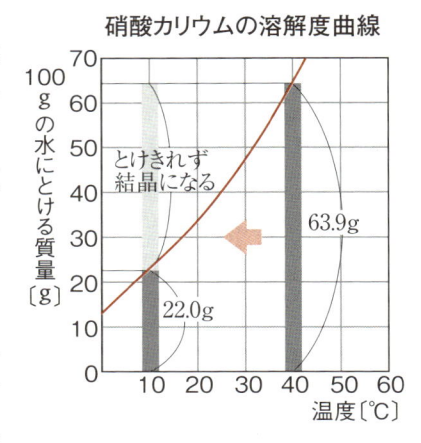

再結晶は物質の純度を高めるために行う操作である。例えば硝酸カリウムに食塩が少し混じった場合，一度温めた水に全部とかしてから冷却する。食塩はとけたままであるのに対して，硝酸カリウムはとけ残って出てくる。これをろ過すれば硝酸カリウムだけが回収できる。すべての硝酸カリウムの回収は難しいが，純度の高い物質を取り出すことはできる。

例題2　図は，ミョウバン（ア），硫酸銅（イ），食塩（ウ）それぞれについて，100gの水にとける質量と温度の関係を示している。

(1) 20℃・100gの水にとける質量が多い順にア〜ウを並べなさい。

(2) ミョウバン（ア）と硫酸銅（イ）それぞれ40gを，70℃・100gの水にとかしたところ，すべてとけた。それぞれの水溶液をゆっくり冷やしていくとき，最初に再結晶が見られるのは，ア，イどちらの水溶液か。

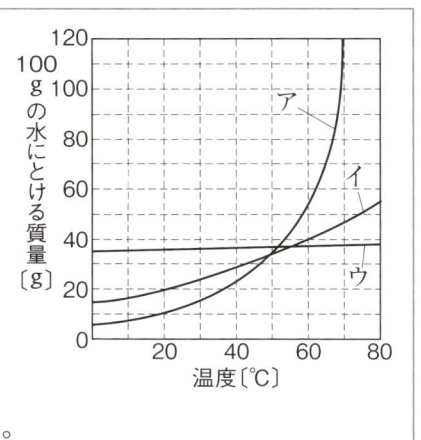

（2005年　大分県・改題）

例題2の解答　(1)（多い順に）ウ，イ，ア
　　　　　　(2) イ

(1) 20℃の縦軸を読む。20℃の軸上で，食塩（ウ）が約37g，硫酸銅（イ）が約20g，ミョウバン（ア）が約11gと読める。それぞれ100gの水にとかすことができる限界量を表しているので，とける質量は多い順に，ウ，イ，アである。

(2) 40gの横軸を読む。ミョウバン（ア）のグラフと40gの軸が交わるのは52℃付近，硫酸銅（イ）のグラフと40gの軸が交わるのは60℃付近である。硫酸銅（イ）は水温が60℃を下回ると再結

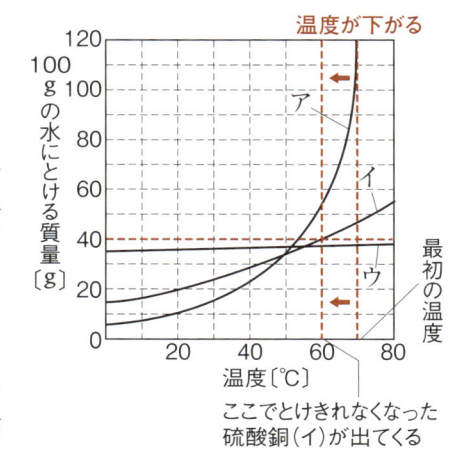

晶がでて，ミョウバン（ア）は水温が52℃を下回ると再結晶がでる。先にイの再結晶がでる。

解説 ▶ 濃度（質量パーセント濃度）

水溶液にとけている物質を溶質といい，水のように物質をとかす物質は溶媒という。食塩水の溶質は食塩，砂糖水の溶質は砂糖である。水溶液全体（水＋溶質）の質量のうち，溶質の質量のしめる割合を百分率で表したものを質量パーセント濃度という（単に濃度ともいう）。

$$\text{水溶液の濃度〔\%〕} = \frac{\text{溶質の質量〔g〕}}{\text{水の質量〔g〕} + \text{溶質の質量〔g〕}} \times 100$$

例題3 次の水溶液の濃度を求めなさい。

(1) 120 g の水に 30 g の食塩をとかした。

(2) 40 g の食塩を水 210 g にとかした。

例題3の解答 (1) 20 % (2) 16 %

(1) $\dfrac{30}{120 + 30} \times 100 = 20 \text{〔\%〕}$

(2) $\dfrac{40}{40 + 210} \times 100 = 16 \text{〔\%〕}$

例題4 図は，ミョウバン（ア），硫酸銅（イ），食塩（ウ）それぞれについて，100 g の水にとける質量と温度の関係を示している。

(1) 水温の違いによって，飽和水溶液の濃度の変化がほとんどないのは，どの物質の水溶液か。ア〜ウの記号で答えなさい。

(2) ある水温で 100 g の水に硫酸銅をできるだけとかしたところ，25 g までとけた。この飽和水溶液の濃度を求めなさい。

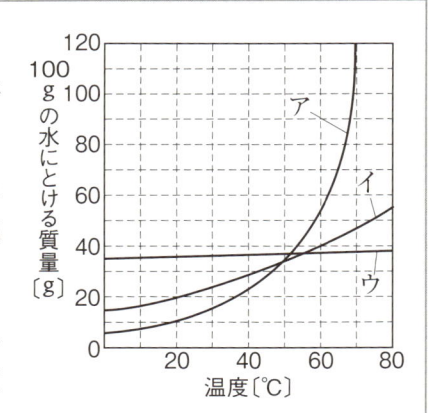

(3) ミョウバンを 100 g の水にできるだけとかして飽和水溶液をつくった。このとき濃度は50%であった。水温は何℃と考えられるか。

(2005年　大分県・改題)

例題4の解答 (1) ウ (2) 20 % (3) 69 ℃

(1) 水の量は 100 g で一定である。飽和水溶液の濃度が水温によってほとんど変化しない水溶液は，水にとける量が水温によってあまり変化しない物質である。グラフの傾きが小さい食塩（ウ）である。

(2) 水100gに25gの硫酸銅をとかしたので，水溶液全体は100＋25＝125〔g〕

よって，濃度は，$\frac{25}{125} \times 100 = 20$〔％〕

(3) 濃度50％の意味するところは，水溶液の半分がとかした物質である。残り半分はもちろん水であり，その水は100g。つまり，溶質（＝ミョウバン（ア））は100gとけている。水100gを半分にしてミョウバンが50gとけていると考えないこと。グラフの100gの横軸を読むと，水温70℃の手前69℃付近でグラフ（ア）とぶつかる。

解説 ▶ 酸とアルカリ

水溶液が酸性を示す物質を酸（さん）という。例えばレモン汁に含まれるクエン酸，食酢に含まれる酢酸（さくさん）などが酸である。酸は「酸っぱいもの」の意味からきている。

水溶液がアルカリ性を示す物質をアルカリという。例えば石灰水に含まれる水酸化カルシウム，アンモニア水に含まれるアンモニアがアルカリである。アルカリはもともと植物の灰を意味する言葉で，植物の灰の水溶液はアルカリ性を示す。

指示薬と色の変化

	酸性	中性	アルカリ性
リトマス紙	青 → 赤	変化なし	赤 → 青
BTB溶液	黄	緑	青
フェノールフタレイン液	変化なし（無色）	変化なし（無色）	赤

解説 ▶ 水溶液の性質

酸性の水溶液	中性の水溶液	アルカリ性の水溶液
塩酸（塩化水素＋水） 炭酸水（二酸化炭素＋水）	食塩水（食塩＋水） 砂糖水（砂糖＋水） エタノール水（エタノール＋水）	水酸化ナトリウム水溶液 （水酸化ナトリウム＋水） アンモニア水（アンモニア＋水） 石灰水（水酸化カルシウム＋水）

酸性の水溶液

【性質】青色リトマス紙が「赤色」に変化　←"梅干の赤"で連想
　　　　ＢＴＢ溶液が「黄色」に変化　　　←"レモンの黄色"で連想
　　　　金属（マグネシウムや鉄）をとかす。そのとき水素が発生

電気をよく通し，うすい水溶液はなめると酸っぱい味がする。青色リトマス紙を赤色に変え，ＢＴＢ溶液を黄色にする。マグネシウムやスチールウール（鉄）などの金属は水素を発生しながらとける。炭酸カルシウム（卵のから，石灰石など）は二酸化炭素を発生しながらとける。

中性の水溶液

砂糖水とエタノール水は電気を通さない。食塩水は電気をよく通す。指示薬の色の変化はない。赤（青）色リトマス紙は赤（青）色のまま，ＢＴＢ溶液は緑色，フェノールフタレイン液は無色のままである。

アルカリ性の水溶液

【性質】<u>赤色リトマス紙が「青色」に変化</u>　←　"海の青"で連想（海水は弱いアルカリ性）
　　　　<u>ＢＴＢ溶液が「青色」に変化</u>　　←　"海の青"で連想
　　　　<u>フェノールフタレイン液（無色）が赤色に変化</u>

　電気をよく通し，さわるとヌルヌルする。たんぱく質をとかす性質があるので，皮膚などについた場合は水でよく洗い流さなければいけない。赤色リトマス紙を青色に変え，ＢＴＢ溶液を青色にする。フェノールフタレイン液を加えると赤色に変化する。

まとめ ▶ 水溶液の見分け方

①においがある：アンモニア水，塩酸，エタノール水

　アンモニア水や塩酸は，鼻にツンとくる刺激臭がある。においをかぐときは直接鼻を近づけたりせず，手であおぐようにしてかぐ。

②金属がとける：酸性の水溶液

　酸性の水溶液中で金属は水素を発生しながらとける。ただし，金，銀，銅はとけない。亜鉛，アルミニウムは酸性の水溶液だけでなく，水酸化ナトリウム水溶液にもとける。

③電気を通さない：砂糖水，エタノール水，（純粋な水）

　酸性とアルカリ性の水溶液は電気をよく通すが，中性の水溶液の中には電気を通さないものがある。純粋な水は電気を通さないが，水道水は消毒用の塩素が含まれているため電気を通す。

④少量を熱する：白い粉が残る（食塩水，石灰水，水酸化ナトリウム水溶液）
　　　　　　　　黒こげになる（砂糖水）

　水溶液１滴をスライドガラスで熱する。アンモニア水（アンモニア＋水），塩酸（塩化水素＋水），炭酸水（二酸化炭素＋水）は，とけていた溶質は気体に戻り，何も残らない。食塩水ならば食塩，石灰水ならば水酸化カルシウムが残る。砂糖水は，残った砂糖がすぐに熱で黒こげになる（150ページ参照）。

⑤炎の色：黄色の炎（食塩水，水酸化ナトリウム水溶液）
　　　　　オレンジ色の炎（石灰水）

　ステンレス製金網を水溶液で湿らせて炎に入れると，炎が特有の色になることがある。これを<u>炎色反応</u>という。食塩水などナトリウムが含まれていると黄色の炎に，石灰水などカルシウムが含まれているとオレンジ色の炎になる。花火は炎が色づく性質を利用している。

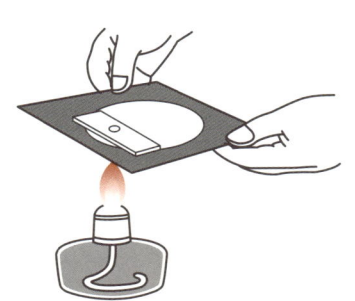

例題5　4種類の水溶液（うすい塩酸，アンモニア水，うすい水酸化ナトリウム水溶液，食塩水）が，4本の試験管A～Dにそれぞれ別々に入っている。それぞれの水溶液について次のⅠ～Ⅲの実験をした。表は，その結果を示したものである。

Ⅰ　それぞれの水溶液をリトマス紙につけ，リトマス紙の色の変化を調べる。
Ⅱ　それぞれの水溶液をステンレス製金網につけてガスバーナーの炎の中に入れ，炎の色がどうなるかを調べる。
Ⅲ　それぞれの水溶液に鉄くぎを入れ，気体が発生するかどうかを調べる。

		試験管A	試験管B	試験管C	試験管D
リトマス紙の色の変化	赤色のリトマス紙	青色に変化した	変化がなかった	変化がなかった	青色に変化した
	青色のリトマス紙	変化がなかった	変化がなかった	赤色に変化した	変化がなかった
炎の色		変化がなかった	黄色に変化した	変化がなかった	黄色に変化した
気体の発生		発生しなかった	発生しなかった	発生した	発生しなかった

(1) 試験管A～Dの水溶液はそれぞれどの水溶液か。

(2) 右の図は，Ⅱの実験で使ったガスバーナーを示したものである。ガスバーナーに点火するときには，はじめにねじa，ねじbのどちらを開けばよいか。また，開くためにねじを回す方向は矢印X，矢印Yのどちらか。①・②の〔　〕内のア・イからそれぞれ選び，その記号を書きなさい。

　　① 開くねじ〔ア　ねじa　　イ　ねじb〕
　　② ねじを回す方向〔ア　矢印X　　イ　矢印Y〕

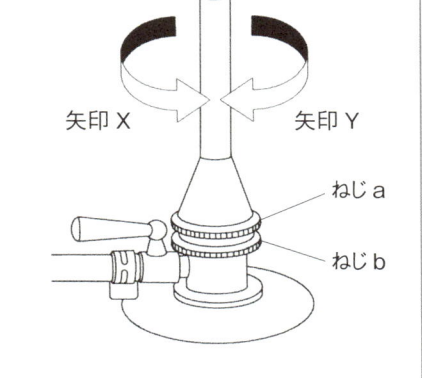

(3) 試験管Cの水溶液に鉄くぎを入れて発生した気体は何か。その物質名を書きなさい。

(2004年　広島県)

例題5の解答　(1)　A：アンモニア水　B：食塩水
　　　　　　　　C：うすい塩酸　D：うすい水酸化ナトリウム水溶液
(2)　①　イ　　②　ア　　(3)　水素

(1) 実験Ⅰから，中性のBは食塩水，酸性のCは塩酸だとわかる。アルカリ性のAとDのうち，実験Ⅱで炎が黄色になったDは，ナトリウムが含まれているので水酸化ナトリウム水溶液。Aはアンモニア水である。

(2) 上のねじaは空気調節ねじ，下のねじbはガス調節ねじ。ガスバーナーの炎は，空気の量が多いと，急にボッと消えてしまう。そこで，ガス調節ねじをまわして点火する。その後少しずつ空気の量をふやしていく，という操作をする（170ページ参照）。

(3) 酸性の水溶液は鉄をとかす。このとき水素が発生する。

練習問題

▶▶▶ 解答は245ページ

1 水溶液の性質について学んだ和子さんたちは、5つのビーカーに入っている、それぞれ異なる透明な液体が何であるかを実験で決めるという課題に取り組んだ。図のA〜Eには、表で示した4種類の水溶液と蒸留水のいずれかが入っている。それぞれの液体を、そのつど5cm³ずつ試験管にとり、次の実験を行った。

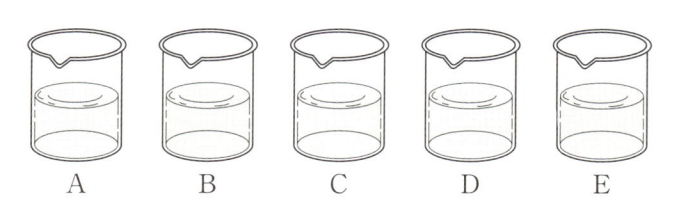

表：ビーカーに入っている液体
- 石灰水
- うすい塩酸
- うすい塩化ナトリウム水溶液
- アンモニア水
- 蒸留水

[実験1] フェノールフタレイン溶液を2, 3滴加え, 色の変化を見た。
[実験2] 慎重に, においをかいだ。
[実験3] マグネシウムリボンを入れ, 気体が発生するかどうかを見た。
[実験4] 息を吹き込んで反応を見た。

[結　果]

	A	B	C	D	E
実験1	無色のまま	赤くなった	赤くなった	無色のまま	無色のまま
実験2	刺激臭	刺激臭	無臭	無臭	無臭
実験3	気体発生	変化なし	変化なし	変化なし	変化なし
実験4	変化なし	変化なし	白くにごった	変化なし	変化なし

(1) A, B, Cの液体は何か, それぞれの名称を書きなさい。

(2) 実験3で発生した気体は何か。その名称を書きなさい。

(3) 実験1〜4では, DとEの液体が何であるかを決められなかった。どのような実験をすれば決めることができるか。ただし, なめて味をみることはできない。

(2005年　和歌山県・改題)

4 物質の状態変化

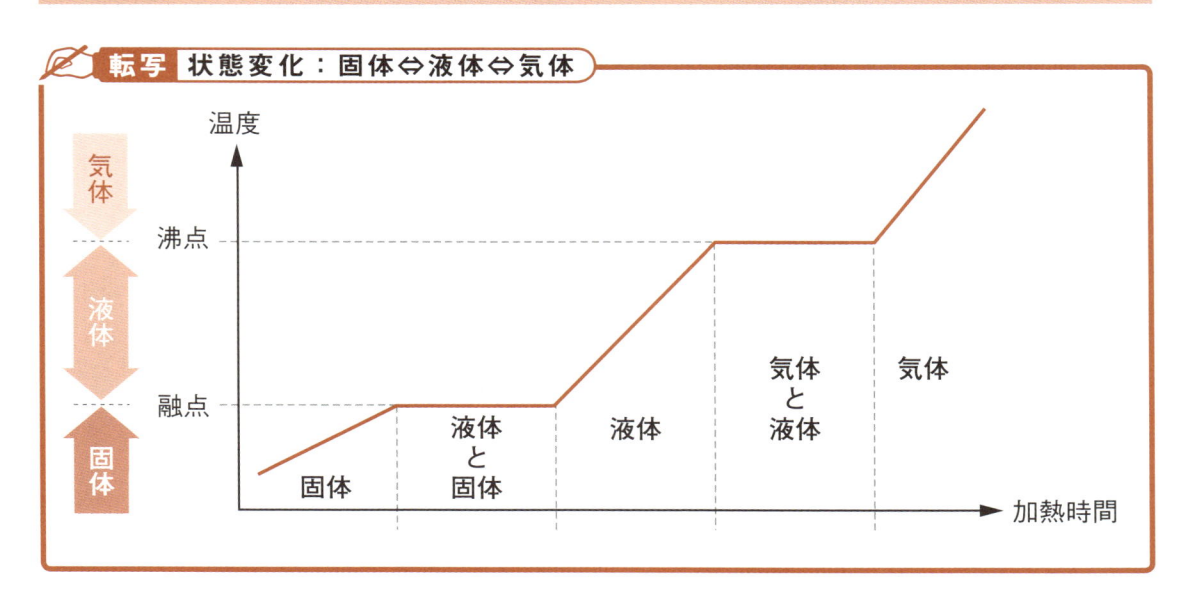

> **転写** 状態変化：固体⇔液体⇔気体

解説 ▶ 固体から液体へ（融解）

氷を加熱すると0℃でとけて水になる。氷が完全に水に変化するまで，温度は0℃で一定になる。

氷がとけて水になるように，固体の物質が液体に変化することを**融解**といい，融解するときの温度を**融点**という。融点の値は物質によって異なり，水の融点は0℃である。

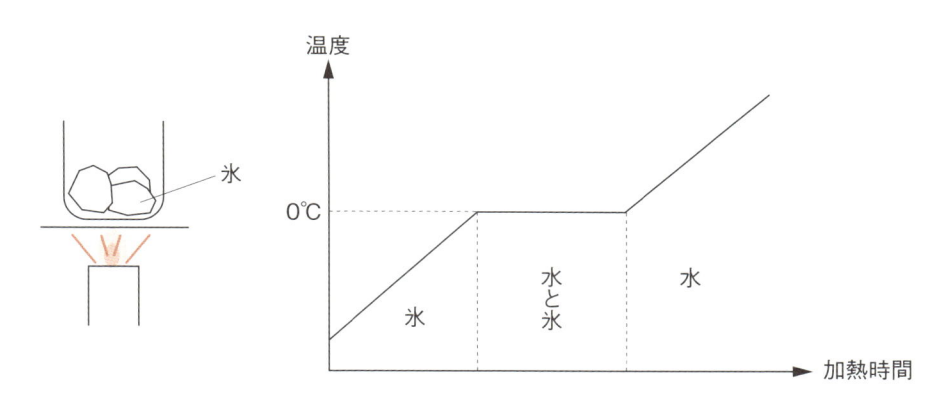

解説 ▶ 液体から気体へ（気化）

水を加熱すると100℃で水蒸気に変化する。水が完全に水蒸気になるまで，温度は100℃で一定になる。

水が水蒸気になるように，液体の物質が気体に変化することを**気化**という。液体の表面ではたえず気化が起きていて，これを**蒸発**という。それに対して，液体の内部からいっせいに気化することを沸とうといい，沸とうするときの温度を**沸点**という。沸点の値は物質によって異なり，水の沸点は100℃である。

解説 ▶ 状態変化と密度

物質が温度によってその姿を「固体⇔液体⇔気体」と変えることを **状態変化** という。物質を構成する最小単位を分子というが（186ページ参照），状態変化では，分子の集合状態が変化する。

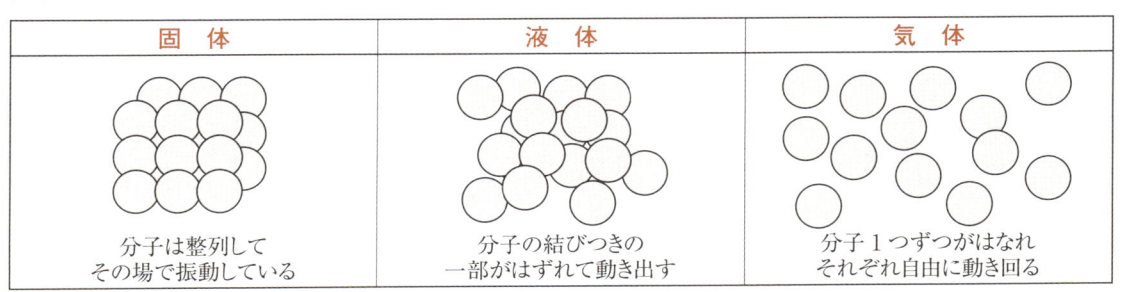

固 体	液 体	気 体
分子は整列して その場で振動している	分子の結びつきの 一部がはずれて動き出す	分子1つずつがはなれ それぞれ自由に動き回る

「固体→液体→気体」と状態変化すると，分子と分子のすき間が広がり，体積が大きくなる。しかし，分子の数に変化はないので，質量は変わらない。密度は物質 $1\,cm^3$ 当たりの質量であるから，分子がきちんと整列している固体のとき，$1\,cm^3$ の中には分子がギュウギュウづめになっていて，密度が大きくなる。

※ 水は例外で，4℃の液体のとき密度が最大になる。

状態変化と密度の関係

	固体	液体	気体
質量	←―――変化なし―――→		
体積	小 ←―		―→ 大
密度	大 ←―		―→ 小

例題1 表は，物質ア～オの融点と沸点を示したものである。これらの物質について，(1)・(2)に答えなさい。

物質	融点〔℃〕	沸点〔℃〕
ア	－259	－253
イ	－218	－183
ウ	－78	－33
エ	－115	78
オ	－39	357

(1) 室温が 20 ℃ の理科室で，液体になっている物質はどれか，ア～オからすべて選びなさい。

(2) 室温が 20 ℃ の理科室で，気体になっている物質を容器に入れ，－196 ℃ の液体窒素につけたところ固体になった。この物質はどれか，ア～オから1つ選びなさい。

(2003年　徳島県)

例題1の解答　　(1)　エ，オ　　(2)　ウ

(1)(2)　物質の温度が融点以下なら固体，融点と沸点の間なら液体，沸点より上なら気体である。そこで，室温20℃と液体窒素の温度－196℃を次のように表に書き入れる。

物質	(固体)	融点〔℃〕	(液体)	沸点〔℃〕	(気体)
ア		－259		－253	(－196 ℃)(20 ℃)
イ		－218	(－196 ℃)	－183	(20 ℃)
ウ	(－196 ℃)	－78		－33	(20 ℃)
エ	(－196 ℃)	－115	(20 ℃)	78	
オ	(－196 ℃)	－39	(20 ℃)	357	

表より，室温20℃で液体なのは，エとオ。
また，室温20℃で気体なのは，アとイとウ。
このうち，－196℃で固体になるのは，ウだけである。

基本操作 ▶ ガスバーナーの使い方

空気調節ねじとガス調節ねじのどちらも，図の矢印の向き（上から見て時計回り）に回すと閉じる。逆に回すと開く。

【点火の手順】
① 2つのねじが閉じていることを確かめてから元せんを開く。
② 火をガスバーナーの口に近づける。
③ ガス調節ねじを開いて点火する。このとき炎はオレンジ色。
④ 空気調節ねじを開いて，炎を青色にする。

※ 注意…②と③を逆にしないこと。

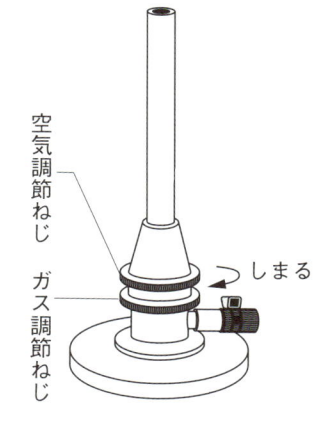

火を消すときは，空気調節ねじ→ガス調節ねじ→元せんの順に閉じる。
　空気の量が多すぎると，突然火が消え，ガスもれを起こすことがある。空気が多くならないように，点火の場合はまずガスを開く。消火の場合はまず空気を減らす。

5 物質の分け方

> **転写** ろ過・蒸留・再結晶
>
> ろ過　ろ紙を使って<u>液体</u>と<u>固体</u>を分けるときに使う
> 　　　例　水にデンプンを入れてもほとんどとけないで白くにごる。
> 　　　　　この液体をろ過するとデンプンはろ紙に残り，水はろ紙を通過する。
>
> 蒸留　沸点の違いを利用して<u>液体の混合物</u>を分けるときに使う
> 　　　例　水とエタノールの混合液を加熱する。
> 　　　　　沸点の低いエタノールが先に気体となって出てくる。
>
> 再結晶　溶解度の違いを利用して<u>固体の混合物</u>を分けるときに使う
> 　　　例　ある物質に少量の別の物質が混じってしまったときなど，いったん水にとかしてから水温を下げると，混じった物質はとけたままで純粋な物質の結晶をとり出せる。

解説 ▶ 混合物

身のまわりの物質の多くは**混合物**である。混合物はいくつかの物質が混じりあったものである。食塩水は水と食塩が混じりあったもので，空気は窒素，酸素，アルゴンなどが混じりあっている。こうした混合物の中から目的の物質だけをとり出すことは，物質の性質を調べるために欠かせない操作である。

解説 ▶ ろ過

図のように，<u>ろ紙を使って液体と固体を分ける操作を</u>**ろ過**といい，ろ紙を通過した液体をろ液という。

例えば砂が混じった水をろ過すると，固体の砂はろ紙を通過できないので，液体と固体を分けることができる。ろ過は混合物を分ける操作の1つである。

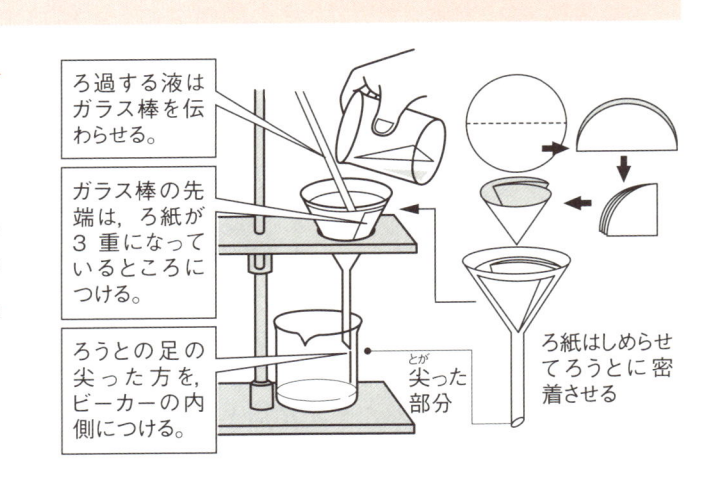

- ろ過する液はガラス棒を伝わらせる。
- ガラス棒の先端は，ろ紙が3重になっているところにつける。
- ろうとの足の尖った方を，ビーカーの内側につける。
- 尖った部分
- ろ紙はしめらせてろうとに密着させる

解説 ▶ 蒸留

物質にはそれぞれ固有の融点と沸点がある。**蒸留**は，<u>沸点の差を利用して混合液を純粋な物質に分ける方法</u>である。沸点の違いを利用することで，水とエタノールの混合液を，水とエタノールに分けることができる。

次ページの図のような装置で赤ワイン（水とエタノールの混合液）を加熱すると，80℃付近

で沸とうが始まる。水だけを加熱した場合，100℃で沸とうが始まり，水がすべて水蒸気になるまで100℃のままである。エタノールだけの場合は78℃で沸とうが始まり温度が一定になる。ところが，水とエタノールの混合物であるワインは，80℃付近で沸とうが始まっても温度が一定にならない。少しずつ温度が上昇を続ける。2種類以上の物質が混じりあった混合物は，決まった融点・沸点を示さないのである。

赤ワインの蒸留実験

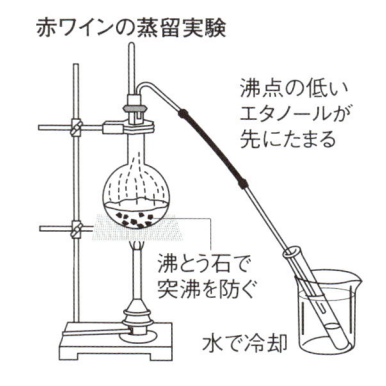

沸点の低いエタノールが先にたまる
沸とう石で突沸を防ぐ
水で冷却

水の加熱／エタノールの加熱／混合液（水とエタノール）の加熱

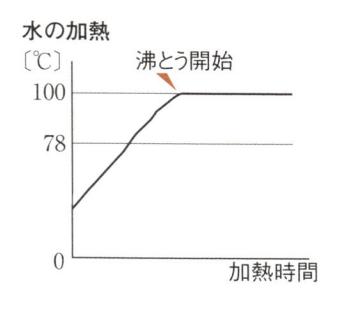

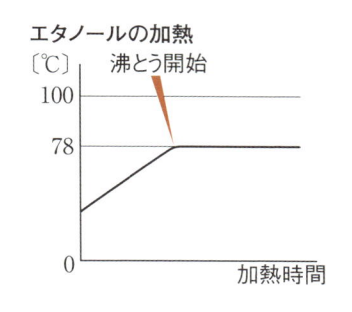

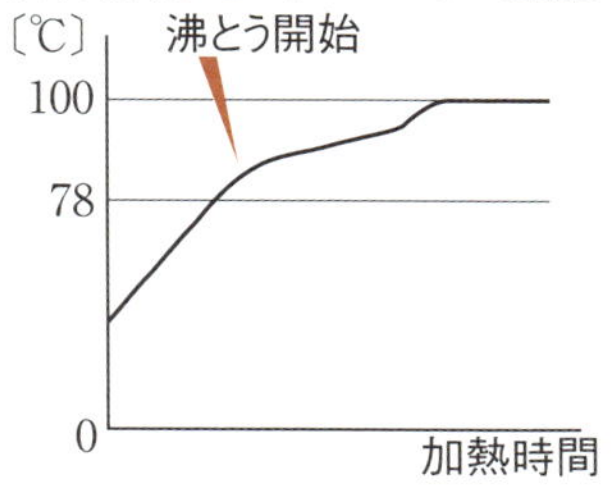

蒸留は，液体を加熱していったん気体にし，その気体を再び液体にして集める操作である。赤ワインを蒸留したとき，沸とうが始まったころに集まった液体と，沸とうが終わるころに集まった液体それぞれのにおいをかぎ，火をつけて反応を見る（表）。

混合液（水とエタノール）の加熱

エタノールが多く出てくる
水が多く出てくる

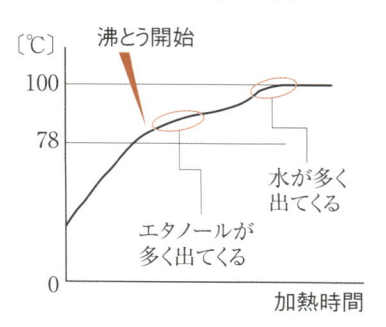

	におい	火をつける
沸とうの始まり	エタノールのにおい	炎をあげて燃える
沸とうの終わり	かすかにエタノールのにおい	燃えない

この結果は，沸とうが始まって最初に出てくる気体のほとんどがエタノールで，最後に出てくる気体のほとんどが水蒸気であることを意味する。沸点が低いエタノールが先に気体となって混合液から飛び出すのである。

※ 水とエタノールの混合液が沸とうし始めたころ，エタノールを「多く含む」気体が出てくるのであって，蒸発した水も少しは含まれている。純粋なエタノールではない。

例題1 水20 cm³とエタノール5 cm³の混合物を丸底フラスコの中に入れ，図のような実験装置を用いて，弱い炎でおだやかに加熱した。このとき，目盛りつき試験管内に液体が2 cm³集まるたびに試験管をとりかえ，6本目の試験管に液体を2 cm³集めたところで加熱をやめた。

(1) 図のように，丸底フラスコに沸とう石を入れる理由を書け。

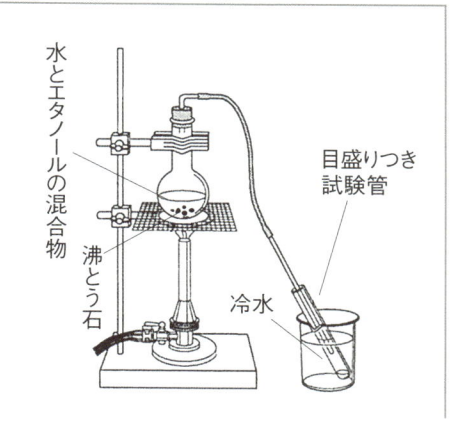

(2) 1本目と6本目の試験管に集めた液体を，それぞれ脱脂綿につけ，マッチの火を近づける。1本目からの脱脂綿には火がついたが，6本目からの脱脂綿には火がつかなかった。このような違いが生じた理由を簡潔に記せ。

(2005年　栃木県・改題)

例題1の解答　(1)　急な沸とうを防ぐため。
　　　　　　(2)　1本目の試験管の液体は，6本目の試験管の液体よりエタノールを多く含むから。

(1) 沸とうが急に起こり，大きな泡を発生させて液を吹き飛ばす現象を突沸という。沸とう石を入れることでこの現象を防止できる。

(2) 沸点の低いエタノールが先に，混合液から気体となって飛び出していく。1本目の試験管はエタノールを多く含み，火がつきやすい。6本目の試験管はほとんど水と考えられる。

解説 ▶ **再結晶**

いったん水にとけた固体の物質が，再び固体の粒（結晶）として出てくる現象を**再結晶**という。水にとける物質の質量には限度があり，とける限界量は水の量と水温によって決まる。水温を下げると，とける物質の量も減る。加熱により水の量が減ると，とける物質の量も減る。「水温を下げる」「水の量を減らす」のどちらかの方法で，再結晶を行う。

例題2　硝酸カリウム100gに塩化カリウム10gが混じった混合物がある。この混合物を60℃の水100gにとかしたところすべてとけた。

(1) 水溶液の温度をゆっくりと下げていくとき，とけていた物質の結晶が出はじめるのは水温が何℃のときか。

(2) 水溶液の温度を10℃に下げると，硝酸カリウムの結晶は何gとり出せるか。また，塩化カリウムの結晶は何gとり出せるか。

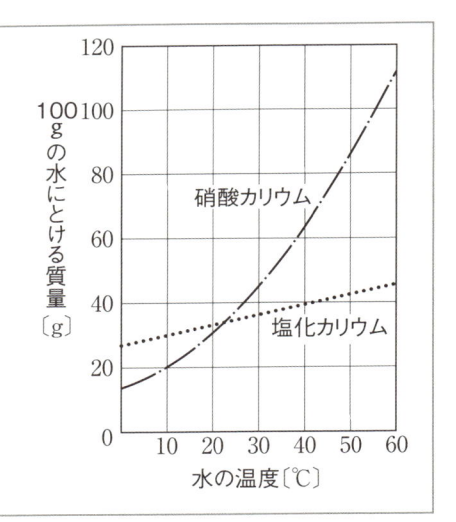

例題2の解答　(1)　56℃　　(2)　硝酸カリウム：80g，塩化カリウム：0g

(1) 硝酸カリウムがちょうど100gとけるときの温度をグラフから読む（55，57も可）。

(2) グラフから，硝酸カリウムは10℃・100gの水に約20gまでとけると読める。100gとかしたので10℃になると100－20＝80gが結晶となって出てくる（78，79も可）。一方，塩化カリウムは，10℃・100gの水に約30gまでとけると読める。とかした塩化カリウムは10gなので，10℃になってもすべてとけたままである。

例題2で，再結晶して出た硝酸カリウムはろ過することで，液体と分けることができる。もともと「硝酸カリウム100gと塩化カリウム10g」の混合物であった。再結晶により硝酸カリウム80gをとり出せた。このように再結晶は，混合物から純粋な物質をとり出す方法として利用できる。

練習問題

▶▶▶ 解答は 245 ページ

1 図1に示した実験装置を用いて，混合物から物質を取り出す実験をしました。丸底フラスコに水とエタノールを1：1の体積比で混合した液体を入れ，一定の炎で加熱しながら物質を取り出しました。図2は，この実験で1分ごとに温度を測定した結果をグラフで示したものです。

図1

沸とう石

冷水

図2

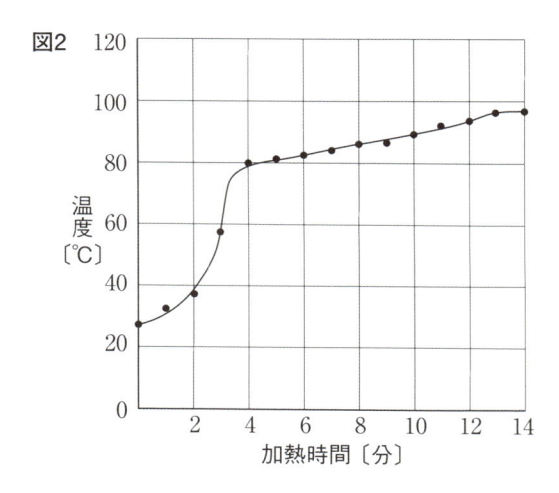

温度〔℃〕

加熱時間〔分〕

(1) 液体が沸とうして気体に変化するときの温度を何といいますか。その名称を書きなさい。

(2) この実験で，加熱時間が4分から6分までの間に試験管にたまった液体を取り出しました。この液体に水は含まれていますか。また，この液体にひたしたろ紙を蒸発皿に入れ，火を近づけるとどうなりますか。A・Bの〔　〕内のア・イからそれぞれ選び，その記号を書きなさい。

　　A　水は含まれて〔ア　いる　　イ　いない〕。
　　B　火を近づけると火が〔ア　つく　　イ　つかない〕。

(3) この実験で，ガスバーナーの火を消すとき，ガラス管の先が試験管にたまった液体の中に入っていないことを確認する必要があります。これは，ある現象が起こることを防ぐためです。どのような現象が起こると考えられますか。簡潔に書きなさい。

(2003年　広島県)

1 分野
化学

第2章

化学変化と原子・分子

『スモーク』というアメリカ映画にこんなシーンがあります。

ニューヨークのブルックリンのたばこ屋が舞台なのですが、そこの常連客である売れない小説家が、こんな小話を披露します。

「たばこの煙の重さをどうやってはかるか？」

答えは、まずたばこの重さをはかる。次にたばこに火をつけてすべてが白い灰になったとき、灰の重さをはかる。「たばこの重さ－灰の重さ＝煙の重さ」というオチなのですが、実際にはどうなのでしょうか。

灰になったたばこはもとのたばこより軽くなっています。では軽くなった分はどこに消えたのか？

これは燃焼によって二酸化炭素や水蒸気になって、空気中に逃げていったのです。逃げていった二酸化炭素や水蒸気の分だけ灰になったたばこは軽くなったのでした。

しかし、逃げていった二酸化炭素や水と灰をたせば、もとのたばこと同じ重さになります。

この章では、こうした化学反応によって、なぜ質量が変わらないのかも学ぶことになります。

1 化合と分解

転写 化合と分解

化合 2種類以上の物質が結びついて別の物質になる変化

例 鉄と硫黄の化合

> 鉄 ＋ 硫黄 → 硫化鉄（黒）
> ①磁石につかない
> ②塩酸をかけると，硫化水素を発生

分解 1つの物質が2つ以上の別の物質に分かれる変化

例 酸化銀の熱分解

> 酸化銀（黒）→ 銀（白）＋ 酸素
> 　　　　　　こすると光る　線香が炎を出して燃える

例 炭酸水素ナトリウムの熱分解

> 炭酸水素ナトリウム → 炭酸ナトリウム ＋ 水 ＋ 二酸化炭素
> フェノールフタレイン液　フェノールフタレイン液　塩化コバルト紙　石灰水
> うすい赤　　　　　　　濃い赤　　　　　　　　青→赤　　　　白くにごる

例 水の電気分解

> 水 → 水素（－極側）＋ 酸素（＋極側）
> 体積比は「水素2：酸素1」

解説 ▶ 化合

2種類以上の物質が結びついて，性質が異なる別の物質ができる変化を**化合**（かごう）という。化合によってできた物質を**化合物**という。

実験 ▶ 鉄 ＋ 硫黄 ―加熱→ 硫化鉄 （Fe ＋ S → FeS）

鉄粉と硫黄(いおう)の粉をよく混ぜあわせる。これを試験管に入れ，加熱すると，赤くかがやき始める。これは鉄と硫黄が結びつき，そのとき発生する熱で赤くかがやいて見える。この熱で次々に鉄と硫黄の化合が進み，やがて黒っぽい物質が残る。これが硫化鉄(りゅうかてつ)である。

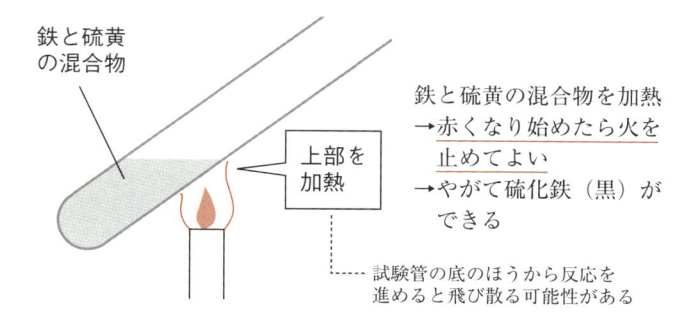

- 鉄と硫黄の混合物
- 上部を加熱

鉄と硫黄の混合物を加熱
→赤くなり始めたら火を止めてよい
→やがて硫化鉄（黒）ができる

-----試験管の底のほうから反応を進めると飛び散る可能性がある

ポイント

なぜ火を止めてもよいのか
➡ 鉄と硫黄が化合するときに発生する熱で，反応が続くため。

加熱前と加熱後の比較

	加熱前	加熱後
色	黒っぽい粉末(鉄)と黄色(硫黄)の混合物	黒いかたまり(硫化鉄)
磁石につくか	つく (鉄の性質)	つかない (鉄の性質がなくなった)
うすい塩酸をかける	水素が発生 (鉄が塩酸にとけた)	硫化水素が発生 (硫化鉄が塩酸にとけた)

以上より，化合によって，鉄でもなく硫黄でもない，別の物質(硫化鉄)に変化したことがわかる。硫化水素は有毒で，かたゆで卵のにおいがする。

例題1 鉄と硫黄について，次のような[実験]を行った。

[実験]
① 鉄粉14gと硫黄の粉8gをよく混ぜあわせ，この混合物を試験管A，Bに二等分した。試験管Aはそのままにし，試験管Bは中の混合物を加熱した。
② 試験管Bが冷えたのち，試験管A，Bに磁石を近づけた。
③ 試験管A，Bにそれぞれうすい塩酸を加えた。

(1) 実験の①で，試験管Bの傾きをどのようにし，どの部分を加熱したらよいか。図のア～カの中から最も適当なものを1つ選び，記号を書きなさい。

(2) 実験の②の結果，試験管Bの中の物質は磁石に引きつけられなかった。その理由を述べた次の文の(a)，(b)に最も適当な語を書き入れ，文を完成させなさい。

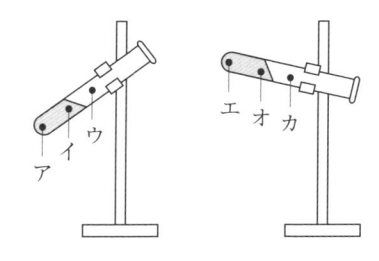

鉄と硫黄が(a)という化学変化をして，(b)という名称の別の物質に変わったからである。

(3) 実験の③の結果，両方の試験管で気体が発生した。発生した気体の色とにおいの組み合わせとして最も適当なものを，次のア～エの中から1つ選び，記号を書きなさい。

	試験管A	試験管B
ア	黄緑色・においあり	無色・においなし
イ	無色・においあり	黄緑色・においあり
ウ	無色・においなし	黄緑色・においあり
エ	無色・においなし	無色・においあり

(2003年　佐賀県後期)

例題1の解答　　(1) イ　　(2) a 化合　b 硫化鉄　　(3) エ

(1) 試験管の口をななめ上に上げて，鉄と硫黄の混合物の上部を加熱する。混合物が赤くかがやき始めたら，ガスバーナーの火を止める。火を止めても反応のときに出る熱で反応が進むため，外から熱を加える必要はなくなる。

(2) 反応が終わると，試験管には黒いかたまりが残る。磁石につかないことから，鉄とは別の物質に変化していることがわかる。鉄と硫黄が化合して，硫化鉄になった。

(3) 加熱前の試験管Aには鉄が入っている。鉄は塩酸にとけて水素を発生させる。水素は無色・無臭の気体である。加熱後の試験管Bには硫化鉄が入っている。硫化鉄は塩酸にとけて硫化水素を発生させる。硫化水素は無色だが，かたゆで卵のようなにおいがする（有毒）。黄緑色の気体は塩素である。

解説 ▶ 分解

1つの物質が，2つ以上の別の物質に分かれる変化を**分解**という。

- **熱分解**　加熱によって分解すること。
- **電気分解**　電流を通して分解すること。

実験 ▶【熱分解①】 酸化銀 ──加熱──▶ 銀 ＋ 酸素　（$2Ag_2O \rightarrow 4Ag + O_2$）

酸化銀は黒色の物質で，これを加熱すると，酸素を発生させながらしだいに白っぽい物質（銀）に変化する。

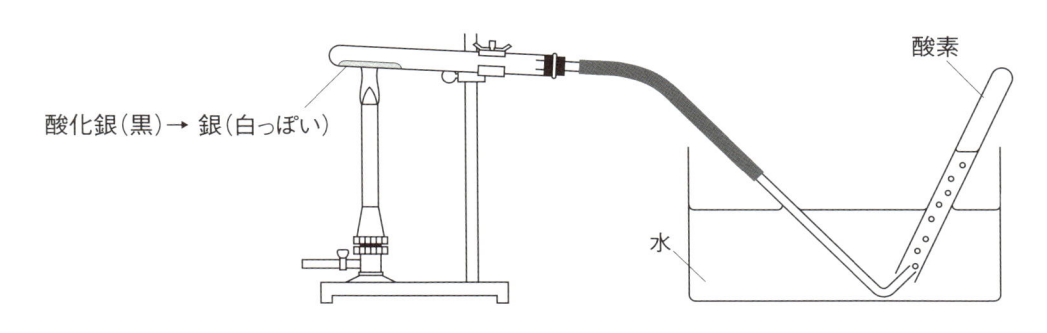

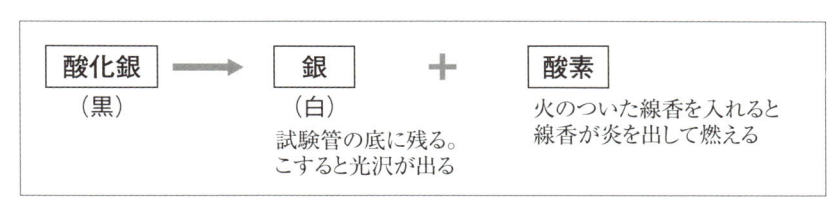

酸化銀（黒）→ 銀（白っぽい）
酸素
水

酸化銀（黒）　→　銀（白）　＋　酸素

銀（白）：試験管の底に残る。こすると光沢が出る

酸素：火のついた線香を入れると線香が炎を出して燃える

例題2 酸化銀を加熱したときの変化を調べるために，以下の［実験］を行った。

［実験］
図のように，酸化銀の粉末を試験管 a に入れて，ガスバーナーで加熱した。酸化銀は，気体を発生しながら変化し，試験管 a に白っぽい物質が残った。また，このとき発生した気体は，図のような方法で試験管 b に集めた。

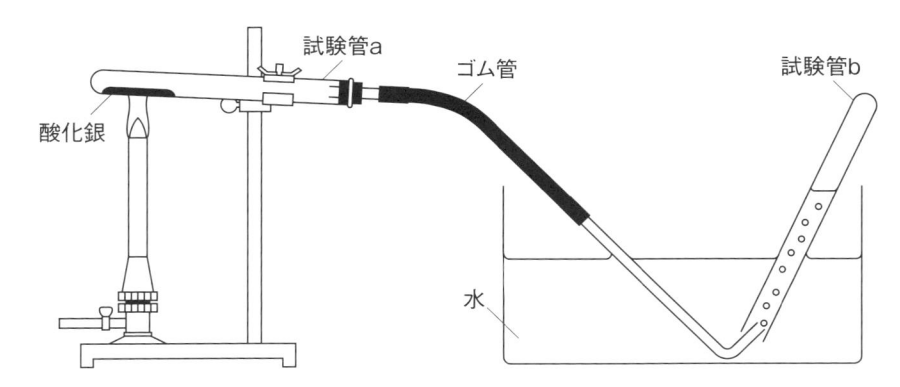

(1) 試験管 a の中に残った白っぽい物質は金属である。このことを確かめる方法について述べた次のAからDまでの文のうち，正しい文が2つある。正しい文の組み合わせとして最も適当なものを，下のアからエまでの中から選んで，そのかな符号を書け。

A 白っぽい物質を金づちでたたき，粉末になることを確かめる。
B 白っぽい物質に電流が流れることを確かめる。
C 白っぽい物質を固いもので強くこすると，光を反射してよく光ることを確かめる。
D 白っぽい物質に水を加えると，白っぽい物質がすべてとけることを確かめる。

ア　AとB　　イ　BとC　　ウ　BとD　　エ　CとD

(2) この実験で発生した気体と同じ気体を発生させるには，どのような方法があるか。最も適当なものを，次のアからエまでの中から選んで，そのかな符号を書け。
　　ア　炭酸水素ナトリウムを加熱する。
　　イ　酸化銅と炭素の混合物を加熱する。
　　ウ　スチールウール（鉄）を空気中で十分に加熱する。
　　エ　二酸化マンガンにオキシドール（うすい過酸化水素水）を加える。

(3) この実験で，酸化銀は白っぽい物質と気体に変化した。このように，1種類の物質が2種類以上の別の物質に分かれる変化を何というか。最も適当なものを，次のアからエまでの中から選んで，そのかな符号を書け。
　　ア　燃焼　　イ　酸化　　ウ　分解　　エ　化合

(2003年　愛知県A)

例題2の解答　(1) イ　(2) エ　(3) ウ

(1) 酸化銀を加熱すると，銀と酸素に分解される。試験管に残った白っぽい物質は銀である。金属に共通する性質は，①たたくと延びる，②みがくと光る（C），③熱や電気をよく通す（B），である（151ページ参照）。

(2) 酸化銀を加熱すると，酸素が発生する。酸素の発生方法を選べばよい。
　　ア（炭酸水素ナトリウムを加熱する）では二酸化炭素が発生する（下の実験を参照）。
　　イ（酸化銅と炭素の混合物を加熱する）では二酸化炭素が発生する（200ページ参照）。
　　ウ（鉄を空気中で十分に加熱する）では気体は発生せず，酸化鉄ができる。
　　エ（二酸化マンガンにうすい過酸化水素水を加える）では酸素が発生する（155ページ参照）。

(3) 酸化銀を加熱して，銀と酸素という2種類の別の物質に分かれたので「分解（または熱分解）」である。

実験 ▶ 【熱分解②】 炭酸水素ナトリウム $\xrightarrow{加熱}$ 炭酸ナトリウム ＋ 水 ＋ 二酸化炭素
（$2NaHCO_3 \rightarrow Na_2CO_3 + H_2O + CO_2$）

　炭酸水素ナトリウムは別名「重そう」といい，ふくらし粉，洗剤，胃薬などに利用されている。炭酸水素ナトリウム（白い粉末）を加熱すると，水と二酸化炭素が発生し，炭酸ナトリウム（白い粉末）が残る。火を止めるときは，ガラス管の先を石灰水から抜いておく。

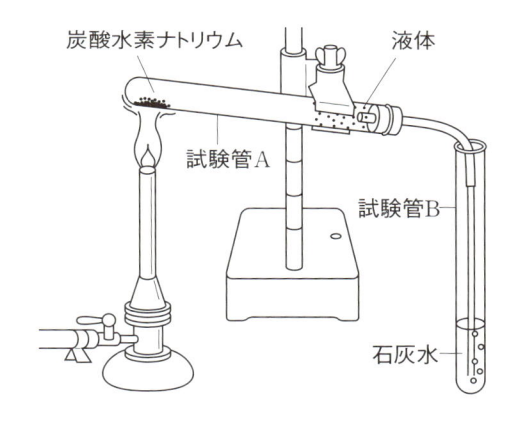

ポイント

- なぜ試験管の口を下げて加熱するのか
  ⇒ 発生した液体（水）が加熱部にふれないようにするため。
- なぜ火を止める前にガラス管を石灰水から抜くのか
  ⇒ 石灰水が逆流しないようにするため。

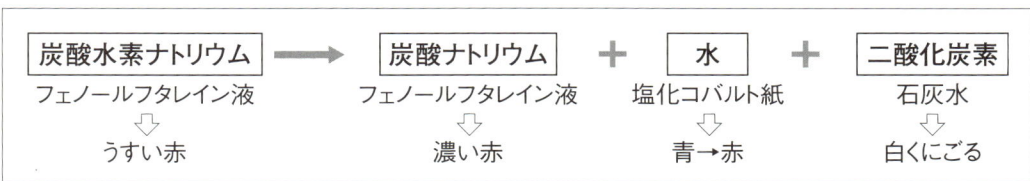

炭酸水素ナトリウム	→	炭酸ナトリウム	＋	水	＋	二酸化炭素
フェノールフタレイン液 ⇩ うすい赤		フェノールフタレイン液 ⇩ 濃い赤		塩化コバルト紙 ⇩ 青→赤		石灰水 ⇩ 白くにごる

例題3 図1のような装置で，炭酸水素ナトリウムを試験管Aに入れ，おだやかに加熱した。発生した気体を試験管Bに集め，やがて発生が止まったところで加熱をやめた。試験管Aの底には固体が残り，内側には透明な液体がついていた。

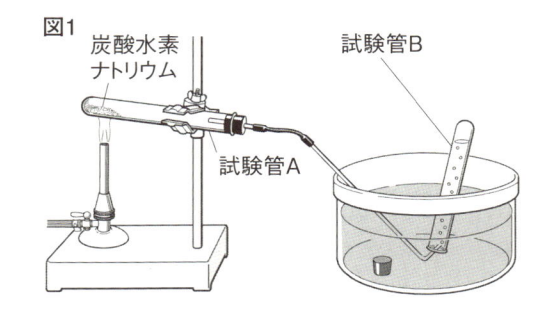

図1 炭酸水素ナトリウム 試験管B 試験管A

(1) 試験管Aに残った固体と内側についた透明な液体のようすを述べた文はどれか。

　ア　残った固体は白色であり，液体は内側全体についていた。
　イ　残った固体は白色であり，液体は口もと付近についていた。
　ウ　残った固体は黒色であり，液体は内側全体についていた。
　エ　残った固体は黒色であり，液体は口もと付近についていた。

図2　水

(2) 図2のように，発生した気体が入った試験管Bに水を加え，ゴムせんでふさいでよく振ったら，ゴムせんは抜けづらくなった。この結果からわかる発生した気体の性質を書きなさい。

(3) 試験管Aの内側についた液体は何か調べたい。水と予想し確かめる場合，何を使ったらよいか。

　ア　塩化コバルト紙　　イ　ＢＴＢ溶液　　ウ　リトマス紙　　エ　石灰水

(4) 試験管Aに残った固体と炭酸水素ナトリウムが同じ物質かどうか確かめるために，それぞれ水によくとかし，フェノールフタレイン溶液を加えた。この結果として最も適切なものはどれか。

　ア　両方とも赤色になり，濃さは変わらない。
　イ　両方とも赤色になるが，残った固体をとかした溶液のほうが濃くなる。
　ウ　両方とも赤色になるが，炭酸水素ナトリウム溶液のほうが濃くなる。
　エ　両方とも無色透明である。

(2003年　青森県)

例題3の解答　(1)　イ　　(2)　水にとける（「水によくとける」としないこと）
　　　　　　(3)　ア　　(4)　イ

(1) 炭酸水素ナトリウムを加熱すると，炭酸ナトリウムと水と二酸化炭素に分解される。炭酸ナトリウムは白い固体，水（透明な液体）は試験管Aの口を下げているため，口もと付近に付着する。

(2) 試験管Bには二酸化炭素が集まっている。二酸化炭素には水に少しとける性質があるため，試験管B内の圧力が下がって，ゴムせんは抜けにくくなった。二酸化炭素は「水に<u>よくとける</u>」わけではない。試験管Bを<u>よく振って</u>二酸化炭素を水にとかしていることからわかる。

(3) 水であることを確かめる試験紙は塩化コバルト紙。塩化コバルト紙は水がつくと青色→赤色に変化する。

(4) 炭酸水素ナトリウムと分解後に残った固体（炭酸ナトリウム）は，水にとかしてフェノールフタレイン液を加え，色の変化の違いで区別する。
炭酸水素ナトリウム：うすい赤（弱いアルカリ性）
炭酸ナトリウム：濃い赤（強いアルカリ性）

実験 ▶ 【水の電気分解】 水 $\xrightarrow{電気分解}$ 水素 ＋ 酸素　（$2H_2O \rightarrow 2H_2 + O_2$）

水を加熱しても水蒸気になるだけで分解できない。また純粋な水は電気を通さない。そこで，電気を通しやすくするために少量の水酸化ナトリウムを入れ，水酸化ナトリウム水溶液をつくる。これを電気分解すると，水が水素と酸素に分解される。このとき水酸化ナトリウムは分解されない。

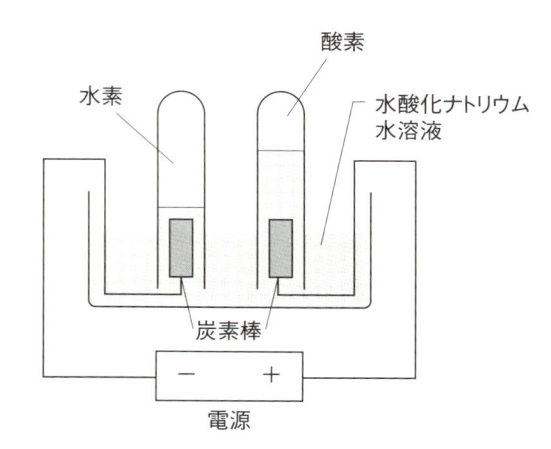

	陰極側（－）	陽極側（＋）
発生する気体	水素	酸素
体積比	2	1
質量比	1	8

ポイント

・水ではなく，水酸化ナトリウム水溶液を使うのはなぜか
➡ 電気を通しやすくするため。

・電気分解を続けると，水溶液の濃度はどうなるか
➡ 水は電気分解されて減っていくが，水酸化ナトリウムは分解されないため，実験を続けると，水酸化ナトリウム水溶液の濃度はしだいに濃くなっていく。

例題4 図の電気分解装置にうすい水酸化ナトリウム水溶液を満たし、水の電気分解の実験を行った。

(1) 次の文は、この実験について説明したものである。文中の（①）には整数を、（②）には＋，－のいずれかを、書きなさい。

> 電気分解装置に電流を通すと、両極に気体が発生した。多いほうの気体が4の目盛りまでたまったところで電流を止めた。この時、少ないほうの気体は、ほぼ（①）の目盛りまでたまっていた。また、（②）極側には酸素がたまり、もう一方の極側には水素がたまった。

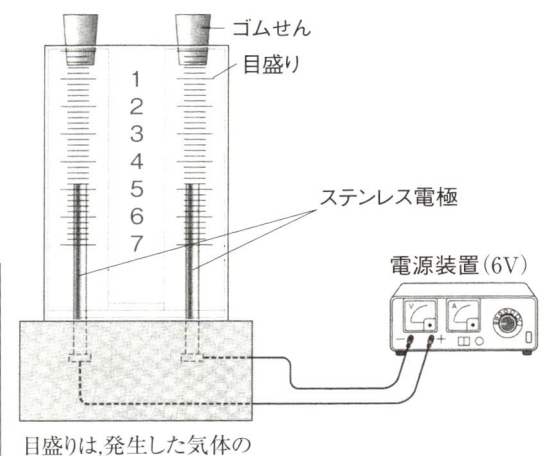

(2) 一方の極側にたまった気体が酸素であることを確かめる方法として、最も適切なものはどれか。
　　ア　水でぬらした赤色リトマス紙を入れると、青色になる。
　　イ　青色の塩化コバルト紙を入れると、赤色になる。
　　ウ　火のついた線香を入れると、線香が激しく燃える。
　　エ　マッチの火を近づけると、ポンという音をたてて燃える。

(3) この実験で、電気分解装置に水ではなく、うすい水酸化ナトリウム水溶液を入れる理由は何か、書きなさい。

(2004年　徳島県)

例題4の解答　(1) ① 2　② ＋　(2) ウ
(3) 電流を通しやすくするため
（ここでは「水は電気を通さないから」だけでは不十分）

(1) 水を電気分解すると、－極に水素、＋極に酸素が発生する。その体積比は、「水素：酸素＝2：1」である。

(2) 酸素はものが燃えるのを助ける性質がある。火のついた線香を酸素に入れると、線香は炎をあげて激しく燃えだす。

(3) 水酸化ナトリウムを入れると、電流が流れやすくなる。ここでは、（水ではなく）水酸化ナトリウム水溶液を入れる目的を問われているので、「電流を通しやすくするため」を正解とする。くわしく書くと「水に電気を通し、水酸化ナトリウム自体は分解されないから」となる。

練習問題

▶▶▶ 解答は246ページ

1. 図は，水を電気分解する実験のようすを示したものである。

   [操作1]
   図のH形の管の中を，水酸化ナトリウムを少量とかした水で満たした。コックの先にゴム管をつなぎ，ゴム管の先には気体を集めるためのポリ袋をそれぞれつないだ。

   [操作2]
   電極に電源装置をつないで電流を流すと，H形の管内に図のように気体Aと気体Bが発生した。管内に気体がたまったらコックを開けて気体をポリ袋に送る操作を何回もくり返すことにより，一定時間内で発生した2種類の気体を別々のポリ袋に集めた。

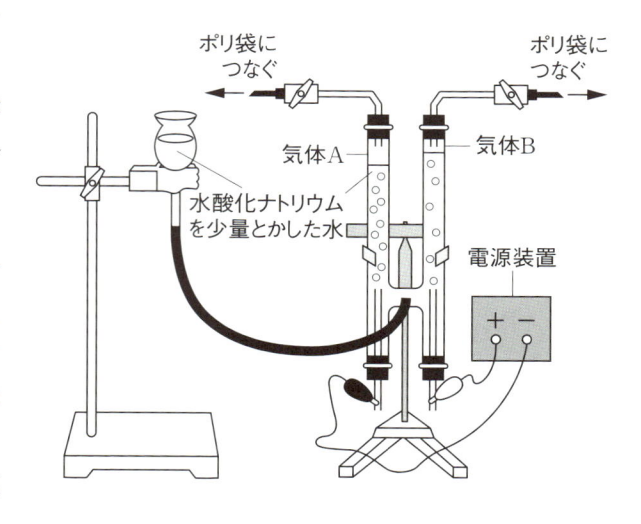

   (1) 操作1で，水を電気分解するために水酸化ナトリウムを水に少量とかしておく理由を書きなさい。

   (2) 操作2で集めた気体Aと気体Bの質量を測定すると，その質量の比は1:8であることがわかった。水7.2gを電気分解したとき，発生する水素の質量は何gか。

   (2004年　岡山県・改題)

2 炭酸水素ナトリウムを用いて，次の実験を行った。

[実験]
炭酸水素ナトリウム約2gを試験管Aに入れ，図のように加熱したところ，気体が発生し，試験管Aの口に液体が付着した。

(1) 試験管Aから発生した気体を調べるのに，石灰水を入れた試験管Bの中に通したところ，石灰水は白くにごった。この気体を空気と比べた場合の重さと，この気体の水へのとけ方について，正しいものはどれか。次のア〜エの中から1つ選んで，その記号を書きなさい。

　　ア　空気より軽く，水に少しとける。
　　イ　空気より軽く，水にとけない。
　　ウ　空気より重く，水に少しとける。
　　エ　空気より重く，水にとけない。

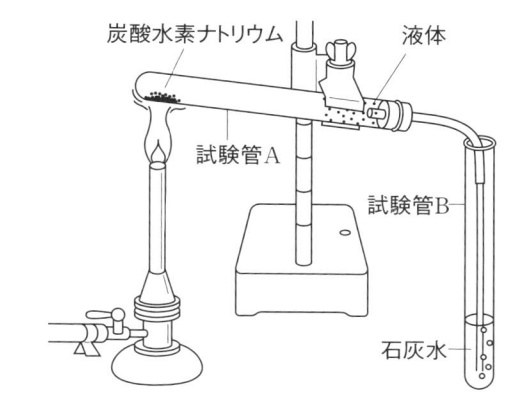

(2) 試験管Aの口についている液体が水であることを確認するのに何を用いればよいか。次のア〜エの中から1つ選んで，その記号を書きなさい。

　　ア　塩化コバルト紙　　　イ　リトマス紙　　　ウ　ベネジクト液
　　エ　BTB溶液

(3) この実験で試験管Aの口を少し下げて加熱する理由を書きなさい。

(4) 十分に加熱したあと，試験管Aに残った固体を水にとかした水溶液にフェノールフタレインを加えた場合と，炭酸水素ナトリウムの水溶液にフェノールフタレインを加えた場合の結果はどうなるか。

（2005年　茨城県・改題）

2 原子と分子

転写 化学式と物質の分類

	分子をつくる物質				分子をつくらない物質		
単体	O_2 酸素	H_2 水素	N_2 窒素	Cl_2 塩素	Cu 銅	Ag 銀	Mg マグネシウム
化合物	H_2O 水	CO_2 二酸化炭素	NH_3 アンモニア	HCl 塩化水素	NaCl 塩化ナトリウム	Ag_2O 酸化銀	$NaHCO_3$ 炭酸水素ナトリウム

解説 ▶ 原子と分子

すべての物質は**原子**(それ以上細かくできない最小の粒)からできている。原子は100種類ほどしか存在しない。これらの原子の組み合わせで、すべての物質はつくられている。原子はその種類によって質量や大きさが決まっている。また、化学変化によって、他の種類の原子に変わったり、なくなったり、新しくできたりしない。

いくつかの原子が結びついてできた1つの小集団を**分子**という。分子はその物質としての性質を示す最小の単位となる。

解説 ▶ 原子の記号

すべての原子には、世界共通の**原子の記号**(元素記号という)がある。

非金属	
原子名	記号
水素	H
炭素	C
窒素	N
酸素	O
硫黄	S
塩素	Cl

金属	
原子名	記号
ナトリウム	Na
マグネシウム	Mg
カルシウム	Ca
鉄	Fe
銅	Cu
銀	Ag

解説 ▶ 単体と化合物

- **単体** 1種類の原子だけでできている物質。
- **化合物** 2種類以上の原子でできている物質。

解説 ▶ 化学式

物質を原子の記号で表したものを**化学式**という。

分子をつくる物質（小集団をつくる物質）

	物質名	モデル	代表として	化学式
単体（1種類の原子でできている）	酸素	酸素原子が2個結合	Oが2個で1分子	O_2
	水素	水素原子が2個結合	Hが2個で1分子	H_2
	窒素	窒素原子が2個結合	Nが2個で1分子	N_2
	塩素	塩素原子が2個結合	Clが2個で1分子	Cl_2
化合物（2種類以上の原子でできている）	水	水素原子2個と酸素原子1個	Hが2個とOが1個で1分子	H_2O
	二酸化炭素	炭素原子1個と酸素原子2個	Cが1個とOが2個で1分子	CO_2
	アンモニア	窒素原子1個と水素原子3個	Nが1個とHが3個で1分子	NH_3
	塩化水素	水素原子1個と塩素原子1個	Hが1個とClが1個で1分子	HCl

分子をつくらない物質（大きなかたまりをつくる物質）

	物質名	モデル	代表として	化学式
単体（1種類の原子でできている）	銅	Cu Cu Cu …… Cu Cu Cu …… ……… 銅原子だけが集まって大きなかたまりをつくる	Cu Cu 1個で代表させる	Cu
	銀	Ag Ag Ag …… Ag Ag Ag …… ……… 銀原子だけが集まって大きなかたまりをつくる	Ag Ag 1個で代表させる	Ag
	マグネシウム	Mg Mg Mg …… Mg Mg Mg …… ……… マグネシウム原子だけが集まって大きなかたまりをつくる	Mg Mg 1個で代表させる	Mg
化合物（2種類以上の原子でできている）	塩化ナトリウム（食塩）	Na Cl Na Cl Cl Na Cl Na Na Cl …… ナトリウム原子と塩素原子が1：1の割合で大きなかたまりをつくる	Na Cl Na 1個とCl 1個で代表させる	NaCl
	酸化銀	Ag O Ag Ag O Ag Ag O Ag Ag O Ag Ag O Ag …… 銀原子と酸素原子が2：1の割合で大きなかたまりをつくる	Ag O Ag Ag 2個とO 1個で代表させる	Ag_2O
	炭酸水素ナトリウム	Na O C O …… H O Na O C O …… H O ナトリウム原子と水素原子と炭素原子と酸素原子が1：1：1：3の割合で大きなかたまりをつくる	Na O C O H O Na 1個とH 1個とC 1個とO 3個で代表させる	$NaHCO_3$

　このように，物質は分子をつくるものとそうでないものに分類できる。分子をつくる物質は常温で気体か液体であることが多く，分子をつくらない物質は常温で固体であることが多い。また，原子の種類が1種類だけなら単体，2種類以上の原子が含まれるのが化合物である。

練習問題

▶▶▶ 解答は246ページ

1 表は，純粋な物質を2つのグループA，Bに分類したものである。

純粋な物質	グループA	鉄，硫黄，酸素
	グループB	食塩，硝酸カリウム，酸化銀

(1) 次の文中の　a　，　b　に当てはまる最も適当な言葉を書け。

表のグループAの物質はそれぞれ1種類の原子だけからできているので　a　といい，グループBの物質はそれぞれ2種類以上の原子からできているので　b　という。

(2) グループAの物質について，それぞれ化学式を書け。ただし，分子をつくる物質については，分子の形で書くこと。

(3) いくつかの純粋な物質が混じりあったものを混合物という。次のうち，混合物はどれか。
　　ア　硫化鉄　　　イ　塩酸　　　ウ　水酸化ナトリウム　　　エ　窒素

(2005年　鹿児島県・改題)

3 化学変化のきまり

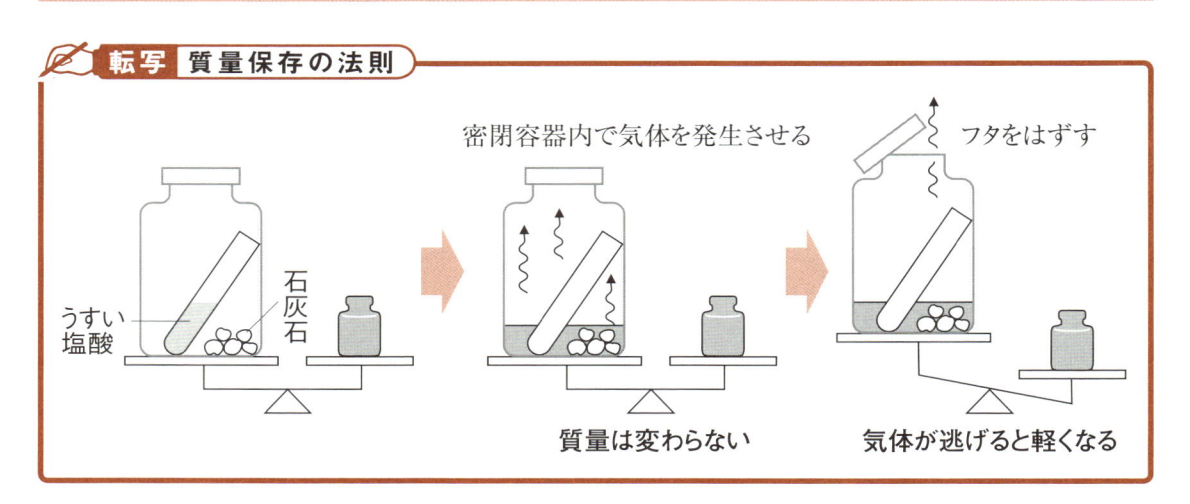

転写 質量保存の法則

密閉容器内で気体を発生させる → フタをはずす

うすい塩酸／石灰石

質量は変わらない　気体が逃げると軽くなる

解説 ▶ 質量保存の法則

化学変化の前後で全体の質量は変化しない。これを**質量保存の法則**という。化学変化の過程で，原子が消えてなくなったり，新しくできたり，別の種類に変化したりすることはない。原子の「種類と数」は変化しない。原子どうしの結びつき方が変化するのである。

例題1 塩酸と石灰石（炭酸カルシウム）を用いて，次の実験を行った。

[実験1] 石灰石を入れた試験管にうすい塩酸を加え，発生した気体を石灰水に通すと白くにごった。

[実験2] 5つのビーカー（ア）〜（オ）に実験1と同じ濃度の塩酸を30 cm^3 ずつ入れ，電子てんびんで質量をはかった。

[実験3] （ア）〜（オ）に細かくくだいた石灰石をそれぞれ 1.0 g，2.0 g，3.0 g，4.0 g，5.0 g 加えると気体が発生した。

[実験4] 気体の発生が完全に止まったあと，反応後の液体が入った状態で（ア）〜（オ）の質量をはかった。また，石灰石のようすを観察した。

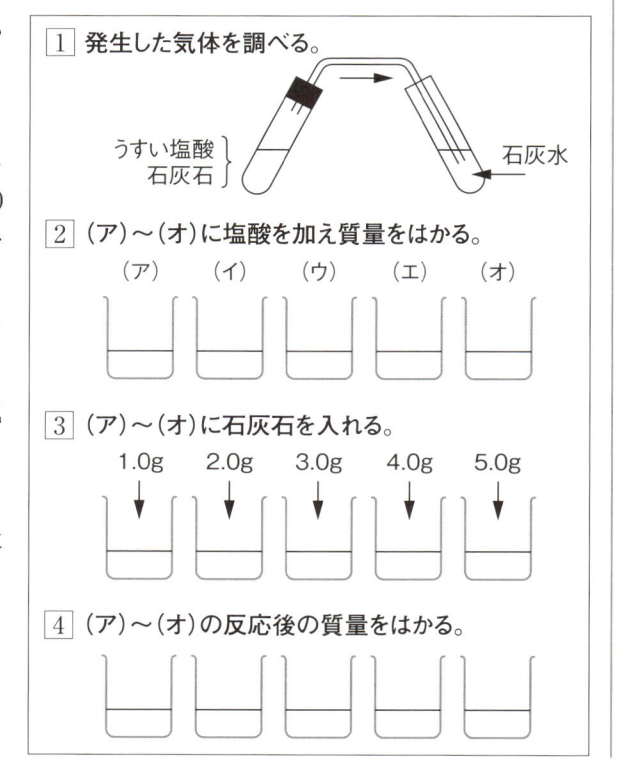

1 発生した気体を調べる。
　うすい塩酸／石灰石　　石灰水

2 （ア）〜（オ）に塩酸を加え質量をはかる。
　（ア）（イ）（ウ）（エ）（オ）

3 （ア）〜（オ）に石灰石を入れる。
　1.0g　2.0g　3.0g　4.0g　5.0g

4 （ア）〜（オ）の反応後の質量をはかる。

［結果］

ビーカー		ア	イ	ウ	エ	オ
反応前	ビーカーと塩酸の質量〔g〕	91.1	89.4	91.4	90.0	91.1
	加えた石灰石の質量〔g〕	1.0	2.0	3.0	4.0	5.0
反応後	液体が入ったビーカーの質量〔g〕	91.7	90.6	93.2	92.8	94.9
	発生した気体の質量〔g〕					
	反応後の石灰石のようす	とけた	とけた	とけた	とけ残った	とけ残った

(1) 結果の表の，発生した気体の質量を求めて空欄を埋めなさい。

(2) 発生した気体の質量と加えた石灰石の質量との関係を表すグラフをかきなさい。

(3) 反応後のオでとけ残った石灰石をすべてとかすためには，実験1と同じ濃度の塩酸を少なくともあと何 cm³ 加えなければならないか。

(2004年　富山県)

例題1の解答　(1) 下の表を参照　　(2) 下のグラフを参照　　(3) 20 cm³

(1) 反応前の合計質量を求める。下の表の③の行は，①（ビーカーと塩酸の質量）＋②（加えた石灰石の質量）で求める。これと，反応後に残った④（液体が入ったビーカーの質量）との差が発生した気体の質量（⑤）である。

ビーカー		ア	イ	ウ	エ	オ
反応前	①ビーカーと塩酸の質量〔g〕	91.1	89.4	91.4	90.0	91.1
	②加えた石灰石の質量〔g〕	1.0	2.0	3.0	4.0	5.0
	③反応前の合計質量〔g〕	92.1	91.4	94.4	94.0	96.1
反応後	④液体が入ったビーカーの質量〔g〕	91.7	90.6	93.2	92.8	94.9
	⑤発生した気体の質量〔g〕	0.4	0.8	1.2	1.2	1.2
	反応後の石灰石のようす	とけた	とけた	とけた	とけ残った	とけ残った

(2) 上の表の②をヨコ軸に，⑤をタテ軸にとって，グラフにまとめたのが，右の図である。

(3) ビーカー（ア）〜（ウ）までは，石灰石を入れた分だけ発生した気体が増加している。途中から石灰石をふやしても，気体の発生量はふえていない。1.2 g のままである。この実験に用いた塩酸 30 cm³ では，石灰石を 3.0 g までしかとかせないことになる。二酸化炭素は 1.2 g 発生する。「塩酸・石灰石・二酸化炭素」の関係を，グラフの折れ曲がったところから読みとる。

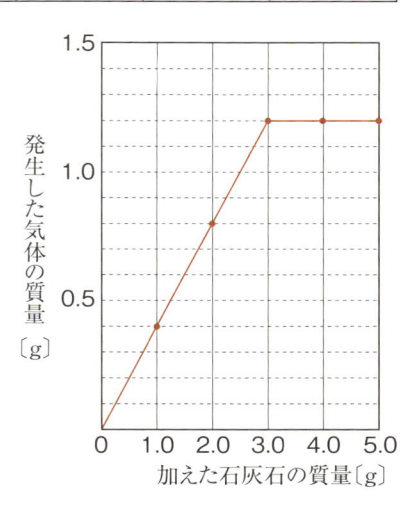

塩酸	30 cm³
石灰石	3.0 g
二酸化炭素	1.2 g

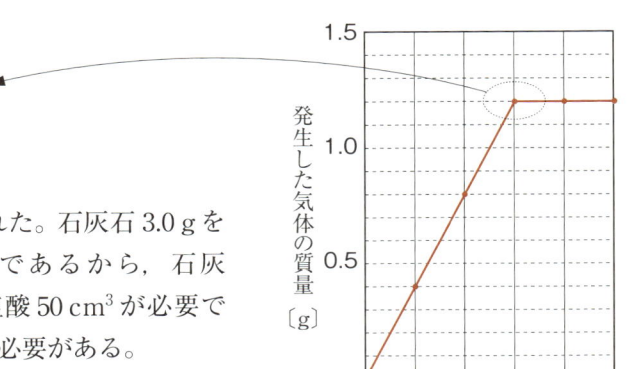

ビーカー(オ)には石灰石5.0 gを入れた。石灰石3.0 gをとかすためには塩酸30 cm³が必要であるから，石灰石5.0 gをすべてとかすためには，塩酸50 cm³が必要である。あと 50−30=20〔cm³〕入れる必要がある。

塩酸	30 cm³	50 cm³必要
石灰石	3.0 g	5.0 gとかすためには…
二酸化炭素	1.2 g	2.0 g発生

また，(オ)に塩酸20 cm³を入れると，残った石灰石がすべてとけて，さらに二酸化炭素が 2.0−1.2=0.8 g発生する。

例題2 右のグラフは，次の実験結果をもとに，亜鉛の質量と発生した気体の体積との関係を表したものである。

[実験]
うすい塩酸20 cm³を入れた三角フラスコに，0.2 gの亜鉛を入れて，発生した気体を集め，その体積をはかった。亜鉛の質量を 0.4 g, 0.6 g, 0.8 g, 1.0 g, 1.2 gにして，それぞれ同様のことを行った。

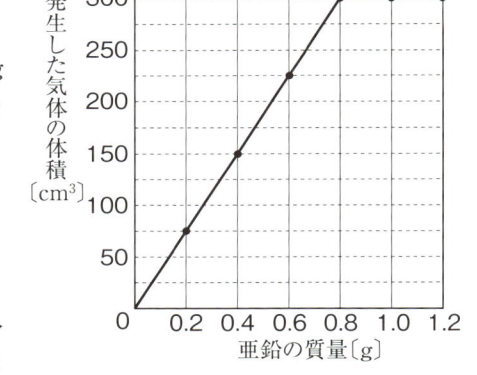

(1) 発生した気体の化学式を書け。

(2) 同じ濃度の塩酸の量を10 cm³にして亜鉛を入れたとき，亜鉛の質量と発生した気体の体積との関係はどのようになるか。その関係を表す線を，グラフにかけ。

(2004年 山形県)

例題2の解答　(1) H_2　　(2) 右の図を参照

(1) 金属と酸の反応で水素が発生する。

(2) まずグラフの折れ曲がるところから，塩酸，亜鉛，水素の関係を読みとる。

塩酸	20 cm³	半分→	10 cm³
亜鉛	0.8 g		(　)
水素	300 cm³		(　)

この3つの関係は連動しているので，塩酸を半分の10 cm³にすれば，亜鉛は 0.8÷2=0.4〔g〕とけ，水素は 300 cm³÷2=150〔cm³〕発生する。グラフでは(亜鉛, 水素)=(0.4 g, 150 cm³)の点で折れ曲がる。

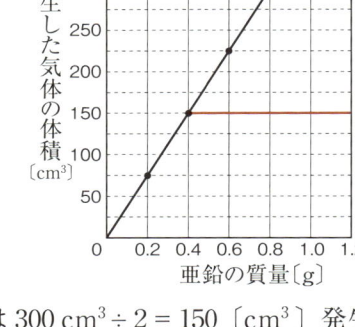

解説 ▶ 質量が「増加する」化学変化

化学変化の前後で全体の質量は変化しない。しかし,「質量が増加したように見える」化学変化がある。物質が酸素と結びつく化学反応を<u>酸化</u>といい,この変化では化合した酸素の分だけ質量がふえる（空気中の酸素と結びつくため,質量が増加したように見える）。酸化は化合の一種である（199ページ参照）。

実験 ▶ 銅の酸化

ステンレス皿に銅の粉末（赤茶色）をうすく広げ,空気中でよくかき混ぜながら熱する。銅は赤くかがやきながら酸化銅（黒）に変化していく。

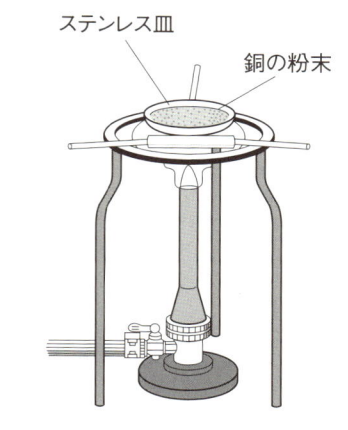

	加熱前	加熱後
物質名	銅	酸化銅
色	赤茶色	黒
化学反応式	2Cu + O_2	→ 2CuO

👉 ポイント
なぜよくかき混ぜながらくり返し加熱するのか
➡ 完全に銅を酸化銅に変化させるため。

銅の粉末の質量を 0.8 g, 1.2 g, 1.6 g, 2.0 g と変えて,それぞれ十分に加熱したとき,銅の質量と加熱後（酸化銅）の質量の関係は表のようになる。

加熱前	銅の質量〔g〕	0.8	1.2	1.6	2.0
加熱後	酸化銅の質量〔g〕	1.0	1.5	2.0	2.5

加熱後に生成する酸化銅が,加熱前の銅の質量に比べて重くなるのは,銅と空気中の酸素が結びつくからである。結びついた酸素の質量分だけ重くなる。

例題3 上の表をもとに,次のグラフを完成させなさい。

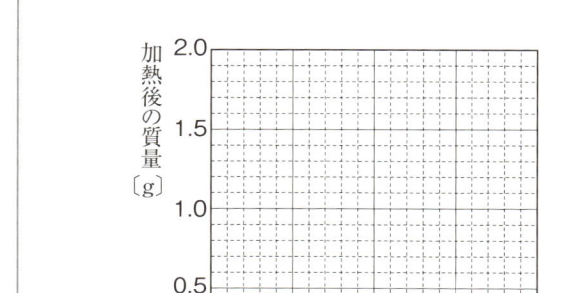

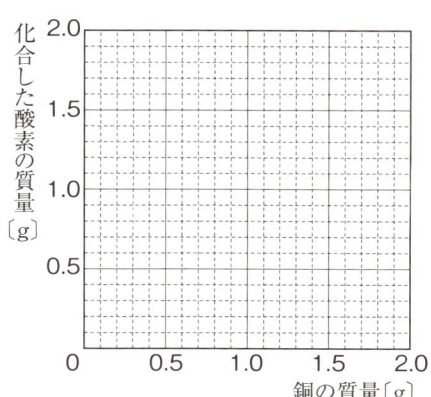

例題3の解答　下のグラフを参照

加熱前	銅の質量〔g〕	0.8	1.2	1.6	2.0	④
加熱後	酸化銅の質量〔g〕	1.0	1.5	2.0	2.5	⑤
質量の差	化合した酸素の質量〔g〕	0.2	0.3	0.4	0.5	①

質量比 →

表より，銅と酸化銅の質量比は4：5，銅と酸素の質量比は4：1とわかる。

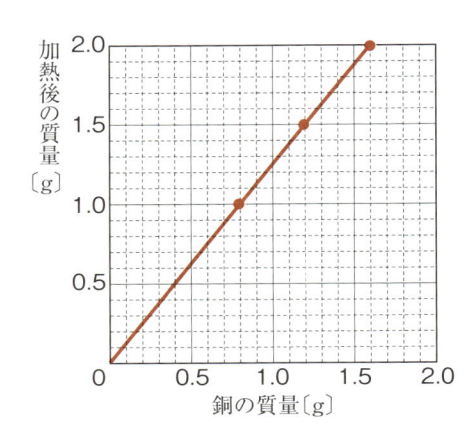

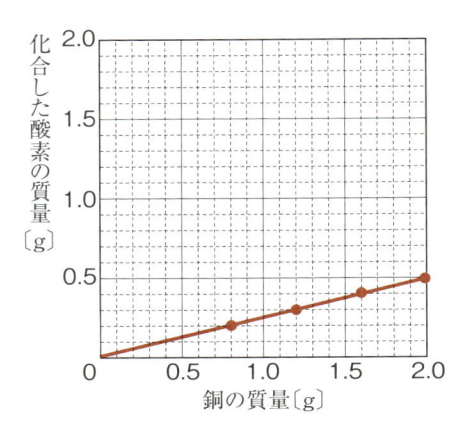

まとめ ▶ 銅の酸化

銅原子を◎，酸素原子を○で表す。

物質名	銅(赤茶色)	+	酸素	→	酸化銅(黒)
化学反応式	2Cu	+	O_2	→	2CuO
モデル	◎　◎	+	○○	→	◎○　◎○
質量比	4	:	1	:	5
	どう（銅）でもヨイ子（4：1：5）さん					

酸化銅は，銅原子1個と酸素原子1個が化合してできる。
質量比4：1は，銅原子1個と酸素原子1個の質量比でもある。

実験 ▶ マグネシウムの燃焼

　マグネシウムの粉末を，空気中でよくかき混ぜながら熱する。マグネシウムは強い光と熱を出しながら酸化マグネシウム（白色）に変化する。このように強い光や熱を出しながら酸素と結びつく反応を燃焼という。燃焼は酸化の一種である（199ページ参照）。

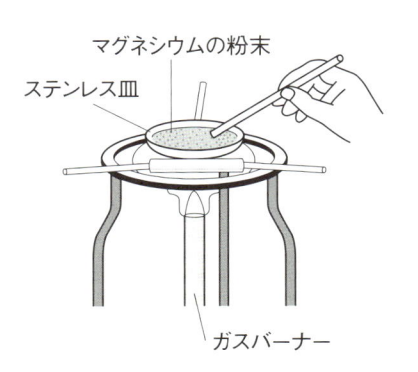

マグネシウムの粉末
ステンレス皿
ガスバーナー

マグネシウムの粉末の質量を 0.6 g, 0.9 g, 1.2 g, 1.5 g と変えて, それぞれ十分に加熱したとき, マグネシウムの質量と加熱後の質量は表のようになる。

加熱前	マグネシウムの質量〔g〕	0.6	0.9	1.2	1.5
加熱後	酸化マグネシウムの質量〔g〕	1.0	1.5	2.0	2.5

例題4 上の表をもとに，次のグラフを完成させなさい。

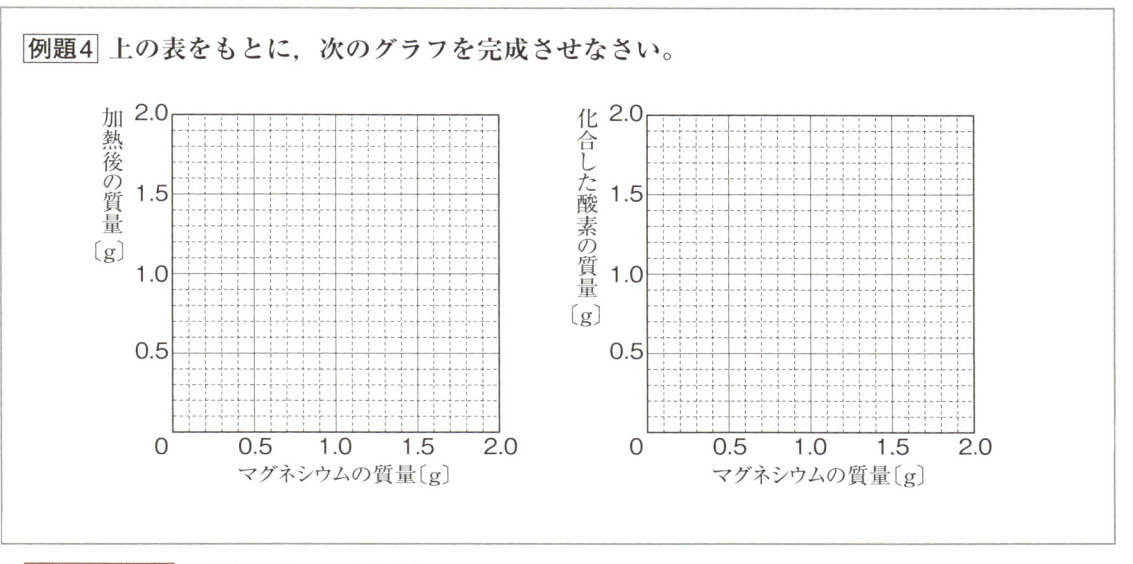

例題4の解答　下のグラフを参照

加熱前	マグネシウムの質量〔g〕	0.6	0.9	1.2	1.5	③
加熱後	酸化マグネシウムの質量〔g〕	1.0	1.5	2.0	2.5	⑤
質量の差	化合した酸素の質量〔g〕	0.4	0.6	0.8	1.0	②

質量比 →

表より，マグネシウムと酸化マグネシウムの質量比は 3：5，マグネシウムと酸素の質量比は 3：2 とわかる。

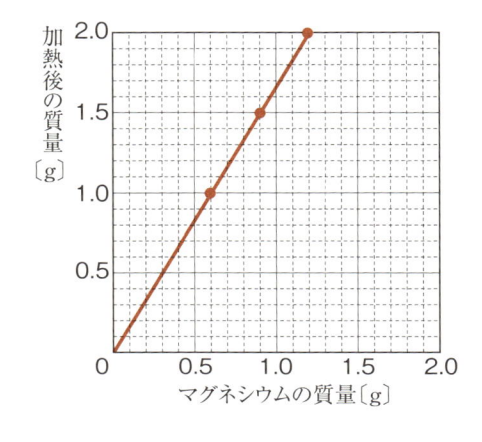

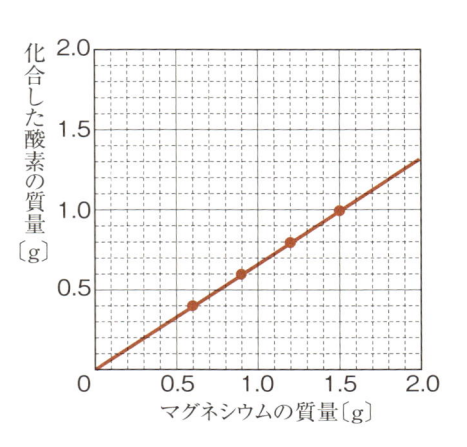

まとめ ▶ マグネシウムの燃焼

マグネシウム原子を●, 酸素原子を○で表す。

物質名	マグネシウム	+	酸素	→	酸化マグネシウム(白)
化学反応式	2Mg	+	O_2	→	2MgO
モデル	● ●	+	○○	→	○● ○●
質量比	3	:	2	:	5
	マグネシウムはミニ子(3:2:5)さん					

酸化マグネシウムは, マグネシウム原子1個と酸素原子1個が化合してできる。
質量比3:2は, マグネシウム原子1個と酸素原子1個の質量比でもある。

例題5 マグネシウムは空気中で加熱すると, 酸素と結びつき燃焼する。これについて, 班ごとにマグネシウムの質量を決め, 図1のような実験をした。図2は3つの班A〜Cの結果をまとめたグラフである。

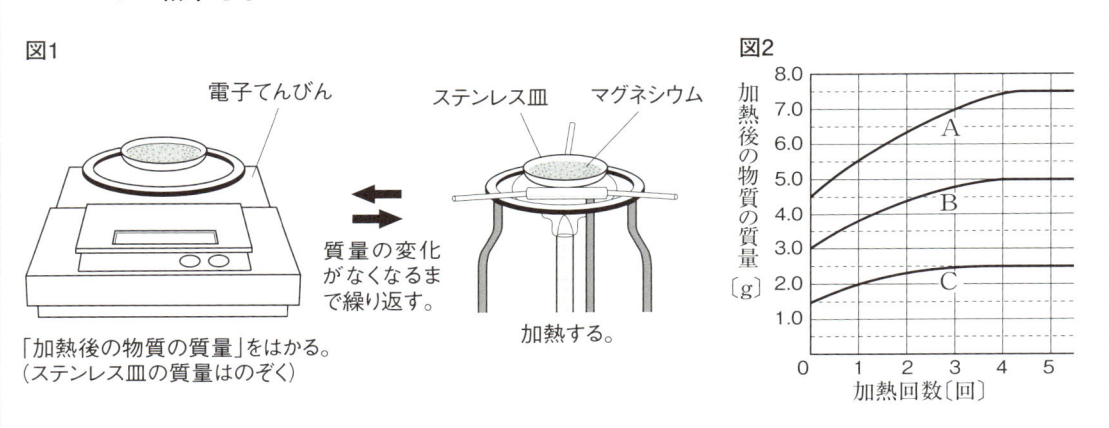

図1
電子てんびん／ステンレス皿／マグネシウム
質量の変化がなくなるまで繰り返す。
加熱する。
「加熱後の物質の質量」をはかる。
(ステンレス皿の質量はのぞく)

図2（加熱後の物質の質量〔g〕 vs 加熱回数〔回〕のグラフ、A:約7.5、B:約5.0、C:約2.5で一定になる）

(1) 図2をもとに, マグネシウムが完全に燃焼したときの「マグネシウムの質量」と「化合した酸素の質量」の関係を表すグラフをかけ。

(2) マグネシウムの燃焼について, マグネシウム原子と酸素原子が1対1の割合で結びつくとして, 図3のように考えた。図3で, 酸素原子と結びついていない残り4個のマグネシウム原子と結びつくために必要な<u>酸素分子</u>は何個か。

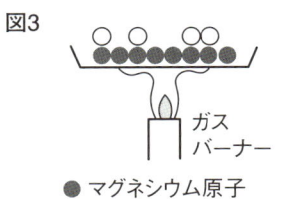

図3
●マグネシウム原子
○酸素原子
ガスバーナー

(2003年 鹿児島県・改題)

例題5の解答　(1) 次ページのグラフを参照　(2) 2個

(1) 図2から, 加熱回数がふえると質量がふえなくなることがわかる。すべてのマグネシウムが酸素と化合し終えたためである。加熱前の質量と, 十分加熱したときの質量(加熱後)との差が, 化合した酸素の質量である。

	加熱前	加熱後	化合した酸素の質量
班A	4.5 g	7.5 g	3.0 g
班B	3.0 g	5.0 g	2.0 g
班C	1.5 g	2.5 g	1.0 g

(2) マグネシウム原子4個と結びつくために必要な酸素原子は4個。酸素原子2つが結びついて1個の酸素分子になるので，酸素分子が2個必要である。

> **例題6** マグネシウムと銅の粉末をそれぞれ加熱した。図は，このときの加熱前後の質量の関係を表したグラフである。銅原子1個とマグネシウム原子1個の質量の比を，最も簡単な整数の比で表せ。
>
> (2004年　山梨県)

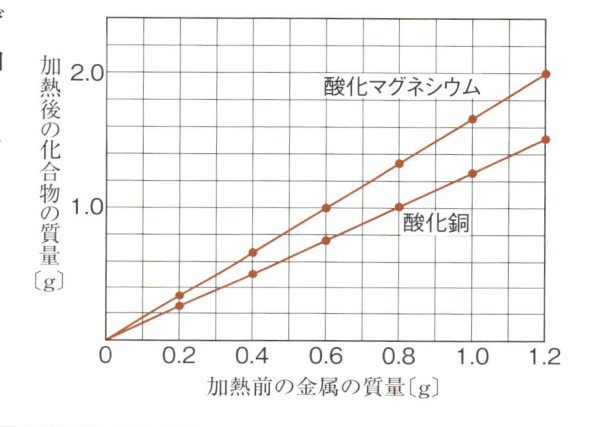

例題6の解答　8：3

銅原子1個と酸素原子1個が結びついて酸化銅になる。グラフより，銅0.8gから酸化銅1.0gができるので，銅0.8gと酸素0.2gが化合する。つまり銅と酸素は質量比4：1で反応するので，銅原子1個と酸素原子1個の質量比は4：1である。

マグネシウム原子1個と酸素原子1個が結びついて酸化マグネシウムになる。グラフより，マグネシウム0.6gから酸化マグネシウム1.0gができるので，マグネシウム0.6gと酸素0.4gが化合する。つまりマグネシウムと酸素は質量比3：2で反応するので，マグネシウム原子1個と酸素原子1個の質量比は3：2である。

銅とマグネシウムと酸素の質量比を並べて書く。共通する酸素原子を同じ数字にそろえるために，4：1を2倍して8：2にする。

銅原子1個		マグネシウム原子1個		酸素原子1個	
4̶ → 8			:	1̶ → 2	(×2)
		3	:	2	
8	:	3	:	2	

以上から，銅原子1個とマグネシウム原子1個の質量の比は8：3

練習問題

▶▶▶ 解答は246ページ

1 気体が発生する化学変化の前後で，物質全体の質量はどうなるかを調べるため，次の実験を行った。

［実験］
① 図Ⅰのように，うすい塩酸と石灰石を容器に別々に入れ，容器全体の質量W_1をはかった。
② 図Ⅱのように，容器をかたむけて2つの薬品を反応させ，気体を発生させた。
③ 反応が終わったら，ふたたび容器全体の質量W_2をはかった。
④ 次に，容器のふたをとった。
⑤ ふたたび容器のふたを閉めて，容器全体の質量W_3をはかった。

(1) 質量W_1と質量W_2は，同じ質量であった。この結果は何という法則で説明できるか。法則名を書きなさい。

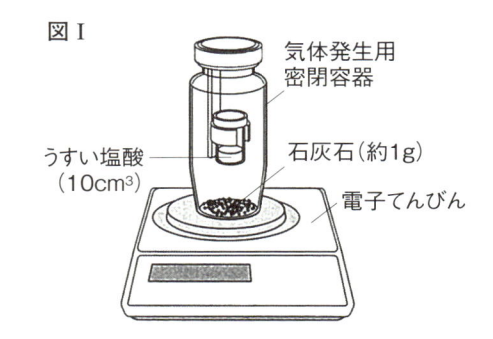

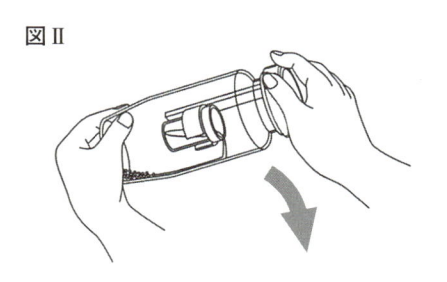

(2) 化学変化の前後で変化しないのは，次のア～ウのうちのどれか。すべて選びなさい。

　　ア　原子の数
　　イ　原子の組み合わせ
　　ウ　原子の種類

(3) 実験②で発生した気体名を書きなさい。

(4) 実験④で，容器のふたをとったときに，容器から出ていった気体の質量を求める式として，最も適切なものを次のア～エから1つ選びなさい。

　　ア　$W_3 - W_1$　　イ　$W_3 - W_2$　　ウ　$W_2 - W_3$　　エ　$W_2 - W_1$

(2005年　宮崎県・改題)

4 酸化と還元

転写 酸化と還元

還元 酸化物が酸素を失う

酸化銅を炭素で還元

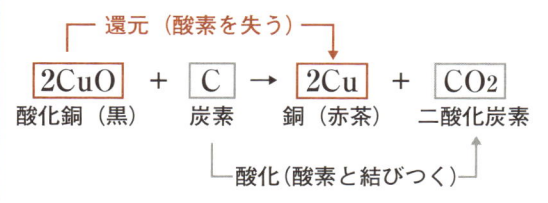

```
     ┌─ 還元（酸素を失う）─┐
     ↓                    ↓
  2CuO  +  C  →  2Cu  +  CO_2
  酸化銅（黒）  炭素   銅（赤茶）  二酸化炭素
           └─酸化（酸素と結びつく）─┘
```

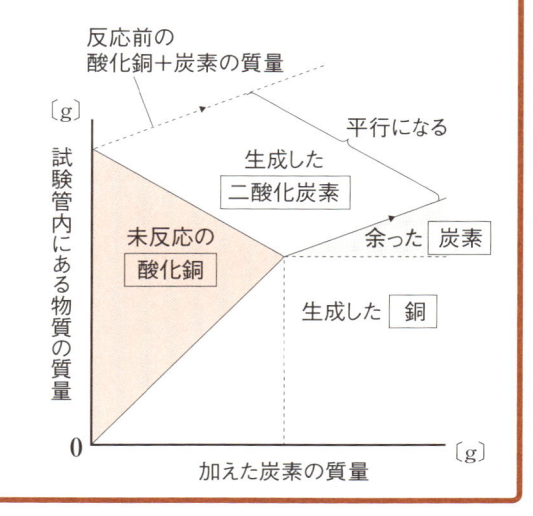

グラフ：
- 縦軸：試験管内にある物質の質量 〔g〕
- 横軸：加えた炭素の質量 〔g〕
- 反応前の酸化銅+炭素の質量
- 平行になる
- 生成した二酸化炭素
- 未反応の酸化銅
- 余った炭素
- 生成した銅

解説 ▶ 酸化

物質が酸素と結びつく反応を**酸化**という。
酸化されてできた物質を**酸化物**という。
酸化の中で強い光や熱をともないながらの反応は**燃焼**という。
酸化は酸素と物質が結びつくことだから、化合の一形態に当たる。

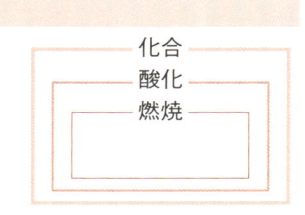

（包含関係図：化合 ⊃ 酸化 ⊃ 燃焼）

[酸化の例] 銅の酸化	[燃焼の例] マグネシウムの燃焼
銅を空気中で加熱すると、銅は明るくかがやき、その後酸化銅に変化する。	マグネシウムを空気中で加熱すると、強い光と熱を出しながら燃焼し、酸化マグネシウムに変化する。
┌─ 酸化（酸素と結びつく）─┐ $2Cu + O_2 → 2CuO$ 銅　　　酸素　　　酸化銅	┌─ 燃焼（酸素と結びつく）─┐ $2Mg + O_2 → 2MgO$ マグネシウム　酸素　酸化マグネシウム
[燃焼の例] 炭素の燃焼	[燃焼の例] 水素の燃焼
炭素の粉末を空気中で加熱すると、二酸化炭素が発生する。	水素に火を近づけると、水素が音をたてて燃える。このとき水（水蒸気）が発生する。
┌─ 燃焼（酸素と結びつく）─┐ $C + O_2 → CO_2$ 炭素　　酸素　　二酸化炭素	┌─ 燃焼（酸素と結びつく）─┐ $2H_2 + O_2 → 2H_2O$ 水素　　酸素　　水（水蒸気）

解説 ▶ 還元

酸化物が酸素を失う変化を**還元**という。還元が起きるときは，必ず酸化も同時に起きる。ある物質が還元されるときは，同時に別の物質が酸化されている。

実験 ▶ 酸化銅を炭素で還元する

酸化銅（黒）の粉末を炭素（黒）の粉末と混ぜあわせる。これを試験管に入れて加熱すると，混合物は赤茶色の銅に変化する。このとき発生する気体は二酸化炭素である。

炭素は酸素と結びつきやすい性質がある。この反応では，炭素は酸化銅から酸素を奪い取り，酸素と結びついて二酸化炭素となる（酸化）。酸化銅は酸素を失って銅になる（還元）。

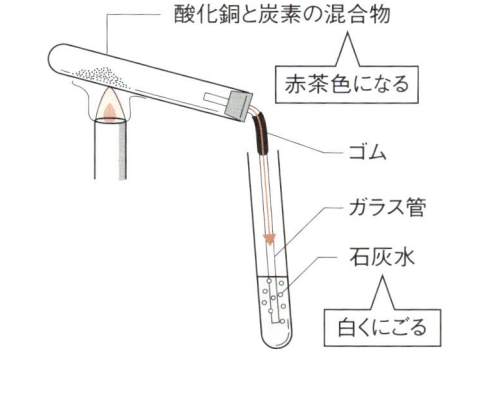

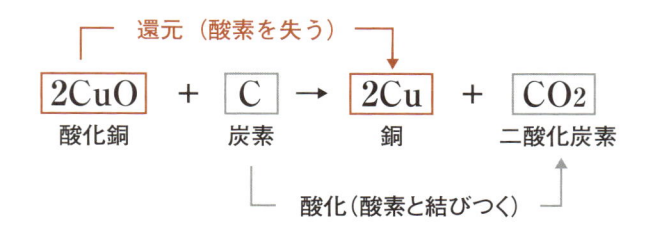

$$2CuO + C \rightarrow 2Cu + CO_2$$

（酸化銅）（炭素）（銅）（二酸化炭素）

還元（酸素を失う）／酸化（酸素と結びつく）

※ 加熱後，試験管に残った物質の質量は，加熱前と比べて減少する。これは二酸化炭素が発生して逃げたためである。その分だけ質量が減少する。

実験 ▶ 酸化銅を水素で還元する

水素にも，炭素と同じように酸素を奪い取る性質がある。炭素のかわりに水素ガスを送ることで，酸化銅を還元させることができる。

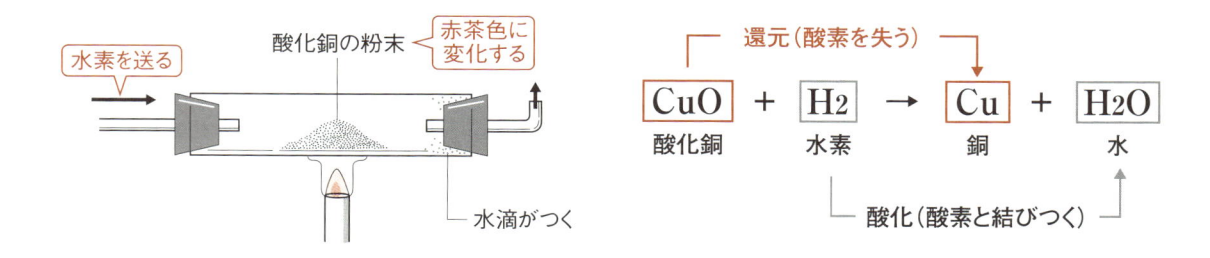

$$CuO + H_2 \rightarrow Cu + H_2O$$

（酸化銅）（水素）（銅）（水）

還元（酸素を失う）／酸化（酸素と結びつく）

例題1 一定量の酸化銅に炭素がどれだけ反応するかを調べるため，次の実験①，②を行った。

[実験①]

酸化銅（黒色）4.0gと十分に乾燥した炭素の粉末（黒色）0.1gとをはかりとり，これらをよく混ぜ，試験管Aの中に入れた。この試験管にガラス管つきのゴムせんを取りつけ，図1のような装置で十分に加熱したところ，試験管A内に赤かっ色の物質ができた。また，気体が発生し，試験管B内の石灰水が白くにごった。気体が発生しなくなってから加熱をやめ，試験管が冷えた後，試験管A内にある固体の物質の質量を測定した。

[実験②]

次に，①と同様の実験を，酸化銅の質量4.0gは変えずに，炭素の質量を0.2g，0.3g，0.4g，0.5gと変えてそれぞれ行った。図2のグラフは，実験①，②で用いた炭素の質量と加熱後に試験管A内にある固体の物質の質量との関係を表したものである。

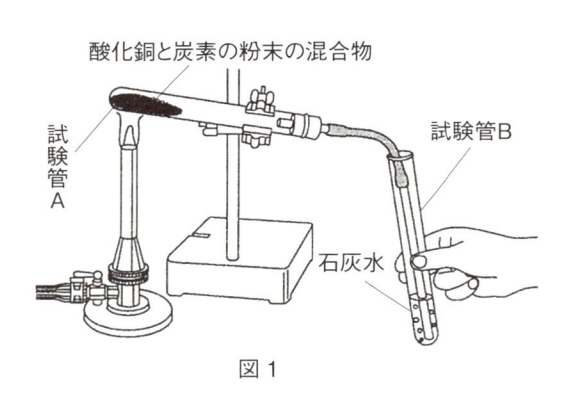

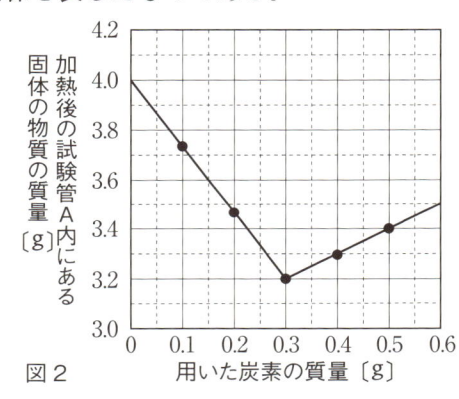

(1) 炭素の量が0.3gまでは，グラフが下がる理由を述べなさい。

(2) 炭素の量が0.3gを越えると，グラフが上がる理由を述べなさい。

(2005年　栃木県・改題)

例題1の解答　(1) 酸化銅が炭素に酸素を奪われるため（失った酸素の分だけ軽くなる）。
(2) 未反応の炭素がそのまま試験管に残るから。

(1) 酸化銅は，炭素に酸素を奪われて銅に戻る。炭素は酸化して二酸化炭素となり逃げるので，失った酸素の分だけ軽くなる。炭素0.3gまでグラフが下がるのは，どんどん酸素が失われるからである。

(2) 炭素は酸化銅から酸素を奪いとる。ところが，酸化銅がすべて還元されて，もう奪うべき酸素がなくなると，加えた炭素はそのまま試験管に残ってしまう。炭素が0.3gのとき，グラフが下向きから上向きに折れ曲がるのは，酸化銅4.0gをすべて還元するのに炭素0.3gが必要だということを示している。グラフの傾き（上がりぐあい）をよく見ると，炭素0.3gのとき3.2g，炭素0.4gのとき3.3g，炭素0.5gのとき3.4gと，ふえた炭素0.1g分がそのまま試験管内の質量となっている。炭素が反応せずにそのまま残っているからである。

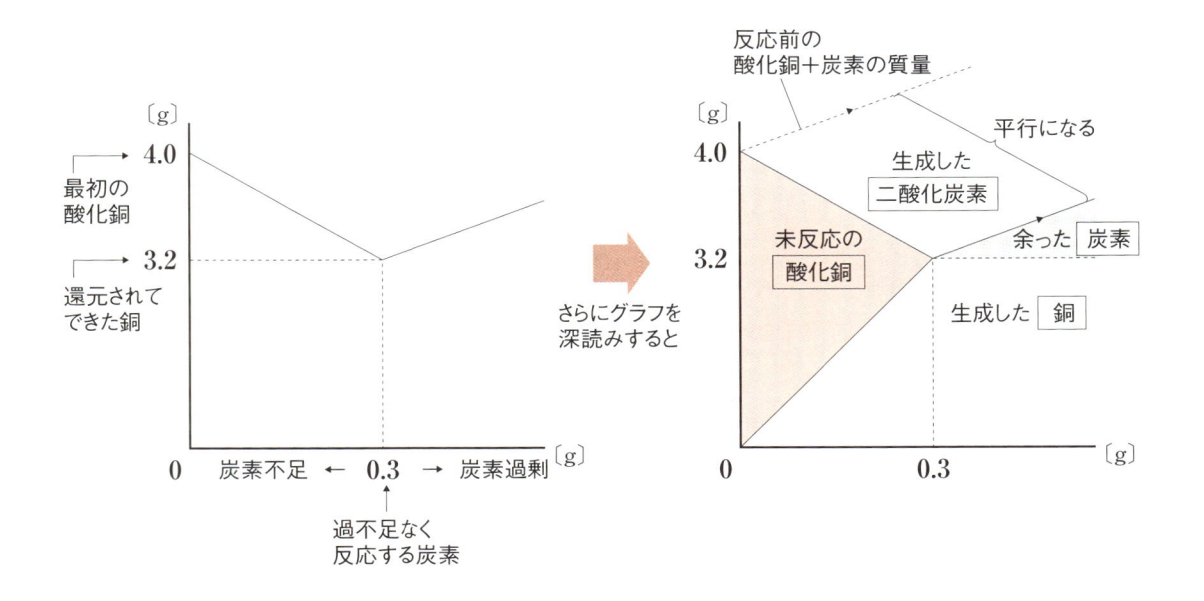

練習問題　　　▶▶▶ 解答は247ページ

1. 右の図のような装置を用いて，酸化銅の粉末と炭素の粉末との混合物を試験管に入れて，加熱したところ，気体が発生し，銅が生じた。

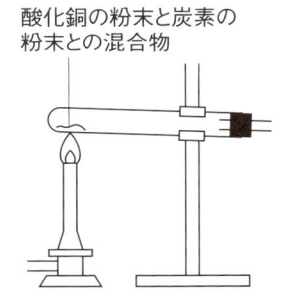

    (1) 酸化銅と炭素に起こった化学変化について説明している文として最も適当なものを，次のア～エから1つ選び，その符号を書きなさい。

    ア　酸化銅と炭素はともに酸化された。
    イ　酸化銅は酸化され，炭素は還元された。
    ウ　酸化銅は還元され，炭素は酸化された。
    エ　酸化銅と炭素はともに還元された。

    (2) このときに起こった化学変化を表す化学反応式を書きなさい。

(2005年　新潟県・改題)

2 酸化銅の粉末2.0 gと十分に乾燥した炭素の粉末とをはかりとり，これらをよく混ぜて試験管に入れ，ガラス管つきのゴムせんを取り付け，左下の図のようにして加熱したところ，二酸化炭素が発生し，試験管内に赤かっ色の物質ができた。加熱をやめた後，試験管内にある固体の物質の質量をはかった。この実験を酸化銅の質量は変えずに炭素の質量のみを変えてくり返し行い，用いた炭素の質量と反応後の試験管内にある固体の物質の質量との関係を調べた。右下の図は，その結果をグラフに表したものである。

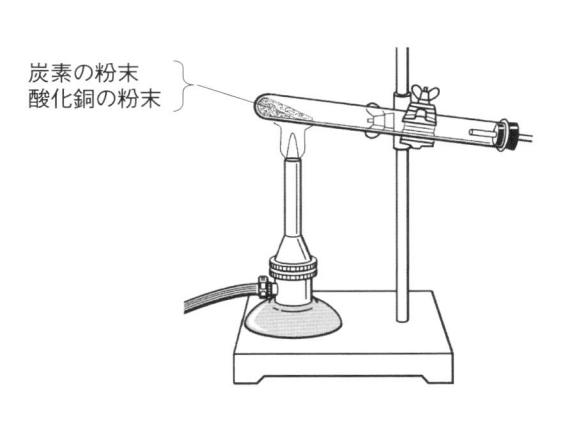

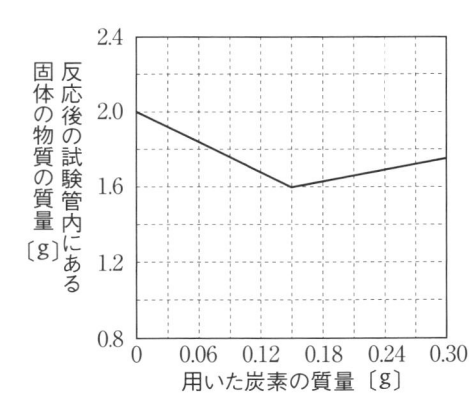

(1) 実験で，酸化銅 2.0 g を完全に反応させるためには少なくとも何 g の炭素が必要か。

(2) 炭素 0.24 g を用いて実験を行ったとき，反応後に試験管内にあると考えられる固体の物質の名称をすべて書きなさい。

(3) 実験の結果から，酸化銅 2.0 g を完全に還元すると何 g の二酸化炭素が発生するか。

(4) (2)のとき，発生した二酸化炭素は何 g か。

(2003年　大阪府後期・改題)

重点学習 物質の質量比

2つの物質A，Bが化合して化合物をつくるとき，物質A，Bはいつも決まった質量比で化合する。

例題1 次の問いに答えなさい。

(1) 銅 2.0 g を十分に加熱すると，何 g の酸化銅ができるか。

(2) 銅 8 g を十分に加熱して酸化銅にするとき，何 g の酸素が必要か。

考え方 銅の酸化は「4：1：5」

化学反応式　　$2Cu + O_2 \rightarrow 2CuO$
質　量　比　　　④　：　①　：　⑤
　　　　　　　　　この質量比はいつも一定

※「ヨイ子」さん

例題1の解答　(1) 2.5 g　(2) 2 g

(1) $2Cu + O_2 \rightarrow 2CuO$
　　　④　：　①　：　⑤
　　　2.0 g　　　　：　□ g

(2) $2Cu + O_2 \rightarrow 2CuO$
　　　④　：　①　：　⑤
　　　8 g　：　□ g

銅（Cu）と酸化銅（CuO）の質量比は4：5である。すべての銅が酸化銅に変化すると，その質量は銅の $\frac{5}{4}$ 倍になる。

よって，$2.0 \times \frac{5}{4} = 2.5$ g

銅（Cu）と酸素（O_2）は質量比4：1で化合して酸化銅になる。8 g の銅と化合する酸素の質量は，銅の $\frac{1}{4}$ 倍である。

よって，$8 \times \frac{1}{4} = 2$ g

例題2 次の問いに答えなさい。

(1) マグネシウム 1.2 g を十分に加熱すると，何 g の酸化マグネシウムができるか。

(2) マグネシウム 9 g を十分に加熱して酸化マグネシウムにするとき，何 g の酸素が必要か。

考え方 マグネシウムの燃焼は「3：2：5」

化学反応式　　$2Mg + O_2 \rightarrow 2MgO$
質　量　比　　　③　：　②　：　⑤
　　　　　　　　　この質量比はいつも一定

※「ミニ子」さん

例題2の解答　(1) 2.0 g　(2) 6 g

(1) $2Mg + O_2 \rightarrow 2MgO$
　　　③　：　②　：　⑤
　　　1.2 g　　　　：　□ g

マグネシウム（Mg）と酸化マグネシウム（MgO）の質量比は3：5である。すべてのマグネシウムが酸化マグネシウムに変化すると，その質量はマグネシウムの $\frac{5}{3}$ 倍になる。

よって，$1.2 \times \frac{5}{3} = 2.0$ g

(2) 2 Mg + O₂ → 2 MgO
　　　③　：②：　⑤
　　　9 g　：□ g

マグネシウム（Mg）と酸素（O₂）は質量比3：2で化合して酸化マグネシウムになる。9 g のマグネシウムと化合する酸素の質量は，マグネシウムの $\frac{2}{3}$ 倍である。
よって，$9 \times \frac{2}{3} = 6$ g

練習問題

▶▶▶ 解答は247ページ

1. 銅 2.8 g を加熱したところ 3.2 g になった。このとき，加熱が不十分であったため，未反応の銅が残されていた。未反応の銅の質量を求めなさい。

2. マグネシウム 1.8 g を加熱したところ 2.4 g になった。このとき，加熱が不十分であったため，未反応のマグネシウムが残されていた。未反応のマグネシウムの質量を求めなさい。

3. 金属を熱したときの質量の変化を調べるため，次の実験を行った。あとの問いに答えよ。

　[実験]
　図のように，マグネシウムの粉末 0.30 g をステンレス皿全体に広げ，一定時間加熱したあとステンレス皿を冷やし，粉末の質量をはかった。この操作をくり返したところ表のようになった。

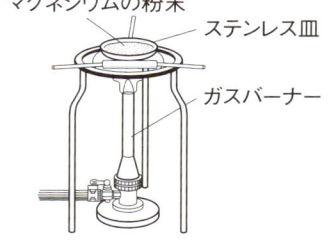

加熱の回数〔回〕	1	2	3	4	5	6
加熱後の粉末の質量〔g〕	0.40	0.45	0.48	0.50	0.50	0.50

(1) マグネシウムの加熱の回数と加熱後の粉末の質量の関係を表すグラフを書け。
　　各点は直線で結び，折れ線グラフにしてよい。

(2) マグネシウムが完全に酸素と反応する場合，マグネシウムの質量と反応する酸素の質量の比を最も簡単な整数比で書け。

(3) 3回目の加熱後，何 g のマグネシウムが未反応のまま残っているか。

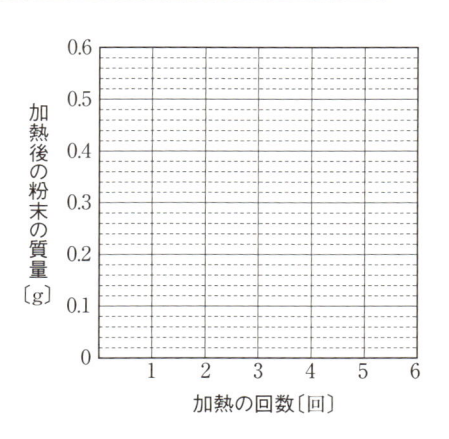

(2005年　福井県・改題)

化学反応式の係数

重点学習

化学反応式を正確に書くためには，物質の化学式（186ページ参照）を正しく書けるようにすることと，係数のつけ方の理解が必要である。ここでは，プロパンが燃焼するときの化学反応式を例に，係数のつけ方をマスターする。

例題1 次の化学反応式に係数をつけて，化学反応式を完成させなさい。

$$C_3H_8 + O_2 \rightarrow CO_2 + H_2O$$
プロパン　　酸素　　　二酸化炭素　水

考え方 式の左右で原子の数をそろえる

化学反応の前後で原子は消えてなくなったり，新たにできたりしない。つまり，化学反応式の左辺と右辺の原子の数は同じでなければならない。左辺と右辺で原子の種類ごとに数を書き出してそろえていく。

例題1の解答　$C_3H_8 + 5O_2 \rightarrow 3CO_2 + 4H_2O$

[手順1] 原子の種類ごとにその数を書き出す

化学反応式	C_3H_8	+	O_2	→	CO_2	+	H_2O
C	3				1		
H	8						2
O			2		2		1

C_3H_8はCが3個とHが8個　　　O_2はOが2個　　　CO_2はCが1個とOが2個　　　H_2OはHが2個とOが1個

[手順2] 両辺で係数の数をそろえる

化学反応式	C_3H_8	+	O_2	→	CO_2	+	H_2O
C	3				~~1~~ 3		
H	8						~~2~~ 8
O			2		~~2~~ 6		~~1~~ 4
					×3		×4

Cの数を左辺の3にそろえるため，このタテの列を3倍した

Hの数を左辺の8にそろえるため，このタテの列を4倍した

化学反応式	C_3H_8	+	⑤O_2	→	③CO_2	+	④H_2O
C	3				~~1~~ 3		
H	8						~~2~~ 8
O			~~2~~ 10		~~2~~ 6		~~1~~ 4
			×5		×3		×4

右辺のOが 6 + 4 = 10 になったので，5倍にして10にそろえた

以上より，$C_3H_8 + 5O_2 \rightarrow 3CO_2 + 4H_2O$ と係数が決まる。

転写 主な化学反応式

①**酸化銀の熱分解**（酸化銀 → 銀 + 酸素）
$$2Ag_2O \rightarrow 4Ag + O_2$$

②**炭酸水素ナトリウムの熱分解**（炭酸水素ナトリウム → 炭酸ナトリウム + 水 + 二酸化炭素）
$$2NaHCO_3 \rightarrow Na_2CO_3 + H_2O + CO_2$$

③**水の電気分解**（水 → 水素 + 酸素）
$$2H_2O \rightarrow 2H_2 + O_2$$

④**鉄と硫黄の化合**（鉄 + 硫黄 → 硫化鉄）
$$Fe + S \rightarrow FeS$$

⑤**銅の酸化**（銅 + 酸素 → 酸化銅）
$$2Cu + O_2 \rightarrow 2CuO$$

⑥**マグネシウムの燃焼**（マグネシウム + 酸素 → 酸化マグネシウム）
$$2Mg + O_2 \rightarrow 2MgO$$

⑦**炭素の燃焼**（炭素 + 酸素 → 二酸化炭素）
$$C + O_2 \rightarrow CO_2$$

⑧**水素の燃焼**（水素 + 酸素 → 水蒸気）
$$2H_2 + O_2 \rightarrow 2H_2O$$

⑨**水酸化ナトリウム水溶液と塩酸の中和**（水酸化ナトリウム水溶液 + 塩酸 → 塩化ナトリウム + 水）
$$NaOH + HCl \rightarrow NaCl + H_2O$$

⑩**酸化銅を炭素で還元**（酸化銅 + 炭素 → 銅 + 二酸化炭素）
$$2CuO + C \rightarrow 2Cu + CO_2$$

参考

⑪炭酸アンモニウムの熱分解（炭酸アンモニウム → アンモニア + 水 + 二酸化炭素）
$$(NH_4)_2CO_3 \rightarrow 2NH_3 + H_2O + CO_2$$

⑫酸化銅を水素で還元（酸化銅 + 水素 → 銅 + 水）
$$CuO + H_2 \rightarrow Cu + H_2O$$

練習問題

▶▶▶ 解答は248ページ

1 次の化学反応式に係数をつけて，式を完成させなさい。

(1)　　　$Ag_2O \rightarrow$　　　$Ag +$　　　O_2（酸化銀の熱分解）

(2)　　　$H_2O \rightarrow$　　　$H_2 +$　　　O_2（水の電気分解）

(3)　　　$Mg +$　　　$O_2 \rightarrow$　　　MgO（マグネシウムの燃焼）

(4)　　　$CuO +$　　　$C \rightarrow$　　　$Cu +$　　　CO_2（酸化銅を炭素で還元）

1 分野
化学

第 3 章

イオン

　水と空気と土と火。すべての物質はこの4つから成り立っている。そのように考えられていた時代がありました。

　自然界にはさまざまな物質が存在します。はたしてこれらの物質は一体何からできているのだろうかと，昔から疑問と探求心が人々を駆り立ててきました。

　もちろん今では，物質は原子という"部品"の組み合わせで，原子の数は約100種類ということが知られています。そこに至るまで2000年以上の歳月が必要だったということです。

　イオンの発見は，19世紀の初めの頃。水溶液に電圧をかけると，水溶液中で電極に向かって動いていくものがなければ起こりえない現象を観察したのがきっかけです。発見者はファラデー（イギリス，1791～1867年）。ギリシャ語で「行くもの」にちなんでイオンと命名されました。

　原子は，正の電気をもつ部分と負の電気をもつ部分からできています。原子全体としては電気的に偏りがありません。ところが負の電気をもつ部分が外れたり，くっついたりが起きると電気的な偏りが出ます。これがイオンです。電気的な偏りがあるので，電圧をかけると移動が起きるのです。

1 水溶液とイオン

転写 ▶ 原子がイオンになるとき

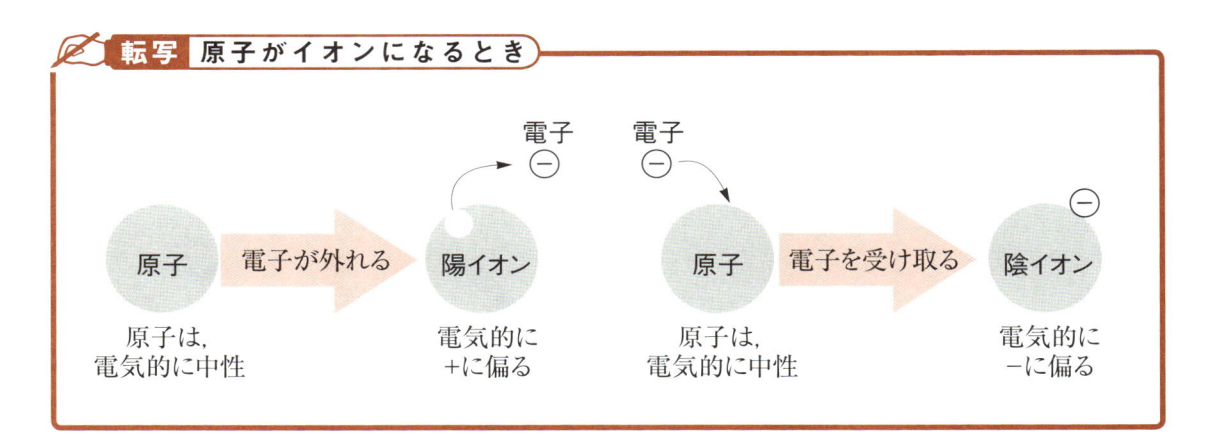

原子 →（電子が外れる）→ 陽イオン　　原子 →（電子を受け取る）→ 陰イオン

- 原子は，電気的に中性
- 電気的に＋に偏る
- 原子は，電気的に中性
- 電気的に－に偏る

解説 ▶ 電解質・非電解質

塩化ナトリウムの固体は電流を通さないが，水にとかして水溶液にすると電流を通すようになる。

塩化銅，塩化ナトリウム，砂糖。これらの固体は電流を通さない。水にとかして水溶液にした場合，塩化銅水溶液，塩化ナトリウム水溶液は電流を通すが，砂糖水は電流を通さない。物質には，水にとけたとき電流を通すものと，通さないものとがある。

水にとけたときその水溶液が電流を通す物質を**電解質**という。酸，アルカリはすべて電解質である。

砂糖，エタノールのようにその水溶液が電流を通さない物質を**非電解質**という。

解説 ▶ 原子の大きさ

物質を次々に細かく分けていくと，これ以上分けることができない最小の粒子になる。この最小の粒子を**原子**という（186 ページ参照）。

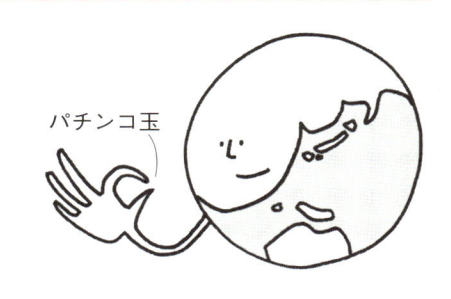

原子の種類は約 100。どんな物質もこれら 100 種類の原子の組み合わせでできている。

原子の直径は約 100 億分の 1 m で非常に小さい。そこで，原子をパチンコ玉の大きさに拡大したとしよう。この拡大率で我々自身も大きくなると，頭は地球より一回り大きくなってしまう。原子に想像を巡らすことは，地球より大きな頭になってパチンコ玉を眺めるようなものである。したがって，電子顕微鏡でも確認できない大きさである。

解説 ▶ 原子の構造

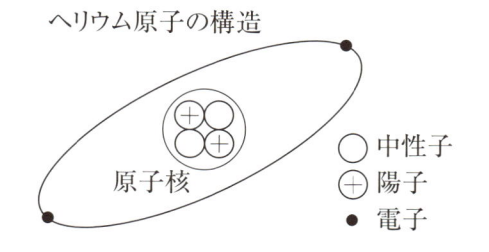

原子は，1個の原子核と，原子核を取りまくいくつかの電子からできている。原子核には，＋の電気を帯びた陽子と，電気を帯びていない中性子が詰まっている。原子核全体として＋の電気を帯び，電子は－の電気を帯びている。

ヘリウム原子の構造

○ 中性子
⊕ 陽子
● 電子

＋の電気を帯びた陽子と，－の電気を帯びた電子は，それぞれ同数ずつある。例えば，水素原子（陽子1個，電子1個），ヘリウム原子（陽子2個，電子2個），ナトリウム原子（陽子11個，電子11個），塩素原子（陽子17個，電子17個）……。

陽子の電気総量と電子の電気総量は等しく，符号は逆。したがって原子はすべて電気的に中性である。

解説 ▶ イオン

原子の中には電子が外れやすい性質のものと，電子を受け取りやすい性質のものがある。ナトリウム原子は電子が外れやすく，塩素原子は電子を受け取りやすい。

原子は，電子の数が2個，10個，18個，……のとき構造が安定する。

ナトリウム原子（原子の記号 Na）には陽子と電子が11個ずつある。電子10個のとき構造的に安定するため，ナトリウム原子からは電子が1個外れやすい。

塩素原子（原子の記号 Cl）には陽子と電子が17個ずつある。電子18個のとき構造的に安定するので，塩素原子は電子1個を受け取りやすい。

構造的に安定すると，電気的な偏りが生じる。

原子はもともと電気的に中性である。その原子から電子が外れると，残った原子は電気的に＋に偏る。電子を受け取った原子は，電気的に－に偏る。このように電気的に偏った状態の原子をイオンとよぶ。

イオンとは，電気を帯びた原子のことである。

イオンには，電気的に＋に偏った陽イオンと，－に偏った陰イオンがある。銅，ナトリウムなどの金属の原子は陽イオンになりやすく，塩素などの非金属は陰イオンになりやすい。

解説 ▶ イオン式

イオンを記号で表したものがイオン式である。原子の記号とやりとりした電子の数で書き方が決まる。下の図で H^+ が水素イオンを表すイオン式である。

水素原子（H）とナトリウム原子（Na）はどちらも電子1個が外れやすいため，＋の電気を帯びた陽イオンになりやすい。

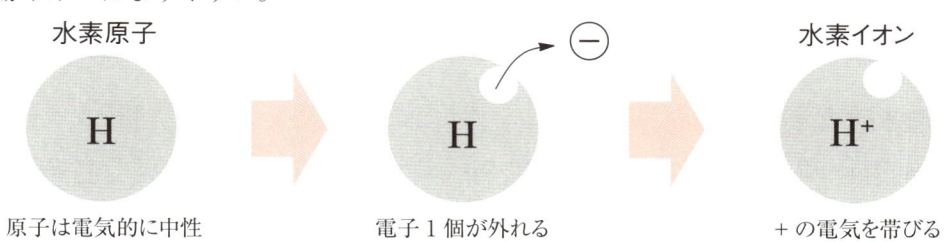

水素原子　　　　　　　　　　　　　　　　　　　　水素イオン

H　→　H　⊖→　H^+

原子は電気的に中性　　電子1個が外れる　　＋の電気を帯びる

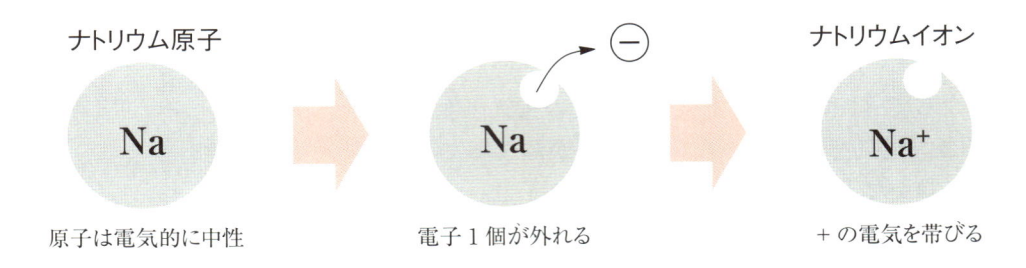

ナトリウム原子		ナトリウムイオン
Na	Na（電子1個が外れる）	Na$^+$
原子は電気的に中性	電子1個が外れる	＋の電気を帯びる

塩素原子（Cl）は電子を1個受け取りやすく，電子1個を受け取って－の電気を帯びた陰イオンになりやすい。塩素原子が電子1個を受け取ってできた陰イオンはCl$^-$と表し，<u>塩化物イオン</u>とよぶ。

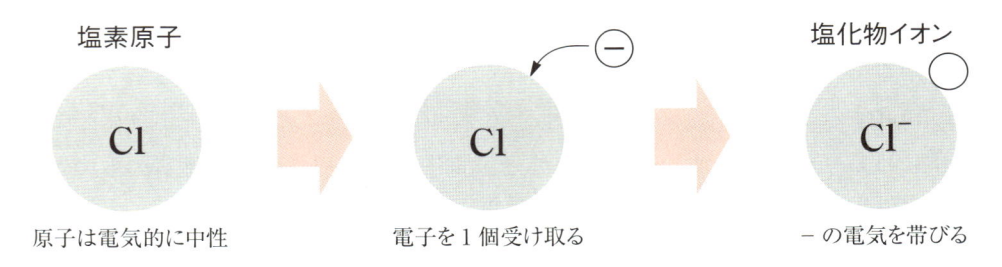

塩素原子		塩化物イオン
Cl	Cl（電子を1個受け取る）	Cl$^-$
原子は電気的に中性	電子を1個受け取る	－の電気を帯びる

銅原子（Cu）は電子2個が外れやすい。電子が2個外れてできる銅イオンは2＋をつけて表す。

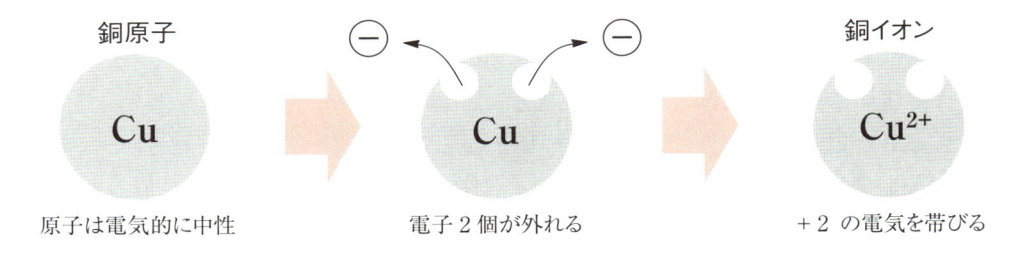

銅原子		銅イオン
Cu	Cu（電子2個が外れる）	Cu^{2+}
原子は電気的に中性	電子2個が外れる	＋2の電気を帯びる

※2個の電子を受け取ってできる陰イオンには2－を原子の記号の右肩につける。

転写 主なイオン式

H$^+$	水素イオン	水素原子（H）から，電子1個が外れる
Na$^+$	ナトリウムイオン	ナトリウム原子（Na）から，電子1個が外れる
Ca^{2+}	カルシウムイオン	カルシウム原子（Ca）から，電子2個が外れる
Cu^{2+}	銅イオン	銅原子（Cu）から，電子2個が外れる
Cl$^-$	塩化物イオン	塩素原子（Cl）が，電子1個を受け取る

解説 ▶ 原子団のイオン式

分子の一部分を構成していて，化学変化の際，<u>まとまって1個の原子のように移動するいくつかの原子のまとまり</u>を**原子団**という。原子団にもイオンがあり，次の4つを押さえるとよい。

転写 主な原子団のイオン式

OH^-	水酸化物イオン	酸素原子1個と水素原子1個からなる原子団 OH が,電子1個を受け取る
CO_3^{2-}	炭酸イオン	炭素原子1個と酸素原子3個からなる原子団 CO_3 が,電子2個を受け取る
SO_4^{2-}	硫酸イオン	硫黄原子1個と酸素原子4個からなる原子団 SO_4 が,電子2個を受け取る
NH_4^+	アンモニウムイオン	窒素原子1個と水素原子4個からなる原子団 NH_4 から,電子1個が外れる

解説 ▶ 電離とイオン反応式

　塩化ナトリウム（化学式 NaCl）が水にとけるとき,陽イオン（イオン式 Na^+）と陰イオン（イオン式 Cl^-）にバラバラに分かれる。塩化水素（化学式 HCl）は,水にとけると陽イオン（イオン式 H^+）と陰イオン（イオン式 Cl^-）に分かれる。塩化銅（化学式 $CuCl_2$）は,水にとけると陽イオン（イオン式 Cu^{2+}）と陰イオン（イオン式 Cl^-）に分かれる。

　このように,水にとけて陽イオンと陰イオンに分かれる現象を**電離**という。また,水にとかしたときイオンに分かれる電離のようすを,イオン式を使って表したものを**イオン反応式**（電離式）という。

　先にふれたように,水にとけたとき電流を通す物質を電解質という。電解質は,水にとけて陽イオンと陰イオンに分かれる物質である。

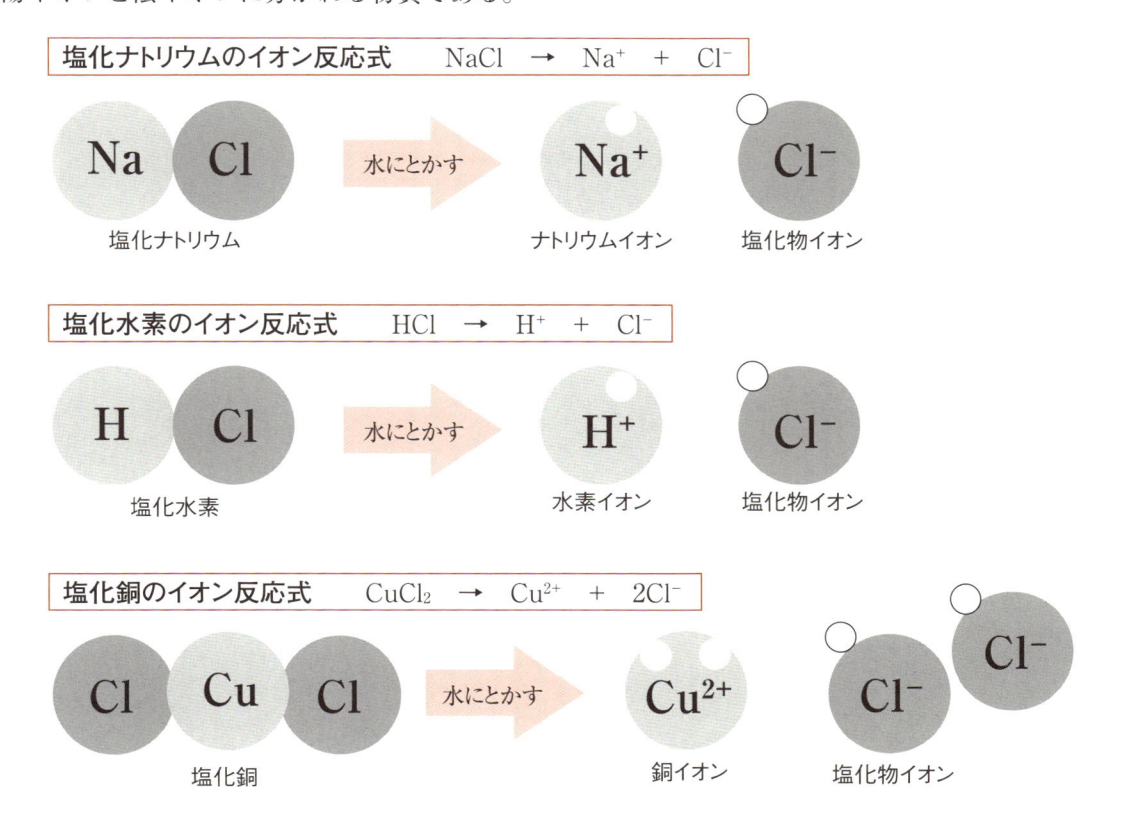

塩化ナトリウムのイオン反応式　　$NaCl \rightarrow Na^+ + Cl^-$

塩化水素のイオン反応式　　$HCl \rightarrow H^+ + Cl^-$

塩化銅のイオン反応式　　$CuCl_2 \rightarrow Cu^{2+} + 2Cl^-$

解説 ▶ イオンの移動

塩化銅，塩化ナトリウム，塩化水素など電解質の水溶液に電圧を加えると，陽イオンは陰極（－極）にひかれ，陰イオンは陽極（＋極）にひかれて移動する。このイオンの移動で水溶液に電流が通る。

砂糖やエタノールなどの非電解質は，水にとけてもイオンに分かれない。そのため水溶液に電圧をかけても電気は流れない。イオンは，ギリシャ語「行くもの」に由来する。

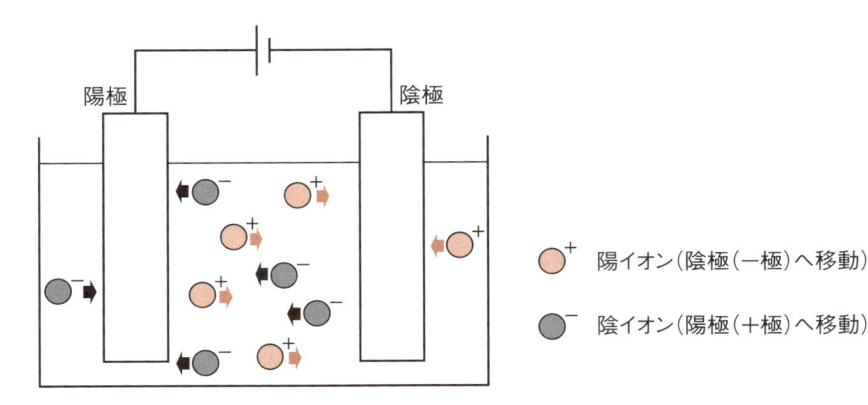

〇+ 陽イオン（陰極（－極）へ移動）
● − 陰イオン（陽極（＋極）へ移動）

まとめ ▶ イオンに関するまとめ

- 原子は，電気的に（ ① ）性である。
- 原子には，電子を失いやすいものと，電子を受け取りやすいものがある。
- 電気を帯びた原子や原子団のことを（ ② ）とよぶ。
- 原子や原子団が，電子を失うと（ ③ ）イオンになる。
- 原子や原子団が，電子を受け取ると（ ④ ）イオンになる。
- 水にとけて陽イオンと陰イオンに分かれる現象を（ ⑤ ）という。
- 水にとけて陽イオンと陰イオンに分かれる物質を（ ⑥ ）という。
- 電解質の水溶液に電流が通るのは，水溶液中で（ ⑦ ）が起きるからである。

答え：
① 中　② イオン　③ 陽　④ 陰　⑤ 電離　⑥ 電解質　⑦ イオンの移動

2 電気分解とイオン

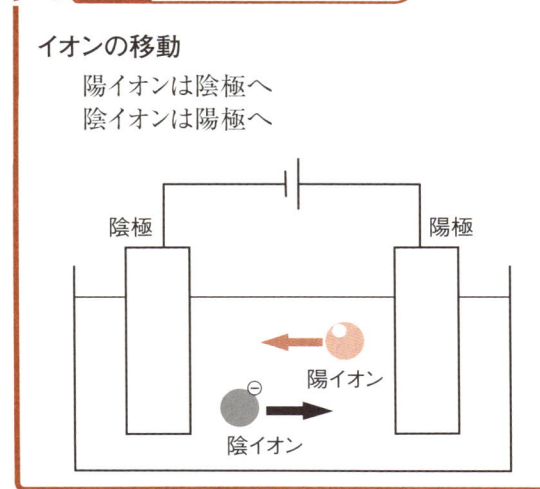

転写 電気分解とイオン

イオンの移動
陽イオンは陰極へ
陰イオンは陽極へ

電子のやり取り
陽イオンは陰極で電子を受け取る
陰イオンは陽極に電子を渡す

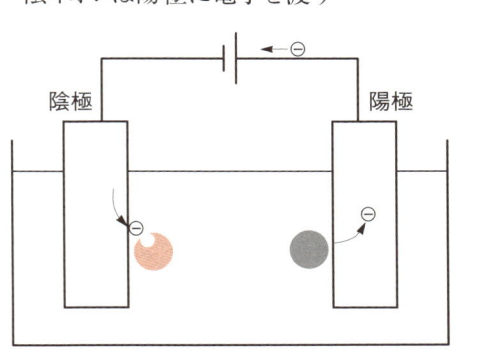

解説 ▶ 塩酸の電気分解

電解質の水溶液に電圧を加えると、水溶液中のイオンが移動する。この移動によって水溶液に電流が通る。

うすい塩酸に電圧を加えると、それぞれの電極から気体が発生し、電流が流れる。

陰極（－極）から発生する気体は水素なので、炎を近づけると気体は音を立てて燃える。

陽極（＋極）から発生する気体は塩素なので、水性ペンで色をつけた紙を気体に入れると、インクが脱色することが確認できる。

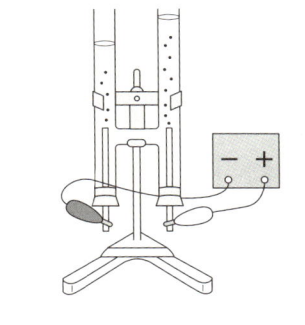

塩素と水素は同じ体積ずつ発生するが、塩素は水にとけやすいので、水素よりも集まる量が少ない。

塩酸の電気分解

			陰極側		陽極側
物質名	塩酸	→	水素	＋	塩素
化学反応式	2HCl	→	H_2	＋	Cl_2
モデル	H Cl H Cl	→	H H	＋	Cl Cl
発生する気体の体積比			1	:	1

解説 ▶ 塩酸の電気分解をイオンで理解

塩酸は，塩化水素（化学式 HCl）の水溶液である。塩化水素は電解質なので，塩酸の中には，陽イオン（H^+）と陰イオン（Cl^-）がある。

塩酸に電圧を加えると，H^+ は陰極（－極）にひかれ，Cl^- は陽極（＋極）にひかれて移動する。

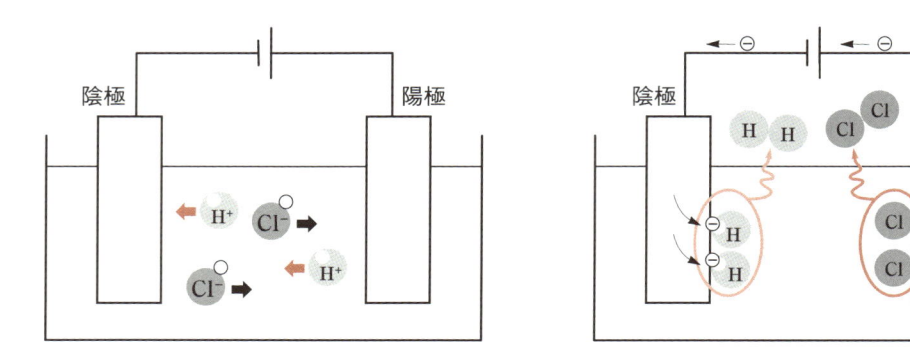

陰極での変化	：陰極（－極）にひかれた H^+ は，電極から電子を受け取り水素原子（H）にもどる。2個の水素原子が集まって水素分子（H_2）になる。
陽極での変化	：陽極（＋極）にひかれた Cl^- は，電極に電子を渡して塩素原子（Cl）にもどる。2個の塩素原子が集まって塩素分子（Cl_2）になる。

解説 ▶ 塩化銅水溶液の電気分解

塩化銅水溶液は青色をしている。塩化銅水溶液に電圧を加えると電気分解が起きる。

陰極（－極）では，電極の表面に銅が付着する。

陽極（＋極）からは塩素が発生する。塩素は水にとけやすいので，陽極付近の水溶液には漂白作用がある。

電気分解を続けると，次第に水溶液の青色はうすくなる。

塩化銅水溶液の電気分解

			陰極側		陽極側
物質名	塩化銅	→	銅	＋	塩素
化学反応式	$CuCl_2$	→	Cu	＋	Cl_2
モデル	Cl Cu Cl	→	Cu	＋	Cl Cl

解説 ▶ 塩化銅水溶液の電気分解をイオンで理解

塩化銅（化学式 $CuCl_2$）は電解質なので，塩化銅水溶液中には，陽イオン（Cu^{2+}）と陰イオン（Cl^-）がある。

塩化銅水溶液に電圧を加えると，Cu^{2+} は陰極（－極）にひかれ，Cl^- は陽極（＋極）にひかれて移動する。

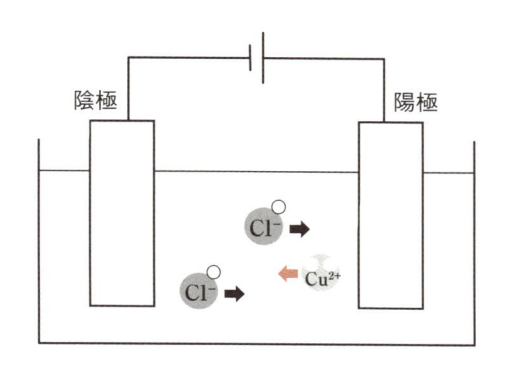

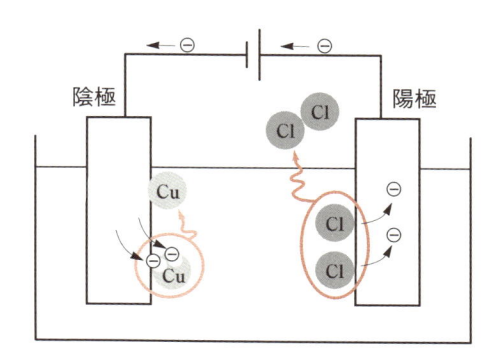

|陰極での変化|：陰極（－極）にひかれた Cu^{2+} は，電極から電子を2個受け取り銅原子（Cu）にもどると，そのまま電極の表面に付着する。

|陽極での変化|：陽極（＋極）にひかれた Cl^- は，電極に電子を渡して塩素原子（Cl）にもどる。2個の塩素原子が集まって塩素分子（Cl_2）になる。

解説 ▶ 電池

化学変化のときに生じる電気エネルギーをとり出す装置を**電池**という。

銅と亜鉛の2種類の金属板を電極としてレモンにさしこむと，電子オルゴールは鳴り始める。「レモン＋金属板」が電池のはたらきをしたためである。これが銅板2枚を使ったり，亜鉛板2枚を使ったりした場合は，オルゴールは鳴らない。2種類の金属板が必要である。また，レモンでなくても，食塩水や塩酸など電気を通す水溶液であれば，電池としてはたらく。

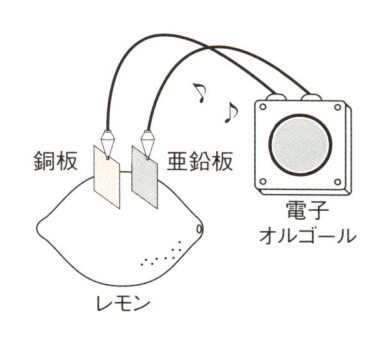

> 電池：　2種類の金属　と　電気を通す水溶液　で電池（電気エネルギーをとり出す装置）になる。
> 　　　　1種類ではダメ　　砂糖水やエタノール水ではダメ

酸性・アルカリ性の水溶液はどちらも電気をよく通す。中性の水溶液の中には電気を通さないものがある。砂糖水とエタノール水は電気を通さない（165ページ参照）。

実験 ▶ 亜鉛板と銅板をうすい塩酸に入れる

図のような装置で，亜鉛板と銅板に導線をつなぐと，電球がつく。「2種類の金属板＋うすい塩酸（電気を通す）」が電池の役割をはたしたためである。

この実験では，銅板のほうに気体が発生する現象が見られる。この気体は水素である。

うすい塩酸に亜鉛を入れると，亜鉛は水素を発生しながらとけていく。しかし，この実験では，亜鉛はとけていくものの，銅板のほうに水素が発生する。

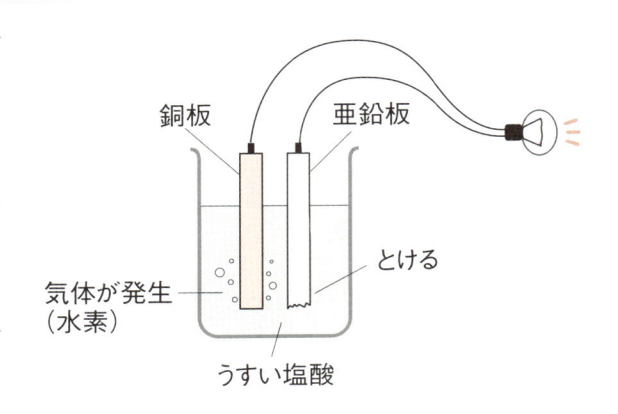

例題1 うすい硫酸に銅板と亜鉛板を入れ，図のようにつないだところ電圧計の針が動いた。水溶液と金属板をア〜エのようにかえたとき，図と同じように電圧計の針が動くものはどれか。1つ選び，記号で書きなさい。

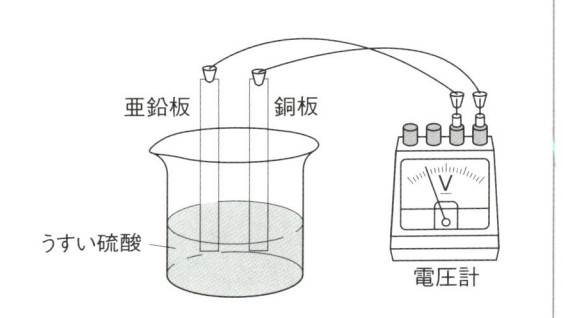

　ア　水溶液は食塩水，金属板は鉄板と鉄板
　イ　水溶液は砂糖水，金属板は銅板とアルミニウム板
　ウ　水溶液はうすい塩酸，金属板は亜鉛板と亜鉛板
　エ　水溶液は食塩水，金属板は鉄板とアルミニウム板

（2003年　大分県）

例題1の解答　エ

砂糖水（やエタノール水）は電気を通さないので電池にならない。2種類の金属板が必要である。

解説 ▶ 燃料電池

水素と酸素は化合して水になる。このとき発生する電気エネルギーをとり出す装置を**燃料電池**という。燃料電池は，水の電気分解の逆反応である。

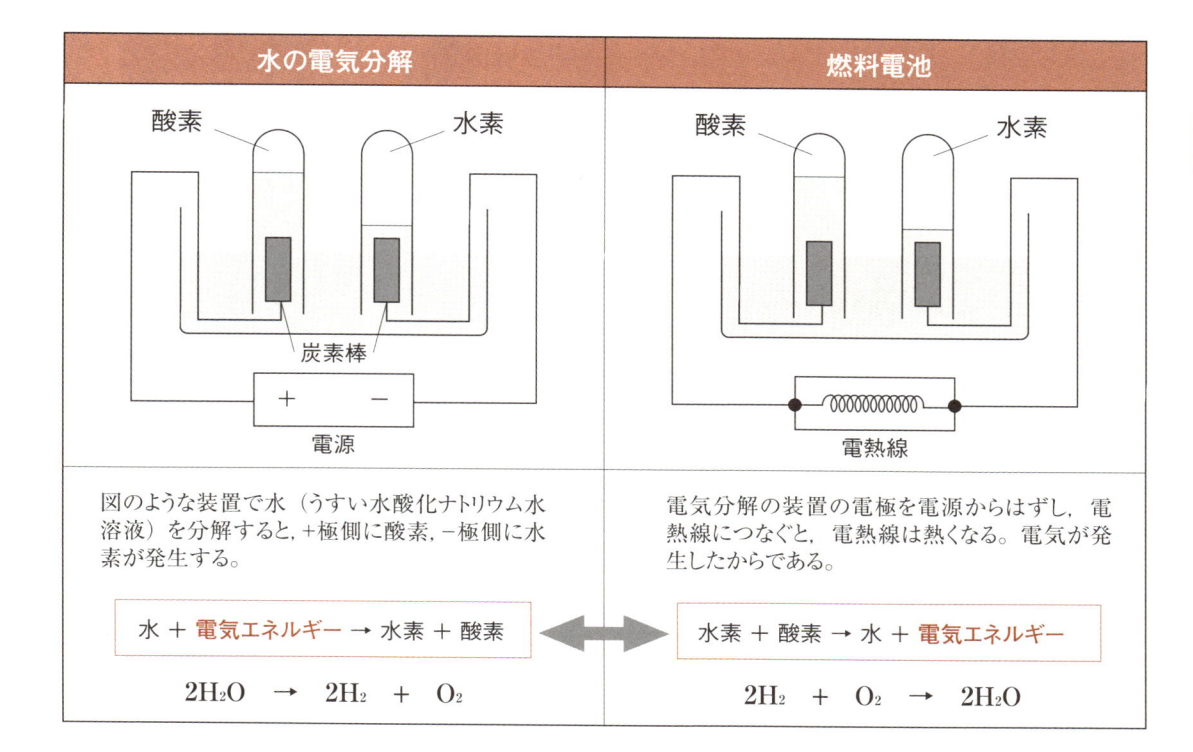

水の電気分解	燃料電池
図のような装置で水（うすい水酸化ナトリウム水溶液）を分解すると，＋極側に酸素，－極側に水素が発生する。	電気分解の装置の電極を電源からはずし，電熱線につなぐと，電熱線は熱くなる。電気が発生したからである。
水 ＋ 電気エネルギー → 水素 ＋ 酸素	水素 ＋ 酸素 → 水 ＋ 電気エネルギー
$2H_2O \rightarrow 2H_2 + O_2$	$2H_2 + O_2 \rightarrow 2H_2O$

例題2 図1のように，装置Pを用いて水の電気分解を行った。その後，電源装置をはずして図2のように電極をモーターにつないだら，モーターが動いた。このとき，装置Pは燃料電池としてはたらいている。グラフは，水の電気分解をはじめてからの装置Pの－極側にたまっている気体の体積と時間との関係を示したものである。

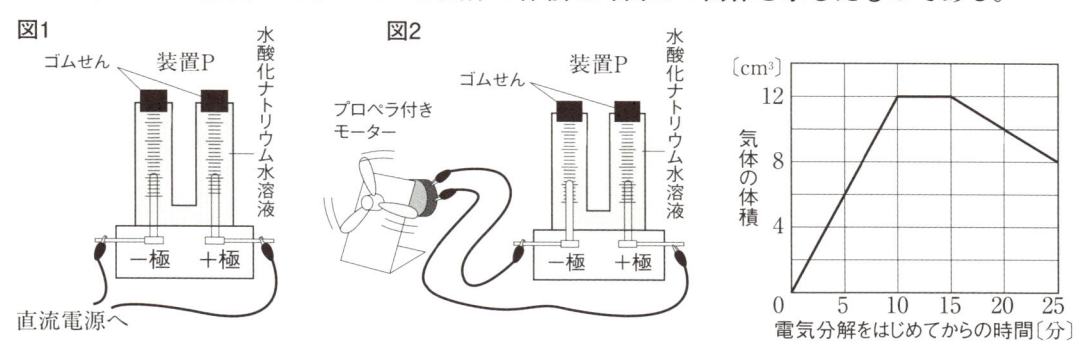

(1) モーターが動いているとき，燃料電池ではどのような化学変化が起こっているか。化学反応式で示しなさい。

(2) モーターを動かすことで－極側の気体が6.4 cm³になるのは，モーターが動き出してから何分後か，求めなさい。

（2004年 熊本県・改題）

例題2の解答　　(1)　$2H_2 + O_2 \rightarrow 2H_2O$　　(2)　14分後

(1) 水素と酸素が化合して水に戻る。
　　水の電気分解とは逆の化学反応式になる。

(2) グラフより，−極側の気体は15分から25分の10分間に $12-8=4$〔cm³〕減少している。
　　12 cm³ が 6.4 cm³ になるまでに $12-6.4=5.6$〔cm³〕減少する時間を x〔分〕とすると，
　　　$4 : 5.6 = 10 : x$
　　　　$4x = 56$　◁ 内項の積＝外項の積
　　　　　$x = 14$〔分後〕

練習問題　　　　　　　　　　　　　　　　　　　　　　▶▶▶ 解答は249ページ

1 図の実験装置を使い，うすい塩酸（塩化水素の水溶液）に電流を通したところ，陽極，陰極からそれぞれ気体が発生した。この実験に関して以下の問いに答えなさい。

(1) 塩化水素は水溶液中でイオンに分かれる。このことを何というか。

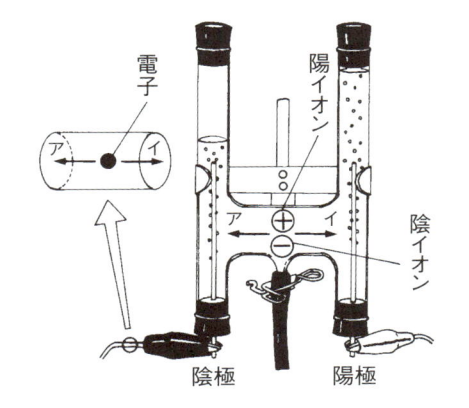

(2) 次の文は，電極から発生した気体の性質について記したものである。｛　｝内から正しいものを選べ。

　①｛陽極・陰極｝から発生した気体は鼻につんとくるにおいがし，②｛陽極・陰極｝から発生した気体はマッチの火を近づけるとポッと音をたてて燃えた。

(3) 電流を流しているとき，図に示した水溶液中の陽イオン⊕，陰イオン⊖，導線中の電子●はそれぞれア，イどちらの向きに移動するか，その符号を書け。

(4) 塩化水素のように，水にとかしたとき電流を通す物質を何というか。

（2001年　石川県・改題）

2 手回し発電機とプロペラをつけた小型モーターを左図のようにつないだ。手回し発電機のハンドルを回すとプロペラが回り，ハンドルを回す向きを逆にするとプロペラの回る向きも逆になった。この手回し発電機を用いて，次の実験を行った。

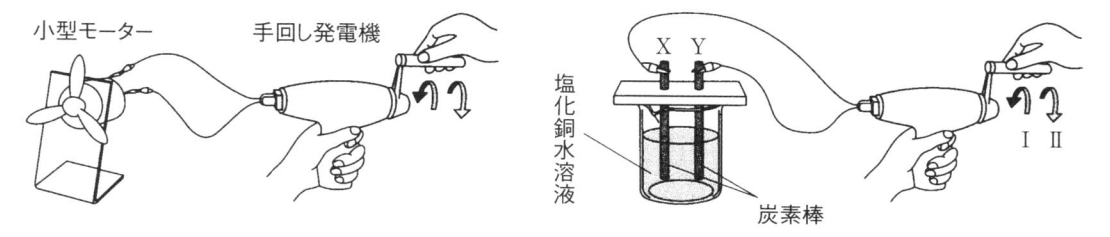

[実験]
塩化銅水溶液を用い，右図のような装置を組んで，①，②の順に操作を行い，ビーカー内のようすを観察した。
　①　ハンドルをⅠの向きに，ある一定の速さでしばらく回し続けた。
　②　①のあと，ハンドルをⅡの向きに，①と同じ速さで回し続けた。

(1) ①の結果，水溶液中の炭素棒Xの表面に赤かっ色の物質が付着した。この物質は何か，原子の記号（元素記号）で書け。

(2) ②のとき，炭素棒Xの表面で起きた変化はどのようなものか。次のア～エから1つ選べ。

　　ア　付着していた赤かっ色の物質が徐々に減り，その他の変化はなかった。
　　イ　付着していた赤かっ色の物質が徐々に減り，その後，気体が発生してきた。
　　ウ　付着する赤かっ色の物質が徐々にふえ，その他の変化はなかった。
　　エ　付着する赤かっ色の物質が徐々にふえ，同時に，気体も発生してきた。

(2002年　山形県・改題)

3 図のような装置を使って，塩化銅水溶液を電気分解したところ，陽極の炭素棒からは気体が発生し，陰極の炭素棒には赤かっ色の物質がついた。

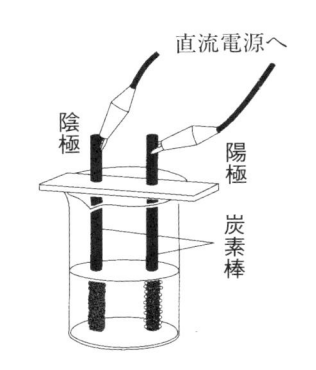

(1) 次の文の①，②の｛　｝の中からそれぞれ正しいものを1つずつ選べ。

塩化銅水溶液の色は①｛ア 赤色　イ 黄色　ウ 青色｝であったが，電気分解によって，この水溶液の色は②｛ア 濃くなった　イ うすくなった｝。

(2) 電気分解中の陽極付近の水溶液をスポイトでとり，赤インクで着色したろ紙に1滴落とすと，落とした部分のろ紙の色はどうなるか。

(3) 次の文の①，②の｛　｝の中からそれぞれ正しいものを1つずつ選べ。また，下線部③を原子の記号で，下線部④を化学式で書け。

塩化銅水溶液の電気分解では，塩化物イオンは①｛ア 陽極　イ 陰極｝で電子を②｛ア 受けとって　イ 失って｝③塩素原子になり，塩素原子が結びついて④塩素分子になる。

(2001年　熊本県・改題)

3 中和とイオン

転写 イオンの数の変化

うすい塩酸に，水酸化ナトリウム水溶液を加えて中和させる。このときの水溶液中でのイオンの数の変化。

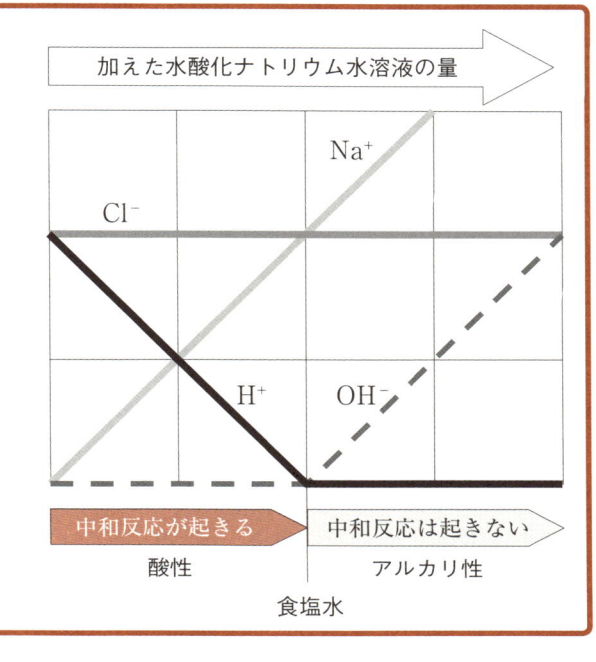

加えた水酸化ナトリウム水溶液の量 →

Na^+
Cl^-
H^+ OH^-

中和反応が起きる　中和反応は起きない
酸性　　　　　　　アルカリ性
　　　　　　食塩水

解説 ▶ 中和反応

　酸性の水溶液は金属をとかす性質がある。うすい塩酸にマグネシウム片を入れると，マグネシウムは水素を発生しながらとけていく。ここに少しずつ水酸化ナトリウム水溶液（アルカリ性）を加えると，発生する水素の勢いがだんだん弱くなり，ちょうど水素が発生しなくなるときを迎える。そのときの混合液は酸性もアルカリ性も示さない。

　酸の水溶液とアルカリの水溶液が混じりあうと，互いにその性質を打ち消しあう化学反応が起きる。これを**中和**（中和反応）という。中和を続けると混合液はやがて中性になる。

　レモンなど果物に含まれる酸が，焼き魚の生臭さ（アルカリ）と打ち消しあうのは中和の応用例である。体内でも食べ物は，胃液（酸性）と混ざるが，その後すい液（アルカリ性）と混ぜられ中和される。

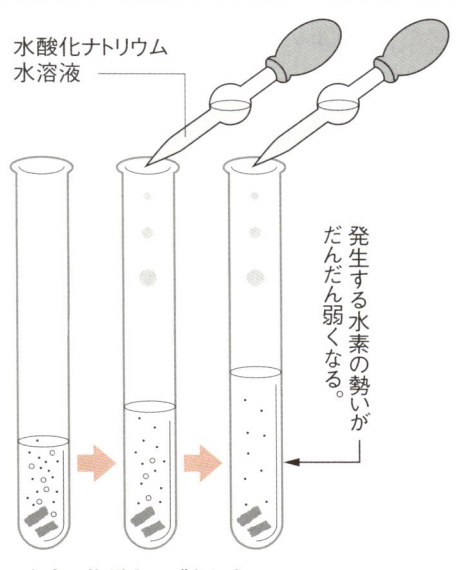

水酸化ナトリウム水溶液

発生する水素の勢いがだんだん弱くなる。

うすい塩酸とマグネシウム

解説 ▶ 塩（えん）

うすい塩酸とうすい水酸化ナトリウム水溶液をほどよく混ぜあわせて中性にすると，混合液は食塩水になる。中和によって食塩と水ができたためである。この食塩のように，中和のときにできる元の酸やアルカリの性質を示さない物質を塩という。組み合わせる酸とアルカリの違いによって，できる塩も違う。

[参考] 中和でできる塩

混ぜあわせる水溶液		できる塩
酸性の水溶液	アルカリ性の水溶液	
塩　酸	水酸化ナトリウム水溶液	塩化ナトリウム
硫　酸	水酸化バリウム水溶液	硫酸バリウム

（注）塩化ナトリウムは食塩のこと。硫酸バリウムは水にも酸にもとけにくい物質でＸ線撮影の造影剤として利用される。

解説 ▶ 中和と中性

ＢＴＢ溶液を加えたうすい塩酸に，うすい水酸化ナトリウム水溶液を入れていく。一滴でも水酸化ナトリウム水溶液が入れば中和は起こり，混合液の酸性の度合いが弱まる。混合液が中性になるまで中和は続く。さらに水酸化ナトリウム水溶液を加え続けると，混合液はアルカリ性の度合いを強めるが，中和は起きていない。中和のときにできる塩化ナトリウムも，混合液が中性になってから後は生じていない。

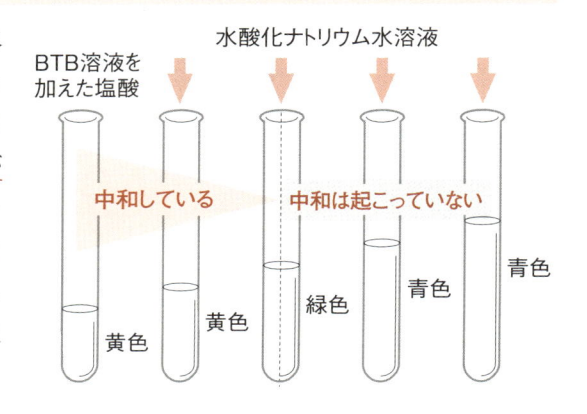

解説 ▶ 中和のイメージ

塩酸に水酸化ナトリウム水溶液を少しずつ加えていくとき，混合液が酸性からやがて中性になり，アルカリ性に変化するようすは，左下のようなイメージで表せる。中和で生じる塩（ここでは塩化ナトリウム）は，混合液が中性になるまでふえ続け，その後はふえない。水酸化ナトリウム水溶液に塩酸を少しずつ加える場合は右下のイメージである。

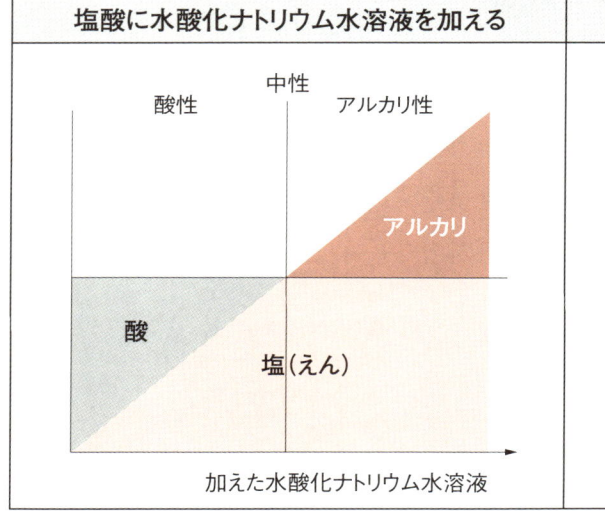

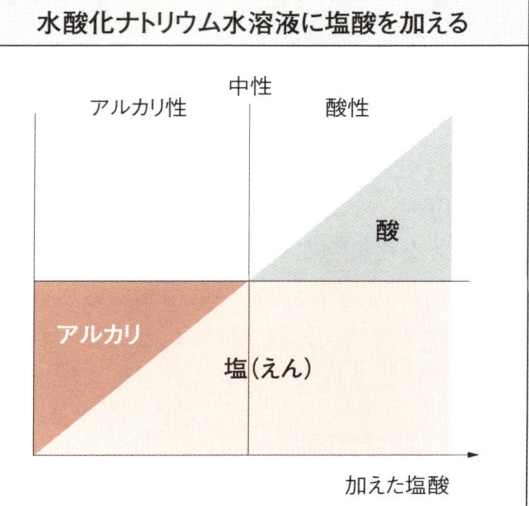

解説 ▶ 酸とアルカリ

水にとけて酸性を示す物質を酸，アルカリ性を示す物質をアルカリとよぶ（164 ページ参照）。酸を水にとかしたとき電離するようすをイオン反応式で表すと，水素イオン（H^+）が共通に生じていることがわかる。

塩酸　HCl　→　（ H^+ ）＋ Cl^-

塩化水素　水にとかす　水素イオン　＋　塩化物イオン

硫酸　H_2SO_4　→　（ $2H^+$ ）＋ SO_4^{2-}

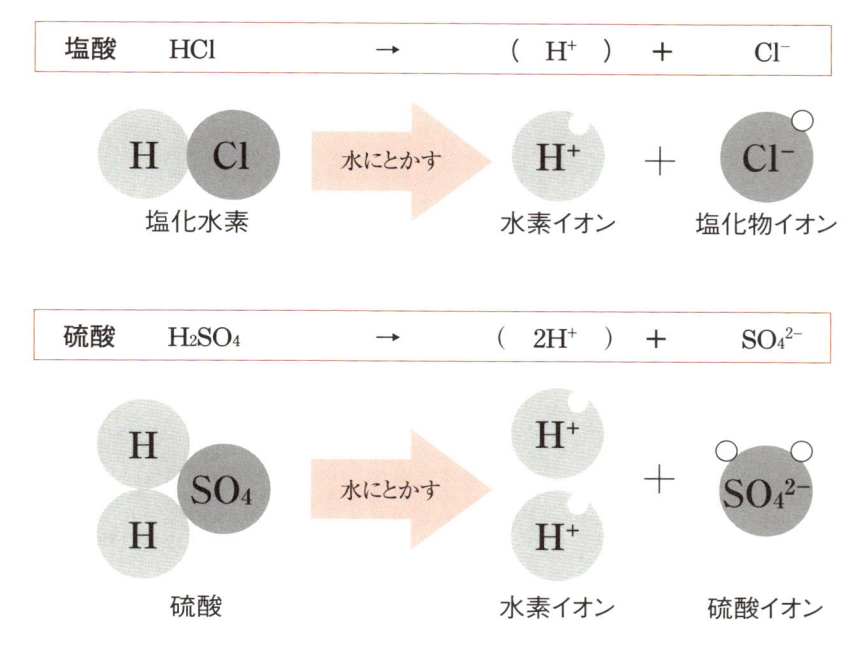

硫酸　水にとかす　水素イオン　＋　硫酸イオン

アルカリの場合は，水酸化物イオン（OH^-）が生じる。

水酸化ナトリウム　NaOH　→　Na^+　＋　（ OH^- ）

水酸化ナトリウム　水にとかす　ナトリウムイオン　＋　水酸化物イオン

水酸化バリウム　$Ba(OH)_2$　→　Ba^{2+}　＋　（ $2OH^-$ ）

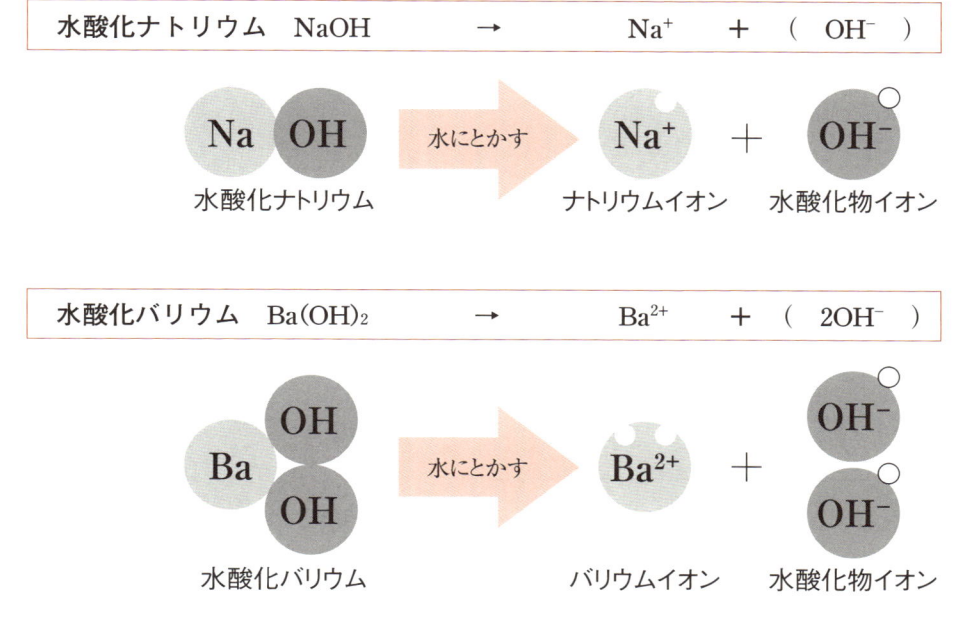

水酸化バリウム　水にとかす　バリウムイオン　＋　水酸化物イオン

水素イオン（H^+）が酸の特性を，水酸化物イオン（OH^-）がアルカリの特性を決定付けている。

〈参考〉

アンモニアは水にとけてアルカリ性を示す。アンモニアの分子（NH₃）のどこにも OH は含まれていないが，水と反応して OH⁻ を生じるため，水溶液がアルカリ性を示す。

$$NH_3 + H_2O \rightarrow NH_4^+ + OH^-$$

二酸化炭素は水に少しとけて（弱）酸性を示す。二酸化炭素の分子（CO₂）のどこにも H が含まれていないが，水と反応して H⁺ を生じるため水溶液が（弱）酸性を示す。

$$CO_2 + H_2O \rightarrow H^+ + HCO_3^-$$

解説 ▶ 中和の思考実験（塩酸と水酸化ナトリウム）

うすい塩酸と水酸化ナトリウム水溶液をほどよく混ぜあわせて完全に中和させると，混合液は中性の食塩水になる。この反応のようすを，イオンで理解してみよう。

① 塩化水素 4 粒を水にとかす

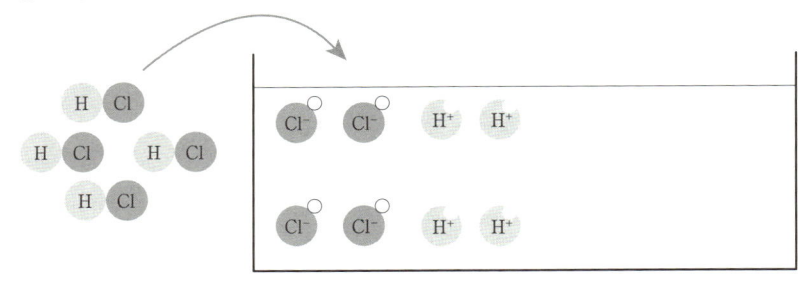

水溶液中のイオンと個数

水素イオン	4 粒
塩化物イオン	4 粒

塩化水素 4 粒だけを水にとかしてできた塩酸について考えることにする。4 粒の塩化水素は，水素イオン 4 粒と塩化物イオン 4 粒に電離する。

こうしてできた塩酸水溶液に，水酸化ナトリウム（NaOH）を 2 粒ずつ 3 回に分けて加えていくことにする。塩酸は**酸性**である。

② 水酸化ナトリウムの最初の 2 粒を入れる

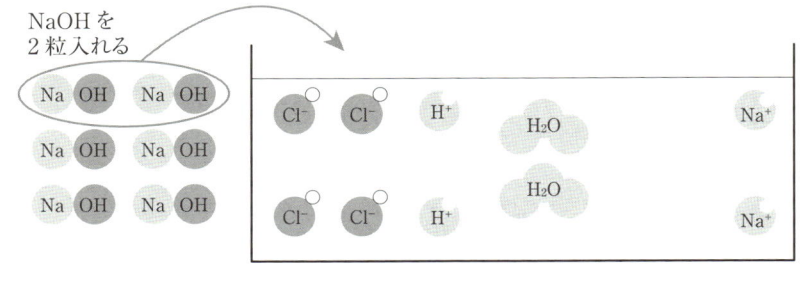

水溶液中のイオンと個数

水素イオン	2 粒
塩化物イオン	4 粒
ナトリウムイオン	2 粒
水酸化物イオン	0 粒

水酸化ナトリウム（NaOH）の最初の 2 粒を加える。2 粒の NaOH は水にとけるとイオンに分かれ（電離して），Na⁺ と OH⁻ を 2 粒ずつ生じる。

$$NaOH \rightarrow Na^+ + OH^-$$
$$NaOH \rightarrow Na^+ + OH^-$$

H⁺ と OH⁻ は出会うとすぐに結合して水分子になる。したがって，最初水溶液中にあった 4

粒の H^+ のうち2粒は，それぞれ OH^- と結合して水分子になり，2粒の H^+ が残る。

$$H^+ + OH^- \rightarrow H_2O$$
$$H^+ + OH^- \rightarrow H_2O$$

酸の特性を決めている H^+ と，アルカリの特性を決めている OH^- が出会って打ち消しあうこの変化「$H^+ + OH^- \rightarrow H_2O$」が，中和反応のとき必ず起きている。

最終的に，H^+ が2粒残るので水溶液全体は**酸性**である。

③ 水酸化ナトリウムの次の2粒を入れる（4粒目）

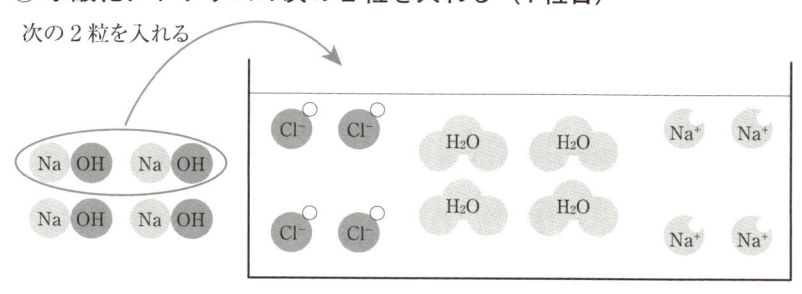

水溶液中のイオンと個数	
水素イオン	0粒
塩化物イオン	4粒
ナトリウムイオン	4粒
水酸化物イオン	0粒

NaOHをさらに2粒入れる（4粒目）。NaOHは電離して Na^+ と OH^- を2粒ずつ生じる。水溶液中に残っていた2粒の H^+ は，それぞれ OH^- と結合して水分子に変わる。

水溶液中に H^+ も OH^- も残らない。水溶液は**中性**の食塩水になる。

④ 水酸化ナトリウムの最後の2粒を入れる（6粒目）

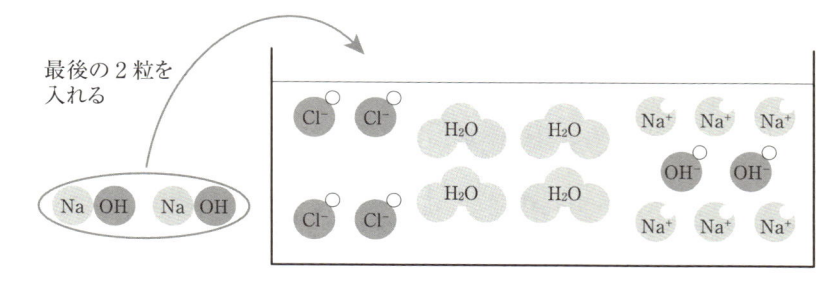

水溶液中のイオンと個数	
水素イオン	0粒
塩化物イオン	4粒
ナトリウムイオン	6粒
水酸化物イオン	2粒

NaOHをさらに2粒入れる（6粒目）。NaOHは電離して2粒の OH^- を生じる。水溶液中に H^+ は残っていなかったので，「$H^+ + OH^- \rightarrow H_2O$」は起きない（中和反応は起きていない）。生じた2粒の OH^- がそのまま水溶液中に残る。

水溶液中に OH^- が残るので，水溶液は**アルカリ性**である。

以上，水溶液中のイオンの個数の変化を表にすると，次のようになる。

	①最初の水溶液	②NaOHの最初の2粒を入れたとき	③NaOHの次の2粒を入れたとき	④NaOHの最後の2粒を入れたとき
H^+	4粒	2粒	0	0
Cl^-	4粒	4粒	4粒	4粒
Na^+	0	2粒	4粒	6粒
OH^-	0	0	0	2粒
液性	酸性	酸性	中性	アルカリ性

これをグラフ化したものが右の図である。

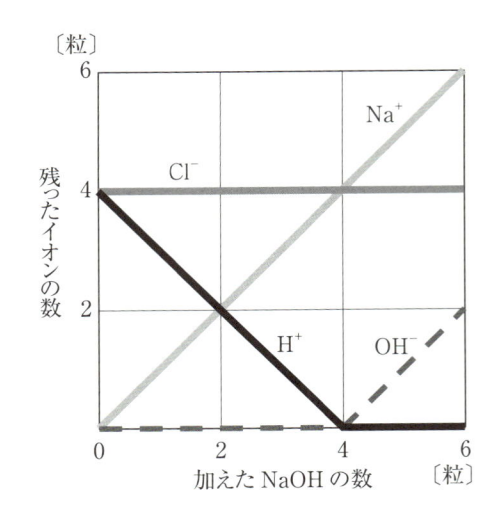

うすい塩酸と水酸化ナトリウム水溶液の中和反応のとき、水溶液中のイオンの数は次のように変化している。

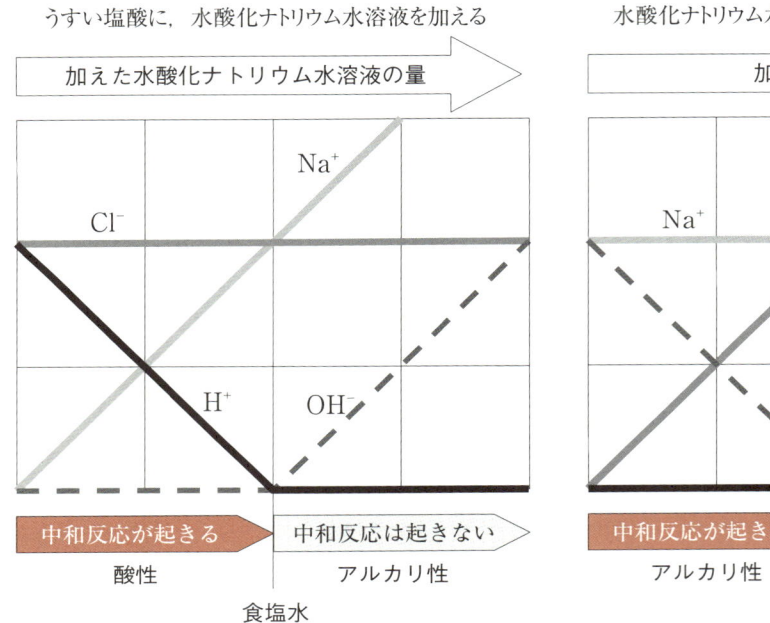

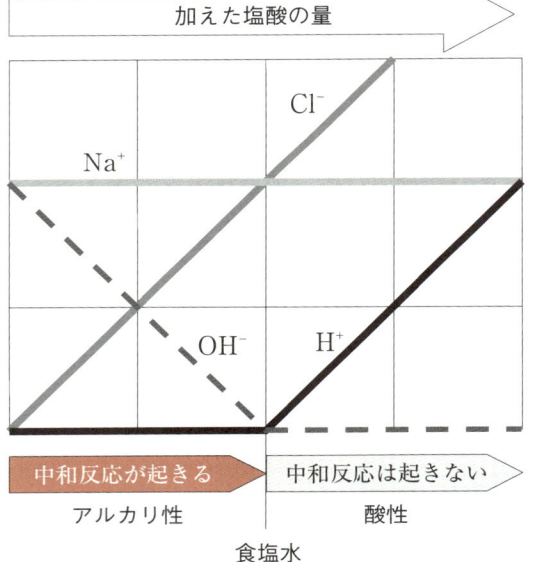

うすい塩酸に、水酸化ナトリウム水溶液を加える

水酸化ナトリウム水溶液に、うすい塩酸を加える

まとめ ▶ 中和とイオン

(1) 酸は電離すると、(　　　)が生じる。このイオンが酸の特性を決めている。
(2) アルカリは電離すると、(　　　)が生じる。このイオンがアルカリの特性を決めている。
(3) 中和反応のとき必ず起きる変化を、(陽イオン)＋(陰イオン)→(物質の化学式)の形で書け。

答え：
(1) 水素イオン　　(2) 水酸化物イオン　　(3) $H^+ + OH^- \rightarrow H_2O$

練習問題

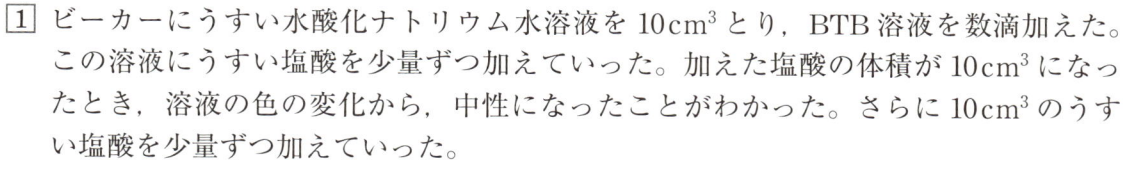

▶▶▶ 解答は249ページ

① ビーカーにうすい水酸化ナトリウム水溶液を $10cm^3$ とり，BTB 溶液を数滴加えた。この溶液にうすい塩酸を少量ずつ加えていった。加えた塩酸の体積が $10cm^3$ になったとき，溶液の色の変化から，中性になったことがわかった。さらに $10cm^3$ のうすい塩酸を少量ずつ加えていった。

(1) 塩酸を加えはじめてからの，ビーカー内の溶液の色の変化を正しく表しているのはどれか。

　　ア　青→緑→黄　　イ　青→黄→緑　　ウ　黄→緑→青　　エ　緑→黄→青

(2) 次の（　）に当てはまるイオンの記号または化学式を書き，ビーカー内の溶液中で起こった中和反応を表す式を完成させなさい。

　　H^+ ＋ （ ① ） → （ ② ）

(3) 下のグラフは，加えた塩酸の体積と，ビーカー内の溶液中の水素イオン，ナトリウムイオン，水酸化物イオン，塩化物イオンのいずれかのイオンの数との関係を表したものである。水素イオンと塩化物イオンの数の変化を表したグラフはそれぞれどれか。

　　水素イオンの数の変化（　　　　），塩化物イオンの数の変化（　　　　）

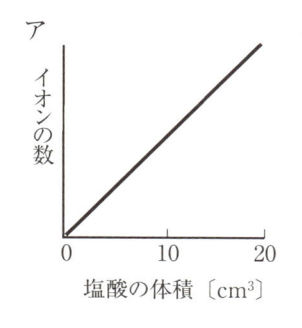

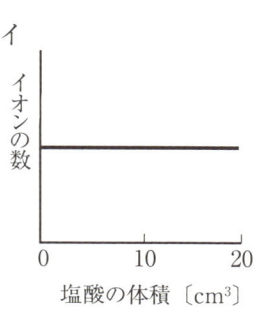

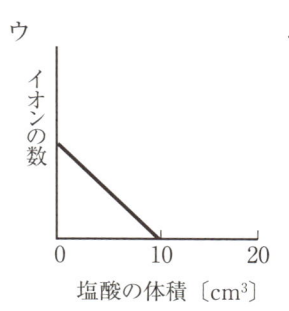

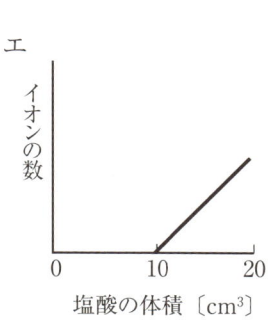

ア　　　　　　　　　イ　　　　　　　　　ウ　　　　　　　　　エ

（2002年　栃木県）

解答・解説篇

1分野 **物 理** 232

1分野 **化 学** 245

1分野 物理

第1章 光と音

重点学習 反射の作図

▼練習問題の解答（p.13）

1　c，d，e
2　（下の図を参照）
3　イ

1　Pを鏡XYに対してパタッと折り返す（P′）。P′とX，Yをそれぞれ結んで延長すると，図のようになる。ここが反射した光が届く範囲である。

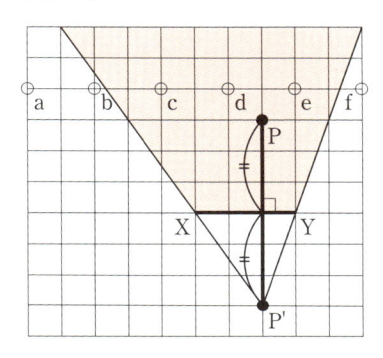

2　目の位置を鏡に対してパタッと折り返す。折り返した目の位置と鏡の両端を結んで延長すると，図のようになる。ここが鏡に映って見える範囲である。

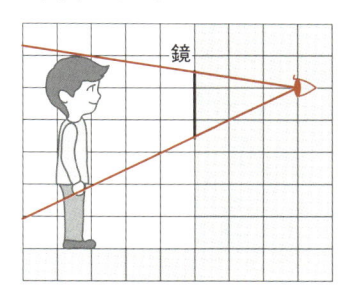

3　建物の先端を水面に対してパタッと折り返す。折り返した点とKを結ぶと，イを通ることがわかる。

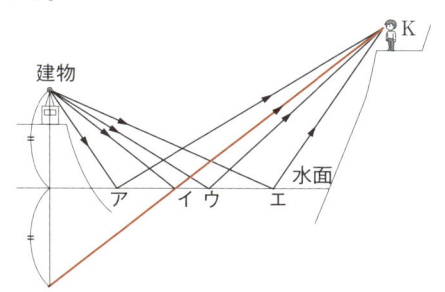

重点学習 屈折の向き

▼練習問題の解答（p.18）

1　(1)　②，③　　(2)　全反射
2　(1)　屈折　　　(2)　（下の図を参照）

1　(1) 反射のとき，入射角（●）＝反射角（○）となる。
屈折のとき，ガラス→空気なので，入射角（●）＜屈折角（×）となる。

(2) ガラスと空気のように異なる物質の境目で入射光線がすべて反射することを全反射という。

2　(1) 水から空気，空気から水というように性質の異なる物質の境界で，光は折れ曲がって進む。これを屈折という。

(2) 光は水面で折れ曲がって進む。空気中や水中では直進する。花子さんがBを見ている視線と水面の交点からA点へ直線を引く。

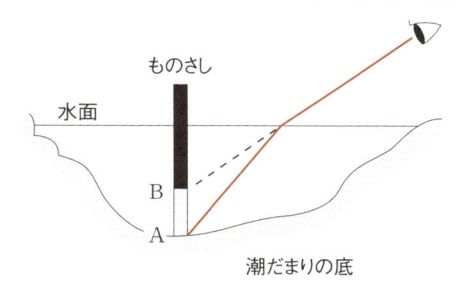

重点学習 凸レンズの実像

▼練習問題の解答（p.26）

1　(1)　レンズの側から見ると：ウ
　　　　　裏側から見ると：エ
　　(2)　距離Y：大きくなる
　　　　　像の大きさ：大きくなる
2　(1)　E　　(2)　20cm

1 (1) 凸レンズがスクリーン上に結ぶ実像は上下左右が逆転した向きになる。したがって，レンズの側から見るとウ。それを裏側から

見るとエとなる。

(2) 物体を凸レンズに近づけているので、実像の位置は遠ざかり、大きさは大きくなる。

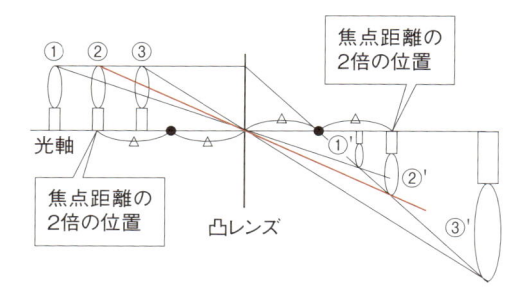

物体の番号	物体と凸レンズの距離	実像の番号	実像と凸レンズの距離	実像の大きさ
①	焦点距離の2倍より大	①'	焦点距離の2倍と焦点の間	物体より小
②	焦点距離の2倍	②'	焦点距離の2倍	物体と同じ
③	焦点距離の2倍と焦点の間	③'	焦点距離の2倍より大	物体より大

2 (1)

結果1と結果2を見てみると、結果2のときaとbが等しいので、図のように焦点距離は20cmだとわかる。

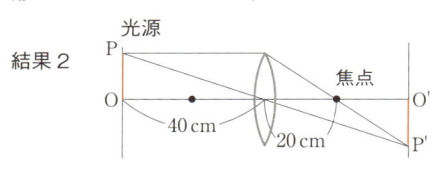

次に、結果1の光の進み方を作図すると、結果2の場合より、像の位置がレンズに近づき、大きさは小さくなることが確かめられる。したがって、この像は図3のAよりも小さいEであることがわかる。

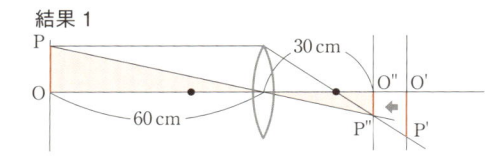

[参考] 結果1の像の大きさは、光源のちょうど半分の大きさになっている。結果1の作図の色の部分には、相似な三角形ができている。長さの比が60cm：30cm＝2：1なので、OPに対応するO″P″は、OPの半分の長さになる。

(2) (1)より、焦点距離の2倍が40cmなので、
40÷2＝20〔cm〕

3 音の性質

▼ 練習問題の解答（p.31）

1 (1) ア　　(2) ウ

1 (1) 弱くたたくと音は小さくなる（＝波形の上下幅が小さくなる）が、音の高低（＝波の間隔）は変わらない。

(2) ビーカーの水を太い弦のように考えればよい。水を減らす＝弦を短くする、と考える。音が高音になるので、波の数が多い（間隔がせまい）波形になる。

第2章 力と圧力・浮力

1 力とバネ

▼ 練習問題の解答（p.40）

1 （下の図を参照）
2 (1) 2cm
　 (2) バネA：4cm　バネB：2cm
3 9cm

1 重力の表し方は、①物体の重心（中心）から、②鉛直下向きにかく。同じ物体のときは、重力の大きさは変わらないので、矢印の長さは同じにすること。

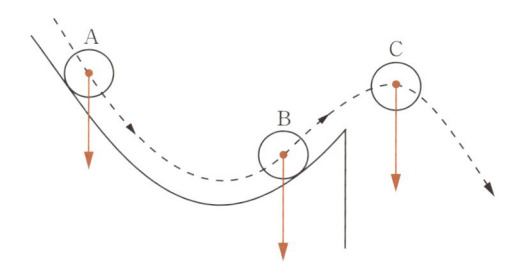

2 (1) 50gのおもりが2つで100gではなく、バネが支えているのは50gであることに注意。50gのおもりを天井からバネにつるした場合と同じだから、4cmの半分の2cm伸びる。

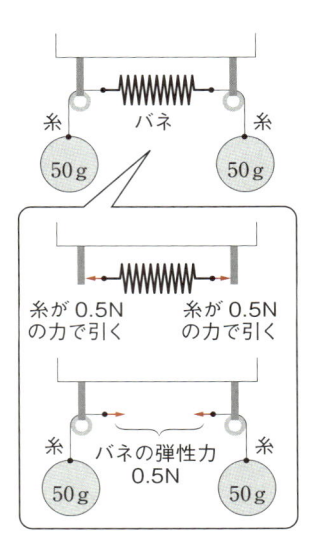

(2) バネ A は 100 g を，バネ B は 50 g を支えている。

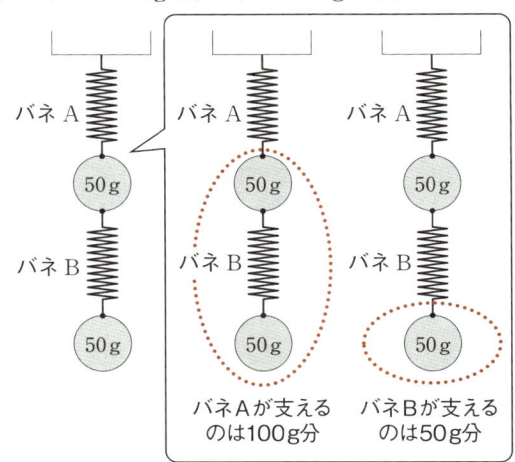

③ グラフから 2 cm 伸びたバネ B には，0.6 N の力が加わっていることがわかる（グラフの①）。そのため，バネ B は 0.6 N の弾性力を発揮し，バネ A を 0.6 N の力で引き伸ばす。バネ A は 0.6 N の力が加わると伸びが 9 cm になる（グラフの②）。

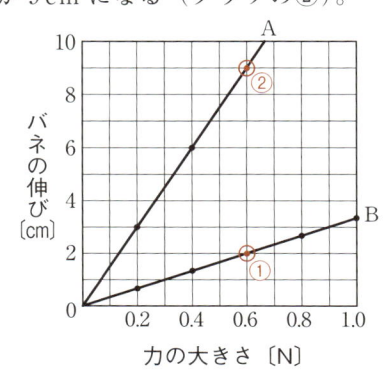

重点学習 圧力の計算

▼練習問題の解答 (p.46)

1	(1) 18 N	(2) 3000 Pa
(3) $\frac{1}{4}$ 倍		
2	(1) 500 Pa	(2) $\frac{1}{2}$ 倍

1 (1) 1.8 kg (= 1800 g) の物体にはたらく重力の大きさは 18 N

(2) A 面の面積は，$12 \times 5 = 60 \text{ cm}^2$
B 面の面積は，$20 \times 12 = 240 \text{ cm}^2$

	A 面を下	B 面を下
面を垂直に押す力	18 N	18 N
力がはたらく面積	60 cm² = 0.006 m²	240 cm² = 0.024 m²

A 面 60 cm² = $\frac{60}{10000}$ = 0.006 m²

18 N の力が 0.006 m² に作用しているので，

圧力は，$\frac{18}{0.006} = \frac{18000}{6} = 3000 \text{ N/m}^2$
$= 3000 \text{ Pa}$

(3) レンガの向きを変えただけなので床を押す力は変わらない。
B 面を下にすると，A 面が下のときより，力の作用を受ける面積が 60 cm² → 240 cm² となり 4 倍に広がる。
よって，反比例する圧力は，$\frac{1}{4}$ 倍になる。

2 (1) A 面の面積は，$14 \times 10 = 140 \text{ cm}^2$
C 面の面積は，$7 \times 10 = 70 \text{ cm}^2$

	A 面を上	C 面を上
面を垂直に押す力	7 N	7 N
力がはたらく面積	140 cm² = 0.014 m²	70 cm² = 0.007 m²

A 面 140 cm² = $\frac{140}{10000}$ = 0.014 m²

700 g の直方体にはたらく重力の大きさは 7 N。

7 N の力が 0.014 m² に作用しているので，

圧力は，$\frac{7}{0.014} = \frac{7000}{14} = 500 \text{ N/m}^2$
$= 500 \text{ Pa}$

(2) 直方体の向きを変えただけなので台を押す力は変わらない。
A面が上のとき，力がはたらく面積は140 cm²。これはC面が上のときの70 cm²の2倍の面積である。
よって，反比例する圧力は，$\frac{1}{2}$倍になる。

3 大気圧と水圧

▼練習問題の解答（p.51）

> 1 (1) a：hPa　　b：エ
> (2) 飛行機の中の気圧に比べてお菓子の袋の中の気圧が高いため。
> (3) a：ウ　　b：イ
> (4) 大気圧は，あらゆる向きに同じようにはたらいているから。
> 2 (1) イ　(2) 800Pa　(3) 100Pa

1 (1) 1気圧は1013hPa（ヘクトパスカル）。「空気の箱（47ページ参照）」が1個あれば，10×10＝100cm²に1gにのせていることになり，1Paの圧力を生じる。したがって，1013hPa＝101300Paは，「空気の箱」を101300個積み上げたものと同じで，100cm²に101300gのせていることになる。つまり，1cm²に1013g（＝約1kg）のせていることになる。

(2) 地上（空港のロビー）では，袋の内側と外側は同じ大きさの圧力で押し合っている。機内は0.8気圧に調節され気圧が小さくなるため，袋の内側から押す圧力のほうが強くなり袋がふくらむ。

(3) ストローで吸うとき，口の中の空気の圧力（気圧）を小さくしている。口の中の気圧が低くなると，ジュースの液面は大気圧によって押され，ジュースは口の中に流れ込む。

(4) 大気圧は面に対して垂直にはたらく。屋根の上の空気は屋根の上面を下に押し，屋根の下の空気は屋根の下面を上に押し上げている。この2つの圧力はほぼ同じ大きさになる。屋根の下の空気は，屋根を押し上げるのとほぼ同じ圧力でBさんを押すことになる。

2 (1) 水圧は，面に対して垂直にはたらく。

(2) B点は容器の底から2cmの高さ。これは水面から8cmの深さに位置する。100gの物体にはたらく重力の大きさを1Nとした場合，水深1cmでの水圧は1hPaなので，水深8cmでは8hPa＝800Pa。

(3) C点は容器の底から9cmの高さ。これは水面から1cmの深さに位置する。水深1cmでの水圧は1hPa＝100Pa。

4 浮力

▼練習問題の解答（p.55）

> 1 260g
> 2 (1) 9N　(2) 900cm³
> 3 (1) 100cm³　(2) 0.8N
> 　(3) 1.7N

1 (1) 1.3g/cm³ × 200cm³ ＝ 260g

2 (1) 氷は浮いている。氷にはたらく重力と浮力とが打ち消しあっている。重力は9Nの大きさで鉛直下向きにはたらき，浮力は鉛直上向きに9Nの大きさではたらいている。

(2) 氷が押しのけた水の質量が900g分あるから，9Nの浮力が生じた。
水の密度は1g/cm³なので，900gの水の体積は900cm³。水面下の氷の体積と押しのけた水の体積は等しい。

3 (1) ガラス球が押しのけたアルコールの体積分だけ液面が上昇する。容器の底面積が100cm²，液面が1cm上昇したので，100×1＝100cm³

(2) アルコールの密度は0.8g/cm³なので，ガラス球が押しのけたアルコール100cm³は，100×0.8＝80g。80gにはたらく重力の大きさは0.8N。よって，0.8N浮力が生じる。

(3) ガラス球250gにはたらく重力の大きさは2.5N。ガラス球には鉛直下向きに2.5Nの重力，鉛直上向きに0.8Nの浮力がはたらく。はかりの目盛りは，2.5－0.8＝1.7N

第3章 電流と電圧

1 電流と電圧

▼練習問題の解答 (p.63)

> 1 (1) (下の図を参照) (2) (下の図を参照)

1 (1) 回路は角をつけて，全体が長方形になるように記す。

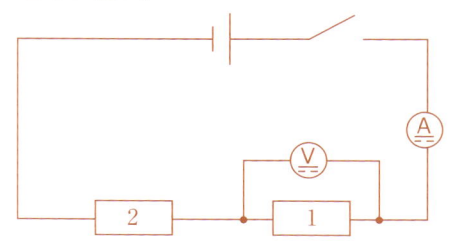

(2) まず電源装置と電熱線，電流計を一本道になるように接続する。次に電熱線の両端に電圧計を接続する。このとき，電流計，電圧計の＋端子は，電源装置の＋側に，－端子は電源装置の－側に接続する。

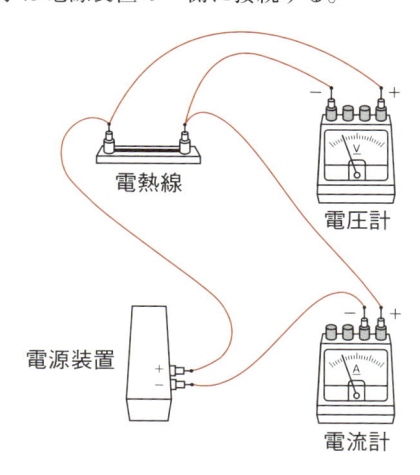

2 オームの法則とその利用

▼練習問題の解答 (p.70)

> 1 (1) X：5Ω　Y：15Ω
> 　 (2) 4.0 V　(3) 0.8 A
> 2 (1) 0.4 V　(2) 6.3 V　(3) 10Ω
> 3 (1) 400 mA　(2) 0.5 A　(3) 21Ω
> 4 (1) X：5Ω　Y：10Ω
> 　 (2) 3 V　(3) 5 V

1 (1) 電熱線 X の抵抗の値を Rx〔Ω〕とすると，2.0 V の電圧を加えると 0.4 A 流れるので，

$$Rx = \frac{E}{I} = \frac{2.0\,\text{V}}{0.4\,\text{A}} = \frac{20}{4} = 5\,〔Ω〕$$

電熱線 Y の抵抗の値を Ry〔Ω〕とすると，3.0 V の電圧を加えると 0.2 A 流れるので，

$$Ry = \frac{E}{I} = \frac{3.0\,\text{V}}{0.2\,\text{A}} = \frac{30}{2} = 15\,〔Ω〕$$

(2) 直列回路では，各抵抗を流れる電流が等しい。電熱線 X，Y それぞれに 200 mA の電流が流れる。200 mA のときの電圧をグラフから読む。

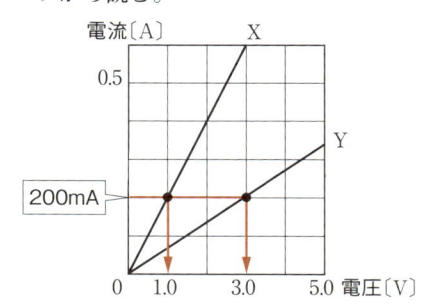

各電熱線の両端の電圧の和が電源の電圧である。
よって，1.0 + 3.0 = 4.0〔V〕

(3) 並列回路では，各抵抗に加わる電圧が等しい。電源の電圧を 3.0 V にしたので，各電熱線に加わる電圧も 3.0 V である。3.0 V のときの電流をグラフから読む。

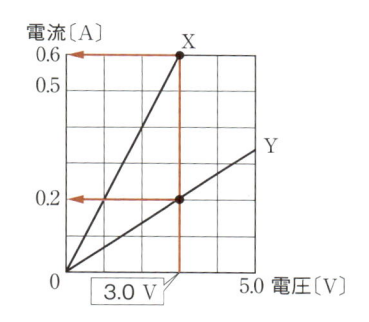

各電熱線を流れる電流の和が電源を流れる電流である。
よって，0.6 + 0.2 = 0.8〔A〕

② (1) 抵抗の値の比は $10\,\Omega : 35\,\Omega = 2 : 7$ だから，電源電圧 $1.8\,\text{V}$ の $\dfrac{2}{2+7} = \dfrac{2}{9}$ が電熱線X に加わる。

$$1.8 \times \dfrac{2}{9} = 0.4\,[\text{V}]$$

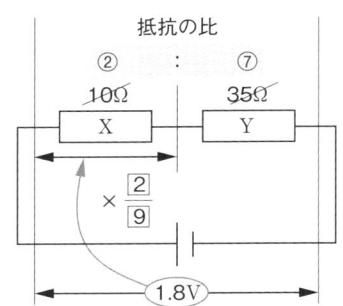

抵抗の比
② : ⑦
$10\,\Omega$ — X — $35\,\Omega$ — Y
$\times \dfrac{2}{9}$
$1.8\,\text{V}$

(2) 抵抗の値の比は $9\,\Omega : 12\,\Omega = 3 : 4$ だから，電熱線Xに加わる $2.7\,\text{V}$ は，電源電圧の $\dfrac{3}{3+4} = \dfrac{3}{7}$ に相当する。電源電圧はXに加わる $2.7\,\text{V}$ を $\dfrac{7}{3}$ 倍すればよい。

$$2.7 \times \dfrac{7}{3} = 6.3\,[\text{V}]$$

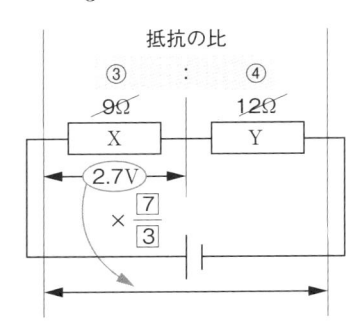

抵抗の比
③ : ④
$9\,\Omega$ — X — $12\,\Omega$ — Y
$2.7\,\text{V}$
$\times \dfrac{7}{3}$

(3) 電熱線に加わる電圧の比
$4.5\,\text{V} : 1.5\,\text{V} = 3 : 1$ は，抵抗の値の比に一致する。

$$30 \times \dfrac{1}{3} = 10\,[\Omega]$$

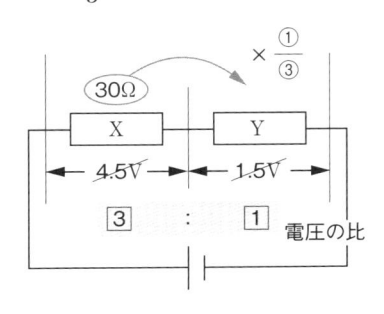

$\times \dfrac{①}{③}$
$30\,\Omega$
X — Y
$4.5\,\text{V}$ — $1.5\,\text{V}$
③ : ① 電圧の比

③ (1) 抵抗の値の比は $9\,\Omega : 18\,\Omega = 1 : 2$ であるから，それぞれの電熱線を流れる電流の比は反比例して $2 : 1$ である。したがって，電熱線Xには，

$600\,\text{mA}$ の $\dfrac{2}{1+2} = \dfrac{2}{3}$ が流れ込む。

$$600 \times \dfrac{2}{3} = 400\,[\text{mA}]$$

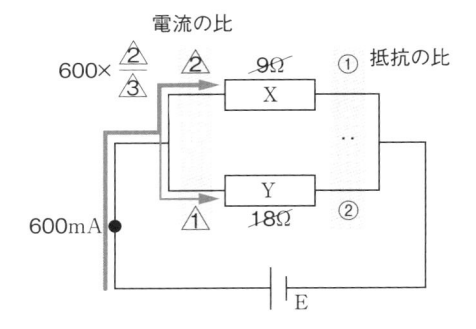

電流の比
$600 \times \dfrac{2}{3}$ ② $9\,\Omega$ ① 抵抗の比 X
$600\,\text{mA}$ ① $18\,\Omega$ ② Y
E

(2) 抵抗の値の比は $9\,\Omega : 36\,\Omega = 1 : 4$ であるから，それぞれの電熱線を流れる電流の比は反比例して $4 : 1$ である。したがって，電熱線Yには，電熱線Xを流れる $2\,\text{A}$ の $\dfrac{1}{4}$ が流れる。

$$2 \times \dfrac{1}{4} = 0.5\,[\text{A}]$$

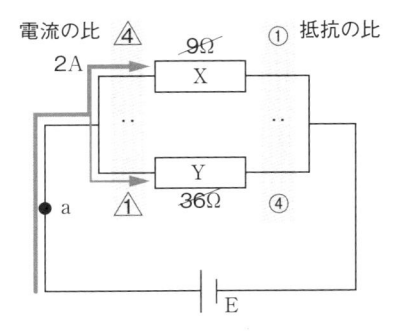

電流の比 ④ $9\,\Omega$ ① 抵抗の比
$2\,\text{A}$ — X
① $36\,\Omega$ ④ Y
a
E

(3) それぞれの電熱線を流れる電流の比は
$400\,\text{mA} : (700 - 400)\,\text{mA}$
$= 400 : 300 = 4 : 3$ であるから，
抵抗の値の比は反比例して $3 : 4$ である。したがって，電熱線Xの抵抗は，電熱線Y$(= 28\,\Omega)$ の $\dfrac{3}{4}$ である。

$$28 \times \dfrac{3}{4} = 21\,[\Omega]$$

4 (1) 電熱線Xの抵抗の値をRx〔Ω〕とすると，2.0 Vの電圧を加えると0.4 A流れるので，
$Rx = \dfrac{E}{I} = \dfrac{2.0}{0.4} = \dfrac{20}{4} = 5$〔Ω〕

電熱線Yの抵抗の値をRy〔Ω〕とすると，1.0 Vの電圧を加えると0.1 A流れるので，
$Ry = \dfrac{E}{I} = \dfrac{1.0}{0.1} = \dfrac{10}{1} = 10$〔Ω〕

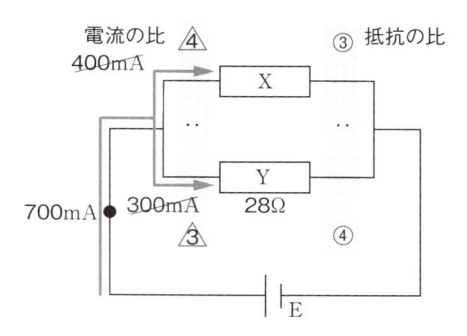

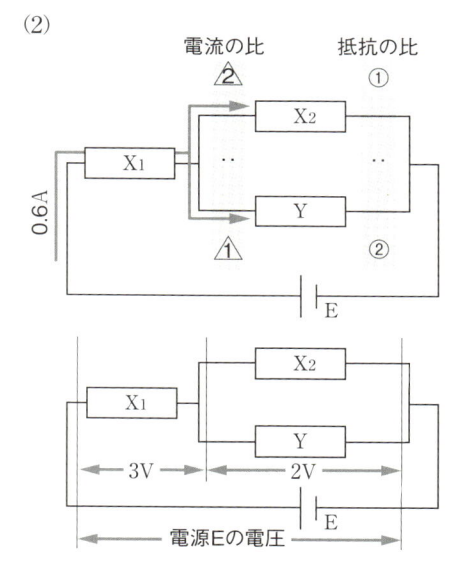

(2) 図のように，2つの電熱線XをX_1，X_2とする。

電流計が示した0.6 Aは，電熱線X_1を流れる電流に等しい。
よって電熱線X_1の両端の電圧は，
$E = IR = 0.6\,A × 5\,Ω = 3$〔V〕

(3) 電熱線X_2とYの抵抗の値の比は
5 Ω：10 Ω＝1：2であるから，
それぞれの電熱線を流れる電流の比は反比例して2：1である。したがって，電熱線Yには，0.6 Aの$\dfrac{1}{1+2} = \dfrac{1}{3}$の電流が流れ込む。

$0.6 × \dfrac{1}{3} = 0.2$〔A〕

電熱線Y（＝10 Ω）に0.2 A流れるので，その両端の電圧は，
$E = IR = 0.2\,A × 10\,Ω = 2$〔V〕である。
よって，電源Eの電圧は，3＋2＝5〔V〕

重点学習 直列回路と並列回路

▼ 練習問題の解答（p.73）

1 (1) XとY (2) Z (3) Y
2 (1) （小さいほうから順に）b，f，d
  (2) 2.5倍

1

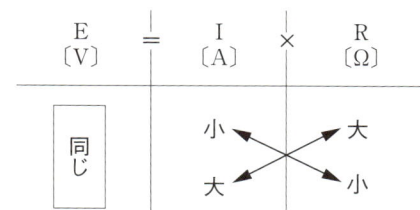

(1) 図1の直列回路で電流の大きさを最小にするためには，電圧を5.0 Vで一定にしているので，抵抗値が大きくなるようにすればよい。3つの中では，XとYの組み合わせのとき抵抗値が最も大きくなり，流れる電流が最小になる。

(2)(3) 図2で，b点の電流は電熱線①を流れる電流，c点の電流は電熱線①と②を流れる電流の和である。流れる電流の大きさがそれぞれの点で最大となるようにするためには，抵抗を小さくすればよい。

電熱線①には抵抗値が最も小さいZを，電熱線②には次に小さな抵抗値のYを接続すればよい。

抵抗値が大きなXは電流の流れを妨げる力が強いので，電流は流れにくくなる。

2 (1) 直列回路を流れる電流はどこも等しい。表より，a，cともに0.12 Aの電流が流れているので，bは0.12 Aである。
並列回路では電流が枝分かれして流れる。dを流れる電流は，e（0.30 A）とfに枝分かれし，再び合流してg（0.50 A）となる。したがって，dはgと等しく0.50 A，fは0.50－0.30＝0.20〔A〕である。

(2) グラフのXより，電熱線R_1を流れる電流が0.20 Aのとき，R_1には2 Vの電圧が加

わっていることがわかる。並列回路では，各抵抗に加わる電圧は電源の電圧と等しくなるので，図2の電源の電圧E_2は2Vである。

一方，E_1はac間の電圧と等しいので，グラフのYを読む。0.20Aの電流が流れるときのac間の電圧は5V。

よって，E_1は5Vである。

以上より，E_1はE_2の$\frac{5}{2}=2.5$倍

3 消費電力

▼練習問題の解答（p.78）

|1| 最も明るい：ウ　最も暗い：ア

|1| まずワット数が大きな電球は抵抗値が小さいことを確かめておく。

100V−40Wの電球は，100Vの電圧をかけると，

$I = \frac{P}{E} = \frac{40}{100} = 0.4$A 流れるので，

$R = \frac{E}{I} = \frac{100}{0.4} = \frac{1000}{4} = 250$Ω の抵抗。

100V−200Wの電球は，100Vの電圧をかけると，

$I = \frac{P}{E} = \frac{200}{100} = 2$A 流れるので，

$R = \frac{E}{I} = \frac{100}{2} = 50$Ω の抵抗。

よって，40Wは250Ωの抵抗，200Wは50Ωの抵抗であることがわかる。

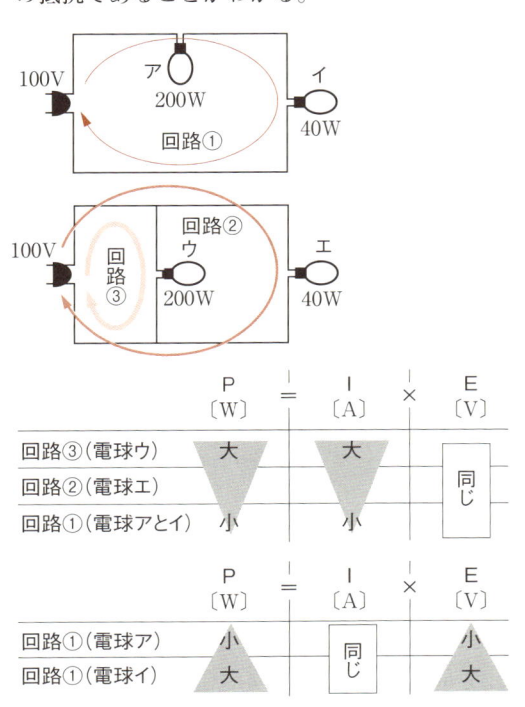

図のように回路①〜③とすると，どの回路も100Vの電圧がかかっている。抵抗値の小さい電球に100Vかけている回路③を流れる電流が一番大きい。よって，電球ウが一番明るい。電球2つ分に100Vかける回路①を流れる電流が一番小さい。電球アとイは直列接続なので，抵抗が小さい電球アのほうが，かかる電圧は小さい。よって，回路①のアが一番暗い。

4 発熱量

▼練習問題の解答（p.82）

|1| (1) エ　(2)（小さい順に）c, a, b, d
|2| (1) イ　(2)（次ページの図を参照）
　　(3) 電源の電圧を同じにするので，Pに加わる電圧は並列回路のほうが大きい。抵抗は同じなので，Pに流れる電流も並列回路のほうが大きくなるため。

|1|(1) 電熱線から発生した熱が，すべて水の温度上昇に使われるように，容器は熱の伝わりにくい素材を使う。

(2) 同じ量の水に同じ時間だけ電気を通した場合，水の温度上昇は電熱線の消費する電力の大きさに比例する。したがって，水の上昇温度が小さい順に並べる。

|2|(1) 電圧計は電圧を測りたい部分に並列につなぐ。＋端子は，電源装置の＋側に接続する。

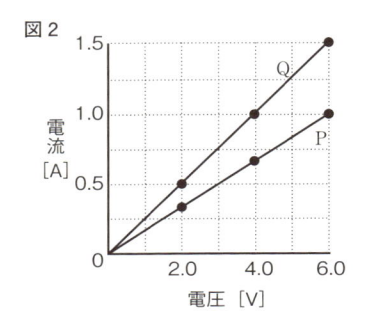

(2) 図3の回路はPとQが直列に接続されている。電熱線を直列に接続した場合，それぞれの電熱線に流れる電流の大きさは同じになる。

図2のグラフで，0.5A流れるところを見ると，Pに3.0V，Qに2.0Vが加わっていることがわかる。したがって，PとQを直列に接続した図3の場合，電源装置で3.0＋2.0＝5.0〔V〕の電圧をかけると，回路全体に0.5A流れる。

図4の回路はPとQが並列に接続されている。電熱線を並列に接続した場合，それぞれの電熱線に加わる電圧の大きさは電源装置の電圧に等しくなる。

図2のグラフで，6.0Vのところを見ると，Pに1.0A，Qに1.5A流れることがわかる。したがって，PとQを並列に接続した図4の場合，電源装置に6.0Vの電圧をかけると，回路全体に1.0 + 1.5 = 2.5〔A〕流れる。E = IRより，Rが一定ならEとIは比例する。したがって直線のグラフをかけばよい。

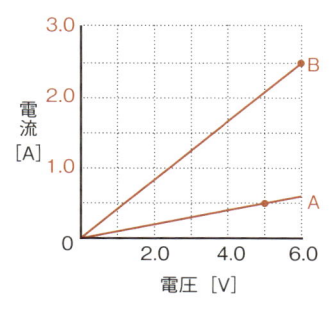

(3) この問題では，電熱線P, Qをそれぞれコップに入れることに注意。例えば図3の直列回路の場合は次のようになっている。

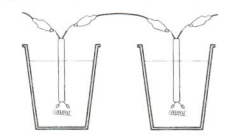

直列接続の場合と並列接続の場合では，直列接続のほうが全体の抵抗が大きくなり，電流は流れにくくなる。並列接続にすると，全体の抵抗は個々の抵抗よりも小さくなり，電流が流れやすくなる。

熱量 Q = 電流 I × 電圧 E × 時間 t だから，電圧が変わらずIの値が大きければ，Qもふえることがわかる。

第4章 電流のはたらき

2 電流が磁界から受ける力

▼練習問題の解答（p.95）

1 (1) （電熱線を入れないでつなぐと）回路に大きな電流が流れてしまうから。
  (2) イ　(3) 遠ざかる向き
  (4) （動き方が大きい順に）エ，ア，イ，ウ

1 (1) 過剰な電流を流すと，発熱，発火などの危険をともなう。

(2) 電流の向きに右手の親指をあわせて導線をにぎる。残りの指が向く方向が磁界の向きである。

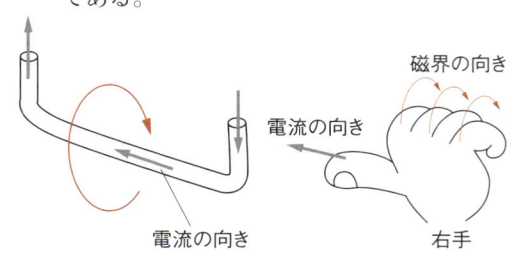

(3) 電流の向きに右手の親指をあわせて，残りの指を磁界の向きにあわせる。手のひらが向いた方向に導線は力を受ける。

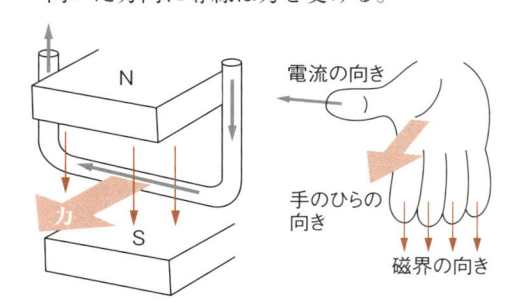

(4) 「コイルの動き方が大きい→電流が大きい→抵抗が小さい（電圧が一定なので）」より，ア〜エを抵抗の小さい順に並べればよい。10Ωと20Ωの電熱線を直列につなぐと全体の抵抗が大きくなり，電流は流れにくくなる。並列につなぐと全体の抵抗が小さくなり，電流は流れやすくなる。

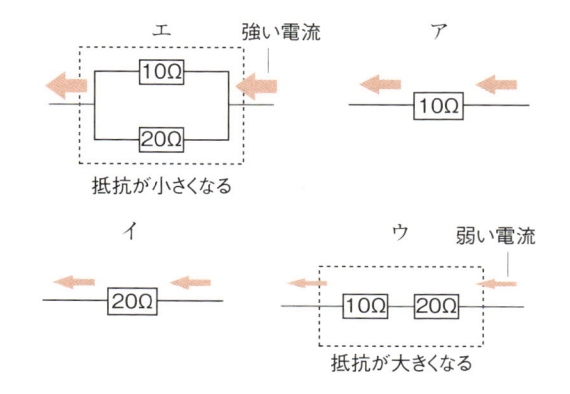

3 電磁誘導

▼練習問題の解答（p.100）

1 ア
2 (1) a　(2) ア，ウ　(3) 電磁誘導

1 右手の人差し指〜小指を電流の向きにあわせてコイルをにぎると，親指が向いた方向がコ

イルをつらぬく磁界の向きである。コイルは右側がN極の磁石になっている。

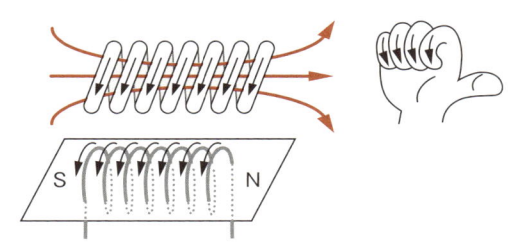

② (1) 磁石を近づけるときは同じ極が向きあう。コイルがつくる磁石のN極側に右手の親指をあわせてコイルをにぎる。にぎった指の向く方向に電流が流れる。

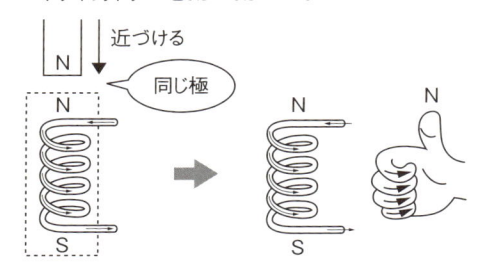

(2) 磁石を遠ざけるときはNとSが向きあい，近づけるときは同じ極が向きあうので，コイルがつくる磁石は次の図のようになる。(1)と逆向きの電流が流れるのは，コイルのつくる磁石の上側がS極になる場合である。

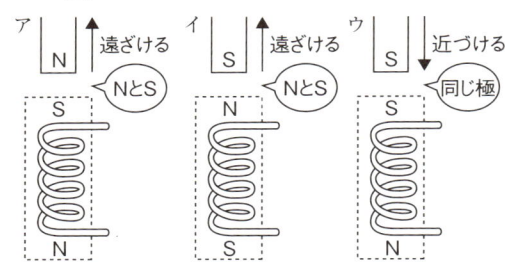

(3) コイル内の磁界が変化して電流が流れる現象を電磁誘導という。

第5章 力と運動

1 力の合成・分解とつり合い

▼ 練習問題の解答 (p.108)

① C

① それぞれのおもりは，重力と逆向きで同じ大きさの力で支えられている。

まず重力とつり合う力（図の赤色の点線部分）をかき，矢印の先端を通り，それぞれの糸と平行な線を引いて平行四辺形をつくる。図より，糸Cの張力が最も大きくなるのがわかる。

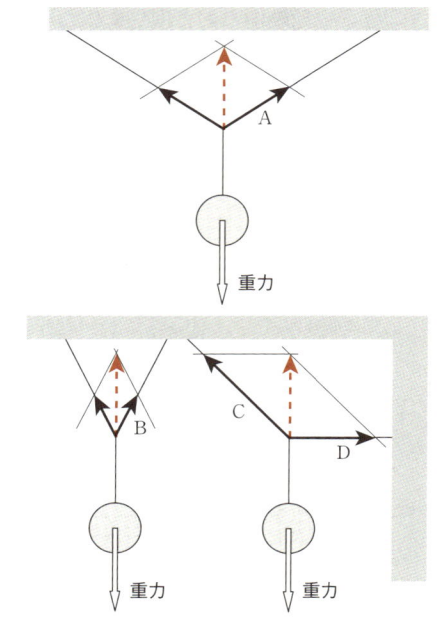

2 作用・反作用

▼ 練習問題の解答 (p.111)

① (1) 力Bと力C，力Dと力E
(2) 力Bと力E
② ウ

① (1) 力Bと力Cは，糸と球が互いに及ぼしあう力どうし，力Dと力Eは，糸と天井が互いに及ぼしあう力どうしである。

(2) 力Bと力Eが糸に作用している2つの力。力Bは糸を鉛直下向きに引き，力Eが糸を鉛直上向きに引く。この2つの力は打ち消しあっているので糸は静止する。

② 守さんが進さんのいすの背もたれを押すとき，同時に守さんは進さんのいすに押し返される。進さんは守さんに押されたことによって右方向に動き，押し返された守さんは左方向に動く。

5 だんだん速くなる運動

▼ 練習問題の解答 (p.122)

① (1) ① イ ② イ
(2) ① ウ ② 155 cm/s

1 (1) ① バネは台車を斜面にそって上向きに引いている。この力の大きさは，台車にはたらく斜面にそった下向きの力と等しい。台車にはたらく重力は鉛直下向き（地球の中心の方向）にはたらく。

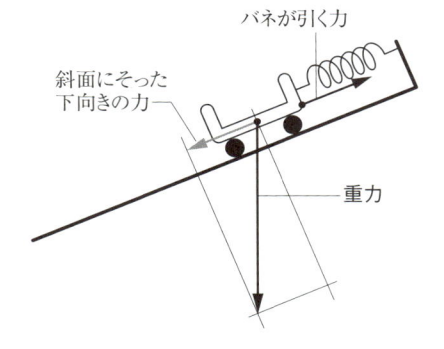

② 「斜面にそった下向きの力」は，台車にはたらく重力と斜面の角度によって決まる。A点で静止中も，B点で運動中も，斜面の角度と重力が同じだから「斜面にそった下向きの力」は同じである。台車の進行方向に一定の力がつねに加わることで，台車はだんだん速くなる運動をする。しだいに力が大きくなるわけではない。

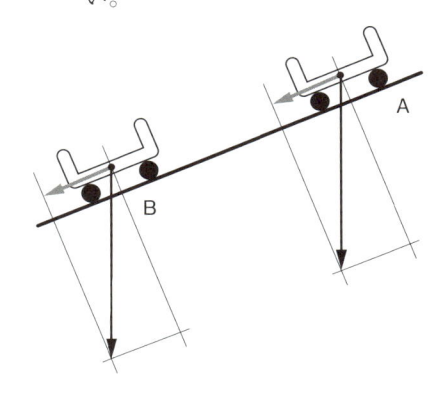

(2) ① 各区間ごとにテープを切って長さを求め，横に並べると図のようになる。
$2.1 - 0 = 2.1$
$6.8 - 2.1 = 4.7$
$14.4 - 6.8 = 7.6$
$24.7 - 14.4 = 10.3$
$37.8 - 24.7 = 13.1$
$53.3 - 37.8 = 15.5$
$68.8 - 53.3 = 15.5$

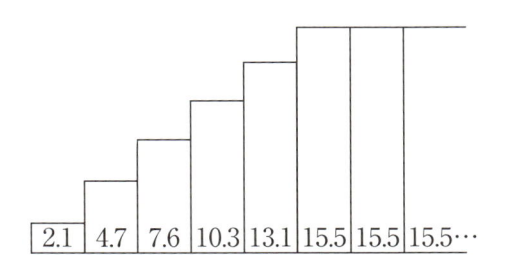

| 2.1 | 4.7 | 7.6 | 10.3 | 13.1 | 15.5 | 15.5 | 15.5… |

各区間の長さがほぼ一定の割合でふえた後に同じ長さになることから，台車の速さはほぼ一定の割合で増加した後，一定の速さになることがわかる。

② 図1より，CD間は水平面なので，0.1秒間に15.5cm進む等速直線運動をしている。よって，
$15.5 \div 0.1 = 155$ 〔cm/s〕

第6章 仕事とエネルギー

1 仕事と仕事の原理

▼練習問題の解答 (p.135)

1 (1) 2N　　(2) 0.36J
　(3) 1N　　(4) 36cm
2 (1) 0.75J　(2) （次ページの図を参照）
　(3) 30cm

1 (1) 「100gの物体にはたらく重力の大きさは1N」なので，200gの物体が床から離れる瞬間，はかりの目盛りは2Nを示す。

(2) 物体が床から離れてから，はかりの目盛りは2Nのままである。物体に対して2Nの力を18cm（=0.18m）加えたことになる。手が物体にした仕事は，
$2 \times 0.18 = 0.36$ 〔J〕

(3) 質量の無視できる動滑車で物体を支えると，必要な力は直接持ち上げる場合の半分になる。したがって，2〔N〕÷2＝1〔N〕

(4) 動滑車を利用すると，直接持ち上げる場合に比べ，力は半分・距離2倍となる。動滑車を使って物体を18cm引き上げるためには，糸を$18 \times 2 = 36$〔cm〕引き上げる必要がある。

2 (1) 500gの物体にはたらく重力の大きさは5N。この物体を15cm（=0.15m）引き上げるのに必要な仕事は，
$5 \times 0.15 = 0.75$ 〔J〕

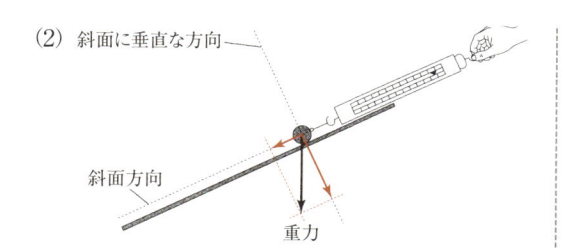

(2) 斜面に垂直な方向／斜面方向／重力

(3) 斜面に摩擦力がはたらかないので，図2の場合の仕事の量は，図1と同じ0.75Jになる。図2のとき，2.5Nの力でx〔m〕引き上げ，0.75Jの仕事を要したことになる。したがって，$2.5 \times x = 0.75$
これより $x = 0.75 \div 2.5 = 0.3$ m。つまり30cmとなる。

2 力学的エネルギー

▼練習問題の解答 （p.141）

1 イ
2 ウ
3 (1) イ　(2)（右の図を参照）

1 振り子のおもりがもつ力学的エネルギーは一定である。おもりがもつ力学的エネルギーは，最初Pの高さに相当する位置エネルギーだけである。Oの真下ではすべて運動エネルギーに変わり，くぎに糸がひっかかってから，再び運動エネルギーは位置エネルギーに移り変わっていく。
くぎに糸がひっかかった後，運動エネルギーがゼロになる瞬間，おもりがもつ位置エネルギーは最初の位置エネルギーと等しい。よって，最初のおもりの高さと同じ高さまで上がる。

2 小球を真上に打ち上げると，最高点で速さがゼロになる。ところが，斜めに打ち出した小球は，最高点でも水平方向の速さがある。最高点で速さがゼロにならないので，運動エネルギーもゼロではない。最高点ですべてが位置エネルギーに移り変わっていないので，もとの高さまでは届かない。

3 (1) 斜面がゆるやかなとき（図1），鉄球はジワジワ加速する。斜面が急なとき（図2），鉄球は一気に加速する。よって，鉄球が斜面を下りきるまでにかかる時間は，A＞B。どちらも水平面から20cmの高さから手をはなす。したがって，鉄球が最初にもっている位置エネルギーは等しい。この位置エネルギーはすべて，鉄球が水平面に移った段階で運動エネルギーに変わる。よって，アとイにおける運動エネルギーは等しくなるため，速さも等しい。a = b。

(2) 鉄球にはたらく力は，重力と水平面からの抗力だけである。鉄球には慣性があるため，運動状態を持続させようとして等速直線運動を続けるが，鉄球の進行方向には力ははたらいていない。慣性は力ではない。

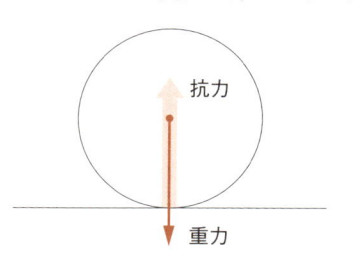

抗力／重力

―注意点―
①重力と抗力の2つだけ
②重力と抗力は逆向きで同じ長さ
③重力は鉄球の中心からかき始める
④抗力は，鉄球が水平面とふれあうところからかき始める

重点学習 仕事の測定

▼練習問題の解答 （p.146）

1 (1) 下の図を参照
　(2) （物体がもつ位置エネルギーの大きさは，）高さに比例して大きくなり，質量に比例して大きくなる。
2 (1) 0.05秒　(2) 105cm/s　(3) ウ

1 (1) 図2のグラフの小球の高さ8.0cmのところを縦に見る。小球の質量が10gのときの木片の移動距離は6cm，20gのとき12cm，40gのとき24cm，60gのとき36cm。

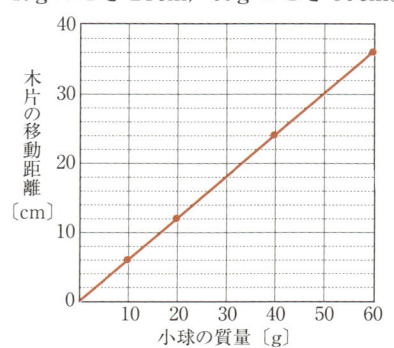

(2) 図2から，小球の質量が一定のときは，小球の高さに比例して木片の移動距離は大きくなり，小球の高さが一定のときは，小球の質量に比例して木片の移動距離は大きくなることがわかる。

2 (1) 金属球の速さは90cm/秒で，ストロボが発光する間に4.5cmずつ移動している（7.5 − 3.0 = 4.5〔cm〕など）。したがって，発光間隔は，4.5cm ÷ 90cm/s = 0.05秒
　　　　　　　　　└─距離÷速さ＝時間─┘

(2) 表2から，金属球の高さhが8cmのとき，定規の移動距離は1.6cmになる。表1から，定規の移動距離が1.6cmになるとき，金属球は105cm/秒の速さで衝突することがわかる。

(3) 例えば，表1より，定規の移動距離が0.3cmのとき，DE間の金属球の速さは45cm/sである。図4のグラフで定規が0.3cm移動したときの金属球の高さを見ると，1.5cmと読み取れる。以下，同じように金属球の速さと高さの関係を求め，表にまとめる。

定規の移動距離	①金属球の速さ（表1）	②金属球の高さ（図4）
0.3 cm	45 cm/s	1.5 cm
0.9 cm	78 cm/s	4.5 cm
1.2 cm	90 cm/s	6.0 cm
1.6 cm	105 cm/s	8.0 cm

上の表の①を縦軸に、②を横軸にしたグラフをかくと、次のようになる。

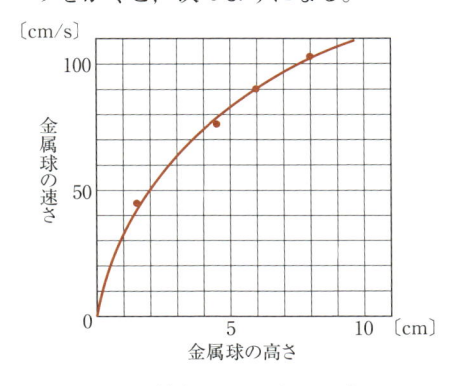

以上より，答えはウであることがわかる。

1分野 化学

第1章 身のまわりの物質

2 気体の性質

▼練習問題の解答 (p.159)

> 1 (1) A, C (2) B (3) A, D
> 2 (1) （下の図を参照）
>   (2) 水でしめらせた赤色リトマス紙を試験管に近づける。

1 実験結果を表にまとめる。

実験		A	B	C	D	E
Ⅰ	水に	○	○	○	×	×
Ⅱ	リトマス紙	→青	→赤	→赤		
Ⅲ	色	×	×	○	×	×
Ⅳ	火を近づける				音をたてて燃える	炎が大きくなる

水にとけてアルカリ性を示す気体Aはアンモニア。色がある気体Cは塩素なので、もう1つの酸性を示す気体Bは二酸化炭素である。火を近づけると燃える気体Dは水素、炎を大きくする気体Eは酸素だとわかる。

(1) 刺激臭のあるのはアンモニアと塩素。
(2) 石灰水に通すと白くにごるのは二酸化炭素。
(3) 空気より軽い気体は水素とアンモニア。

2 (1) アンモニアは水に非常によくとけ、空気より軽い。上方置換で集める。「気体を集める試験管の底が上を向いている」「ガラス管の先を集める試験管の底に近づける」の2点に注意して図をかくこと。

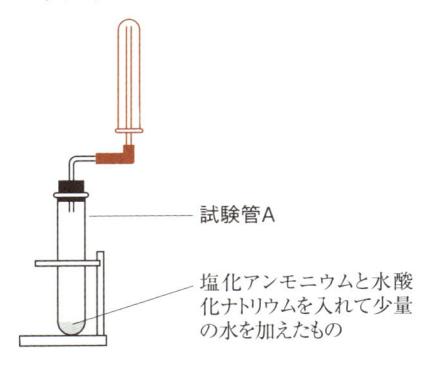

試験管A
塩化アンモニウムと水酸化ナトリウムを入れて少量の水を加えたもの

(2) アンモニアが十分に集まり、試験管の口からもれ出ていると、しめらせた赤色リトマス紙が青色に変化する。アンモニアは水にとけてアルカリ性を示す（164ページ参照）。

3 水溶液の性質

▼練習問題の解答 (p.167)

> 1 (1) A うすい塩酸　B アンモニア水
>   C 石灰水
>   (2) 水素
>   (3) 1滴ずつとって加熱し、結晶が残れば塩化ナトリウム水溶液、何も残らなければ蒸留水

1 (1) 刺激臭があるうすい塩酸とアンモニア水のうち、アルカリ性の水溶液はアンモニア水。フェノールフタレイン液を加え、赤くなったBがアンモニア水、Aはうすい塩酸である。息（二酸化炭素を多く含む）を吹き込んで白くにごったのは石灰水。石灰水もアルカリ性の水溶液である。

(2) Aの塩酸はマグネシウムをとかして、水素を発生させる。

(3) 塩化ナトリウム水溶液（＝食塩水）と蒸留水を区別する。ただし、味を確かめる方法は使えない。以下の3つの方法がある。

【方法①】1滴ずつとって加熱
↓
【結　果】食塩水は白い結晶（食塩）が残る

【方法②】硝酸銀水溶液を加える
↓
【結　果】食塩水は白いにごり（塩化銀）が出る

【方法③】ガラス棒に水溶液をつけて炎に入れる
↓
【結　果】食塩水をつけたほうは黄色の炎になる

5 物質の分け方

▼練習問題の解答 (p.174)

> 1 (1) 沸点　(2) A ア　B ア
>   (3) 試験管にたまった液体が逆流してフラスコ内に入る。

① (1) 液体が沸とうして気体に変わる温度を沸点という。

(2) 4分〜6分の間では，エタノールは沸とうしているが，100℃に達していないので水は沸とうしていない。しかし，水は蒸発しているので，この間に集めた液体はエタノールの割合が高いが，水も含まれている。エタノールを多く含むので，火を近づけると炎を上げて燃える。

(3) 火を消すと，まわりの空気に冷やされて，フラスコ内の気体が収縮する。このとき，ガラス管が液体に入ったままだと，液体を吸い上げてしまう。冷えた液体が熱いフラスコにふれると，フラスコを破損する恐れがある。

第2章 化学変化と原子・分子

1 化合と分解

▼ 練習問題の解答 (p.184)

① (1) 電気を通しやすくするため。
(2) 0.8 g
② (1) ウ　　(2) ア
(3) 発生した液体が加熱部にふれないようにするため。
(4) 残った固体の水溶液は濃い赤，炭酸水素ナトリウム水溶液はうすい赤になる。

① (1) 純粋な水は電気を通さない。少量の水酸化ナトリウムをとかすことで，水に電気を通す。このとき水酸化ナトリウムは分解されない。

(2) －極側から発生した気体Aが水素。水素と酸素の質量比（体積比ではない）が 1：8 なので，分解された水の質量の $\frac{1}{9}$ が水素になる。

$$7.2 \times \frac{1}{9} = 0.8 \, [g]$$

② (1) 発生する気体は二酸化炭素である。二酸化炭素は空気より重く，水に少しとける。

(2) 試験管Aの口についている液体は（水蒸気が冷えた）水である。水は青色の塩化コバルト紙を赤くする。

(3) 試験管Aの口につく水が加熱部にふれると，試験管を割ることがある。

(4) 試験管Aに残った固体は炭酸ナトリウムである。水によくとけ，水溶液は強いアルカリ性を示す（→フェノールフタレイン液は濃い赤になる）。炭酸水素ナトリウムは水に少しとけ，弱いアルカリ性を示す（→フェノールフタレイン液はうすい赤になる）。

2 原子と分子

▼ 練習問題の解答 (p.189)

① (1) a 単体　　b 化合物
(2) 鉄：Fe　　硫黄：S　　酸素：O_2
(3) イ

① (1) 純粋な物質は，単体と化合物に分類できる。1種類の原子でできている単体は，それ以上分解できない。2種類以上の原子でできている化合物は，まだ分解できる物質である。硝酸カリウムは白色の粉末。

(2) 鉄の化学式は Fe，硫黄は S，酸素の分子は酸素原子2個が結合してできるので O_2

(3) 塩酸は，塩化水素と水が混ざりあった混合物である。塩酸に限らず，水溶液はすべて混合物である。硫化鉄と水酸化ナトリウムは化合物，窒素は単体である（いずれも純粋な物質）。

3 化学変化のきまり

▼ 練習問題の解答 (p.198)

① (1) 質量保存の法則　　(2) ア，ウ
(3) 二酸化炭素　　(4) ウ

① (1) 化学変化の前後で全体の質量が変化しないことを質量保存の法則という。

(2) 化学変化の前後では，原子の組み合わせだけが変化する。原子の数と種類に変化がないので，密閉容器内での化学変化では，質量は変化しないのである。

(3) 石灰石（炭酸カルシウム）にうすい塩酸をかけると二酸化炭素が発生する。他にも炭酸水素ナトリウムなど，「炭酸〇〇」という名の物質はうすい塩酸にとけて，二酸化炭素を発生させる。

(4) 容器全体の質量は，$W_1 = W_2 > W_3$ という関係にある。容器から逃げた気体の質量は，$W_2 - W_3$ または $W_1 - W_3$ で求められる。

4 酸化と還元

▼練習問題の解答 (p.202)

1	(1) ウ	(2)	$2CuO + C \rightarrow 2Cu + CO_2$
2	(1) 0.15 g	(2)	銅, 炭素
	(3) 0.55 g	(4)	0.55 g

1 (1) 酸化銅は，炭素に酸素を奪われて銅に変化した。一方，炭素は酸化銅からもぎとった酸素と化合して二酸化炭素に変化した。酸素を失った酸化銅は銅に還元されている。酸素と結びついた炭素は酸化される。還元のときは酸化も同時に起きる。

(2) 「酸化銅＋炭素→銅＋二酸化炭素」の変化である。

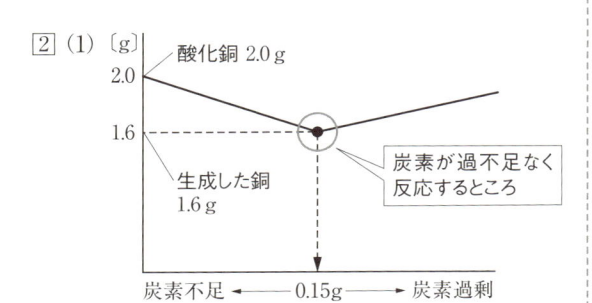

2 (1) グラフが折れ曲がるところの値を読む。酸化銅 2.0 g と完全に反応する炭素は 0.15 g である。

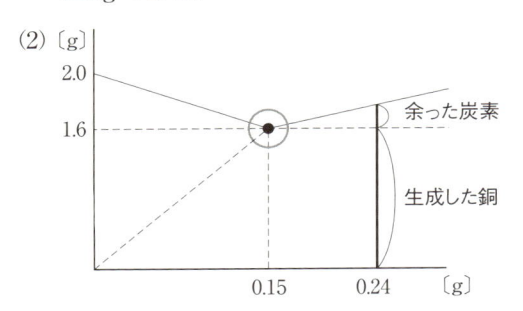

酸化銅 2.0 g からは 1.6 g の銅ができる。1.6 g より多い分は，反応しないで余った炭素である。

(3) グラフから酸化銅 2.0 g と炭素 0.15 g が過不足なく反応して銅 1.6 g が生成することがわかる。発生する二酸化炭素は，質量保存の法則から求められる。

$(2.0 + 0.15) - 1.6 = 0.55$ g

$2CuO + C \rightarrow 2Cu + CO_2$
2.0 g　0.15 g　1.6 g　(0.55g)

(4) (2)のとき炭素 0.24 g を用いたので，酸化銅 2.0 g はすべて還元されている。発生する二酸化炭素は，0.55 g 以上ふえないので 0.55 g 発生。

重点学習 物質の質量比

▼練習問題の解答 (p.205)

1	1.2 g		
2	0.9 g		
3	(1) (次ページの図を参照)		
	(2) 3:2	(3)	0.03 g

1　$2Cu + O_2 \rightarrow 2CuO$
　　④　：　①　：　⑤
　2.8 g　　：　□ g

銅 2.8 g すべてが酸化銅に変化すると，その質量は，

$2.8 \times \dfrac{5}{4} = 3.5$〔g〕

になる。ところが，反応が不十分なため 3.2 g ということは，

$3.5 - 3.2 = 0.3$〔g〕

だけ増加の余地がある。この 0.3 g は未反応の銅と化合する予定の<u>酸素の質量</u>である。

$2Cu + O_2 \rightarrow 2CuO$
④　：　①　：　⑤
□ g : 0.3g

銅と酸素は質量比 4：1 で化合するので，未反応の銅は酸素 0.3 g の 4 倍である。
よって，$0.3 \times 4 = 1.2$〔g〕

2　$2Mg + O_2 \rightarrow 2MgO$
　　③　：　②　：　⑤
　1.8 g　　：　□ g

マグネシウム 1.8 g すべてが酸化マグネシウムに変化すると，その質量は，

$1.8 \times \dfrac{5}{3} = 3.0$〔g〕

になる。ところが，反応が不十分なため 2.4 g ということは，

$3.0 - 2.4 = 0.6$〔g〕

だけ増加の余地がある。この 0.6 g は未反応のマグネシウムと化合する予定の<u>酸素の質量</u>である。

$2Mg + O_2 \rightarrow 2MgO$
③　：　②　：　⑤
□ g : 0.6 g

マグネシウムと酸素は質量比 3：2 で化合するので，未反応のマグネシウムは酸素 0.6 g の $\dfrac{3}{2}$ 倍である。

よって，$0.6 \times \dfrac{3}{2} = 0.9$ 〔g〕

③ (1) 表の「加熱後の粉末の質量」をグラフのタテ軸に，「加熱の回数」をヨコ軸にとる。

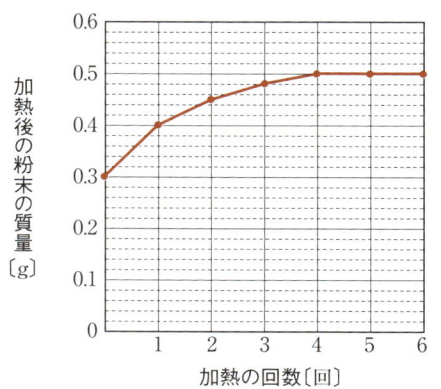

(グラフ：横軸「加熱の回数〔回〕」1〜6，縦軸「加熱後の粉末の質量〔g〕」0〜0.6。データ点：(1, 0.30), (2, 0.40), (3, 0.48), (4, 0.50), (5, 0.50), (6, 0.50)）

(2) 加熱後の粉末は 0.50 g 以上ふえていない。これはすべてのマグネシウムが酸化し終えたためである。マグネシウム 0.30 g が完全に酸化して，酸化マグネシウム 0.50 g になったのだから，

$$2\text{Mg} + \text{O}_2 \rightarrow 2\text{MgO}$$
　　　③　：　②　：　⑤
　0.30 g : □ g : 0.50 g

マグネシウムと化合した酸素の質量は，
$0.50 - 0.30 = 0.20$ 〔g〕
マグネシウムと反応する酸素の質量比は 3 : 2 である。

(3) 最初マグネシウムは 0.30 g ある。
3 回目の加熱後，粉末は 0.48 g になった。すべて酸化マグネシウムになると 0.50 g になるので，
$0.50 - 0.48 = 0.02$ 〔g〕
だけ増加の余地がある。これは未反応のマグネシウムと化合する予定の<u>酸素の質量</u>である。
マグネシウムと酸素は質量比 3 : 2 で化合するので，未反応のマグネシウムは，
$0.02 \times \dfrac{3}{2} = 0.03$ 〔g〕

重点学習　化学反応式の係数

▼練習問題の解答 (p.208)

> ① (1) $2\text{Ag}_2\text{O} \rightarrow 4\text{Ag} + \text{O}_2$
> 　(2) $2\text{H}_2\text{O} \rightarrow 2\text{H}_2 + \text{O}_2$
> 　(3) $2\text{Mg} + \text{O}_2 \rightarrow 2\text{MgO}$
> 　(4) $2\text{CuO} + \text{C} \rightarrow 2\text{Cu} + \text{CO}_2$

① (1)

化学反応式	Ag$_2$O	→	Ag	+	O$_2$
Ag	~~2~~ 4		~~1~~ 4		
O	~~1~~ 2				2

×2：まず O の数をそろえるために 2 倍
×4：次に Ag の数をそろえるために 4 倍

よって，$2\text{Ag}_2\text{O} \rightarrow 4\text{Ag} + \text{O}_2$

(2)

化学反応式	H$_2$O	→	H$_2$	+	O$_2$
H	~~2~~ 4		~~2~~ 4		
O	~~1~~ 2				2

×2：まず O の数をそろえるために 2 倍
×2：次に H の数をそろえるために 2 倍

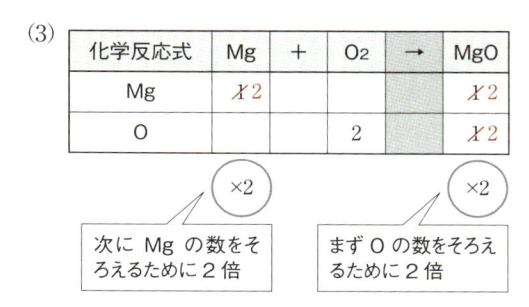

よって，$2\text{H}_2\text{O} \rightarrow 2\text{H}_2 + \text{O}_2$

(3)

化学反応式	Mg	+	O$_2$	→	MgO
Mg	~~1~~ 2				~~1~~ 2
O			2		~~1~~ 2

×2：次に Mg の数をそろえるために 2 倍
×2：まず O の数をそろえるために 2 倍

よって，$2\text{Mg} + \text{O}_2 \rightarrow 2\text{MgO}$

(4)

化学反応式	CuO	+	C	→	Cu	+	CO$_2$
Cu	~~1~~ 2				~~1~~ 2		
O	~~1~~ 2						2
C			1				1

×2：まず O の数をそろえるために 2 倍
×2：次に Cu の数をそろえるために 2 倍

よって，$2\text{CuO} + \text{C} \rightarrow 2\text{Cu} + \text{CO}_2$

第3章 イオン

2 電気分解とイオン

▼練習問題の解答 (p.220)

1	(1)	電離	(2) ① 陽極 ② 陰極
	(3)	陽イオン：ア　　陰イオン：イ	
		電子：イ	
	(4)	電解質	
2	(1)	Cu	(2) イ
3	(1)	① ウ　　② イ　　(2) 赤色が消える	
	(3)	① ア　　② イ　　③ Cl　　④ Cl_2	

1 (1) 水溶液中で，イオンに分かれることを電離といい，電離する物質を電解質とよぶ。

(2) 陽極から塩素が，陰極から水素が発生する。塩化水素は水溶液中で，$HCl \rightarrow H^+ + Cl^-$ のように電離する。
陽極は，Cl^-（塩化物イオン）を引き寄せる。陽極に引かれて移動した塩化物イオンは，陽極に電子を渡して塩素原子となり2つが結びついて塩素分子となる。
陰極は，H^+（水素イオン）を引き寄せる。陰極に引かれて移動した水素イオンは，陰極から電子を受け取って水素原子となり，水素原子2つが結びついて水素分子となる。
塩酸の電気分解は化学反応式で，
$2HCl \rightarrow H_2 + Cl_2$　と表す。

(3) 陽イオン（H^+）は陰極，陰イオン（Cl^-）は陽極に移動する。問題の図には電源装置が省略されているが，実験装置の陽極が電源装置の+極につながっている。したがって，電流は実験装置の陽極側から陰極側へ流れている。電子の動きは電流と逆向きなので，実験装置の陰極側から陽極側に向かって移動する。

(4) 水にとかしたとき電流を通す物質は，水溶液中で電離している物質。つまり電解質。

2 (1) 塩化銅水溶液を電気分解すると，陰極に赤かっ色の銅 Cu が付着し，陽極からは塩素が発生する。実験の①では，炭素棒 X は陰極になっていたことがわかる。

(2) 実験の②のとき，ハンドルを逆回転するので陽極と陰極が逆になり，炭素棒 X は陽極となる。まず，炭素棒 X に付着した銅が水溶液にとける。すべてとけ終わると気体の塩素 Cl_2 が発生する。炭素棒 Y は，陰極になるので銅が付着し，赤かっ色になる。

3 (1) 銅イオンが水溶液を青色にする。電気分解によって，水溶液中の銅イオンは銅となり炭素棒につく（赤かっ色の物質）。水溶液中の銅イオンは少なくなり，青色はうすくなっていく。

(2) 陽極から発生する塩素は黄緑色の気体で水にとける。そのため，陽極付近の液体には塩素がとけている。塩素の水溶液には，漂白作用（脱色作用）がある。

(3) 塩化物イオンは−の電気を帯びた陰イオン。陽極に移動し，電子を失って塩素原子となる。塩素分子は塩素原子2個が結びついたもの。1種類の原子2個が結合して分子をつくるのは，Cl_2 の他に，H_2，O_2，N_2

3 中和とイオン

▼練習問題の解答 (p.229)

1	(1)	ア　　(2) ① OH^-　② H_2O
	(3)	水素イオンの数の変化　エ
		塩化物イオンの数の変化　ア

1 (1) 水酸化ナトリウム水溶液は強いアルカリ性なので最初は青色。塩酸を加えていくと中和が起き，やがて中性の食塩水になる。このとき緑色。さらに塩酸を加えると，その分だけ水溶液は酸性に偏るので黄色になる。

(2) 水素イオン（H^+）と水酸化物イオン（OH^-）は出会うとすぐに結びついて水（H_2O）になる。

(3) 水素イオンは最初，水酸化物イオンと反応して水になるので水溶液中に残らない。水溶液が中性になると反応する相手（OH^-）がなくなり，それ以後，入れた分だけふえていく。
塩化物イオンは，水溶液中ではイオンのまま存在するので，最初から入れた分だけふえていく。

巻末付録

転写 指示薬と物質の見分け方

〈指示薬〉

指　示　薬	調べる性質，もの	色　の　変　化
リトマス紙	酸　　性	青 → 赤
	アルカリ性	赤 → 青
BTB溶液	酸　　性	黄
	中　　性	緑
	アルカリ性	青
フェノールフタレイン液	アルカリ性	透明 → 赤
塩化コバルト紙	水	青 → 赤（ピンク）
ヨウ素液	デンプン	青紫色
ベネジクト液	糖	うすい青 → 赤褐色 ※糖が微量のときは，うすい青 → 黄緑色
酢酸カーミン液	核と染色体	赤色に染める

〈物質の見分け方〉

物　　質	見　分　け　方
金　属 （銀，銅，マグネシウムなど）	①みがくと光る　　　③熱や電気をよく通す ②たたくと延びる
水	塩化コバルト紙：青→赤（ピンク）
二酸化炭素	石灰水に通すと白くにごる
酸　素	火のついた線香を入れると線香が炎をあげて燃える
水　素	炎を近づけるとポッと音を出して水素が燃える
アンモニア	①水に非常によくとけ，水溶液がアルカリ性になる ②刺激臭 ③塩酸をガラス棒につけて近づけると，白い煙（塩化アンモニウム）が発生する
酸性の水溶液 （塩酸，炭酸水など）	①リトマス紙：青→赤 ②BTB溶液：黄 ③フェノールフタレイン液：変化なし（透明のまま） ④金属（マグネシウムや鉄）をとかし，水素が発生
アルカリ性の水溶液 （アンモニア水，石灰水， 水酸化ナトリウム水溶液など）	①リトマス紙：赤→青 ②BTB溶液：青 ③フェノールフタレイン液：透明 → 赤
中性の水溶液 （食塩水，エタノール水など）	①リトマス紙：変化なし ②BTB溶液：緑 ③フェノールフタレイン液：変化なし（透明のまま）

巻末付録

もっと理解を深めるために ……… 推薦図書

　理科は今日教えられるような形になるまで，世界中のさまざまな人々の創意工夫や発見，そして誤りの歴史がありました。そして，そうした発見の原動力になったのが，「なぜ」という好奇心でした。単にテキストに書かれてあることを当たり前のこととして受け止めるのではなく，自分自身で疑問をもち，解決していくということが，とても大事なのです。下に紹介をするのは，そうした好奇心を刺激する科学の本です。

「なぜそうなっているのか」について，人類の好奇心は衰えることなく，今この瞬間も，未来の理科の教科書を書きかえるような，さまざまな発見への挑戦が続いています。みなさんのうちの何人かが，将来，そうした教科書を書きかえるような発見をする人々の隊列に加わるようなことがあれば，こんなにうれしいことはありません。

- ▶『天動説の絵本―てんがうごいていたころのはなし』
  安野光雅著　福音館書店

- ▶『素数ゼミの謎』
  吉村　仁著　文藝春秋

- ▶『ワンダフル・ライフ』
  スティーヴン・ジェイ・グールド著　ハヤカワ文庫

- ▶『ゾウの時間 ネズミの時間―サイズの生物学』
  本川達雄著　中公新書

- ▶『君はレオナルド・ダ・ヴィンチを知っているか』
  布施英利著　ちくまプリマー新書

- ▶『物理学はいかに創られたか』（上・下巻）
  アインシュタイン，インフェルト著　岩波新書

- ▶『ご冗談でしょう，ファインマンさん』（上・下巻）
  リチャード・P・ファインマン著　岩波現代文庫

- ▶『奇妙な論理Ⅰ―だまされやすさの研究』
  マーティン・ガードナー著　ハヤカワ文庫

Q&A この本の使い方に関するQ&A

Q1 定期テスト対策として，どのような活用法がありますか。

A1 まず定期テストの出題範囲を確かめてください。教科書でどこの単元が範囲にあたっているかを確認します。そのうえで，『図でわかる中学理科』の目次ページで対応する単元を探します。目次ページには，学習する学年が書いてありますから，対応の参考になるはずです。

範囲がわかったら，その単元の解説を読み，例題を解き，転写図を転写して再現する。そのうえで，学校の先生が範囲のプリントなどを配っていれば，そうしたプリントに取り組みます。

すでにこの本で基本的な考え方が身についているので，ひとつひとつの内容が関連づけられ，意味もよくわかるはずです。理解しながら学習することで，より大きな効果が期待できます。

Q2 入試対策に使いたいのですが，どのように活用すればよいですか。

A2 「この本の使い方」にそって本書に取り組めば，十分入試に対応できる力がつきます。何度もくり返したうえで，志望校の過去問に取り組めば万全でしょう。

Q3 解説を読んでもよくわからないのですが，どうすればいいですか。

A3 この本は，ただ暗記ポイントを並べるのではなく，なぜそうなるのか（理由や背景），どうしてそうするのか（目的）をわかりやすく解説することで，みなさんが理解しやすいようにつくりました。でも，どうしても理解が及ばないことがあるかもしれません。その場合は，学校や塾の先生に積極的に質問しましょう。

質問することで理解も深まります。

また，全体を通して解説で書かれてあることがどうもわからないという人は，遠回りに思えても，シリーズの『中学国語基礎篇』『中学数学基礎篇』に取り組むことをおすすめします。

この二つの問題集は，各教科の基礎となる「論理を読む力」を養います。そうした基礎があったうえで説明を読むと，理解もぜんぜん違うのです。

湯村幸次郎（ゆむら・こうじろう）

1965年東京生まれ。山形大学理学部物理学科卒。大学時代は、「光物性」を専門としていた。卒業後、塾講師に。中学生に理科を教えるようになって20年以上になる。2003年4月よりＺ会進学教室の理科講師として、私立トップ校、公立トップ校をめざす生徒たちを教えている。難しい概念をわかりやすく教え、実際に問題を解けるようにするその指導には定評がある。

E-Mail　yumura_kojiro@yahoo.co.jp

「未来を切り開く学力シリーズ」のホームページ
http://www.bunshun.co.jp/book/gakuryoku/index.htm

協力	小河勝
	室真彦
編集協力	田中幸宏
DTP	浦郷和美
イラスト	村上宇希
装幀	坂田政則

未来を切り開く学力シリーズ
図でわかる中学理科　1分野（物理・化学）　改訂新版

2010年 2月25日　第1刷
2019年 6月30日　第16刷

著　者　湯村幸次郎
発行者　飯窪成幸
発行所　株式会社 文藝春秋
　　　　東京都千代田区紀尾井町3-23（〒102-8008）
　　　　電話（03）3265-1211
印　刷　大日本印刷
製本所　DNP書籍ファクトリー

・定価はカバーに表示してあります。
・万一、落丁乱丁の場合は送料当社負担でお取替えいたします。
　小社製作部宛お送りください。

©Koujiro Yumura 2010　Printed in Japan　ISBN978-4-16-372230-6

MEMO

MEMO

MEMO